Schriften zum Medizinstrafrecht

herausgegeben von

Professor Dr. Christian Jäger,
Friedrich-Alexander-Universität Erlangen-Nürnberg
Professor Dr. Matthias Krüger,
Ludwig-Maximilians-Universität München
Professor Dr. Hans Kudlich,
Friedrich-Alexander-Universität Erlangen-Nürnberg
Professor Dr. Brian Valerius,
Universität Bayreuth

Band 22

Fabian Schäfer

# Zur strafrechtlichen Bewertung der Sterbehilfe de lege lata und de lege ferenda

Ein liberaler Entwurf

Nomos

Onlineversion
Nomos eLibrary

**Die Deutsche Nationalbibliothek** verzeichnet diese Publikation in der Deutschen Nationalbibliografie; detaillierte bibliografische Daten sind im Internet über http://dnb.d-nb.de abrufbar.

Zugl.: Wiesbaden, EBS Universität für Wirtschaft und Recht, Diss., 2022

ISBN 978-3-8487-8963-4 (Print)

ISBN 978-3-7489-3237-6 (ePDF)

1. Auflage 2022

*Meinen Eltern*
*und meinem Bruder*

# Vorwort

Diese Arbeit wurde im Wintersemester 2021 von der Juristischen Fakultät der EBS Universität für Wirtschaft und Recht als Dissertation angenommen. Für den Druck konnten Rechtsprechung und Literatur bis Februar 2022 berücksichtigt werden.

Großer Dank gilt meinem Doktorvater, Herrn Professor Dr. iur. *Jörg Scheinfeld*. Er hat nicht nur meine Themenwahl der Dissertation von Anfang an gewinnbringend unterstützt, sondern stand mir in jedem Abschnitt meiner Forschung zur Seite. Die Gespräche mit ihm haben diese Arbeit maßgeblich geprägt. Herrn Professor Dr. med. Dr. iur. *Hauke Brettel* danke ich für die Übernahme des Zweitgutachtens.

Herzlicher Dank gebührt meiner Partnerin, Frau *Christine Lassig*, die zum Erfolg dieser Arbeit durch mehrfaches Lektorieren und einen regen Austausch in der Sache maßgeblich beigetragen hat. Auch danken möchte ich Frau *Sabine Huckenbeck* und Frau *Sophia Brinkmann* für die Unterstützung in den frühen Phasen meiner Forschung.

Besonderer Dank gilt meinen Eltern sowie meinem Bruder. Sie haben mich nicht nur während meiner gesamten juristischen Ausbildung uneingeschränkt gefördert. Ihnen ist diese Arbeit in Dankbarkeit und Liebe gewidmet.

*Wiesbaden, im März 2022* *Fabian Schäfer*

# Inhaltsverzeichnis

# Einleitung

Der Tod kennzeichnet das Ende des Lebens; er ist notwendiger Bestandteil und unweigerlich mit der menschlichen Existenz verbunden. Jeder Mensch hat wohl – auch wenn sie nicht laut geäußert wird – seine ganz persönliche Ansicht zum Tod. Wie der Sterbeprozess und ein „guter Tod“ aussehen sollen, liegt im Auge des Betrachters und ist oft geprägt von ethischen, religiösen, philosophischen und anderen weltanschaulichen Aspekten. Die öffentliche Gewalt ist hingegen dem Neutralitätsgebot verpflichtet.[1] Dieser verfassungsrechtliche Gleichheitsgrundsatz ist normativ aus Art. 3 Abs. 3 S. 1; 4 Abs. 1; 33 Abs. 3 GG und Art. 136 Abs. 1; Art. 137 Abs. 1, 7 WRV i.V.m. Art. 140 GG abzuleiten.[2] Er gebietet religiös-weltanschauliche Unparteilichkeit[3] und muss in Anwendung des Verfassungsrechts konkretisiert werden. Rechtlich steht bei der Sterbehilfe die Frage im Mittelpunkt, ob und inwieweit ein Leben verkürzt oder verlängert werden darf. Über 25 Suizidfälle pro Tag[4] in der Bundesrepublik Deutschland spiegeln das Bedürfnis nach Selbstbestimmung am Lebensende und verbieten eine Tabuisierung der Thematik. Repräsentative Studien der letzten Jahre zeigen, dass der Ruf in der deutschen Bevölkerung nach einer freien Entscheidung über den eigenen Tod groß ist. So sprachen sich im April 2019[5] knapp 70 % für einen assistierten Suizid aus – zum Beispiel durch die Bereitstellung und Verschaffung tödlich wirkender Medikamente durch Mediziner. Zwei Drittel befürworten sogar die aktive

---

1 Eingehend zur rechtsphilosophischen Begründung dieses Verfassungsprinzips *Huster*, Die ethische Neutralität des Staates, S. 47 ff.; s. auch *Scheinfeld*, Organtransplantation und Strafrechtspaternalismus, S. 310 ff.

2 BVerfGE 19, 206, 216; 93, 1, 16 f.; 108, 282, 299; *Brosius-Gersdorf*, in: Dreier, GG, Art. 7, Rn. 79.

3 BVerfGE 108, 282, 299; 30, 415, 422; 93, 1, 17.

4 Im Jahr 2019 verzeichnete das Statistische Bundesamt 9.041 Suizidfälle. Zitiert nach statista, <https://www.destatis.de/DE/Themen/Gesellschaft-Umwelt/Gesundheit/Todesursachen/Tabellen/suizide.html?nn=210856> (Abruf am 31.01.2022), mit tabellarischer Übersicht der Anzahl der Sterbefälle durch „vorsätzliche Selbstschädigung (Suizide)“ zwischen 1980 und 2016.

5 Die internationale Data und Analytics Group YouGov befragte in Deutschland 2.058 Personen ab 18 Jahren im Zeitraum zwischen 05. April und 07. April 2019, https://yougov.de/news/2019/07/08/sterben-lassen-sollte-erlaubt-sein/ (Abruf am 31.01.2022).

Sterbehilfe im Sinne einer Fremdtötung auf Verlangen. Diese weitgehend geschlechts-, alters-, bildungs- und konfessionsunabhängige Grundposition wird von früheren Studien[6] und verschiedenen Instituten[7] bestätigt, die darüber hinaus zeigen, dass auch die Zulassung der zuletzt umstrittenen privaten Sterbehilfeorganisationen befürwortet wird. Der deutsche Gesetzgeber setzt der Umsetzung dieses Wunsches durch das Strafrecht jedoch Grenzen und erfüllt ihn durch seine Rechtsnormen nicht.

Das deutsche Strafgesetzbuch enthält kaum unmittelbare Regelungen zur Sterbehilfe. Der seit der deutschen Reichsgründung im Jahr 1871 bestehende § 216 StGB, der die Tötung auf Verlangen pönalisiert, blieb bisher im Kern unverändert. Die Ausgestaltung und Anpassung der Rechtslage an den gesellschaftlichen Wandel ist damit seither der Rechtswissenschaft und der Rechtsprechung überlassen. Im Spannungsfeld zwischen Lebensschutz und Selbstbestimmung war dahingehend in den letzten Jahrzehnten eine stetige Liberalisierung zugunsten des Selbstbestimmungsrechts zu verzeichnen.[8] Zur Sterbebeihilfe schien die Debatte rechtlich abgeschlossen, bis am 10. Dezember 2015 dann der – die geschäftsmäßige Förderung der Sterbehilfe sanktionierende – § 217 StGB a.F. als weitere Strafnorm hinzutrat, der alte paternalistische Muster wiederaufleben ließ.[9] Seither stand nicht nur der schon lange hinterfragte § 216 StGB in der Kritik, sondern auch § 217 StGB a.F. Am 26.02.2020 erklärte das Bundesverfassungsgericht diesen § 217 StGB a.F. für verfassungswidrig.[10] Damit entspricht die strafrechtliche Normierung der Sterbehilfe erneut dem Stand von 1871. Das Bundesverfassungsgericht stärkt das Selbstbestimmungsrecht am Lebensende durch sein Urteil erheblich.[11] Der Gesetzgeber muss dieses Selbstbestimmungsrecht nun innerhalb der von der Rechtsprechung definierten Grenzen konkretisieren. Es gibt in der modernen deutschen Strafrechtsdogmatik kaum ein Feld, das derart fortwährend und breit diskutiert wird. Mit dem erstmaligen – und nunmehr als verfassungswidrig beurteilten – Tätigwerden des Gesetzgebers seit beinahe 150

---

6 Im Jahr 2015 befürworteten sogar rund drei Viertel der Deutschen einen assistierten Suizid und die aktive direkte Sterbehilfe, <https://yougov.de/news/2015/11/04/grosse-mehrheit-wurde-arztlich-assistierten-suizid/> (Abruf am 31.01.2022).

7 Etwa das Institut für Demoskopie Allensbach (IfD), https://www.ifd-allensbach.de/fileadmin/kurzberichte_dokumentationen/KB_2014_02.pdf (Abruf am 31.01.2022).

8 *Berghäuser*, ZStW 2016, 741, 742; *Hilgendorf/Rosenau*, medstra 2015, 129.

9 Vgl. LK-*Rosenau*, Vor. §§ 211 ff., Rn. 33.

10 BVerfGE, 153, 182.

11 Vgl. zu diesem Urteil des Bundesverfassungsgerichts Kapitel 2, C. = S. 69 ff.

Jahren ist die strafrechtliche Bewertung der Sterbehilfe aktueller denn je. Wegen der neuen Strafnorm wurde über die (Fremd-) Tötung auf Verlangen hinaus die Förderung einer Selbsttötung in bestimmten Fällen kriminalisiert. Infolge dieser Straferweiterung wurden etablierte Dogmen in Frage gestellt, was geradezu einfordert, die strafrechtliche Bewertung der Sterbehilfe zu hinterfragen und gegebenenfalls neu zu vermessen. Wissenschaftliche Publikationen hierzu gibt es viele, sie betrachten aber häufig nur Teilaspekte der Rechtslage und sind eher zurückhaltend bei konkreten Reformvorschlägen. Die Aufgabe dieser Arbeit besteht zunächst darin, die Berechtigung und Schwächen der geltenden Rechtslage zu hinterfragen. Gegenwärtige und zukünftige Interessen, die die aktuelle Rechtslage nicht hinreichend abbildet, sind für einen Reformvorschlag zu identifizieren.

Inhaltlich ist die Sterbehilfe im Spannungsfeld zwischen Lebensschutz und Selbstbestimmung häufig hoch emotionalisiert. Der Maßstab für die strafrechtliche Bewertung der Sterbehilfe ist in einem Rechtsstaat, wie der Bundesrepublik Deutschland, gleichwohl in erster Linie das Grundgesetz. Dieses zeigt die Regelungsgrenzen sowohl nach „unten" als auch nach „oben" auf: Inwieweit muss und inwieweit darf der Gesetzgeber das Leben zulasten des Selbstbestimmungsrechts des Einzelnen schützen? Die Verfassung stellt insoweit abstrakte Anforderungen an den (einfachen) Gesetzgeber, die der Konkretisierung bedürfen. Insgesamt genügt es nicht nur eine Beteiligungsform einseitig zu betrachten. Der Themenkomplex umfasst jegliche Form der Sterbehilfe.

Dafür ist zuallererst auf die im Zusammenhang mit der Sterbehilfe verwendete Terminologie sowie auf die zu verwendende Terminologie einzugehen. Darin besteht schon die erste Hürde der Thematik, da je nach Autor missverständliche oder uneindeutige Ausdrücke verwendet werden. Teilweise wird dieselbe Terminologie genutzt, aber unterschiedliche Aspekte werden damit gemeint. Auch die Verwendung von Terminologie, die historisch bedingt negativ konnotiert ist, ist in einer ohnehin emotionalisierten Debatte kritisch zu sehen. Die Bewertung der Rechtslage de lege lata ist allein vor dem straf- und verfassungsrechtlichen Hintergrund vorzunehmen. Dabei sind die Entwicklung und der Stand der Rechtsprechung als auch wichtige Stellungnahmen aus Wissenschaft und Forschung zu berücksichtigen. Die Bewertung der aktuellen Rechtslage wird zeigen, welche Hindernisse und Schwächen ein Reformvorschlag zu überwinden hat. Beim Entwurf der Rechtslage de lege ferenda sind die legislatorischen Grenzen unter verfassungsrechtlicher und rechtsethischer Betrachtung aufzuzeigen, innerhalb deren nicht hinreichend berücksichtigte widerstreitende Interessen in einen schonenden Ausgleich gebracht und in einem

Normvorschlag konkretisiert werden. Ein solcher Entwurf muss auch das jüngst vom Bundesverfassungsgerichts postulierte Selbstbestimmungsrecht am Lebensende konkretisieren. De lege ferenda kann insbesondere auf die Rechtslage und die Auswirkungen in anderen Staaten vergleichend eingegangen werden.

# Kapitel 1: Begriffsbestimmung und Terminologie

Nicht nur fachübergreifend, sondern auch in rechtswissenschaftlichen Forschungsarbeiten werden grundlegende Termini unterschiedlich definiert und angewendet, sodass es leicht zu sprachlichen Missverständnissen kommen kann. Daher ist es erforderlich, zunächst die grundlegenden Begriffe rund um die Sterbehilfe abzugrenzen und für diese Arbeit festzulegen. Diese terminologische Festlegung ist keineswegs als normative Vorfestlegung zu sehen; sie soll nichts präjudizieren. Sie dient ausschließlich der begrifflichen Klarheit.

## *A. Suizid*

Synonym für den Suizid werden häufig die Begriffe Selbsttötung, Selbstmord, Freitod, Selbstentleibung oder mors voluntaria verwendet. Um moralische, ethische oder gar rechtliche Bewertungen durch die Begriffsbestimmung zu vermeiden, sollten insbesondere die wertneutralen Begriffe Suizid oder Selbsttötung verwendet werden. So könnte etwa der Begriff Selbstmord rechtliche Wertungen in Anlehnung an § 211 StGB suggerieren[12] oder die Bezeichnung als Freitod[13] den Tod idealisieren.[14] In der fachübergreifenden Literatur findet man verschiedene Definitionsansätze. Die Weltgesundheitsorganisation definiert den Suizid zum Beispiel als eine zum Tode führende Handlung, die eine Person in voller Kenntnis und in Erwartung des tödlichen Ausgangs selbst plane und ausführe.[15] In der Psychiatrieforschung liest man:

> „Suizid und Suizidversuch meinen die vorsätzliche, bewußte und absichtliche, zielgerichtete Handlung eines Menschen bzw. die Unterlas-

---

12 Vgl. *Günzel*, Das Recht auf Selbsttötung, S. 16; *Helmich*, DÄBl. 2004, 1652.

13 Geprägt von *Nietzsche*, Also sprach Zarathustra, S. 74.

14 *Britzke*, § 217 StGB im Lichte des strafrechtlichen Rechtsgutskonzepts, S. 36; ähnlich *Fenner*, Suizid, S. 9, 387.

15 „Suicide is the result of an act deliberately initiated and performed by a person in the full knowledge or expectation of its fatal outcome“, WHO, https://www.who.int/whr/2001/chapter2/en/index6.html (Abruf am 31.01.2022).

sung einer lebensrettenden Handlung mit der bewußten Absicht der Selbsttötung bzw. der Inkaufnahme des Versterbens“[16].

Der Begriff Suizid stammt aus dem Lateinischen und setzt sich aus den Wörtern sui (= seiner, ihrer, gegen sich) und caedere (= fällen, niederhauen, vernichten, töten) zusammen.[17] Damit ist klar, dass es sich im Ausgangspunkt um eine monopersonale Tat handelt. Sie kann durch eine aktive Handlung (zum Beispiel durch Medikamenteneinnahme) oder durch Unterlassen (zum Beispiel durch Absehen von Rettung) erfolgen.[18] Eine Differenzierung zwischen den Handlungsformen ist in der Definition aber nicht erforderlich. Ausgangspunkt ist der strafrechtliche Handlungsbegriff. Dieser ist umstritten. Im wissenschaftlichen Diskurs dominieren drei Handlungslehren, die sich je nach Autor im Detail unterscheiden. Im Wesentlichen haben die natürliche (auch: kausale), die finale und die soziale Handlungslehre Beachtung erlangt.[19] Hierauf soll nicht weiter eingegangen werden. Ohne sich an diesem Forschungsthema im Detail zu beteiligen, kann nach der hier vertretenen Auffassung zwischen einem Handlungsbegriff im weiten und im engen Sinne unterschieden werden. Während der enge Handlungsbegriff ausschließlich die aktive Handlung selbst meint, umfasst der Handlungsbegriff im weiten Sinne auch das Unterlassen. In jedem Begehungsdelikt steckt danach als Minus ein unechtes Unterlassungsdelikt nach § 13 StGB.[20] Unechte Unterlassungsdelikte sind dadurch gekennzeichnet, dass dem Normadressaten wegen seiner Garantenstellung eine Pflicht zur Erfolgsabwendung auferlegt wird; sie sind daher Spiegelbild der Begehungsdelikte.[21] Erschlägt T seine Ehefrau O, so liegt zwar der Schwerpunkt der Vorwerfbarkeit auf der aktiven Begehung, gleichsam hat er aber die ihm auferlegte Pflicht, O nicht zu töten, verletzt. Unterlassen ist der Verzicht etwas zu tun[22] und im Verzicht steckt ebenfalls ein aktives Element. Grundlage der Definition des Suizids ist hiernach also der weite Handlungsbegriff. Objektiv erfordert der Suizid nur die eigenhändige – wenn auch mit Unterstützung Dritter – vollzogene

---

16 *Wolfersdorf*, in: Wolfersdorf/Kaschka, Suizidalität, S. 5.

17 Vgl. *Gavela*, Ärztlich assistierter Suizid und organisierte Sterbehilfe, S. 3; *Günzel*, Das Recht auf Selbsttötung, S. 16 f.

18 Vgl. *Riemer*, BRJ 2016, 96, 99.

19 Siehe dazu instruktiv S/S-*Eisele*, StGB, Vor. §§ 13 ff., Rn. 25 ff.

20 Vgl. *Herzberg*, JZ 1988, 573, 578 f.; zur Rechtsnatur des Unterlassens S/S-*Eisele*, StGB, Vor. §§ 13 ff., Rn. 139.

21 Vgl. nur *Wessels/Beulke/Satzger*, Strafrecht AT, § 19, Rn. 1155.

22 Vgl. dazu MüKoStGB/*Sinn*, § 240, Rn. 103 in Bezug auf die Nötigung.

Beendigung des Lebens. In diesem objektiven Definitionsteil ist es nicht erforderlich zwischen einem aktiven Tun und einem Unterlassen zu unterscheiden.

Unpräzise sind Definitionen häufig in Bezug auf die subjektive Komponente. Beispielhaft dafür steht die Beschreibung als „vorsätzliche, bewusste und absichtliche, zielgerichtete Handlung“. Unabhängig von der Frage, inwieweit Suizidhandlungen überhaupt tatbestandsmäßig im Sinne des Strafgesetzbuches sein können,[23] deuten die in der genannten Definition verwendeten Begriffe entsprechend auf verschiedene Vorsatzformen des Strafgesetzbuches hin, wonach es drei Vorsatzformen gibt. Die Merkmale bewusst, absichtlich und zielgerichtet weisen aber nur auf den dolus directus ersten Grades hin. In diesem Fall würde es genügen, wenn der Suizid nur als absichtlich begangen definiert wird; die anderen Merkmale sind dann überflüssig.

Vorstellbar ist jedenfalls, dass die Selbsttötung auch fahrlässig geschieht – häufig, weil der Handelnde, obwohl er die Gefahr erkennt, ernsthaft und bewusst auf den Nichteintritt vertraut.[24] Als Beispiel sei der Fahrer eines Autorennens genannt, der in einer Kurve ohne Fremdeinwirkung aufgrund der hohen Geschwindigkeit die Kontrolle über sein Fahrzeug verliert und sich beim Aufprall gegen eine Wand tödliche Verletzungen zuzieht. Auch die Begehung mit billigender Inkaufnahme des Todes ist denkbar. Möchte der Suizident „das Schicksal“ über sein Fortleben entscheiden lassen und „spielt“ zu diesem Zweck russisches Roulette[25], dann hält er seinen Tod für möglich und nimmt ihn auch billigend in Kauf. Er hat aber weder sicheres Wissen hinsichtlich des Erfolgs noch hat er einen zielgerichteten Erfolgswillen. Mit Suizid könnten aber zudem die Fälle gemeint sein, in denen der Suizident sich jedenfalls mit sicherem Wissen um den Erfolg seiner Handlung das Leben nimmt. Jedoch ist, obwohl die Selbsttötung demnach in verschiedenen subjektiven Formen begangen werden kann, typischerweise mit Suizid der zielgerichtete Erfolgswille gemeint. Der finale und endgültige Charakter für den Handelnden führt dazu, dass jedenfalls in dem hier vertretenen strafrechtlichen Sinne in der Regel von Suizid gesprochen wird, wenn das voluntative Element in

---

23 Dazu sogleich in Kapitel 2 = S. 28 ff.

24 Bewusste Fahrlässigkeit, BGH, 05.03.2008 – 2 StR 50/08 = NStZ 2008, 451.

25 Bei diesem potentiell tödlichen Glückspiel wird die Trommel eines Revolvers mit einer Patrone bestückt und so gedreht, dass nicht bekannt ist, an welcher Stelle sich die Patrone befindet. Der Revolver wird an den Kopf gehalten und der Abzug betätigt.

Form des zielgerichteten Erfolgswillens dominiert und die Suizidhandlung mit Absicht begangen wird. Unter Suizid ist damit die absichtliche Beendigung des eigenen Lebens zu verstehen. Ob Sonderkonstellationen wie die Instrumentalisierung eines anderen (zum Beispiel Täuschung des Abdrückenden, die Pistole sei ungeladen[26]) als Suizid oder als Fremdtötung zu qualifizieren sind, ist abhängig von der Frage, wie die Freiverantwortlichkeit zu bestimmen ist. Hierauf wird noch eingegangen.[27]

## B. *Suizidhilfe*

Teilnehmer sind nach § 28 Abs. 1 StGB Anstifter (§ 26 StGB) und Gehilfen (§ 27 StGB). Es stiftet an, wer einen Tatentschluss hervorruft. Mit Beihilfe ist die unterstützende Handlung eines Dritten zu einer Tat gemeint. Beihilfe im Sinne von § 27 Abs. 1 StGB erfasst in Anknüpfung an § 49 StGB a.F. die Unterstützung „durch Rat oder Tat".[28] Hilfeleisten meint jedes Fördern, Erleichtern oder Erhöhen der Rechtsgutsgefährdung.[29] Praktische Bedeutung hat dies etwa, wenn ein Dritter dem Suizidenten seine Unterstützung zuteilwerden lässt, indem er ihm ein Sterbemittel zur Verfügung stellt oder ihn berät, wie er an das Mittel gelangt. Dies wird in Anlehnung an den angelsächsischen Begriff „assisted suicide" auch als „assistierter Suizid" oder „assistierte Selbsttötung" bezeichnet.[30] Teilweise werden unterstützende Suizidhandlungen Dritter auch „Suizidhilfe" genannt.[31] Wer Hilfe zum oder beim Suizid leistet, ist jedenfalls mangels vorsätzlich rechtswidriger Haupttat de lege lata nicht strafbar.[32] Die Bezeichnung der Unterstützung an Suizidhandlungen als straflose „Suizidteilnahme"[33] ist terminologisch unpräzise. Dies gilt ebenso für die Begriffe „Suizidbeihil-

---

26 OLG Nürnberg, NJW 2002, 454; s. dazu *Herzberg*, NStZ 2004, 1.

27 Kapitel 2, B., II., 1., d. = S. 44 ff.

28 MüKoStGB/*Joecks/Scheinfeld*, § 27, Rn. 5.

29 Vgl. nur Lackner/Kühl/*Kühl* StGB, § 27, Rn. 2, m.w.N, Einzelheiten dazu sind strittig.

30 *Berghäuser*, ZStW 2016, 741; *Duttge/Simon*, NStZ 2017, 512; *Gaidzik*, in: Bergmann/Pauge/Steinmeyer, Gesamtes Medizinrecht, § 217 StGB, Rn. 10-15; *Kubiciel*, JZ 2009, 600; NK-StGB/*Saliger*, § 217, Rn. 21 ff.; *Roxin*, in: Roxin/Schroth, Handbuch des Medizinstrafrechts, S. 108.

31 Vgl. etwa *Duttge/Simon*, NStZ 2017, 512; *Eicker/Fisch*, NK 2011, 106.

32 Vgl. Kapitel 2, B., I. = S. 37 ff.

33 MüKoStGB/*Schneider*, § 216, Rn. 31; *Roxin*, 140 Jahre GA, 177, 190; *ders.*, GA 2013, 313; S/S-*Eser/Sternberg-Lieben*, StGB, § 216, Rn. 11 f.; *Ulsenheimer*, in: Laufs/Kern/Rehborn, ArztR-HdB, § 159, Rn. 7.

fe“[34] und „Anstiftung“ zum Suizid[35], da Gehilfen im Sinne von § 27 StGB und Anstifter im Sinne von § 26 StGB Teilnehmer sind (§ 28 Abs. 1 StGB). Wenn die Tatbestände der Beihilfe oder der Anstiftung nicht erfüllt sind, dann handelt es sich begrifflich auch nicht um Teilnahme. Mit anderen Worten ist dem Begriff der Teilnahme immanent, dass Handlungen, die unter den Tatbestand der Beihilfe oder der Anstiftung subsumiert werden können, strafbar sind, anderenfalls ist es keine Teilnahme. Soweit es also nicht um die Pönalisierung solcher Handlungen geht, also um die Einführung einer Teilnahmestrafbarkeit am Suizid, sind wertfreie Begriffe wie Suizidhilfe vorzugwürdig. Straflose Handlungen Dritter müssen daher von der strafbaren täterschaftlichen Fremdtötung abgegrenzt werden: das Hervorrufen eines Suizidentschlusses von der mittelbaren Täterschaft im Sinne von § 25 Abs. 1 Alt. 2 StGB und das Fördern eines Suizids von der unmittelbaren Täterschaft im Sinne von § 25 Abs. 1 Alt. 1 StGB.[36]

## *C. Sterbehilfe*

Nicht zuletzt um das Thema dieser Arbeit zu umgrenzen, muss klargestellt werden, was unter Sterbehilfe zu verstehen ist. Teilweise werden die Begriffe Suizidhilfe und Sterbehilfe synonym zueinander gebraucht. So sei „Sterbehilfe eine begriffliche Zusammenfassung für Handlungen, die von der Hilfe und Unterstützung im Sterben bis zur aktiven Tötung Sterbender oder Schwerstkranker reichen“[37]. Beide Kategorien können auch die Beteiligungsform verdeutlichen: Während Suizidhilfe unterstützende Handlungen Dritter beim Suizid meint, die die Schwelle der Täterschaft nicht überschreiten, stellt die Sterbehilfe täterschaftliche Handlungen dar.[38] Dann stehen diese Begehungsformen in einem Alternativverhältnis zueinander.[39] Zur terminologischen Vereinfachung werden hier unter Sterbehilfe als Oberbegriff jegliche Handlungsformen der direkten oder

34 So aber etwa *Hoven*, MedR 2018, 741; *Reimer*, ZfL 2015, 66; Spickhoff/*Knauer/Brose*, Medizinrecht, StGB § 216, Rn. 4.

35 *Ulsenheimer*, in: Laufs/Kern/Rehborn, ArztR-HdB, § 159, Rn. 5.

36 Vgl. etwa BGH, NStZ 1984, 70; MüKoStGB/*Schneider*, § 216, Rn. 31 ff.

37 Brockhaus, S. 262.

38 So auch *Berghäuser*, ZStW 2016, 741, 766; *Rissing-van Saan*, ZIS 2011, 544, 547; *Saliger*, KritV 2001, 382, 438.

39 BVerfGE, 153, 182, 199.

unterstützenden freiwilligen Lebensbeendigung verstanden. Die Suizidhilfe ist dabei eine spezielle Form der Sterbehilfe.[40]

Die Begriffsbildung der Sterbehilfe ist insgesamt umstritten.[41] *Roxin* definiert Sterbehilfe als Hilfe, die „einem schwer erkrankten Menschen auf seinen Wunsch oder doch zumindest in Hinblick auf seinen mutmaßlichen Willen geleistet wird, um ihm einen seinen eigenen Vorstellungen entsprechenden menschwürdigen Tod zu ermöglichen“[42].

Der geäußerte oder mutmaßliche Wille des Patienten ist Ausdruck seines Selbstbestimmungsrechts und Kernelement der Sterbehilfe. Maßnahmen, die gegen den (mutmaßlichen) Willen des Rechtsträgers erfolgen, sind damit grundsätzlich aus der Sterbehilfekategorisierung auszuschließen. Der Wortbestandteil „Hilfe“ grenzt schon begriffsnotwendig solche Tötungshandlungen aus, die gegen den Willen des Betroffenen getätigt werden.[43] Dabei gilt es, Menschen zu berücksichtigen, die (noch) keine „eigenen Vorstellungen“ bilden können, wie etwa Neugeborene,[44] denn der mutmaßliche Wille kann nur für Personen bedeutsam sein, die jemals in ihrem Leben den Zustand der Eigenverantwortlichkeit erlangt haben.[45] „Seinen eigenen Vorstellungen entsprechend“ ist daher so zu verstehen, dass schlichte Interessen umfasst sind. Der Sterbewille kann in diesen Fällen nur „von außen zugeschrieben“[46] werden.

Ganz überwiegend wird vertreten, dass ein nicht krankheitsbedingter Tod nicht von der Sterbehilfe erfasst sei, ein schweres pathologisches Leiden des Rechtsträgers von gewissem Ausmaß also Voraussetzung für eine straflose Beteiligung Dritter sei.[47] Da es durch den Fortschritt der Medizin für viele schwere Krankheiten schnelle und effiziente Heilungsmöglichkeiten gibt, wird teilweise gefordert, das Definitionsmerkmal „schwer“ durch

---

40 So versteht dies z.B. auch *Hörnle*, JZ 2020, 872, 876; *Hoven*, ZIS 2016, 1, Fn. 2; *Magnus*, Patientenautonomie im Strafrecht, S. 236; *Saliger*, KritV 2001, 382, 438.

41 Ausführlich *Saliger*, KritV 2001, 382, 392 ff.; vgl. auch *Beckmann*, DRiZ 2005, 252.

42 *Roxin*, in: Roxin/Schroth, Handbuch des Medizinstrafrechts, S. 83; zustimmend etwa NK-StGB/*U. Neumann*, Vor. § 211, Rn. 90.

43 BVerfGE, 153, 182, 199.

44 Grundlegend *R. Merkel*, Früheuthanasie, S. 340 ff.

45 *R. Merkel*, ZStW 1995, 545, 563 f.; *Scheinfeld*, Organtransplantation und Strafrechtspaternalismus, S. 234 f.

46 *Scheinfeld*, Organtransplantation und Strafrechtspaternalismus, S. 232.

47 Vgl. BGHSt 40, 257; NK-StGB/*Neumann*, Vor. § 211, Rn. 92; *Saliger*, KritV 2001, 382, 419 ff.; *Ehmann*, Die strafrechtliche Bewertung der Sterbehilfe im deutsch-ungarischen Vergleich, S. 28.

„unheilbar" zu ersetzen.[48] Indes gibt es einige Krankheiten, die unheilbar sind, aber kaum oder keine Schmerzen verursachen. Daher wird auch eine Ergänzung der Definition um das Merkmal „unheilbar" vorgeschlagen, ohne das Merkmal „schwer" zu streichen.[49] Es ist aber zu berücksichtigen, dass manche Heileingriffe einen ungewissen Ausgang haben und oft mit einem schmerzvollen Leidensweg verbunden sind. Es ist nicht einzusehen, warum ein Mensch sich zum Beispiel experimenteller Forschung, an deren Ende vielleicht eine Heilung stehen könnte, aussetzen sollte, um Hilfe Dritter erhalten zu dürfen. Entscheidet der Patient sich in solchen Fällen gegen einen solchen Heileingriff, dann liegt dies innerhalb seines Selbstbestimmungsrechts. Das Merkmal „unheilbar" sei insoweit zu beschränken.[50] Ohne sich damit endgültig festzulegen, ist das Krankheitsmerkmal genau aus diesem Grund insgesamt kritisch zu sehen. Im Rahmen der Sterbehilfe ist es zwar kaum vorstellbar, dass ein Mensch ohne unerträgliches Leid den eigenen Tod wünscht. Leid ist nämlich typischerweise natürliche Voraussetzung der Sterbehilfe.[51] Wie groß das Leid aber sein muss und ob der Rechtsgutsträger den Prozess der Leidensminderung oder der Heilung in Kauf nehmen möchte, liegt innerhalb seines Selbstbestimmungsrechts, dessen Inhalt, Reichweite und Einschränkbarkeit noch genauer betrachtet werden.[52] Festgehalten werden kann aber, dass Unheilbarkeit jedenfalls in diesem Sinne kein Kriterium der Sterbehilfe ist.[53] Schweres Leid – physisches, psychisches oder auch nur befürchtetes – das als derart unerträglich empfunden wird, dass der Tod als die subjektiv einzig sinnvolle Lösung erscheint, ist hingegen natürliche Voraussetzung der Kategorie Sterbehilfe. Welche Formen der Sterbehilfe straffrei sind, wird im weiteren Verlauf analysiert.[54]

Des Weiteren kann man die Sterbehilfe unterkategorisieren. Diese Unterkategorisierung bezieht sich auf die zeitliche Komponente. So kann

---

48 Vgl. z.B. *Ehmann*, Die strafrechtliche Bewertung der Sterbehilfe im deutsch-ungarischen Vergleich, S. 28.

49 Vgl. BGHSt 40, 257; *Saliger*, KritV 2001, 382, 419.

50 NK-StGB/*U. Neumann*, Vor. § 211, Rn. 92.

51 Damit wird die Sterbehilfe von anderen Sterbewünschen abgegrenzt, zum Beispiel vom Suizid aus kriegerischen oder politischen Gründen und von Attentaten. Hiermit ist aber keine Aussage darüber getroffen, ob die Entscheidung selbstbestimmt getroffen wurde; Leid ist also keine hinreichende Bedingung für die Unterscheidung zwischen selbst- und fremdbestimmter Entscheidungen. Vgl. *Hörnle*, JZ 2020, 872, 878 f.

52 Kapitel 3, D. = S. 142 ff.

53 So nunmehr auch BVerfGE, 153, 182, 199, 262 f.

54 Kapitel 2, D. = S. 81 ff.

man die lebensverkürzenden Maßnahmen danach unterscheiden, ob der Sterbeprozess bereits begonnen hat oder noch nicht. Begonnen hat der Sterbevorgang dann, wenn das Grundleiden sich nach ärztlicher Diagnose in einer Weise manifestiert hat, dass ein tödlicher Verlauf begonnen hat und der Tod in naher Zukunft eintreten wird.[55] Hat der Sterbevorgang begonnen, handelt es sich um palliativmedizinische Versorgung.[56] Die Sterbehilfe kann aber nicht auf solche Fälle beschränkt werden.[57] Hat der Sterbeprozess noch nicht begonnen, kann dennoch von Sterbehilfe gesprochen werden, soweit damit vorgelagerte unterstützende Handlungen bezeichnet werden, bei denen der betroffene Mensch zwar noch längere Zeit leben könnte, er jedoch leidensbedingt seinem unerträglichen Leben durch geäußerten oder mutmaßlichen Willen ein Ende setzen möchte. Die erste Kategorie wird häufig als Sterbehilfe im engeren Sinne und die zweite als Sterbehilfe im weiteren Sinne bezeichnet.[58] Diese Zuordnung wirkt jedoch künstlich und ist wenig präzise. Da die Sterbehilfe im engen Sinne eine Handlung meint, die während des Sterbevorgangs stattfindet, ist es eingehender, die Formulierung „Hilfe beim Sterben" zu verwenden.[59] Hat der Sterbeprozess noch nicht begonnen und soll dieser durch die Handlung herbeigeführt werden, dann handelt es sich um „Hilfe zum Sterben". Wenig gelungen ist die Verwendung der Begriffe Hilfe zum und beim Sterben, um zwischen lebensverkürzenden und nicht lebensverkürzenden Maßnahmen zu differenzieren.[60] Folglich werden hier die präziseren Begriffe Hilfe zum und beim Sterben zu Grunde gelegt, um damit die Unterscheidung in zeitlicher Hinsicht deutlich zu machen.[61]

Sterbehilfe ist demnach die Hilfe beim oder zum Sterben, um einem Sterbewilligen einen – seinen Interessen entsprechenden – Tod zu ermöglichen. Dabei sei betont, dass diese Definition noch nichts darüber aussagt,

---

55 BGHSt, 257, 259; MüKoStGB/*Schneider*, Vor. § 211, Rn. 102.

56 Vgl. NK-StGB/*U. Neumann*, Vor. § 211, Rn. 99.

57 NK-StGB/*U. Neumann*, Vor. § 211, Rn. 93; anders noch BGHSt, 40, 257.

58 BGHSt 40, 257; *Roxin*, in: Roxin/Schroth, Handbuch des Medizinstrafrechts, S. 83; MüKoStGB/*Schneider* Vor. § 211, Rn. 102; *Ingelfinger*, Grundlagen und Grenzbereiche des Tötungsverbots, S. 275 f.

59 Vgl. *Saliger*, KritV 382, 404, der weiter differenziert: Hilfe beim Sterben werde geleistet, wenn sie lebensverkürzend ist, Hilfe im Sterben hingegen, wenn sie nicht lebensverkürzend ist.

60 So *Otto*, Jura 1999, 434, 435; *ders.*, NJW 2006, 2217, 2218.

61 Zwar ist die Differenzierung in allen Fallgruppen möglich, in der Regel wird jedoch nur bei der passiven Sterbehilfe unterschieden, so zum Beispiel *Ingelfinger*, Grundlagen und Grenzbereiche des Tötungsverbots, S. 275 f.

ob eine solche Handlung strafbar ist oder strafbar sein soll. Dies werden erst die folgenden Erwägungen klären.

## *D. Exkurs: Der Euthanasiebegriff*

Soweit ersichtlich, findet sich der erste Nachweis für den Ursprung des Begriffs „Euthanasie“ bereits im 6. Jahrhundert v. Chr. (aus dem Altgriechischen: „euthanatos“).[62] Wörtlich übersetzt bedeutet er „guter Tod“.[63] Der in der Antike geprägte Begriff wurde jedoch je nach Autor mit leicht unterschiedlicher Bedeutung verwendet. Obwohl die Bedeutungsebenen teilweise nicht klar trennbar sind, kann man folgende Interpretationen nennen: Zum einen kann man den Begriff euthanatos je nach Kontext mit einem „leichten Tod“ ohne vorherige Krankheit oder auch als „schnellen Tod“ im Sinne eines leichten und schmerzlos schnellen Tod übersetzen. Gemeint wurde aber auch ein „rechtzeitiger Tod“, also ein früher Tod in der Jugend. Schließlich ist die Interpretation als „würdiger Tod“ im Sinne eines tugendhaften oder ehrenvollen Todes im Kampf zu nennen. Sämtliche Verständnisformen in der Antike haben gemein, dass euthanatos eine Idealvorstellung des Todes war und gewünscht wurde. Gleichwohl wurde der Begriff nicht im Zusammenhang mit medizinischen Maßnahmen verwendet. Weder das, was das deutsche Recht unter aktiver oder passiver Sterbehilfe, noch unter assistiertem Suizid versteht, verstand man in der Antike unter euthanatos. Mit dem Begriff wurden zunächst verschiedene äußere Situationen beschrieben, sowohl solche der Selbst- als auch solche der Fremdtötung. Ambivalenz erlangt die Semantik des Wortes erst dadurch, dass damit nicht nur der Eintritt, sondern auch das Herbeiführen eines guten Todes beschrieben wird.[64]

Entscheidend für eine heute mögliche Fehlinterpretation des Begriffs ist aber eine Entwicklung, die ab der zweiten Hälfte des 19. Jahrhunderts begann.[65] Im Rahmen der Diskurse über Sozialdarwinismus, Eugenik und Rassenhygiene diskutierten Wissenschaftler am Rande über die „Ausscheidung der Schwachen“. Vorerst lehnten Ärzte noch unisono die Lebensverkürzung bei Schwerkranken ab. Vor diesem Hintergrund wurde ab 1871 die Tötung auf Verlangen mit § 216 Reichsstrafgesetzbuch pönalisiert.

---

62 Zum Folgenden *Benzenhöfer*, Der gute Tod?, S. 13 ff.
63 *Benzenhöfer*, Der gute Tod?, S. 9.
64 *Benzenhöfer*, Der gute Tod?, S. 9.
65 Zum Folgenden *Benzenhöfer*, Der gute Tod?, S. 69 ff.

Diese Strafnorm besteht im Kern bis heute gemäß § 216 StGB fort. Die Bewegung am Rande der Wissenschaft bereitete aber die Grundlage für die „Vernichtung lebensunwerten Lebens“ und wurde unter anderem durch Autoren wie Adolf Jost, Ernst Haeckel, Alfred Hoche und Karl Binding geprägt.[66] Binding führte zum Beispiel aus, es gebe „in der Tat menschliche Leben, an deren weiterer Erhaltung jedes vernünftige Interesse dauernd geschwunden“[67] sei und kategorisierte Menschen, die für die „Freigabe der Tötung“ in Betracht kommen sollten.[68] Obgleich die Diskussionen um „Kindereuthanasie“ und die „Vernichtung unwerten Lebens“ im Allgemeinen energischer und breiter geführt wurde, blieb sie zunächst theoretischer Natur und es gab in der Weimarer Republik keine Gesetzesänderungen diesbezüglich.[69]

Die Verwendung von Begrifflichkeiten wie „Vernichtung lebensunwerten Lebens“ löst – jedenfalls beim Verfasser – Unbehagen aus. Dies liegt nicht primär an jenen, die erste gedankliche Vorstöße Ende des 19. Jahrhunderts erbrachten. So stellte Binding klar:

> „Jede unverbotene Tötung eines Dritten muß als Erlösung mindestens für ihn empfunden werden: sonst verbietet sich ihre Freigabe von selbst. Daraus ergibt sich aber eine Folgerung als unbedingt notwendig: die volle Achtung des Lebenswillens aller, auch der kränksten und gequältesten und nutzlosesten Menschen“[70].

Mit seinen rechtlichen Ausführungen wollte er prüfen, ob die straffreie Lebensvernichtung auf den Suizid beschränkt bleiben oder abgesehen von gesetzlichen Rechtfertigungsgründen, wie dem Notstand, auf manche Fälle der Fremdtötung erstreckt werden solle.[71] Überlegungen wie diese wurden von 1939 bis 1945 im Dritten Reich derart missbraucht, dass es zu der bekannten „Vernichtungspraxis“ kam, auf die hier nicht weiter einzugehen ist. Diese Vernichtungspraxis wurde euphemistisch, unter anderem unter dem Deckmantel und unter Ausnutzung der antik ambivalenten Bedeutung des Begriffs euthanatos, mit Euthanasie umschrieben.[72] Heute ist natürlich klar, dass insbesondere die Ermordung geistig und körperlich

---

66 *Benzenhöfer*, Der gute Tod?, S. 81 ff.
67 *Binding*, Rechtliche Ausführungen, S. 28.
68 *Binding*, Rechtliche Ausführungen, S. 29 ff.
69 *Benzenhöfer*, Der gute Tod?, S. 96 f.
70 *Binding*, Rechtliche Ausführungen, S. 28.
71 *Binding*, Rechtliche Ausführungen, S. 5.
72 Ausführliche Ausarbeitung zur „Euthanasie“ im Nationalsozialismus *Benzenhöfer*, Der gute Tod?, S. 97 ff.

behinderter Menschen im Dritten Reich („Aktion T4“) überhaupt nichts mit dem eigentlichen Verständnis von Euthanasie im Sinne eines „guten Todes“ zu tun hat.

Unbehagen entsteht dennoch aufgrund des unbeschreiblichen Missbrauchs, der mit wissenschaftlichen Ansätzen und antiker Semantik betrieben wurde. Unweigerlich verbinden noch Generationen nach Ende des Dritten Reiches die Taten des NS-Regimes mit bestimmten Begriffen, Formulierungen und Bildern. Bewusstsein für das Geschehene ist ohne Frage in vielerlei Hinsicht notwendig. Die heutige strafrechtliche Bewertung der Sterbehilfe könnte jedoch vor diesem Hintergrund zu Verzerrungen bei Verwendung des Euthanasiebegriffs führen und eine neutrale Betrachtung erschweren. Darüber hinaus ist der Begriff der Sterbehilfe präziser als der der Euthanasie, sodass auch eine synonyme Verwendung nicht angezeigt ist.[73] Insgesamt soll hier von dem häufig in anderen Staaten, aber auch wieder in Deutschland synonym für Sterbehilfe verwendeten Begriff der Euthanasie abgesehen werden.[74]

---

73 *Saliger*, KritV 2001, 382, 394.

74 Prägnant auch *Hörnle*, JZ 2020, 872, 876; NK-StGB/*U. Neumann*, Vor. § 211, Rn. 94; *Roxin*, in: Roxin/Schroth, Handbuch des Medizinstrafrechts, S. 120; *Saliger*, KritV 2001, 382, 392 ff. lehnt den Begriff auch aus begrifflich-strukturellen Gründen ab; s. auch *Britzke*, § 217 StGB im Lichte des strafrechtlichen Rechtsgutskonzepts, S. 24 ff.

# Kapitel 2: Sterbehilfe de lege lata

Ist eine Maßnahme der zuvor definierten Kategorien der Sterbehilfe zugewiesen, so sagt diese Einordnung noch nichts über deren strafrechtliche (Un-) Zulässigkeit aus. Die Einordnung in strafrechtliche Dimensionen gehört zu den „schwierigsten Problemen des Strafrechts“[75], bei der lediglich „in der ständigen Auseinandersetzung (...) in diesem schwierigen Bereich das ‚richtige Recht‘ wenigstens annäherungsweise zu finden“[76] ist. Dafür lassen sich drei Gründe anführen[77]:

Zum Ersten hat der deutsche Gesetzgeber keine Spezialvorschriften für Sterbehilfe entwickelt, sodass auf allgemeine Prinzipien des Strafrechts zurückgegriffen werden muss, welche teilweise durch Sonderregeln ergänzt werden. Die §§ 212, 211 StGB sind schon gemessen am Wortlaut nicht auf die Problematik zugeschnitten. Der § 216 StGB erfasst nur einen kleinen Aspekt aus diesem ungeschriebenen Regelungsbereich und der im Jahr 2015 in Kraft getretene und jüngst durch das Bundesverfassungsgericht als verfassungswidrig beurteilte § 217 StGB a.F.[78] schaffte bisher nur mehr Verwirrung als Klarheit. Mit Art. 1 des 3. Betreuungsänderungsgesetzes wurde das Rechtsinstitut der Patientenverfügung erstmalig kodifiziert. Die in diesem Rahmen neu eingefügten Vorschriften §§ 1901a, 1901b BGB sind aber ebenfalls nicht auf die Sterbehilfe zugeschnitten und erfassen sowohl nach grammatikalischer als auch nach systematischer Betrachtung weit darüber hinausgehende Fälle.[79] Die (Muster-) Berufsordnung für die in Deutschland tätigen Ärzte[80], die Grundsätze der Bundesärztekammer[81] sowie weitere Richtlinien, Empfehlungen und Hinweise der Bundesärzte-

75 In Bezug auf die Sterbehilfe *Roxin*, in: Roxin/Schroth, Handbuch des Medizinstrafrechts, S. 83.

76 *Roxin*, 140 Jahre GA, 177, 190.

77 Zu den drei Gründen *Roxin*, in: Roxin/Schroth, Handbuch des Medizinstrafrechts, S. 83 f.

78 BVerfGE, 153, 182.

79 Vgl. zur Rechtslage vor und nach der Reform durch das 3. BtAndG *Jurgeleit*, NJW 2015, 2708; vgl. auch Kapitel 2, D., II., 1., a., ii. = S. 89 ff.

80 Vgl. dazu insb. den 2011 eingefügten § 16 MBO-Ä 1997 in der Fassung der Beschlüsse des 114. Deutschen Ärztetages 2011 in Kiel DÄBl. 2011, 115, A-1980, der auch in der aktuellsten veröffentlichen Fassung des 121. Deutschen Ärztetages in Erfurt noch gilt DÄBl. 2019, 116, A-230.

81 DÄBl. 2011, 108, A-346.

kammer[82] haben keine Relevanz für die strafrechtliche Wertung, können sich aber gleichwohl aneinander orientieren.[83]

Zweitens geht es bei der Thematik Leben und Tod um einen hochbrisanten Bereich. Das deutsche Recht ist so ausgestaltet, dass durch abstrakte Normen eine Vielzahl an konkreten Fällen erfasst und geregelt werden soll. Somit werden Alltagssituationen typisiert, anhand derer dann die abstrakten Regelungen geschaffen werden. Die so erzeugten allgemeinen Begrifflichkeiten vermögen indes dem Sterben, dem persönliche Individualität und situative Einmaligkeit immanent sind, oft nicht gerecht zu werden.

Schließlich handelt es sich drittens um ein Fachgebiet, das nicht nur von Strafrechtlern erforscht, sondern auch von Literaten, Philosophen, Theologen und Medizinern bearbeitet wird. Einerseits mögen die Beobachtungen aus anderen Fachbereichen die strafrechtliche Debatte bereichern, andererseits können ideologische und weltanschauliche Extrema und Fehlleitungen den Diskurs hemmen.

Wie gezeigt werden wird, schien die Diskussion in der Sterbehilfe der vergangenen Jahrzehnte bis 2015 zu einem breiteren gesellschaftsfähigen Konsens zu streben; jedenfalls in rechtlicher Hinsicht hat der Bundesgerichtshof veraltete Grundsätze in Teilen aufgegeben und zur Liberalisierung in diesem Bereich beigetragen.[84] Auch die Grundsätze der Ärztekammern zur ärztlichen Sterbebegleitung sind teilweise durch Modernisierung geprägt.[85] Die Einführung des § 217 StGB a.F. führte zu rechtlichen Unsicherheiten: Es schienen bis zur höchstrichterlichen Klärung der Verfassungswidrigkeit[86] auch solche Handlungen strafbar, bei denen beinahe rechtlicher und gesellschaftspolitischer Konsens darüber bestand, dass diese Maßnahmen strafrechtlich nicht sanktioniert werden sollen. Seit Februar 2020 besteht damit normativ zunächst die gleiche Rechtslage wie vor Verabschiedung des § 217 StGB a.F. Das Urteil des Bundesverfassungsge-

---

82 Zum Beispiel Hinweise und Empfehlungen der Bundesärztekammer zu Patientenverfügungen und anderen vorsorglichen Willensbekundungen bei Patienten mit Demenzerkrankungen DÄBl. 2018, 115, A-952.

83 Zuletzt klargestellt durch BGH, NJW 2019, 3089 und BGH, NJW 2019, 3092; vgl. auch *Ehmann*, Die strafrechtliche Bewertung der Sterbehilfe im deutsch-ungarischen Vergleich, S. 32; *Schreiber*, FS für Deutsch, 773, 774 f.; anders hingegen noch *Duttge*, GA 2005, 612, 613; LK-*Jähnke*, 11. Auflage, Vor. § 211, Rn. 16.

84 Etwa auch zuletzt zum „Tatherrschaftswechsel" BGH, NJW 2019, 3092; vgl. Kapitel 2., B., II., 3. a. i. = S. 61 ff.

85 Vgl. Kapitel 2, D., III. = S. 107 ff. sowie Kapitel 3, E. III., 3. = S. 189 ff.

86 Gemeint ist BVerfGE, 153, 182.

richts verändert jedoch durch die klare Stärkung des Selbstbestimmungsrechts die Auslegung de lege lata und schreibt die begonnene Liberalisierung fort.[87]

## A. *Straflosigkeit des Suizids – Verfassungsrechtliche Grundlage*

Der Suizid und sein Versuch sind nicht strafbar. Die §§ 211 ff. StGB richten sich nur gegen die Tötung eines anderen Menschen. Aufgrund dieser Schutzrichtung der Tötungsdelikte ist der Suizid damit tatbestandlos. Obwohl die Überschrift des sechzehnten Abschnitts des Strafgesetzbuchs „Straftaten gegen das Leben" grammatikalisch vermuten lassen könnte, dass auch Suizidhandlungen erfasst sind, richten sich die darunterfallenden Straftatbestände aus systematischen und rechtshistorischen Gründen nur gegen die Fremdtötung; die objektiven Tatbestände erfordern die Tötung eines anderen Menschen.[88]

Die Tatbestandsmäßigkeit der Selbsttötung wurde konstruiert über einen gewohnheitsrechtlichen Straftatbestand in Verbindung mit § 28 Abs. 2 StGB.[89] Offensichtlich verstößt dies gegen den gemäß Art. 103 Abs. 2 GG gewährleisteten Grundsatz nulla poena sine lege scripta, nach dem die Begründung einer Strafbarkeit durch Gewohnheitsrecht nicht möglich ist; dieser Ansatz ist folglich mit der Verfassung unvereinbar und nicht vertretbar.[90]

Teilweise wurde mit dem Ziel eine Strafbarkeit der Suizidhilfe zu begründen, der Suizid fiktiv als tatbestandsmäßig erachtet und schließlich wegen der Sinnlosigkeit, die der Suizident in seinem Leben empfindet, entschuldigt.[91] Das Unrecht liege wie bei der Fremdtötung in der Beendigung eines Lebens und die Rechtswidrigkeit folge aus der Gemeinschaftspflicht weiterzuleben, welche durch die Existenz des § 216 StGB begründet wird. Die Rechtspflicht weiterzuleben ende erst, wenn das Weiterleben mit unangemessenen Qualen verbunden sei. Der Suizident befinde sich in einer psychischen Ausnahmesituation, da er seine Lebenssituation als ausweglos emp-

---

87 Zum Urteil BVerfGE, 153, 182 s. Kapitel 2, C. = S. 69 ff.

88 BGHSt 32, 367, 372 („Fall-Wittig"); MüKoStGB/*Schneider*, Vor. § 211, Rn. 30; *Herzberg*, JA 1985, 131, 133; a.A. *Schmidhäuser*, FS für Welzel, 801, 815, 821 f.

89 *Bringewat*, ZStW 1975, 623, 639 ff.

90 Zum Verbot von Gewohnheitsrecht im Strafrecht NK-StGB/*Hassemer/Kargl*, § 1, Rn. 64 ff.

91 Zur folgenden Konstruktion *Schmidhäuser*, FS für Welzel, 801, 810 ff.; *Klinkenberg*, JR 1978, 441, 443 ff.

finde, sodass der Suizident schließlich in Anlehnung an den übergesetzlichen Notstand nicht zu bestrafen sei. Da mit dieser Konstruktion eine vorsätzliche und rechtswidrige Haupttat geschaffen würde, könnte man nicht mehr das Argument der limitierten Akzessorietät einer Strafbarkeit der Suizidhilfe entgegenhalten. Zwar schließt der Wortlaut des § 212 StGB den Suizid nicht unmittelbar aus, denn der Tatbestand erfasst auf den ersten Blick jedwede Tötung eines Menschen („Wer einen Menschen").[92] Anders als bei § 223 Abs. 1 StGB, bei dem es heißt: „Wer eine andere Person", sah der Gesetzgeber aber keine Veranlassung bei den Fremdtötungsdelikten den Tatbestand explizit zu beschränken.[93] Jedenfalls in systematischer Hinsicht ist aber die Konstruktion des fiktiv tatbestandsmäßigen Suizids nicht haltbar. Wäre nämlich die Selbsttötung nach § 212 StGB tatbestandsmäßig, dann würde dies bedeuten, dass die (versuchte) Selbsttötung härter bestraft werden würde als die (versuchte) Tötung auf Verlangen gemäß § 216 StGB, welche durch den Gesetzgeber eine Privilegierung[94] erfahren hat.[95] Darüber hinaus kann man rechtshistorisch der Tatsache, dass die Pönalisierung einer Teilnahme am Suizid Gegenstand rechtspolitischer Überlegung war,[96] im Umkehrschluss annehmen, dass der Gesetzgeber de lege lata die Teilnahme nicht unter Strafe stellen wollte.[97]

---

92 *Schmidhäuser*, FS für Welzel, 801 ff.; *Hoerster*, NJW 1986, 1786, 1788; *Herzberg*, ZIS 2016, 440, 441.

93 NK-StGB/*U. Neumann*, Vor. § 211, Rn. 38; s. auch *Herzberg*, ZIS 2016, 440, 441, der entgegen des Wortlauts anerkanntermaßen einschränkt: „I.S.d. § 212 StGB tötet ‚einen Menschen' nur, wer nicht sich selbst, sondern eine andere Person tötet".

94 Die Rechtsprechung und ein kleiner Teil der Literatur verstehen § 216 StGB als selbstständigen Spezialtatbestand, u.a. BGHSt 2, 258; 13, 162, 165; *Herzberg*, JZ 2000, 1093, 1099; *Kaspar*, Verhältnismäßigkeit und Grundrechtsschutz im Präventionsstrafrecht, S. 478 f.; *S/S-Eser/Sternberg-Lieben*, StGB, § 216, Rn. 2. Der überwiegende Teil der Literatur sieht in § 216 StGB eine unselbstständige tatbestandliche Abwandlung des Totschlags bzw. eine unselbstständige Privilegierung, vgl. MüKoStGB/*Schneider*, § 216, Rn. 1, m.w.N.

95 Vgl. so auch *Ingelfinger*, Grundlagen und Grenzbereiche des Tötungsverbots, S. 219; NK-StGB/*U. Neumann*, Vor. § 211, Rn. 39.

96 Vgl. *Schmidhäuser*, FS für Welzel, 801, 806 f. unter Verweis auf die Sitzung der Großen Strafrechtskommission vom 05.03.1958 sowie den Entwurf eines Allgemeinen deutschen Strafgesetzbuches von 1927 (§ 248).

97 *Ingelfinger*, Grundlagen und Grenzbereiche des Tötungsverbots, S. 219; *Roxin*, FS für Dreher, 331, 336; *Ehmann*, Die strafrechtliche Bewertung der Sterbehilfe im deutsch-ungarischen Vergleich, S. 138 f.

Zudem kann der Träger eines subjektiven Rechts nicht aus diesem Recht berechtigt und zugleich verpflichtet werden.[98] Zwar kann dasselbe Verhalten Gegenstand eines Rechts und einer Pflicht derselben Person sein (Beispiel: Schulrecht und Schulpflicht). Jedoch ist nicht jedem Recht auch zwingend eine Pflicht immanent. Einem Recht kann eine Pflicht zugeordnet werden; diese wird aber nicht aus dem Recht abgeleitet, sondern bedarf einer eigenständigen Begründung. Die Pflicht einer Person korrespondiert stets mit dem Recht einer anderen. Niemals kann also mit Blick auf das subjektive Recht argumentiert werden, ein und derselbe Rechtsträger hätten ein Lebensrecht und eine daraus folgende Lebenspflicht.

Die Selbsttötung ist als nicht tatbestandsmäßige Handlung folglich auch nicht rechtswidrig im Sinne von § 11 Abs. 1 Nr. 5 StGB.[99] Mithin haben sich solche Ansätze, die versuchen die Strafbarkeit des Suizids zu begründen, nicht durchgesetzt. Die entscheidende Frage ist demnach, wie ein Recht auf einen eigenverantwortlichen Suizid zu begründen ist. Das Recht auf eine eigenverantwortliche Selbsttötung ist im Grundgesetz nicht ausdrücklich normiert. Vertreten wurde, die Selbsttötung sei sittlich zu missbilligen[100], sie sei rechtswidrig aber straflos[101] oder bewege sich gar im rechtsfreien Raum[102]. Teilweise wurde angeführt, dass das grundgesetzliche Recht auf Leben gemäß Art. 2 Abs. 2 S. 1 GG ein umgekehrt verfassungsrechtliches Suizidverbot statuiere.[103] Dies stellt aber einen Kategorienfehler zwischen dem Schutz des Rechts auf Leben und dem Schutz des Lebens dar. Aus einem Recht – und nur das wird hier geschützt – kann wie soeben dargestellt keine Pflicht hergeleitet werden. Anerkannt ist, dass es sich bei der Beendigung des Lebens durch den Suizidenten selbst um ein verfassungsrechtlich geschütztes Verhalten handelt.[104] Es besteht ein Recht auf Selbstbestimmung im Tode und keine Rechtspflicht zum Wei-

---

98 Zum Folgenden *R. Merkel*, Früheuthanasie, S. 396 ff., er bezeichnet dieses Argument als „normatives Paradoxon"; s. auch *Scheinfeld*, Organtransplantation und Strafrechtspaternalismus, S. 393 ff.

99 Vgl. insbesondere *Gavela*, Ärztlich assistierter Suizid und organisierte Sterbehilfe, S. 7 ff.

100 BGHSt 6, 147, 153.

101 BGHSt 46, 279, 285; *Schmidhäuser*, FS für Welzel, 801, 810 ff.

102 Grundlegend *Gallas*, Beiträge zur Verbrechenslehre, S. 179 ff.; instruktiv und jedenfalls im Hinblick auf Art. 2 Abs. 1 GG ablehnend *Bottke*, GA 1982, 346, 348 ff.; *Lindner*, JZ 2006, 373, 382; *Lorenz*, JZ 2009, 57, 60.

103 Andeutend *Dürig/Herzog/Scholz/Di Fabio*, GG, Art. 2 Abs. 2 Nr. 1, Rn. 7, 47.

104 Zuletzt BVerfGE, 153, 182, 260; vgl. zur verfassungsrechtlichen Würdigung auch *Saliger*, Selbstbestimmung bis zuletzt, S. 46 ff.

terleben.[105] Umstritten ist jedoch, wie die Straflosigkeit des (versuchten) Suizids verfassungsrechtlich abgesichert ist.

Vorab ist darauf hinzuweisen, dass der deutschen verfassungsrechtlichen Grundlage die menschenrechtliche Fundierung in der Europäischen Menschenrechtskonvention vorgeschaltet ist. Die Europäischen Menschenrechtskonvention[106] sowie die Wertungen des Europäischen Gerichtshofs für Menschenrechte[107] dienen nicht nur als Auslegungshilfe für die Bestimmung von Inhalt und Reichweite der Grundrechte,[108] sie sind vielmehr maßgebend, solange[109] dieser Schutz nicht hinter dem Schutz des Grundgesetzes zurückbleibt.[110] So verbürgt Art. 8 Abs. 1 EMRK das Recht auf selbstbestimmte Lebensbeendigung in Gestalt der Selbsttötung als Achtung des Privatlebens.[111] Art. 8 EMRK umfasst die subjektive Vorstellung zur Lebensqualität, sodass grundsätzlich niemand gezwungen werden kann weiterzuleben; der Staat muss nicht nur den Suizidwillen des Einzelnen, sondern auch den Willen, Unterstützung Dritter beim Vollzug in Anspruch zu nehmen, im Grundsatz respektieren.[112] Soweit der Einzelne einen freien Willen bilden und danach handeln kann, bestimmt er „ob", „wie" und „zu welchem Zeitpunkt" er sein Leben beenden möchte.[113] Auch hieraus ergibt sich im Übrigen, dass die These eines verfassungsrechtlichen Selbsttötungsverbots mit dem Grundsatz völkerrechtsfreundlicher Auslegung nicht vereinbar ist: Wenn das Menschenrecht nach Art. 8 Abs. 1 EMRK garantiert, Art und Zeitpunkt seines eigenen Ablebens selbst zu bestimmen, dann kann der Suizid nicht ausnahmslos verboten sein. Zwar kann dieses Recht gemäß Art. 8 Abs. 2 EMRK aus Gründen des Le-

---

105 Vgl. NK-StGB/*U. Neumann*, Vor. § 211, Rn. 43; *Roxin*, NStZ 2016, 185, 186; vgl. auch zur verfassungsrechtlichen Prüfung *Fink*, Selbstbestimmung und Selbsttötung, S. 50 ff., 197 ff.

106 BVerfGE 111, 307, 317 f.; 149, 293, 328.

107 BVerfGE 148, 296, 354.

108 BVerfGE, 153, 182, 296 f.

109 Vgl. BVerfGE 73, 339.

110 Zu den Maßgaben unter Auswertung der Rechtsprechung im Einzelnen *Saliger*, Selbstbestimmung bis zuletzt, S. 25 ff., 43 ff; s. auch BVerfGE, 153, 182, 296 ff.

111 Grundlegend zur Anerkennung eines Rechts auf Selbstbestimmung EGMR, NJW 2002, 2851 (Fall Pretty/Vereinigtes Königreich); ausdrückliche Anerkennung eines Rechts auf selbstbestimmtes Sterben EGMR, NJW 2011, 3773 (Fall Haas/Schweiz); Bestätigung und Konkretisierung dessen EGMR, NJW 2013, 2953 (Fall Koch/Deutschland).

112 EGMR, NJW 2002, 2851, 2854.

113 EGMR, NJW 2011, 3773, 3774.

bensschutzes Dritter eingeschränkt werden.[114] Insbesondere ist jeder Mitgliedsstaat verpflichtet, nach Art. 2 EMRK vulnerable Personen vor allem gegen selbstgefährdende Handlungen zu schützen und sicherzustellen, dass die Entscheidung des Suizidwilligen tatsächlich seinem freien Willen entspricht; im Ergebnis darf das Recht auf selbstbestimmtes Sterben aber nicht nur theoretisch oder scheinbar bestehen.[115]

Ein solches Recht könnte sich im Grundgesetz aus der Menschenwürde nach Art. 1 Abs. 1 S. 1 GG ergeben.[116] Erwogen wird auch, dass dieses Recht die Kehrseite des Grundrechts auf Leben gemäß Art. 2 Abs. 2 S. 1 GG darstellt: Wenn Grundrechtsgefährdender und Grundrechtsträger in einer Person vereint sind, dann stellt sich die Frage, ob das Recht auf Leben nach Art. 2 Abs. 2 S. 1 GG auch eine negative Rechtsgarantie beinhaltet.[117] Andere leiten ein solches Recht aus dem Grundrecht auf freie Entfaltung der Persönlichkeit[118], aus dem allgemeinen Persönlichkeitsrecht nach Art. 2 Abs. 1 i.V.m. Art. 1 Abs. 1 GG[119] oder gar aus der allgemeinen Handlungsfreiheit gemäß Art. 2 Abs. 1 GG[120] her.

Die negative Ausgestaltung von Art. 2 Abs. 2 S. 1 GG stellt eine bestreitbare Behauptung dar. Nicht jedes Grundrecht hat, etwa wie die negative Bekenntnisfreiheit,[121] eine Kehrseite. Zwar wird Freiheitsrechten grundsätzlich eine negative Seite zugeschrieben, aus ihr folgt aber regelmäßig nur ein Recht auf Verzicht ihrer Wahrnehmung und kein Recht auf negative Einwirkung im Sinne einer Eliminierung.[122] Das Recht auf Leben stellt eine Zustandsgarantie dar, das nicht auf der Kehrseite in ein Frei-

---

114 EGMR, NJW 2013, 2953, 2956.

115 EGMR, NJW 2011, 3773, 3774 f.

116 *Häberle*, HStR II, § 22, Rn. 96; *Hufen*, JZ 2004, 313, 316; Dürig/Herzog/Scholz/*Herdegen*, GG, Art. 1 Abs. 1, Rn. 89; vgl. zum Folgenden im Überblick *Hufen*, NJW 2018, 1524, 1525; *Lindner*, NJW 2013, 136; ausführlich und weitergehend unter Hinzunahme der Unionsgrundrechte *Kampmann*, Die Pönalisierung der geschäftsmäßigen Förderung der Selbsttötung, S. 36 ff.; vgl. auch *Saliger*, Selbstbestimmung bis zuletzt, S. 64, m.w.N.

117 *Höfling*, JuS 2000, 111, 114; *Michael/Morlok*, Grundrechte, Rn. 160.

118 *Rixen*, in: Sachs, GG, Art. 2, Rn. 211 f.

119 *Antoine*, Aktive Sterbehilfe in der Grundrechtsordnung, S. 277; *Dreier*, JZ 2007, 317, 319; *Möller*, KritV 2005, 230, 232 ff.; *Roxin*, NStZ 2016, 185, 186; *Saliger*, Selbstbestimmung bis zuletzt, S. 65; *Schütz/Sitte*, NJW 2017, 2155, m.w.N. in Fn. 6.

120 *Schulze-Fielitz*, in: Dreier, GG, Art. 2 II, Rn. 32.; *Stern*, Das Staatsrecht der Bundesrepublik Deutschland, S. 148 f.; *Lindner*, JZ 2006, 373, 377.

121 Zur negativen Bekenntnisfreiheit vgl. nur *Starck*, in: von Mangoldt/Klein/Starck, GG, Art. 4, Rn. 23 ff.

122 *Lorenz*, JZ 2009, 57, 60, m.w.N.

heitsrecht mit Verfügungsdisposition über das Leben uminterpretiert werden kann.[123] Ein Rückgriff auf die allgemeine Handlungsfreiheit gemäß Art. 2 Abs. 1 GG verkennt, dass es bei dem eingeforderten Recht um den Kern der Persönlichkeit geht und wird zugleich der Menschenwürde nicht gerecht. Das Selbstbestimmungsrecht über das eigene Leben ist seinerseits das Fundament der Menschenwürde.[124] Im Ergebnis verdient die Auffassung Zustimmung, dass das Recht auf Selbstbestimmung im Tode von dem allgemeinen Persönlichkeitsrecht gemäß Art. 2 Abs. 1 i.V.m. Art. 1 Abs. 1 GG umfasst ist.[125] Der Bezug alleine auf die Menschenwürde ist unpräzise, denn erst in Verbindung mit dem allgemeinen Persönlichkeitsrecht, in dem auch der Bezug zur Menschenwürde vorhanden ist, konkretisiert die Menschenwürde das Recht auf den selbstbestimmten Tod in seiner spezifischen Ausprägung.[126] Unabhängig von einer dogmatischen Lösung steht jedenfalls fest, dass staatliche Beschränkungen des Suizids stets einem Legitimationsdruck unterliegen und nicht umgekehrt, dass ein staatliches Untätigbleiben bei einem Suizid grundsätzlich legitimiert werden muss.[127] Im Ergebnis darf der Staat dem Rechtsträger genauso wenig eine bestimmte Art des Sterbens vorgeben, wie er ihm eine bestimmte, „gute" Form des Lebens vorgeben darf.[128]

Das Recht auf einen selbstbestimmten Tod und damit die Straflosigkeit der Selbsttötung sind folglich grundgesetzlich abgesichert. Der personelle Anwendungsbereich erfasst sämtliche Suizidwilligen, die ihre Entscheidung freiverantwortlich treffen; weder psychisch Kranke noch Minderjährige sind vom Schutzbereich ausgenommen.[129] Die Freiheit des Einzelnen

---

123 *Saliger*, Selbstbestimmung bis zuletzt, S. 65.

124 *Dreier*, in: Dreier, GG, Art. 1 I, Rn. 150; in diese Richtung auch BVerfGE, 153, 182, 263: „Die Selbstbestimmung über das eigene Lebensende gehört ‚zum ureigeinsten Bereich der Personalität' des Menschen"; zustimmend *Brunhöber*, NStZ 2020, 538, 539.

125 So inzwischen BVerfGE, 153, 182, 260 ff.; 158, 142. So auch eine Stellungnahme von 144 Strafrechtlehrern zur strafrechtlichen Ausweitung der Sterbebeihilfe in *Hilgendorf/Rosenau*, medstra 2015, 129. Da es im Kern aber um die (verfassungsrechtlichen) Bedenken gegen die Pönalisierung der Sterbebeihilfe und nicht um die dogmatische Begründung des Rechts auf selbstbestimmtes Sterben ging, ist anzunehmen, dass manche Unterzeichner in diesem Detail abweichender Ansicht sind, im Sinne einer einheitlichen Stellungnahme aber die Kernaussage unterstützen wollten.

126 *Hufen*, NJW 2018, 1524, 1525.

127 So auch *Dreier*, JZ 2007, 317, 319.

128 *Antoine*, Aktive Sterbehilfe in der Grundrechtsordnung, S. 277.

129 *Saliger*, Selbstbestimmung bis zuletzt, S. 68.

reicht also so weit, dass er sich die „vitale Basis“[130] seiner Freiheit entziehen darf.[131] In der Realität ist dieses Grundrecht jedoch zumeist faktisch beschränkt. *Hufen* spricht diesbezüglich von dem selbstbestimmten Sterberecht als „das verweigerte Grundrecht“[132].

Zum einen sind die zur Tötung oder Schmerzlinderung erforderlichen Mittel regelmäßig nicht frei zugänglich und Institutionen, die dem Abhilfe leisten könnten, werden entweder kriminalisiert oder es besteht Unsicherheit über die rechtliche Handhabe. So wurden die Handlungen erschwert, die zur Umsetzung des Suizidwillens notwendig wären, indem zum Beispiel durch die restriktiven Grenzen des BtMG auch dann der Erwerb einer tödlichen Dosis eines Medikaments nicht möglich ist, wenn der Sterbeentschluss infolge einer palliativmedizinisch nicht beherrschbaren Krankheit und der einzigen Prognose langen und schmerzvollen Leidens getroffen wurde.[133] Von diesem Grundsatz darf inzwischen nur in engen Ausnahmefällen abgewichen werden, wenn ein schwer und unheilbar Erkrankter sich in einer extremen Notlage befindet: Eine extreme Notlage ist nach Ansicht des Bundesverwaltungsgerichtes dann gegeben, wenn ein unheilbar Kranker schmerzbedingt stark leidet, der Sterbewillige sich aufgrund seiner Entscheidungsfähigkeit frei entscheidet zu sterben und ihm keine andere zumutbare Möglichkeit zu sterben zur Verfügung steht.[134] Gleichwohl hat das Bundesinstitut für Arzneimittel und Medizinprodukte, das dem Bundesgesundheitsministerium unterstellt ist, unter Berufung auf ein eigens in Auftrag gegebenes Rechtsgutachten, keine Erlaubnis zum Erwerb der Arzneimittel erteilt.[135] Trotz höchstrichterlichem Urteil war es bislang damit faktisch nicht möglich eine Erlaubnis zum Erwerb zu erhalten.[136] Neben der faktischen Beschränkung wird das Grundrecht auf

---

130 BVerfGE 39, 1, 42.

131 *Möller*, KritV 2005, 231 verkennt dies in seiner Einleitung.

132 *Hufen*, NJW 2018, 1524.

133 OVG NRW, DÖV 2016, 85; NK-StGB/*U. Neumann*, Vor. § 211, Rn. 46a.

134 BVerwGE 158, 142.

135 Vgl. BT-Drs. 19/19411, 4; Das Bundesinstitut für Arzneimittel und Medizinprodukte gab als Reaktion auf BVerwGE 158, 142 beim ehemaligen Bundesverfassungsrichter Udo Di Fabio ein Rechtsgutachten in Auftrag. Dieses kommt zu dem Schluss, das Urteil des Bundesverwaltungsgerichts sei verfassungswidrig. Das Gutachten ist abrufbar unter <https://www.bfarm.de/SharedDocs/Downloads/DE/Service/Presse/Rechtsgutachten.pdf?__blob=publicationFile&v=2> (Abruf am 31.01.2022); vgl. zurecht ablehnend *Scheinfeld*, GS für Tröndle, 661; *F. Fischer*, HRRS 2021, 24, 33 f.

136 Der erste Senat des Bundesverfassungsgerichts hat eine Verfassungsbeschwerde gegen die Weigerung des Bundesinstituts für Arzneimittel und Medizinproduk-

selbstbestimmte Lebensbeendigung auch rechtlich beschränkt. Ob diese Eingriffe gerechtfertigt und damit verfassungskonform sind, soll auch Gegenstand der folgenden Untersuchung sein.

## *B. Suizidhilfe*

Kern der rechtlichen Bewertung der Sterbehilfe ist die selbstständige und eigenverantwortliche Entscheidung des Sterbewilligen sein Leben zu beenden. Nicht immer ist es einfach, diese Eigenverantwortlichkeit festzustellen. Die folgenden Ausführungen sollen zeigen, inwiefern die Tatherrschaft, das äußere Erscheinungsbild und dogmatische Erwägungen zu der Abgrenzung von Tun und Unterlassen diese Entscheidung bestimmen.

### I. Begründung der Straflosigkeit

Die Straflosigkeit von Teilnahmehandlungen an der Selbsttötung steht grundsätzlich außer Frage. Jedoch gibt es hierfür unterschiedliche Begründungsansätze. Ausgangspunkt einer jeden Teilnahmestrafbarkeit ist die Haupttat als Anknüpfungspunkt. Gemäß §§ 26, 27 Abs. 1 StGB kann nur daran angeknüpft werden, wenn diese vorsätzlich und rechtswidrig begangen wurde (limitierte Akzessorietät). Der Suizid ist wie dargestellt tatbestandslos und rechtmäßig. Mithin fehlt für die Teilnahmetat eine vorsätzlich rechtswidrige Haupttat nach §§ 26, 27 Abs. 1 StGB.[137] Dieses Ak-

---

te, die Erlaubnis gemäß § 5 Abs. 1 Nr. 6 BtMG zum Erwerb einer tödlichen Dosis Natrium-Pentobarbital zu erteilen, aufgrund der Subsidiarität der Verfassungsbeschwerde nach § 90 Abs. 2 S. 1 BVerfGG nicht zur Entscheidung angenommen, vgl. BVerfG, NJW 2021, 1086. Da der zweite Senat am 26.02.2020 die Nichtigkeit des § 217 StGB a.F. festgestellt hat (BVerfGE, 153, 182, vgl. dazu Kapitel 2, C., S. 69 ff.), seien die Beschwerdeführer infolge der nunmehr grundlegend veränderten Sitiuation gehalten, ihr Recht auf Selbstbestimmung am Lebensende durch aktive Suche nach suizidbereiten Personen oder durch ärztliche Verschreibung eines tödlichen Wirkstoffes zu verfolgen. Vgl. dazu auch *Sachs*, JuS 2020, 580, 582, der die Missachtung des Urteils des Bundesverwaltungsgerichts durch die zuständige Behörde jedenfalls mit dem Urteil des Bundesverfassungsgerichts zu § 217 StGB a.F. (BVerfGE, 153, 182) für nicht mehr vertretbar erachtet; *Dießner*, FD-StrafR 2020, 427867.

137 BGHSt 2, 150, 152; 24, 342, 343; 32, 367, 371; 46, 279, 285; *Dreier*, JZ 2007, 317, 319; *Geilen*, JZ 1974, 145; *Günzel*, Das Recht auf Selbsttötung, S. 187; *Ingelfinger*, Grundlagen und Grenzbereiche des Tötungsverbots, S. 219; *Roxin*, in: Roxin/

zessorietätsargument wird teilweise als formal und inhaltsleer kritisiert.[138] Etwa nach *Ulfrid Neumann* folge daraus, dass die Strafbarkeit einer Anstiftung nach § 26 StGB und die Beihilfe nach § 27 StGB zum Suizid nicht in Betracht kommen, weder dass die Veranlassung oder Unterstützung der Sterbehilfe notwendigerweise straflos seien, noch dass die Beteiligung an einem Suizid stets eine täterschaftliche Begehung als Tötungsdelikt darstelle. Die Beteiligung an einer tatbestandlosen Selbstverletzung falle nämlich schon gar nicht in den Regelungsbereich der Teilnahmebestimmungen, da diese auf die Verletzung von Rechtsgütern Dritter zugeschnitten seien. Vielmehr seien die Verantwortungsbereiche von Suizident und Drittem anhand des Eigenverantwortlichkeitsprinzips voneinander abzugrenzen, wobei die §§ 25 ff. StGB analog[139] angewendet werden könnten.[140] Gleichwohl ergeben sich – da die §§ 25 ff. StGB auf die die gemeinsame Fremdverletzung zugeschnitten sind – für die Mitwirkung an einer Selbstverletzung Modifikationen[141]: So ist der Verantwortungsbereich teilweise auszuweiten (Fälle der mittelbaren Täterschaft) und teilweise einzuschränken (Fälle der Quasi-Mittäterschaft). Dabei gibt es externe (Geschehensablauf, Beteiligungsumfang) und interne (Freiverantwortlichkeit) Kriterien zur Abgrenzung.[142]

Richtig ist, dass die Selbsttötung keine rechtswidrige Tat im Sinne von §§ 26, 27 StGB darstellt. Aber folgt daraus auch zwingend, dass die Teilnahme am Suizid immer straflos ist? Setzt ein Dritter einen kausalen Beitrag für den Suizid, zum Beispiel durch Täuschung, Drohung, Beschaffen des Tötungsmittels wie Gift oder das ungesicherte Liegenlassen einer Waffe, dann kommt stets in Betracht, dass dieser als Täter eines Tötungsdelikts gemäß §§ 211, 212, 216, 222 StGB strafbar ist.[143] Eine sol-

---

Schroth, Handbuch des Medizinstrafrechts, S. 104 f.; S/S-*Eser/Sternberg-Lieben*, StGB, Vor. § 211, Rn. 35; Spickhoff/*Knauer/Brose*, Medizinrecht, StGB § 216, Rn. 4; *T. Fischer* StGB, Vor. §§ 211-217, Rn. 19 f.; *J. Neumann*, NJOZ 2021, 385, 386.

138 *Herzberg*, ZIS 2016, 440, 441 f. (anders noch *Herzberg*, Die Unterlassung im Strafrecht, S. 267: „(...) denn die Teilnahme am Selbstmord ist als solche nach dem Akzessorietätsgrundsatz straflos"); MüKoStGB/*Schneider*, Vor. § 211, Rn. 34; *Ehmann*, Die strafrechtliche Bewertung der Sterbehilfe im deutsch-ungarischen Vergleich, S. 140 f.

139 BGHSt 19, 135, 137 f.

140 NK-StGB/*U. Neumann*, Vor. § 211, Rn. 47 f.; *ders.* bereits in JZ 1987, 244, 246 ff.

141 NK-StGB/*U. Neumann*, Vor. § 211, Rn. 48; Bei *Ingelfinger*, Grundlagen und Grenzbereiche des Tötungsverbots, S. 228 ff.

142 Vgl. Kapitel 2, B., II. 1. = S. 40 ff. und 2. = S. 51 ff.

143 NK-StGB/*U. Neumann*, Vor. § 211, Rn. 78 f.; *Herzberg*, ZIS 2016, 440, 441.

che Strafbarkeit kann nicht mit der limitierten Akzessorietät abgelehnt werden, sondern nur, wenn die Voraussetzungen der Tötungstäterschaft nicht erfüllt sind.[144] Soweit die Tat des Suizidenten freiverantwortlich geschieht, vermögen Handlungen Dritter keine Wirkung über den Rechtskreis des Suizidenten hinaus zu erbringen. Der freiverantwortlich Handelnde überblickt die Tragweite seiner Taten, sodass der Dritte infolgedessen gar kein Unrecht begeht und es a priori keinen Bestrafungsgrund für den an der Selbsttötung beteiligten Dritten gibt. Eine originäre Haftung des Dritten ist daher mangels Einstandspflicht im Sinne der objektiven Zurechenbarkeit einer mittelbar herbeigeführten Todesfolge nicht möglich. Die limitierte Akzessorietät ist auch Ausdruck dieser Idee. Soweit es keine zurechenbare Haupttat gibt, existiert kein dem Dritten zurechenbares Unrecht, das es zu pönalisieren gilt. Somit orientiert sich das Akzessorietätsargument am vom Gesetzgeber vorgegebenen Tatbestand der Teilnahmeformen. Mit anderen Worten ist die limitierte Akzessorietät auch Ausdruck des Prinzips der Eigenverantwortlichkeit. Das Prinzip der Eigenverantwortlichkeit ist dem Akzessorietätsargument daher in Teilen immanent, denn ist der Eigenverantwortlichkeitsbereich nicht überschritten, dann kann auch nicht zugerechnet werden. Dogmatisch betrachtet ist das Teilnahmeargument damit nicht falsch, soweit es konkret um die Verneinung der Strafbarkeit einer Tat geht, bei der die Voraussetzungen der Täterschaft nicht erfüllt sind. Es verdeckt jedoch den wahren Grund der Straflosigkeit, nämlich die zurechnungsausschließende Eigenverantwortlichkeit des Suizidenten.[145] Nur diese Eigenverantwortlichkeit des Suizidenten führt dazu, dass die Voraussetzungen einer Tötungstäterschaft nicht erfüllt sind, nicht jedoch eine Akzessorietät im Sinne einer „bewährten strafrechtdogmatischen Regel", welche die Straflosigkeit der Beteiligten am Suizid begründe.[146] Präziser und vorzugswürdig ist es daher auf das Eigenverantwortlichkeitsprinzip und den damit einhergehenden Ausschluss der rechtlichen Einstandspflicht zu rekurrieren.

Abgesehen von der Begründung der Straflosigkeit der Suizidhilfe besteht die strafrechtlich relevante Frage nach der Grenze zwischen strafloser Suizidhilfe und strafbarer Fremdtötung.

---

144 *Herzberg*, ZIS 2016, 440, 441.

145 Dogmatisch ist auch denkbar bei einem Unterlassungsdelikt die rechtliche Einstandspflicht im Rahmen der Garantenstellung tatbestandlich entfallen zu lassen oder in manchen Fällen die Rechtswidrigkeit zu verneinen, vgl. dazu *Herzberg*, ZIS 2016, 440, 441 f.; insoweit kritisiert *Duttge*, MedR 2020, 570, 571 f. das Urteil BVerfGE, 153, 182 als „dürftig" und „apodiktisch".

146 *Herzberg*, ZIS 2016, 440, 441.

## II. Abgrenzung Suizidhilfe zur Fremdtötung

Die Suizidhilfe ist straflos, die Fremdtötung ist nach §§ 211 ff. StGB strafbar. Dabei gibt es eine Reihe von Abgrenzungsproblemen, die hier dargestellt werden sollen. Das Eigenverantwortlichkeitsprinzip zeigt, dass ein Ausschluss der Zurechnung und damit einhergehende Straffreiheit nur dann möglich sein kann, wenn die Entscheidung des Suizidenten sein Leben zu beenden innerlich frei ist. Die Straflosigkeit ist also beschränkt auf den verantwortlichen Suizid. Ferner muss die Selbsttötung äußerlich selbstständig getroffen worden sein. Somit wird auf interne und externe Faktoren zur Abgrenzung in bestimmten Grenzfällen zurückgegriffen. Zur Vereinheitlichung und um Missverständnissen vorzubeugen, werden hier jedoch die gängigeren Begriffe „innere" und „äußere" Abgrenzungsfaktoren verwendet.[147] Während die innere Abgrenzung nach der „Freiverantwortlichkeit" beurteilt wird, kommt es bei der äußeren Abgrenzung nur auf die Beschaffenheit der jeweiligen Tatbeiträge von Getötetem und Drittem, also auf den Geschehensablauf, an. Zudem ist auf die Zurechenbarkeit des Tötungserfolgs einzugehen, wenn der Suizident das Bewusstsein verliert. Hierbei gilt es zu erwägen, ob dem Dritten eine Handlungspflicht zukommt und er sich bei Untätigkeit wegen Unterlassens strafbar machen könnte.

### 1. Die innere Abgrenzung

Bei der inneren Abgrenzung kommt es ausschließlich darauf an, ob der Suizident innerlich frei seinen Tod herbeigeführt hat.[148] Mit anderen Worten ist also nur der „verantwortliche Selbstmord"[149] innerlich frei und damit straflos. Es ist nach der geistigen und psychischen Verfassung des Suizidenten zu fragen. Auf das Verhalten Dritter und den Geschehensablauf kommt es folglich zunächst nicht an. Befindet sich ein Suizidgefährdeter zum Beispiel in einem Drogenrausch, dann macht sich derjenige wegen Totschlags gemäß § 212 Abs. 1 StGB oder gar wegen Mordes

---

147 Vgl. so NK-StGB/*U. Neumann*, Vor. § 211, Rn. 48; *Ingelfinger*, Grundlagen und Grenzbereiche des Tötungsverbots, S. 228 ff.; *Roxin*, 140 Jahre GA, 177, 178; *Ehmann*, Die Strafrechtliche Bewertung der Sterbehilfe im deutsch-ungarischen Vergleich, S. 141 ff.; *Herzberg*, JuS 1988, 771, 772.

148 Zum Folgenden im Überblick MüKoStGB/*Schneider*, Vor. § 211, Rn. 37 ff.; *Eisele*, JuS 2012, 577, 578 ff.

149 *Roxin*, in: Roxin/Schroth, Handbuch des Medizinstrafrechts, S. 105.

nach § 211 StGB strafbar, der ihm in Kenntnis des die Freiverantwortlichkeit ausschließenden Rausches zum Tode verhilft. Es besteht nur dann Einigkeit darüber, dass ein Veranlassen, Erleichtern oder Ermöglichen der Selbsttötung straffrei ist, wenn diese auf einer freiverantwortlichen Entscheidung des Suizidenten beruht. Anderenfalls sind die Regeln zur mittelbaren Täterschaft nach § 25 Abs. 1 Alt. 2 StGB wie im soeben genannten Beispiel anzuwenden, nach denen sich das Opfer als Werkzeug gegen sich selbst richtet. Die fehlende Freiverantwortlichkeit stellt das erforderliche Defizit der mittelbaren Täterschaft dar.[150] Der Hintermann muss den Defekt erkennen oder billigend in Kauf nehmen und kraft dieses Defekts die Steuerungsherrschaft über das Opfer gewinnen. Verkennt er dieses Defizit, so kommt eine Strafbarkeit nach § 222 StGB in Betracht. Fehlt die Freiverantwortlichkeit, so scheidet auch eine Privilegierung nach § 216 StGB mangels Ernstlichkeit des Todeswunsches aus. Mithin ist die innere Abgrenzung im Wesentlichen eine Abgrenzung zwischen straflosen Handlungen Dritter und der strafbaren Tötung in mittelbarer Täterschaft. Das Abgrenzungskriterium der Freiverantwortlichkeit stellt jedoch genau betrachtet nur einen Formalkompromiss dar.[151] Denn wann der Rechtsgutsinhaber freiverantwortlich handelt und wann nicht, ist für Grenzfälle damit noch nicht geklärt. Vielmehr ist umstritten, anhand welcher Maßstäbe die Freiverantwortlichkeit zu bestimmen ist. Der Bundesgerichtshof hat bisher kein eindeutiges Verantwortungskonzept aufgestellt und geht über dieses Problem eher oberflächlich hinweg.[152] Da die Freiwilligkeit aber Kernelement einer jeden straflosen Beteiligung am Suizid ist, bedarf es eines klaren Verantwortungskonzepts. Daher ist in der strafrechtlichen Forschung seither umstritten, welche Maßstäbe anzulegen sind.

Im Wesentlichen haben sich dabei die Exkulpationslösung und die Einwilligungslösung als Hauptkonzepte etabliert. Am Rande verdient zudem ein Ansatz von *Reinhard Merkel* Beachtung.

---

150 S/S-*Eser/Sternberg-Lieben*, StGB, Vor. § 211, Rn. 37; *T. Fischer* StGB, Vor. §§ 211-§ 217, Rn. 22.

151 So auch *Ehmann*, Die Strafrechtliche Bewertung der Sterbehilfe im deutsch-ungarischen Vergleich, S. 141 f.

152 So MüKoStGB/*Schneider*, Vor. § 211, Rn. 37.

### a. Exkulpationslösung

Nach der Exkulpationslösung ist die Freiverantwortlichkeit mit Hilfe der Regeln über die strafrechtliche Verantwortlichkeit zu beurteilen; maßgebliche Vorschriften sind demnach die §§ 19, 20 und 35 StGB sowie § 3 JGG.[153] Diese Normen sind jedoch auf Fremdschädigungs- und nicht auf Selbstschädigungsdelikte zugeschnitten. Mithin setzten die Vorschriften eine gegen fremde Rechtsgüter gerichtete strafbare Handlung voraus, die es bei der Selbsttötung aber nicht gibt. Daher sind sie auf Suizide analog oder ist jedenfalls ihr Verantwortungsmaßstab entsprechend anzuwenden. Danach handelt der Rechtsgutsträger dann nicht freiverantwortlich, wenn sein Handeln tatbestandlich wäre, er aber einem die Schuld ausschließenden Umstand der §§ 19, 20 oder 35 StGB oder § 3 JGG entsprechend unterliegt. Mit anderen Worten ist eine Mitwirkung an einer Selbsttötung nur dann als Fremdtötung strafwürdig, wenn der Rechtsgutsträger sich im Moment der totbringenden Handlung in einem Zustand geistiger Erkrankung, schwerer seelischer Störung, kindlicher oder jugendlicher Unreife oder in einer gravierenden Notstandslage befindet.

Die sinngemäße Verwendung dieser Normen als Wertungsmaßstab wird als sachgerecht erachtet, da sie eine klare Grenze zwischen Eigen- und Fremdverantwortlichkeit biete.[154]

### b. Einwilligungslösung

Während die Exkulpationslösung einen eher liberalen Ansatz verfolgt, ist die Einwilligungslösung restriktiver, was wiederum eine weiter reichende Strafbarkeit der Teilnahme zur Folge hat; die Freiverantwortlichkeit beur-

153 *Achenbach*, Jura 2002, 542, 543; *Beckert*, Strafrechtliche Probleme einer Suizidbeteiligung und Sterbehilfe, S. 144 ff.; *Bottke*, Suizid und Strafrecht, S. 100 ff.; *Charalambakis*, GA 1986, 485, 489 ff.; *Dölling*, GA 1984, 71, 78 f.; *ders.*, FS für Maiwald, 119, 123 ff.; *Gallas*, JZ 1960, 686, 692; *Günzel*, Das Recht auf Selbsttötung, S. 178 ff.; *Klinger*, Die Strafbarkeit der Beteiligung an einer durch Täuschung herbeigeführten Selbsttötung, S. 86 ff.; *Lasson*, ZJS 2009, 359, 362 f.; *Magnus*, Patientenautonomie, S. 25; MüKoStGB/*Schneider*, Vor. § 211, Rn. 38; *Roxin*, in: Roxin/Schroth, Handbuch des Medizinstrafrechts, S. 106; *ders.*, FS für Dreher, 331, 346 f., 349; *ders.*, GA 2013, 313, 319 f.; *Schünemann*, NStZ 1982, 60, 62; Spickhoff/*Knauer/Brose*, Medizinrecht, StGB § 216, Rn. 5; *Vöhringer*, Tötung auf Verlangen, S. 116 ff.; *Zaczyk*, Strafrechtliches Unrecht, S. 36, 42.

154 Vgl. *Bottke*, Suizid und Strafrecht, S. 100 ff.; *Roxin*, FS für Dreher, 331, 346 f.; MüKoStGB/*Schneider*, Vor. § 211, Rn. 38, m.w.N.

teilt sich hierbei anhand der Maßstäbe für eine wirksame Einwilligung nach §§ 228, 216 StGB.[155] Da nach § 228 StGB jedoch nur der Einwilligungsmaßstab für eine Körperverletzung geregelt wird, ist das Leben kein hiernach dispositionsfähiges Rechtsgut. Mithin kommt es innerhalb der Suiziddebatte ausschließlich auf die entwickelten Maßstäbe des „ernstlichen Verlangens" nach § 216 StGB an. Es ist demnach zu fragen, ob das Opfer bei eigenhändiger Vornahme der Tötungshandlung selbst die Anforderungen des für § 216 StGB entwickelten ernstlichen Verlangens erfüllt. Der Suizident muss über eine natürliche Einsichtsfähigkeit verfügen, um so die Reichweite und die Folgen seines Entschlusses verstehen zu können. Darüber hinaus muss die Willensbildung frei von Mängeln sein, also unbeeinflusst von Drohung, Täuschung und Zwang. Sind die Anforderungen nicht erfüllt, dann handelt der Suizident auch nicht freiverantwortlich.

### c. Wertende Betrachtung nach Reinhard Merkel

Während die Exkulpationslösung und die Einwilligungslösung einen normativen Ansatz verfolgen, fordert *Reinhard Merkel,* eine wertende Betrachtung anhand des konkreten Suizids vorzunehmen.[156] Ziel der strafrechtlichen Pönalisierung müsse sein, Sterbewillige vor sich selbst zu schützen. Daher seien auch die Tötung auf Verlangen und die Suizidhilfe gleich zu behandeln. Ausgangspunkt müsse die Frage sein, was man von einem unbeteiligten Dritten erwarten würde, wenn man selbst einen unvernünftigen Suizidversuch unternähme. Es handele sich bei der Beteiligung am Suizid immer dann um Totschlag, wenn die Verhinderung aus der Perspektive des Suizidenten wünschenswert wäre. Ob die Verhinderung wünschenswert sei, beurteile sich nach den Beweggründen und den Um-

---

155 BGH, Urt, v. 21.12.2011 – 2 StR 295/11 = NStZ 2012, 319; AWHH/*Hilgendorf*, BT, § 3, Rn. 26 ff.; *Brandts*, Jura 1986, 495, 497 f.; *Chatzikostas*, Die Disponibilität des Rechtsgutes Leben, S. 299 f.; *Duttge*, MedR 2017, 145; *Ehmann*, Die Strafrechtliche Bewertung der Sterbehilfe im deutsch-ungarischen Vergleich, S. 145 ff.; *Gavela,* Ärztlich assistierter Suizid und organisierte Sterbehilfe, S. 23; *Geilen*, JZ 1974, 145, 150 ff.; *Hecker*, JuS 2012, 755, 756; *Herzberg*, JA 1985, 336, 339; *ders.* 1986, 1635, 1636, *ders.*, JZ 1988, 182, 183; *Ingelfinger*, Grundlagen und Grenzbereiche des Tötungsverbots, S. 229; *Laber*, Schutz des Lebens im Strafrecht, S. 254 ff.; *Lackner/Kühl* StGB, Vor. § 211 - § 222, Rn. 13a; *Mitsch*, JuS 1995, 888, 891; NK-StGB/*U. Neumann*, Vor. § 211, Rn. 65; *ders.*, JA 1987, 244, 252; *Otto*, Jura 1987, 246, 256 f.; *Rengier,* FS für Kühl, 383; *Saliger*, Selbstbestimmung bis zuletzt, S. 146 ff.; S/S-*Eser/Sternberg-Lieben*, StGB, Vor. §§ 211 ff., Rn. 36.

156 *R. Merkel*, Teilnahme am Suizid, 71, 82 ff.

ständen des Suizidenten. Nur wenn der Suizident durch einen gescheiterten Selbsttötungsversuch nachhaltig enttäuscht wäre, wäre sein Vorhaben auch als freiverantwortlich zu qualifizieren. Im Ergebnis soll danach lediglich die Unterstützung eines solchen Suizids straflos sein, der infolge tiefer innerer Überzeugung langfristig und endgültig getroffen wurde.

#### d. Stellungnahme

Bei einem Großteil der Fälle kommen die Einwilligungslösung und die Exkulpationslösung zu gleichen Ergebnissen. So ist zum Beispiel die Beteiligung an der Selbsttötung von strafunmündigen Kindern, von Menschen, denen alters- oder krankheitsbedingt die Einsichtsfähigkeit über die Tragweite ihrer Handlung fehlt oder von Menschen, die einen Defektzustand nach § 20 StGB aufweisen, strafbar.[157] Die beiden Ansätze kommen hingegen typischerweise in bestimmten Konstellationen zu unterschiedlichen Ergebnissen. Immer dann, wenn der Rechtsträger (knapp) unter die Schwelle der schuldausschließenden Normen fällt, die die Exkulpationslösung als Maßstab anlegt und damit Freiverantwortlichkeit bejaht (und infolgedessen die Teilnahme straflos ist), besteht Konfliktpotential mit der Einwilligungslösung. Wenn das Nötigungsmittel unterhalb der Schwelle von § 35 StGB liegt, bei der das Opfer der Nötigung standhalten müsste, wenn der Rechtsträger zwar nicht schuldunfähig nach § 20 StGB, sondern lediglich vermindert schuldfähig nach § 21 StGB ist und damit seine Einsichts- oder Steuerungsfähigkeit nur teilweise eingeschränkt ist oder wenn der Suizidentschluss durch einen Motivirrtum hervorgerufen wurde, dann können die Ansichten zu unterschiedlichen Ergebnissen bezüglich der Freiverantwortlichkeit gelangen.[158] Die Exkulpationslösung kommt dabei zu dem Ergebnis, dass die Freiverantwortlichkeit zu bejahen und der Beteiligte nicht strafbar ist; die Einwilligungslösung gelangt hingegen meist zum entgegengesetzten Ergeb-

---

157 Vgl. statt vieler *Bottke*, Suizid und Strafrecht, S. 256; MüKoStGB/*Schneider*, Vor. § 211, Rn. 43 ff.

158 Nach *Achenbach*, Jura 2002, 542, 543 und *Schünemann*, NStZ 1982, 60, 63 könnten bereits Zustände im Sinne von § 21 StGB die Freiverantwortlichkeit im Rahmen der Exkulpationslösung ausschließen. Insoweit wäre die Exkulpationslösung dann strenger als die Einwilligungslösung. In LK-*Schünemann*, 12. Auflage, § 25, Rn. 106 ff. verfolgt *Schünemann* diese Position wegen der Irrtumsfälle nicht weiter.

nis.[159] Insbesondere bei den Motivirrtümern ist innerhalb der Einwilligungslösung aber strittig, ob sämtliche Motivirrtümer oder nur solche von Gewicht bedeutsam sind.[160] Zu unterschiedlichen Ergebnissen können die Betrachtungen auch bei bloßen Mitwirkungshandlungen am Suizid unheilbar kranker Menschen gelangen, sodass eine Entscheidung für die Suizidhilfe in besonderem Maße erheblich ist.[161] *Reinhard Merkels* wertender Ansatz wird im Einzelfall fallgruppenunabhängig zu anderen Ergebnissen kommen als die beiden anderen Lösungsansätze. Insgesamt ist es wohl die strengste Betrachtung, denn in den meisten Fällen könnte wohl kaum mit Sicherheit prognostiziert werden, ob der Sterbewillige froh wäre, dass sein Suizidversuch gescheitert ist.

*Reinhard Merkels* Forderung hat das Ziel eines maximalen Lebensschutzes. Dies ist aus ethischer und philosophischer Sicht zu begrüßen.[162] Zudem kann man diese Ansicht mit empirischen Forschungsergebnissen begründen. Ein Suizid sei meist ein Schrei nach Hilfe, der Suizident wolle in Wirklichkeit häufig gar nicht sterben. Eine Langzeitstudie ermittelte etwa, dass neun von zehn Menschen, die sich zum Zwecke des Suizids zur Golden Gate Bridge in San Francisco begaben und schließlich am lebensbeendenden Sprung gehindert wurden, nach über 25 Jahren entweder noch lebten oder eines natürlichen Todes gestorben waren.[163] Die Zeitspanne zwischen dem gefassten Entschluss seinem Leben ein Ende zu bereiten und dessen Umsetzung liegt oft bei weniger als 24 Stunden. Ferner begingen rund 85 % der Überlebenden keinen weiteren Suizidersuch. Überlebende zeigten sich daher häufig froh, dass ihr Suizidversuch gescheitert sei.[164] Problematisch an diesem Ansatz ist jedoch, dass im Nachhinein die Beweggründe und die Umstände nur schwer feststellbar sein werden. Selbst wenn eine Feststellung möglich wäre, man also alle Umstände kennen würde, könnte keine sichere Prognose darüber getroffen werden, ob der Sterbewillige später seinen Suizidversuch reuen würde. Auch wenn

---

159 Vgl. zu den unterschiedlich beurteilten Sachverhalten statt vieler für die Einwilligungslösung NK-StGB/*U. Neumann*, Vor. § 211, Rn. 66 ff.; statt vieler für die Exkulpationslösung MüKoStGB/*Schneider*, Vor. § 211, Rn. 49 ff.

160 Vgl. NK-StGB/*U. Neumann*, Vor. § 211, Rn. 69 ff., m.w.N.

161 *Ehmann*, Die Strafrechtliche Bewertung der Sterbehilfe im deutsch-ungarischen Vergleich, S. 144; a.A. *Roxin*, in: Roxin/Schroth, Handbuch des Medizinstrafrechts, S. 106.

162 Zum Folgenden ebenso *Kampmann*, Die Pönalisierung der geschäftsmäßigen Förderung der Selbsttötung, S. 23 ff.

163 *Seiden*, Suicide and Life-Threatening Behavior 1978, 203, 214.

164 *Wolfersdorf*, Nervenheilkunde 2015, 451, 452 ff., m.w.N.

*Reinhard Merkel* dieses Hindernis mit seiner objektivierten Formel „Grenzen des Tolerablen“[165] versucht zu beschränken, so ist der Selbsttötungsakt eine monopersonale Tat, die kaum durch die Wertung eines Dritten typisiert oder objektiv verallgemeinert werden kann, sondern nur durch den Suizidenten selbst in seiner Gänze zugänglich ist. Ein objektivierter Maßstab ist mithin abzulehnen.[166] Bedenken gegen diesen Ansatz könnten sich auch im Hinblick auf das Bestimmtheitsgebot im Sinne von Art. 103 Abs. 2 GG ergeben.[167] Um dem gerecht zu werden, müsste etwa die „Grenze des Tolerablen“ so gezogen werden, dass jenseits von eindeutigen Fällen nichts „tolerabel“ ist. Zudem würde man die gesetzlich vorgegebene Differenzierung zwischen Selbst- und Fremdtötung aufgeben, wenn man Suizidhilfe und Tötung auf Verlangen nach § 216 StGB gleich behandeln würde. Im Ergebnis ist dieser Ansatz also dogmatisch schon nicht haltbar. Außerdem würde sich ein paternalistischer Eindruck aufdrängen, käme es doch der Entmündigung der Sterbewilligen gleich, wenn man einen Sterbewunsch nur dann respektieren könnte, soweit dieser auch den gesellschaftlichen Werten entspräche. Der Suizidentschluss ist inhaltlich nicht bewertbar, sodass es nicht entscheidend darauf ankommt, warum der Sterbewillige sterben möchte, sondern ob er sein Selbstbestimmungsrecht wirksam ausgeübt hat. Nur bei wirksamer Ausübung seines Rechts bei Entschlussfassung entspricht die Umsetzung des Entschlusses auch dem Interesse des Rechtsträgers.[168] Ob es sich um eine autonome Entscheidung des Rechtsträgers handelt, ist hingegen einer objektiven Bewertung zugänglich. Die Frage ist nur, wie weit diese Entscheidungsfreiheit reicht. Hier muss ein Ausgleich zwischen Lebensschutz und paternalistischer Bevormundung im Rahmen des Gesetzes gefunden werden. Somit können nur normbasierte und nicht rein wertende Betrachtungen als Maßstab für die Entscheidungsfreiheit des Rechtsträgers dienen. Die Normen geben die Wertungen vor und weisen Grenzen auf.

Die Debatte, welche der zwei normativen Ansätze vorzugswürdig ist, besteht schon seit geraumer Zeit. Während die Exkulpationslösung früher der wohl herrschenden Ansicht entsprach, findet die restriktivere Einwilli-

165 *R. Merkel*, Teilnahme am Suizid, 71, 87.

166 So auch *Roxin*, 140 Jahre GA, 177, 182; *Kampmann*, Die Pönalisierung der geschäftsmäßigen Förderung der Selbsttötung, S. 23 f.

167 *Kampmann*, Die Pönalisierung der geschäftsmäßigen Förderung der Selbsttötung, S. 24.

168 Vgl. *Roxin*, 140 Jahre GA, 177, 182 ff.; ähnlich *Kampmann*, Die Pönalisierung der geschäftsmäßigen Förderung der Selbsttötung, S. 23 ff.

gungslehre nun stärkeren Zuspruch.[169] Die Entscheidung für die eine und gegen die andere Lösung muss anhand von strafrechtsdogmatischen und kriminalpolitischen Wertungen erfolgen.

Kernargument[170] für die Exkulpationslösung ist, dass sie Abgrenzungssicherheit biete. Teilweise wird gefordert, dass bei Entscheidungen über die Verhängung hoher Freiheitsstrafen eine maximale Abgrenzungssicherheit erreicht werden müsse.[171] Durch die Abgrenzungssicherheit seien Ergebnisse im Einzelfall vorhersehbarer als bei der Einwilligungslösung.[172] Ziehe man die strafrechtlichen Entschuldigungsvorschriften entsprechend heran, bestünden im Gegensatz zur Einwilligungslösung kaum Abgrenzungsprobleme, wie etwa bei hervorgerufenen Motivirrtümern. Daraus folgert *Schneider*, es sei nicht sachgerecht, „die ohnehin schon komplexe Suiziddiskussion mit weiteren normativen Unsicherheiten der strafrechtlichen Einwilligungslehre zu befrachten“[173].

Diesen Erwägungen ist im Grundsatz zuzustimmen. Abgrenzungssicherheit und Vorhersehbarkeit sind wichtige Argumente und im besonderen Maße im Strafrecht erstrebenswert. Abgrenzungssicherheit kann aber nur auf Kosten der Einzelfallgerechtigkeit erlangt werden. Der im Einzelfall bessere Maßstab für die Beurteilung eines strafrechtlich relevanten Verhaltens tritt dann zugunsten einer vermeintlich gefühlten (Abgrenzungs-) Sicherheit mit der Folge zurück, dass es Fälle gibt, die „an sich“ zwangsläufig falsch bewertet werden würden.

Unabhängig von der Frage, ob Abgrenzungssicherheit zulasten der Einzelfallgerechtigkeit überhaupt einen Mehrwert darstellen kann, besteht die Abgrenzungssicherheit, welche die Exkulpationslösung gegenüber der Einwilligungslösung vermeintlich bietet, im Ergebnis jedoch gar nicht. In einigen Grenzfällen – und gerade für solche Fälle kommt es doch auf die Lösung im Einzelnen an – besteht zugunsten der Exkulpationslösung gar keine klare Abgrenzungssicherheit: Täuscht man einen Menschen über die Sinnhaftigkeit des Todes, zum Beispiel durch Vortäuschen einer tödli-

---

169 Einschätzung nach *Eisele*, JuS 2012, 577, 580; NK-StGB/*U. Neumann*, Vor § 211, Rn. 64.

170 Vgl. zu den folgenden Argumenten im Einzelnen ausführlich MüKoStGB/*Schneider*, Vor. § 211, Rn. 56 ff.; vgl. auch S/S-*Heine/Weißer*, StGB, § 25, Rn. 11; *Eisele*, JuS 2012, 577, 579 f.; *Lasson*, ZJS 2009, 359, 362 f.

171 *Roxin*, 140 Jahre GA, 177, 179; *Klinger*, Die Strafbarkeit der Beteiligung an einer durch Täuschung herbeigeführten Selbsttötung, S. 94.

172 *Roxin*, 140 Jahre GA, 177, 179; andeutend auch *T. Fischer* StGB, Vor. §§ 211-217, Rn. 27.

173 MüKoStGB/*Schneider*, Vor. § 211, Rn. 62.

chen Krankheit, um so den manipulativen Anstoß zum Suizid zu geben, dann fordert dies eine Bestrafung.[174] Man mag zwar argumentieren, dass man „auf das unqualifizierte Krankheitsgerede eines Laien nicht blindlings vertraut, sondern Informationen über Art und Gewicht des (vermeintlichen) Leidens bei kompetenten Fachleuten einholt"[175]. Wenn jedoch der fachkundige Arzt über die lebensbedrohliche Erkrankung täuscht, dann gibt es zunächst keinen Anlass, dem nicht zu vertrauen. Wer nämlich ärztlichen Diagnosen grundsätzlich nicht vertraut, der stellt einen ganzen Berufsstand in Frage. Es ist offensichtlich, dass der arglistig täuschende Fachkundige jedenfalls bestraft werden muss, wenn er durch seine Täuschung den Anstoß zum Suizid gab. Möchte man mit der Exkulpationslösung den arglistig täuschenden Laien nicht bestrafen, den Fachkundigen hingegen wegen eines Tötungsdeliktes verurteilen, dann fragt sich, ab wann der Täuschende kein Laie, sondern ein Fachkundiger ist. Muss er Arzt sein? Muss er (Human-) Medizin studiert und auch einen entsprechenden Abschluss haben? Reicht es aus, wenn ein Zahnarzt eine tödliche Diagnose stellt oder vielleicht ein Heilpraktiker? Ein Physiotherapeut? Dieses Beispiel zeigt, dass sich erneut Abgrenzungsprobleme ergeben und die Exkulpationslösung nur scheinbar mehr Abgrenzungssicherheit bietet.[176] Die Abgrenzungsfragen werden in Teilen nur auf andere, tiefer liegende Ebenen verschoben. Die Befürworter der Exkulpationslösung, die sich für diese Lösung infolge einer vermeintlichen Rechtssicherheit entscheiden, sehen dieses Problem ebenfalls im Ansatz, führen jedoch an, dass man die Theorienbildung nicht an solchen Extremfällen ausrichten dürfe.[177] Dieser Einwand verkennt aber, dass eine Entscheidung zwischen Exkulpations- und Einwilligungslösung gerade für Grenz- und Extremfälle erforderlich ist, denn beim Großteil der Fälle gelangt man mit beiden Betrachtungen zum selben Ergebnis.

*Herzberg* hat anhand des täuschenden Arztes einen ansprechenden Fall gebildet, der die Wertungswidersprüche der Exkulpationslösung weiter aufdeckt[178]: Eindeutig ist der Fall, wenn ein Arzt dem gesunden Ehemann seiner Geliebten eine tödliche Krankheit vortäuscht, den Suizid empfiehlt und auf das Verlangen des Ehemanns hin, ihm ein letales Gift injiziert. Der Wille zu sterben wurde nicht freiverantwortlich gebildet und ist daher

174 Vgl. *M.-K. Meyer*, Ausschluss der Autonomie durch Irrtum, S. 235 f.

175 MüKoStGB/*Schneider*, Vor. § 211, Rn. 56.

176 So im Ergebnis auch NK-StGB/*U. Neumann*, Vor. § 211, Rn. 65.

177 Vgl. MüKoStGB/*Schneider*, Vor. § 211, Rn. 56, Fn. 217.

178 *Herzberg*, FS für U. Neumann, 839, 843.

unbeachtlich. Wegen der Täuschung besteht kein ernstliches Verlangen des Getöteten im Sinne von § 216 StGB; der Arzt begeht einen Mord. Wenn der Arzt den Ehemann jedoch bei gleicher Täuschung so anleitet und beaufsichtigt, dass dieser sich das Gift selbst injiziert, gelangt man zu unterschiedlichen Ergebnissen. Folgt man der Einwilligungslehre, so bleibt das Ergebnis gemessen an § 216 StGB dasselbe. Nach der Exkulpationslehre handelt der Ehemann freiverantwortlich, da weder eine gegenwärtige Gefahr durch Krankheitsleiden im Sinne von § 35 StGB besteht, noch würde ein solcher Motivirrtum eine durch ihn veranlasste rechtswidrige Tat entschuldigen. In beiden Fällen wird der Todeswunsch durch arglistige Täuschung hervorgerufen. Das dadurch hervorgerufene Verlangen zu sterben gilt mit dem Einwilligungskriterium in entsprechender Anwendung des § 216 StGB als unbeachtlich und begründet eine Strafbarkeit. Folgt man hingegen dem Exkulpationsansatz, führt die Sachverhaltsänderung zur Straflosigkeit des Arztes. Das ist offensichtlich ein Wertungswiderspruch.

Für die Einwilligungslösung spricht entscheidend, dass eine normative Differenz zwischen verbotener Fremdschädigung und erlaubter Selbstschädigung besteht.[179] Die Rechtsordnung verlangt von einem fremdschädigenden Täter, dass er sich dem Anstoß eines Dritten entgegensetzt, während es keine normative Erwartung gibt, dass der Selbstschädigende dem Anstoß des Dritten widersteht: Täuscht ein Dritter den Ehemann über das Bestehen einer Liaison seiner Frau, woraufhin der Ehemann seine Frau tötet, so erwartet die Rechtsordnung von ihm, dass er dem (Fremd-) Tötungsverbot auch bei nachvollziehbarer Eifersucht widersteht. Ansonsten verlässt er bewusst den Boden des Rechts, sodass die Verantwortlichkeit beim Ehemann liegt und diese Verantwortlichkeit nur begrenzt aufgehoben werden kann. Tötet der Ehemann sich infolge der Täuschung selbst und nicht seine Frau, so hat er aufgrund der Straflosigkeit des Suizids keine Erwartung der Rechtsordnung missachtet. Es besteht nur bei der Fremdtötung eine „Appellwirkung des rechtlichen Verbots“[180]. Für den täuschenden Dritten besteht in den Fällen der Selbstschädigung kein Hemmungsfaktor durch ein rechtliches Verbot. Daher muss bei ver-

---

179 Vgl. zu folgenden Argumenten der normativen Differenz *Herzberg*, JA 1985, 336, 339; *U. Neumann*, JA 1987, 244, 251 ff.; zustimmend u.a. *Lackner/Kühl* StGB, Vor. § 211 - § 222, Rn. 13a, m.w.N.

180 Formulierung zurückgehend auf *Herzberg*, JuS 1974, 374, 378; der Grundgedanke geht aber zurück auf *Geilen*, JZ 1974, 145, 151, auf den sich *Herzberg* insoweit beruft.

anlasster Selbstschädigung die strafrechtliche Verantwortung des Dritten weitergezogen werden als bei der veranlassten Fremdschädigung. So kann auch ein besserer Lebensschutz erzielt werden. Die Einwilligungstheorie bietet folglich nicht nur einen dogmatisch besseren, sondern auch einen praktisch ausdifferenzierten Maßstab, um die Freiverantwortlichkeit zu bestimmen. Sie ist nicht rechtsunsicher, sondern flexibel im Einzelfall. Sicherheit in der Abgrenzung kann gleichwohl durch eine deutliche Konturierung der Einwilligungsgrenzen gewonnen werden, sodass die Exkulpationslösung in Wahrheit nicht mehr Rechtssicherheit bietet.[181]

Für die Einwilligungslösung sprechen schließlich kriminalpolitische Erwägungen. Wie empirische Suizidstudien gezeigt haben, ist der Suizidentschluss häufig nicht langfristig angelegt: Ein sog. „Bilanzsuizid", der auf einer reflektierten und autonomen Entscheidung beruht, sei der Ausnahmefall, der Großteil der Suizide seien „Appellsuizide", die nur eine Art Hilfeschrei darstellen.[182] Ist ein Suizidversuch demnach nur ein Hilfeschrei, dann ist die Beendigung des Lebens gar nicht das eigentliche Ziel der Suizidhandlungen. Ein Appellsuizid, der auf kurzfristiger Verzweiflung beruht, aber einen dauerhaften Zustand herbeiführt, ist nicht freiwillig, da nur scheinbar das Ziel der Tod ist.[183] Eine andere Bewertung würde der rechtlichen Lebensschutzidee widersprechen. Dem restriktiveren Ansatz der Einwilligungstheorie zu folgen, bedeutet gleichsam keinen Strafrechtspaternalismus. Vielmehr ist aufgrund der empirischen Forschung ein restriktiver Ansatz und eine Lösung im Einzelfall geboten.[184]

---

181 Vgl. *Ingelfinger*, Grundlagen und Grenzbereiche des Tötungsverbots, S. 230, der zwar die Einwilligungslösung für rechtsunsicherer hält, dies aber vor dem Hintergrund möglicher Präzisierung der Einwilligungsgrenzen als hinnehmbar erachtet.

182 *Gavela*, Ärztlich assistierter Suizid und organisierte Sterbehilfe, S. 19; *Geilen*, JZ 1974, 145, 152 f.; *J.-E. Meyer*, MedR 1985, 210, 211; *M.-K. Meyer*, Ausschluss der Autonomie durch Irrtum, S. 230 ff; LK-*Rosenau*, Vor. §§ 211 ff., Rn. 104, m.w.N.

183 *Gavela*, Ärztlich assistierter Suizid und organisierte Sterbehilfe, S. 19; a.A. MüKoStGB/*Schneider*, Vor. § 211, Rn. 58, der behauptet, beide Ansätze seien „empirie-offen".

184 Ebenfalls um die kriminalpolitische Überlegenheit der Einwilligungslösung bemüht *Ehmann*, Die strafrechtliche Bewertung der Sterbehilfe im deutsch-ungarischen Vergleich, S. 145, Fn. 603, m.w.N.

## 2. Die äußere Abgrenzung

In einer weiteren Fallgruppe kommt es bei der Abgrenzung auf die äußeren Umstände an. Maßgeblich sind dabei die jeweiligen Tatbeiträge von Rechtsgutsinhaber und Drittem. Zur Abgrenzung muss es freilich nur dann kommen, wenn der Rechtsgutsinhaber freiverantwortlich sein Leben beenden möchte. Ist keine wirksame Disposition über das Rechtsgut gegeben, dann liegt offensichtlich eine Fremdtötung vor und der Täter hat sich wegen Totschlags gemäß § 212 Abs. 1 StGB oder Mordes gemäß § 211 StGB strafbar gemacht. Relevant werden die äußeren Umstände insbesondere im Rahmen der Abgrenzung von Tötung auf Verlangen nach § 216 StGB und der straflosen Suizidhilfe, weil das Opfer in beiden Fällen den Tod wünscht, ihn aber auf unterschiedliche Weise organsiert.[185] Straffreiheit kann nur dann gewährt werden, wenn die Handlung eine Erleichterung, Ermöglichung oder Veranlassung des Suizids darstellt und nicht in eine Fremdtötung übergeht.[186] Im Einzelfall erweist sich die Abgrenzung anhand des Geschehensablaufs als problematisch. Sie ist dann von besonderer Bedeutung, wenn der Beteiligte nicht nur im Stadium vor der Haupttat selbst handelt, sondern am unmittelbaren Tötungsakt in irgendeiner Form mitwirkt.[187]

Die Fälle, in denen es zu Abgrenzungsproblemen kommt, lassen sich typischerweise in zwei Kategorien unterteilen. Zum einen sind es zeitlich gestreckte Sachverhalte, bei denen das Tötungsmittel nicht unmittelbar zum Todeserfolg führt, sondern das gewählte Mittel seine Wirkung zunächst entfalten muss. In diese Kategorie fällt der einseitig fehlgeschlagene Doppelsuizid. Beispielhaft sind der „Gashahn-Fall"[188] und der „Gisela-Fall"[189]

---

185 MüKoStGB/*Schneider*, § 216, Rn. 31.

186 So MüKoStGB/*Schneider*, Vor. § 211, Rn. 36.

187 A.a.O.

188 RG JW 1921, 579. Zum Sachverhalt: Der Angeklagte und seine Geliebte beschlossen sich das Leben zu nehmen. Dazu verschloss die Geliebte Fenster- und Türritzen mit feuchten Tüchern. Der Angeklagte verriegelte sämtliche Ausgänge und öffnete alle Gashähne im Raum. Anschließend erwarteten beide zu sterben. Jedoch verstarb nur die Frau, während der Angeklagte überlebte. Das Reichsgericht verurteilte den Angeklagten wegen Tötung auf Verlangen.

189 BGHSt 19, 135. Zum Sachverhalt: Da die Liebesbeziehung zwischen der 16-jährigen Gisela und dem Angeklagten von den Eltern des Mädchens missbilligt und der Kontakt durch eine einstwillige Verfügung verboten wurde, wollte Gisela sich das Leben nehmen. Der Angeklagte wollte es ihr gleichtun. Daher fuhren Sie mit einem PKW auf einen Parkplatz, wo der Angeklagte einen Schlauch vom Auspuff zum Fenster der Fahrerseite führte. Beide verriegelten

zu nennen. Daneben sind die Fälle strittig, bei denen dem Suizidenten zwischen Einsatz des potenziell tödlichen Mittels durch den Dritten und dem Eintritt des Todes noch die Möglichkeit verbleibt, selbst lebenserhaltende Gegenmaßnahmen zu ergreifen. Beispielhaft dafür steht der „Injektions-Fall“[190], bei dem dem Sterbewilligen ein langsam wirkendes Gift injiziert und ihm danach ein rettendes Gegenmittel angeboten wird. Zum anderen sind in der zweiten Kategorie die Sachverhalte problematisch, bei denen der Sterbewillige und ein Dritter im Augenblick der Herbeiführung des Todes mittäterschaftsähnlich zusammenwirken. *Herzberg* entwickelte zur Beschreibung dieser Situation den „LKW-Fall“[191], bei dem der Lebensmüde auf die Fahrbahn tritt und sich auf sein Zeichen von einem Dritten überfahren lässt.

Rechtsprechung und Literatur beziehen zur Abgrenzungsfrage unterschiedliche Positionen und wenden zur Abgrenzung verschiedene strafrechtsdogmatische Ansätze an.[192] Zum einen kann sie aus der Täterperspektive erfolgen, soweit danach gefragt wird, ob der Handelnde eine täterschaftlich zurechenbare Ursache für den Erfolg nach § 216 StGB gesetzt hat.[193] Dabei handelt es sich um einen klassisch kausalitätsorientierten Ansatz. Dem gegenüber wird eine Abgrenzung aus der Opferperspektive vertreten. Danach kommt es entscheidend darauf an, ob der Rechtsgutsinhaber trotz der Handlung des Dritten nach Verantwortlichkeitsgrundsätzen für den Todeserfolg zuständig bleibt. Hinter diesem Ansatz steht das Prinzip der Eigenverantwortlichkeit. Lösungen werden je nach Ansatz über eine (modifizierte) Tatherrschaftslehre[194], die objektive Zurechenbarkeit[195] oder subjektiv psychologische Kriterien[196] gesucht.

---

die Türen von innen. Der Angeklagte stellte den Motor an und drückte bis zur durch das Kohlenoxyd bedingten Bewusstlosigkeit das Gaspedal durch. Nachdem man die beiden fand, konnte nur der Angeklagte gerettet werden, Gisela verstarb. Der Bundesgerichtshof verurteilte den Angeklagten wegen Tötung auf Verlangen.

190 Vgl. *R. Merkel*, Teilnahme am Suizid, 71, 80 f.

191 *Herzberg*, JA 1985, 131, 137.

192 Zum Folgenden MüKoStGB/*Schneider*, § 216, Rn. 36.

193 Vgl. noch *Herzberg*, JuS 1988, 771, 775.

194 BGHSt 19, 135, 139 f.

195 *Hohmann/König*, NStZ 1989, 304, 307 ff.; *Herzberg*, NStZ 2004, 1, 6.

196 AWHH/*Hilgendorf*, BT, § 3, Rn. 42.

### a. Position der Rechtsprechung

Während die Rechtsprechung früher mit der subjektiven Theorie auf den Willen des Täters die Tat als eigene zu wollen (animus auctoris) abstellte,[197] grenzt sie seit dem „Gisela-Fall“ ausnahmsweise in solchen Fällen anhand objektiv-materieller Kriterien ab.[198] Da es für § 216 StGB nämlich typisch ist, dass sich der Täter dem Willen des Opfers unterwirft, kann anhand subjektiver Täterschaftskriterien keine Abgrenzung vorgenommen werden. Entscheidend für die Frage, wer das zum Tod führende Geschehen beherrscht hat, sei vielmehr der Gesamtplan der Tatbeteiligten, anhand dessen die Tatherrschaft zu bestimmen ist. Damit folgt die Rechtsprechung der unmodifizierten bzw. strengen Tatherrschaftslehre.[199] Begibt sich der Rechtsgutsträger in die Hände des Dritten, ist letzterer Täter. Verfügt der Sterbewillige bis zuletzt über sein Leben, ist der Dritte nur Teilnehmer. Soweit der Beteiligte nur eine Kausalkette in Gang setzt und der Suizident noch die Möglichkeit hat diese Kausalkatte zu unterbrechen, so handele es sich selbst dann nur um straflose Beihilfe, wenn der Beitrag des Sterbenden sich in Passivität nach Anstoß der Kausalkette des Dritten erschöpft. Demnach erkennt der Bundesgerichtshof in der Passivität des Opfers eine Tatbeherrschung.[200] Im „Gashahn-Fall“ hatte die Getötete nach dem einmaligen Aufdrehen des Gashahns durch den Angeklagten noch die Möglichkeit sich der Situation zu entziehen, sodass sie bis zuletzt die freie Entscheidung über ihr Schicksal in den Händen hielt. Anders sei hingegen der „Gisela-Fall“ zu beurteilen.[201] Denn dort habe der Angeklagte das Gaspedal bis zur Bewusstlosigkeit durchgetreten und damit steuernd beherrscht. Das Opfer habe den letzten Zeitpunkt, um sich der Handlung des Täters zu entziehen, nicht gekannt, diese also duldend entgegengenommen. Für die Tatherrschaftsbetrachtung sei hingegen in diesem Einzelfall nicht von Belang gewesen, dass das Opfer bis zur eigenen Bewusstlosigkeit die Möglichkeit gehabt habe, das Fahrzeug zu verlassen.

---

197 So noch im Gashahnfall RG, JW 1921, 579.

198 BGHSt 19, 135, 139 f.; vgl. auch BGH, NJW 2003, 2326; BGHSt 53, 55, 61.

199 Dem folgen i.E. auch *Bechtel*, JuS 2016, 882; MüKoStGB/*Schneider*, § 216, Rn. 46 ff.; *Herzberg*, JuS 1988, 771; *ders.*, NStZ 1989, 559.

200 BGHSt 19, 135, 140; vgl. MüKoStGB/*Schneider*, § 216, Rn. 38.

201 BGHSt 19, 135, 139 ff.

### b. Positionen in der Literatur

Der Großteil der Lehre bestimmt die Abgrenzung ebenfalls anhand von Tatherrschaftserwägungen. Gleichwohl weicht die Argumentation im Detail von der Rechtsprechung zugunsten einer modifizierten Tatherrschaftslehre ab.[202] Abgegrenzt wird im Grundsatz danach, bei wem die Tatherrschaft über den unmittelbar lebensbeendenden Akt liegt. Mit anderen Worten muss der Dritte im entscheidenden kritischen Moment, im „point of no return“[203], das Geschehen beherrschen. Dieser Moment ist überschritten, wenn die Handlungsunfähigkeit erreicht ist. Verbleibt dem Getöteten nach dem letzten Tatbeitrag des Dritten noch eine freie Entscheidung über Leben und Tod, handelt es sich beim Tatbeitrag des Dritten um straflose Beihilfe. Lässt sich das Opfer auf sein Verlangen hin von dem Dritten über diesen Grenzmoment „hinüberstoßen“, sodass der Vollzug des finalen unumkehrbaren Geschehensaktes auf den Dritten übertragen wird, dann handelt es sich um Tötung auf Verlangen nach § 216 StGB.[204] Für den „Gisela-Fall“ bedeutet dies, dass der Angeklagte im Gegensatz zum Urteil des Bundesgerichtshofs lediglich strafloser Suizidhelfer war, da sich die Verstorbene jederzeit der Handlungsunfähigkeit (in Form der Bewusstlosigkeit) hätte entziehen können. Ähnlich ist der „Gashahn-Fall“ zu lösen.

Wirkt der Dritte mit dem Rechtsgutsinhaber arbeitsteilig zusammen, dann besteht „symmetrische Herrschaft über den letzten Akt“[205]. In diesen Fällen wird kritisiert, das Kriterium der Herrschaft über den todbringenden Akt sei nicht zielführend.[206] Eine wechselseitige Zurechnung der Verantwortlichkeit nach mittäterschaftlichen Grundsätzen im Sinne von § 25 Abs. 2 StGB muss aber ausscheiden, weil dies zwei Straftäter voraussetzen würde, die es wegen der nicht vorhandenen Strafbarkeit des Suizids nicht

---

202 *C. Schneider*, Tun und Unterlassen beim Abbruch lebenserhaltender medizinischer Behandlungen, S. 37 f.; *Dreher*, MDR 1964, 337; MüKoStGB/*Schneider*, § 216, Rn. 46 ff.; NK-StGB/*U. Neumann*, Vor. § 211, Rn. 50 ff.; *Roxin*, Täterschaft und Tatherrschaft, S. 569 f.; *ders.*, 140 Jahre GA, 177, 184 ff.; S/S-*Eser/Sternberg-Lieben*, StGB, § 216, Rn. 11.

203 *R. Merkel*, Teilnahme am Suizid, 71, 77.

204 Diese modifizierte Tatherrschaftslösung wurde maßgeblich durch *Roxin* geprägt: *Roxin*, NStZ 1987, 345, 347; *ders.*, 140 Jahre GA, 177, 184 ff.; *ders.*, Täterschaft und Tatherrschaft, S. 569; *ders.*, in: Roxin/Schroth, Handbuch des Medizinstrafrechts, S. 106 f.

205 NK-StGB/*U. Neumann*, Vor. § 211, Rn. 53.

206 Vgl. *R. Merkel*, Teilnahme am Suizid, 71, 78 ff.; NK-StGB/*U. Neumann*, Vor. § 211, Rn. 52.

gibt.[207] Die Nichtanwendbarkeit der Regeln über die Mittäterschaft ist mit dem Prinzip der Eigenverantwortlichkeit zu begründen, wonach eine Zurechnung der Selbstverletzungshandlung des Suizidenten nicht möglich ist.[208] Vertreten wird daher, dass eine strafrechtliche Verantwortung nur dann zurechenbar ist, wenn der Dritte das Geschehen in höherem Maße beherrsche als der Rechtsträger.[209] Im „LKW-Fall“ beherrscht der Fahrer das Geschehen nicht in höherem Maße als der Suizident,[210] soweit der Rechtsgutsträger und nicht nur der Fahrer eine Ausweichmöglichkeit hat.[211] Demnach handelt es sich um straflose Suizidhilfe.

Der „Injektions-Fall“ wird uneinheitlich beurteilt. Hier muss genauer präzisiert werden, ob es bei der „Herrschaft über den unmittelbar lebensbeendenden Akt“ auf die Beherrschung des „potenziell tödlichen Geschehens“ oder auf die „Beherrschung des Rettungspotenzials“ ankommen soll.[212] Bei konsequenter Anwendung der modifizierten Tatherrschaftslehre stellt das Schweigen auf das Rettungsangebot des Arztes eine Behandlungsablehnung dar, sodass auch in diesem Fall der Suizident die Tatherrschaft im „point of no return“ habe. Demnach sei der Arzt strafloser Teilnehmer.[213] Andere hingegen plädieren dafür, die Möglichkeit der Einleitung lebenserhaltender Maßnahmen grundsätzlich unberücksichtigt zu lassen, da die Grenze ansonsten zu stark zur straflosen Suizidhilfe verschoben werden würde.[214] Dies wird zum Teil damit begründet, dass der Strafgrund der Tötung auf Verlangen auch darin zu suchen sei, dass durch das Einschalten eines Dritten dem Suizidenten die „natürliche Hemmschwelle“ des Todes genommen würde.[215] Unabhängig davon könnte es

---

207 *Bottke*, Suizid und Strafrecht, S. 237 f.

208 *Chatzikostas*, Die Disponibilität des Rechtsgutes Leben, S. 171; *U. Neumann*, JA 1987, 248; NK-StGB/*U. Neumann*, Vor. § 211, Rn. 53.

209 Vgl. *U. Neumann*, JA 1987, 244, 246 ff.

210 So NK-StGB/*U. Neumann*, Vor. § 211, Rn. 54.

211 Differenzierend danach, ob der Fahrer die Kollision hätte im entscheidenden Moment verhindern können *Roxin*, 140 Jahre GA, 177, 185; zustimmend *Ingelfinger*, Grundlagen und Grenzbereiche des Tötungsverbots, S. 233; a.A. (für ausnahmslose Strafbarkeit) *Herzberg*, JA 1985, 131, 137; MüKoStGB/*Schneider*, § 216, Rn. 50, 53.

212 NK-StGB/*U. Neumann*, Vor. § 211, Rn. 56.

213 *Roxin*, 140 Jahre GA, 177, 185.

214 *Bechtel*, JuS 2016, 882; *Herzberg*, NStZ 2004, 1, 7; NK-StGB/*U. Neumann*, Vor. § 211, Rn. 57; *Vöhringer*, Tötung auf Verlangen, S. 134.

215 Zuerst bei *Roxin*, 140 Jahre GA, 177, 184; vertieft durch *Chatzikostas*, Die Disponibilität des Rechtsgutes Leben, S. 265; zustimmend AWHH/*Hilgendorf*, BT, § 3, Rn. 42; kritisch zum „Hemmschwellenargument“ *v. Hirsch*/*U. Neumann*, „Indirekter“ Paternalismus im Strafrecht, S. 71, 80 ff.

zu neuen Abgrenzungsschwierigkeiten zwischen strafloser Suizidhilfe und versuchter Tötung auf Verlangen kommen, da die Möglichkeit den Arzt zu einer Rettungsmöglichkeit zu bestimmen nur dann zur Verneinung der Fremdtötung führen kann, wenn die tatsächliche Möglichkeit besteht die Rettung zu veranlassen.[216]

Abschließend sei noch auf die subjektiv psychologische Abgrenzung hingewiesen:[217] *Hilgendorf* führt aus, es gebe eine innerliche Sperre in jedem Menschen, die sich in der „Scheu, sich selbst zu töten" manifestiere. Entscheidend für die Abgrenzung sei, wer diese Sperre überwunden hat. Überwindet der Dritte sie, dann handelt es sich um Tötung auf Verlangen, überwindet der Sterbewillige sie, dann ist der Dritte strafloser Teilnehmer. Sinn und Zweck des § 216 StGB sei ausschließlich der Schutz des Rechtsträgers, der psychologisch nicht in der Lage ist, sich selbst zu richten. Die Autonomie des Suizidenten, der psychologisch dazu hingegen in der Lage ist, es aber physisch nicht umsetzen kann, ist zu respektieren. Daraus folgt, dass nur auf die psychische Lage des Suizidenten und nicht auf den äußeren Geschehensablauf abzustellen ist.

*Dreher* rekurriert auf die normativ vorgegebenen Beteiligungsformen und fragt danach, ob der Rechtsgutsträger „Quasi-Anstifter" oder „Quasi-Mittäter" sei.[218] Tötung auf Verlangen liege dann vor, wenn der Sterbewillige sich auf anstiftungsähnliche Handlungen beschränkt. Wenn er jedoch selbst aktiv tätig wird, dann sei der Dritte straffrei. Dies wird damit begründet, dass § 216 StGB eine typische Anstiftungskonstellation beinhaltet. Der Suizident verlangt nämlich vom Dritten, dass dieser ihn töte. Dabei behalte der Dritte stets die Tatherrschaft. Wenn das Opfer jedoch diesen Rahmen verlasse und über den Anstiftungsbereich hinaus zu einer Art „Quasi-Mittäterschaft" übergehe, so sei auch der Dritte nur strafloser Suizidhelfer. Danach wird der Anwendungsbereich von § 216 StGB eingeschränkt.

---

216 So NK-StGB/*U. Neumann*, Vor. § 211, Rn. 57 f.; für eine Strafbarkeit plädieren auch *Herzberg*, NStZ 2004, 1, 7; MüKoStGB/*Schneider*, § 216, Rn. 52.

217 Zur folgenden Ansicht AWHH/*Hilgendorf*, BT, § 3, Rn. 42.

218 Zur folgenden Ansicht *Dreher*, MDR 1964, 337, 338 („Rollenverteilungstheorie").

### c. Stellungnahme

Die Betrachtung der höchstrichterlichen Rechtsprechung, die danach fragt, ob die Ursachenkette lediglich angestoßen wurde und sich dann selbstständig im Erfolg manifestiert (straflose Suizidhilfe) oder ob die Ausführungshandlung bis zur Handlungsunfähigkeit fortgesetzt wird (strafbare Tötung auf Verlangen), kann gegenüber der modifizierten Tatherrschaftslehre nicht bestehen. Würde das Gaspedal im „Gisela-Fall“ festgelegt werden, ergäben sich keine Abweichungen zum „Gashahn-Fall“, da dann ebenfalls nur eine Kausalkette in Gang gesetzt wurde, die angestoßen wurde und deren Entwicklung im Todeserfolg mündet. Dann wäre der Angeklagte gleichsam freizusprechen. Die Strafbarkeit hinge nach Abgrenzung der höchstrichterlichen Rechtsprechung vom Zufall des Geschehensablaufs ab.[219] Die genauen Geschehensabläufe sind aber gerade nicht erheblich für die Frage, ob der Rechtsgutsträger noch die Freiheit hat den eigenen Tod abzuwenden.

Bei der gleichgewichtigen Beherrschung im „LKW-Fall“ ist es plausibel zu fordern, dass für die Täterschaft der Täter den lebensbeendenden Akt übergeordnet beherrschen muss. Deutlicher wird dies durch *Ulfrid Neumanns* „Sprengsatz-Fall“[220]: Ist ein Sprengsatz so in Reihe geschaltet, dass sowohl der Suizident als auch der Dritte gleichzeitig einen Knopf betätigen müssen, damit jener detoniert, dann verbietet das Prinzip der Eigenverantwortlichkeit erneut die Zurechnung der Verantwortlichkeit zum Dritten. Es darf auch hier, genauso wie bei den Ausführungen zum „Gashahn- und Gisela- Fall“, nicht auf die genauen Geschehensabläufe ankommen, sondern nur darauf, ob der Suizident noch die Freiheit hat, den eigenen Tod abzuwenden. Dies ist auch beim „LKW-Fall“ so. Nur diese Lösung ist bei Anwendung der modifizierten Tatherrschaftstheorie konsequent. Es kommt daher nicht darauf an, ob der Fahrer noch ausweichen konnte[221], sondern nur, ob der Suizident die Kausalkette unterbrechen und seinen Tod hätte verhindern können (Opferperspektive).

Im Hinblick auf den „Injektions-Fall“ ist keiner der angeführten Ansichten restlos zuzustimmen. Wenn der nun nicht mehr Sterbewillige den Arzt bittet ihm die rettende Injektion auszuhändigen oder ihm diese zu

219 Zum Zufallsargument NK-StGB/*U. Neumann*, Vor. § 211, Rn. 59; a.A. *Bechtel*, JuS 2016, 882, 884 f.

220 NK-StGB/*U. Neumann*, Vor. § 211, Rn. 54.

221 So aber *Roxin*, 140 Jahre GA, 177, 185; *Ingelfinger*, Grundlagen und Grenzbereiche des Tötungsverbots, S. 232.

injizieren, dann hängt die rettende Handlung von einem weiteren Schritt des Arztes ab. Das bedeutet, dass in Wahrheit der Arzt bis zum Ende die Tatherrschaft hat, sofern die Rettung von einem weiteren Zwischenakt seinerseits abhängt.[222] Dogmatisch ist ein Zurechnungsausschluss zugunsten des Arztes dann nicht möglich.[223] Wird der Fall aber so modifiziert, dass der Rechtsgutsträger ohne weitere Zwischenakte über das lebenserhaltende Mittel verfügt und die Kausalkette durch das selbstständige Verabreichen unterbrechen könnte, dann hat tatsächlich der Sterbewillige Tatherrschaft.[224] Ein Umgehen der „natürlichen Hemmschwelle" durch das Einschalten des Dritten und das passive Verhalten des Suizidenten ist eine reine Behauptung – auch wenn sie zunächst ad hoc plausibel ist.[225] Es wird vorgetragen, die Ersthaftigkeit des Todeswunsches sei in höherem Maße gesichert, wenn der Suizident die natürliche Hemmschwelle selbst überwinde, die der Selbsttötung entgegenstehe.[226] Sofern es diese Schwelle gibt, übertritt der Sterbewillige sie selbst durch sein Verlangen gegenüber dem Dritten und die Erduldung seiner Handlung.[227] Argumentiert man mit einer Hemmschwelle, dann würden die Anforderungen an die Freiwilligkeit des Suizidwillens an Bedeutung verlieren: Das „Hemmschwellen-Argument" verkennt die Reichweite des Selbstbestimmungsrechts, das nicht nur das „ob", sondern auch das „wie" des Sterbens erfasst.[228] Zudem greift es einerseits zu kurz, da es die langfristigen Lebensperspektiven des Betroffenen außer Acht lässt und andererseits zu weit, weil es das Tötungs-

222 In diese Richtung NK-StGB/*U. Neumann*, Vor. § 211, Rn. 57a f.

223 *Ingelfinger*, Grundlagen und Grenzbereiche des Tötungsverbots, S. 232.

224 *Ingelfinger*, Grundlagen und Grenzbereiche des Tötungsverbots, S. 232; *Ehmann*, Die strafrechtliche Bewertung der Sterbehilfe im deutsch-ungarischen Vergleich, S. 152.

225 Nach *v. Hirsch/U. Neumann*, „Indirekter" Paternalismus im Strafrecht, S. 71, 82, 92 ff. kann man zwar argumentieren, dass die Errichtung eines solchen Hindernisses den Interessen des Betroffenen diene, indem es diese von leichtfertigen selbstzerstörerischen Aktionen abhalte. Eine solche hochgradig paternalistische Position sei aber (zurecht) nicht haltbar.

226 *Chatzikostas*, Die Disponibilität des Rechtsgutes Leben, S. 265; *Roxin*, 140 Jahre GA, 177, 184; zustimmend AWHH/*Hilgendorf*, BT, § 3, Rn. 42.

227 Nach *v. Hirsch/U. Neumann*, „Indirekter" Paternalismus im Strafrecht, S. 71, 80 f. gebe es nämlich auch andere Gründe sein Leben durch Dritte beenden zu wollen wie etwa physische Hindernisse oder mangelnde Sachkenntnis den Tod selbst herbeizuführen.

228 *V. Hirsch/U. Neumann*, „Indirekter" Paternalismus im Strafrecht, S. 71, 81; so nunmehr deutlich zur Reichweite des Selbstbestimmungsrechts BVerfGE, 153, 182, 261 ff.; dies entspricht auch der Auslegung des Art. 8 Abs. 1 EMRK, vgl. EGMR, NJW 2002, 2851, 2854; EGMR, NJW 2011, 3773, 3774.

verlangen ohne Rücksicht auf die weiteren Lebensperspektiven endgültig blockiert.[229] Mit der Hemmschwellenbehauptung könnte man jede Form der Sterbehilfe in eine Strafbarkeit überführen. Dass die Grenze zur versuchten Tötung auf Verlangen in diesem Fall verschwimmt, ist zwar in Teilen zutreffend. Gleichwohl wird der Anwendungsbereich der Versuchsstrafbarkeit nicht schon dadurch ausgehöhlt, dass es in spezifischen Einzelsituationen kaum einen Raum für den Versuch gibt. Mithin kommt es bei den zeitlich gestreckten Fällen für die straflose Suizidhilfe darauf an, ob der Suizident ohne weitere Zwischenakte eines anderen die lebenserhaltende Maßnahme unmittelbar durchführen kann; im „Injektions-Fall" genügt es dafür also nicht, dass der Arzt auf Zuruf das Antiserum injizieren könnte, vielmehr muss der Patient selbst im Besitz des Gegenmittels sein und es sich ohne weiteres selbst verabreichen können.[230] Somit bedarf es einer Differenzierung danach, wer in letzter Instanz über den Todesvollzug entscheidet. Die Gegenauffassungen, wonach etwa der Arzt in diesen Fällen stets strafloser Teilnehmer sei[231] oder die bloße Möglichkeit der Einleitung von Rettungsmaßnahmen generell außer Acht gelassen werden soll[232], sind abzulehnen.

Im Übrigen sind die subjektiv psychologischen Ansätze abzulehnen. Die psychologische Situation des Opfers ist schwer bis gar nicht aufklärbar, sodass es nicht darauf ankommen kann, wer eine vermeintliche innere Suizidsperre überschreitet.[233] Diese Idee rückt zu nahe an die strenge subjektive Theorie heran, die weder dogmatisch noch praktisch handhabbar ist. Der Ansatz drängt dahin, dass sich eine subjektive Überwindung der innerlichen Suizidsperre final (doch) nur durch objektiven Eigenvollzug der Tötung bewähren kann. In der Sache unterscheidet sich dieser Vorschlag daher kaum von der Lösung der Rechtsprechung, nach der der äußere Vollzug entscheidend sei. Bei der Rollenverteilungstheorie ist zudem nicht einzusehen, warum jede aktive Handlung des Opfers jenes zum Suiziden-

229 *V. Hirsch/U. Neumann*, „Indirekter" Paternalismus im Strafrecht, S. 71, 81 f.

230 So im Ergebnis auch *Ingelfinger*, Grundlagen und Grenzbereiche des Tötungsverbots, S. 230 ff.; *Ehmann*, Die strafrechtliche Bewertung der Sterbehilfe im deutsch-ungarischen Vergleich, S. 152 f.

231 *Roxin*, 140 Jahre GA, 177, 185.

232 *Bechtel*, JuS 2016, 882; *Herzberg*, NStZ 2004, 1, 7; MüKoStGB/*Schneider*, § 216, Rn. 52; NK-StGB/*U. Neumann*, Vor. § 211, Rn. 57; *Vöhringer*, Tötung auf Verlangen, S. 134.

233 Vgl. *Laber*, Schutz des Lebens im Strafrecht, S. 265; *Vöhringer*, Tötung auf Verlangen, S. 134.

ten machen soll.[234] Auch bei kleinen Mitwirkungsakten muss § 216 StGB anwendbar sein. Zudem liegt in jeder Anstiftung eine aktive Handlung. Der Anwendungsbereich des § 216 StGB würde beinahe leerlaufen.

Im Ergebnis ist damit die modifizierte Tatherrschaftslehre vorzugswürdig.[235] Die Verantwortlichkeit kann nur im entscheidenden todbringenden Moment bestimmt werden, wobei in bestimmten Konstellationen die Bestimmung der Verantwortlichkeit wie gezeigt modifiziert werden muss. Das Kriterium der Tatherrschaft über den unmittelbar lebensbeendenden Akt vermag also typische Fälle dogmatisch und praktisch einer guten Lösung zuzuführen und gewährleistet in Grenzfällen Rechtssicherheit. Zwar wurde festgestellt, dass bei Abstellen auf die äußerlichen Umstände der Sachverhaltskonstellationen deren Vorliegen vom Zufall abhängen kann.[236] Die Abgrenzung wird aber nicht dadurch unbrauchbar, dass sie nur in typischen Fällen normative Plausibilität hervorbringt und in Grenzfällen für sie einzig die Rechtssicherheit spricht.[237] Im Übrigen sind keine anderen Abgrenzungskriterien ersichtlich, die praktisch umsetzbar wären.

### 3. Die unterlassene Rettung des Suizidenten

Die Straflosigkeit der Suizidhilfe wurde von der Rechtsprechung abschließend wiederum dadurch faktisch beschränkt, dass sie nicht nur aktive Handlungen, sondern teilweise auch passives Unterlassen, einen Suizidenten an dessen Selbstrichtung zu hindern, pönalisierte.[238] Dabei geht es um die Frage, ob die Straffreiheit der Suizidhilfe nur für aktive Taten gilt oder auch auf das Unterlassen der Hinderung am freiverantwortlichen Suizid zu erstrecken ist. Wie bei der Abgrenzung zwischen der straflosen Suizidhilfe und der strafbaren Tötung auf Verlangen nach § 216 Abs. 1 StGB

234 Vgl. zu den Argumenten gegen die Rollenverteilungstheorie *Laber*, Schutz des Lebens im Strafrecht, S. 264; *Roxin*, Täterschaft und Tatherrschaft, S. 568 f.; *Ehmann*, Die strafrechtliche Bewertung der Sterbehilfe im deutsch-ungarischen Vergleich, S. 154, Fn. 647.

235 So i.E. auch Lackner/Kühl/*Kühl* StGB, § 216, Rn. 3; *Roxin*, Täterschaft und Tatherrschaft, S. 566; S/S-*Eser/Sternberg-Lieben*, StGB, § 216, Rn. 11; *U. Neumann*, JA 1987, 244, 249; NK-StGB/*U. Neumann*, Vor. § 211, Rn. 50 ff., m.w.N.

236 Kritik nach *R. Merkel*, Teilnahme am Suizid, 71,75 ff.

237 So *Roxin*, 140 Jahre GA, 177, 186; zustimmend NK-StGB/*U. Neumann*, Vor. § 211, Rn. 58.

238 BGHSt 2, 150; 13, 162; 32, 367; zum Folgenden auch NK-StGB/*U. Neumann*, Vor. § 211, Rn. 87; MüKoStGB/*Schneider*, Vor. § 211, Rn. 65 ff.

handelt der betroffene Rechtsgutsinhaber mit der gleichen freiverantwortlichen Willensrichtung. Fehlt die Freiverantwortlichkeit und handelt der Dritte trotz gebotener und möglicher Tat nicht, macht er sich wegen Totschlags oder Mordes durch Unterlassen gemäß §§ 212 Abs. 1, 13 Abs. 1 StGB, bzw. §§ 211, 13 Abs. 1 StGB oder wegen unterlassener Hilfeleistung gemäß § 323c Abs. 1 StGB strafbar.[239] Darüber hinaus organisiert er seine Tat sogar auf die gleiche Art und Weise. Er wünscht sich also nicht nur innerlich den Tod, sondern führt ihn äußerlich auch selbstständig herbei. Die Frage besteht aber schließlich darin, ob der Dritte, sobald der Suizident sein Bewusstsein verliert, rechtlich verpflichtet ist zu handeln und den Sterbewilligen zu retten. Zu unterscheiden ist dabei die Tötung durch Unterlassen gemäß §§ 212 Abs. 1, 13 Abs. 1 StGB und die unterlassene Hilfeleistung gemäß § 323c Abs. 1 StGB.

### a. Garantenunterlassen

Umstritten ist, ob und unter welchen Voraussetzungen sich ein Garant wegen Tötung durch Unterlassen strafbar macht, wenn er den Tod eines freiverantwortlichen Suizidenten nicht verhindert.

#### i. Position der Rechtsprechung

Der Bundesgerichtshof bejahte bis Juli 2019 in ständiger Rechtsprechung eine grundsätzliche Rettungspflicht des Lebensschutzgaranten und damit die Strafbarkeit eines nicht intervenierenden Garanten, der in Kenntnis seiner Pflicht die Selbsttötung trotz Möglichkeit der Erfolgsabwendung nicht verhindert.[240] Zwar sei die aktive Suizidhilfe straflos, dies bedeute aber nicht, dass sich eine strafrechtliche Verantwortung des passiven Garanten beim freiverantwortlichen Suizid verbiete. Auch beim Unterlassen sei zwischen der straflosen Unterstützung und der strafbaren täterschaftlichen Tötung zu unterscheiden.[241] In der Regel – so der Bundesgerichtshof seinerzeit – gehe die Tatherrschaft des Suizidenten, sobald dieser bewusstlos werde, auf den Garanten über. Der passive Garant, der bis dahin strafloser Unterstützer ist, wird zum strafbaren Täter, wenn der Suizident durch

239 MüKoStGB/*Schneider*, Vor. § 211, Rn. 35, 66.
240 BGHSt 32, 367, 374 f.
241 Vgl. etwa BGHSt 13, 162, 166 f.

seine Bewusstlosigkeit die Handlungsfähigkeit verliert und der Garant nicht handelt. Bei Eintritt der Handlungsunfähigkeit liege ein „Tatherrschaftswechsel“ vor, da der Suizident das Geschehen unwiderruflich nicht mehr beherrschen könne und der Eintritt des Todes vom Garanten abhänge.[242] Weder das Selbstbestimmungsrecht des Sterbewilligen noch subjektive Kriterien, wie ein fehlender Täterwille, stünden der Interventionspflicht des Garanten entgegen. Ausnahmen von der Strafbarkeit machte der Bundesgerichtshof nur, wenn der „Konflikt zwischen der Verpflichtung zum Lebensschutz und der Achtung des Selbstbestimmungsrechts“ derart ausgestaltet ist, dass eine Rettung durch den Arzt unzumutbar sei.[243] Am 3. Juli 2019 änderte der Bundesgerichtshof seine Rechtsprechung und urteilte, dass es bei freiverantwortlicher Ausübung des Selbstbestimmungsrechts keine Rettungspflicht aufgrund eines Tatherrschaftswechsels gebe.[244]

### ii. Positionen der Literatur

Im Schrifttum wird teilweise vertreten, dass der Beschützergarant unabhängig von Tatherrschaftskriterien regelmäßig den Tatbestand der Tötung durch Unterlassen erfülle, wenn er den Tod des Suizidenten nicht abwende.[245] Ob er sich im Ergebnis strafbar gemacht habe, sei eine Frage der rechtfertigenden Notstandsprüfung nach § 34 StGB, bei der der Wille des Suizidenten ein Faktor sei.[246] Die herrschende Meinung in der Literatur

---

242 Grundlegend BGHSt 2, 150 („Erhängen-Fall“). Zum Sachverhalt: „Der Ehemann der Angeklagten tötete sich wegen ehelicher und häuslicher Zerwürfnisse durch Erhängen. Als er schon bewusstlos, aber noch zu retten war, kam die Angeklagte dazu, erkannte dies, ließ ihn aber hängen. Sie war ‚mit dem Verlauf der ohne ihr Zutun in Fluss gekommenen Dinge einverstanden‘ und ‚wollte ihn nicht durch Hilfeleistung abändern‘." Bestätigt u.a. durch BGHSt 13, 162, 167; BGHSt 32, 367, 375.

243 BGHSt 32, 367, 380 f., Gleichwohl weist der Bundesgerichtshof in einer späteren Entscheidung darauf hin, dass er nunmehr einem ernsthaften und freiverantwortlich gefassten Selbsttötungsentschluss eine höhere rechtliche Bedeutung zuweise als im „Fall-Wittig“, BGH, NJW 1988, 1532.

244 BGH, NJW 2019, 3092; Vorinstanzen OLG Hamburg, NStZ 2016, 530 sowie KG, STV 2018, 304.

245 *Geilen*, JZ 1974, 145, 153; *Herzberg*, Die Unterlassung im Strafrecht, S. 267; *ders.* JA 1985, 177, 178 f.

246 *Geilen*, JZ 1974, 145, 153; *Herzberg*, ZStW 1979, 557, 565 ff.; *ders.*, JA 1985, 177, 179; anders MüKoStGB/*Schneider*, Vor. § 211, Rn. 76 wonach der Bundes-

verneint im Ergebnis jedoch die Strafbarkeit des Suizidenten schon tatbestandlich.[247]

iii. Stellungnahme

Zunächst ist an der alten Lösung des Bundesgerichtshofs inkonsistent, dass der die Selbsttötung aktiv fördernde Garant sich genauso strafbar gemacht habe wie der passiv nicht handelnde Garant.[248] Ferner führt die Lösung zu unhaltbaren Ergebnissen. Strafbar macht sich der Ehemann, der seiner Frau den Strick zum Erhängen reicht, sie aber bei Eintritt ihrer Bewusstlosigkeit trotz des Fehlens von Anhaltspunkten eines nun geänderten Willens nicht durch das Trennen des Strickes rettet; verlässt er aber nach dem Überreichen den Raum oder überreicht ihr stattdessen ein schnell wirkendes Gift, sodass eine Rettung physisch nicht mehr möglich ist, dann macht er sich nicht strafbar.[249] Dogmatisch ist es auch nicht haltbar, dass der Garant durch passives Verharren durch den Tatherrschaftswechsel zum Täter avanciert, denn durch Nichtstun kann man auch nicht beherrschen, sodass die Tatherrschaftslehre im Unterlassensbereich gar nicht anwendbar sein kann.[250] Selbst wenn man die Tatherrschaftslehre für anwendbar halten würde, könnte es gar nicht zu einem Tatherrschaftswechsel kommen.[251] Tatherrschaft hat derjenige, der die Kausalverläufe beherrscht. Mithin stellt sich die Frage der Tatherrschaft nur bis zur Beendigung des Versuchs, also bis zur tödlichen Handlung selbst. Im Anschluss daran geht es nicht mehr um die Beherrschung der Kausalverläufe, son-

---

gerichtshof im „Fall-Wittig“ dogmatisch einen zumutbarkeitsspezifischen Fortfall der Garantenpflicht angenommen habe. Die dogmatische Einordnung des Bundesgerichtshofs im „Fall-Wittig“ (dort auch „Peterle-Fall“ genannt) hält NK-StGB/*U. Neumann*, Vor. § 211, Rn. 81, m.w.N. hingegen für unklar.

247 Vgl. etwa (jeweils m.w.N.) *Lackner/Kühl* StGB, § 211 - § 222, Rn. 14; MüKoStGB/*Schneider*, Vor. § 211, Rn. 72, Fn. 265; NK-StGB/*U. Neumann*, Vor. § 211, Rn. 75; *Otto*, NJW 2006, 2217, 2222; LK-*Rosenau*, Vor. §§ 211 ff., Rn. 96; *Roxin*, in: Roxin/Schroth, Handbuch des Medizinstrafrechts, S. 108; S/S-*Eser/Sternberg-Lieben*, StGB, Vor. §§ 211 ff., Rn. 43.

248 Vgl. BGHSt 2, 150; kritisch MüKoStGB/*Schneider*, Vor. § 211, Rn. 67.

249 Statt vieler *Roxin*, in: Roxin/Schroth, Handbuch des Medizinstrafrechts, S. 108; S/S-*Eser/Sternberg-Lieben*, StGB, Vor. §§ 211 ff., Rn. 43, m.w.N.

250 *Roxin*, Täterschaft und Tatherrschaft, S. 463; MüKoStGB/*Schneider*, Vor. § 211, Rn. 73.

251 Zum folgenden Argument *Sowada*, Jura 1985, 75, 78; MüKoStGB/*Schneider*, Vor. § 211, Rn. 71, m.w.N.

dern nur noch um das Verhindern des Erfolgs der durch den zuvor Tatbeherrschenden angestoßenen Kausalverläufe. Der passive Garant hat dann nur eine Verhinderungsmöglichkeit, die aber gar keine Herrschaft begründen kann. Ferner behauptet der Bundesgerichtshof, ohne Anhaltspunkte dafür zu haben, einen Sinneswandel des Suizidenten im Moment der Handlungsunfähigkeit. Die gesetzgeberische Wertung, dass die Teilnahme am freiverantwortlichen Suizid straflos sein soll, wird so unterlaufen. Die Teilnahmelehre wird von der Unterlassungsdogmatik quasi „aufgerollt".[252] Im Ergebnis blockiert die Eigenverantwortlichkeit des Sterbewilligen die Strafbarkeit des Garanten durch Unterlassen parallel zur Straffreiheit bei der aktiven Suizidhilfe. Aufgrund des Selbstbestimmungsrechts besteht also nicht nur keine Interventionspflicht, es besteht ferner auch gar kein Interventionsrecht.[253] Die Garantenstellung dient nicht dazu, autonome Entscheidungen auszuhebeln und ist keine Vormundschaft; so kann auch dem Arzt keine Zwangsbefugnis auferlegt werden.[254] Es sind also dieselben Gründe, welche die Straflosigkeit der aktiven Suizidhilfe begründen, die auch eine Straflosigkeit des untätigen Garanten rechtfertigen. Da kein rechtliches oder faktisches Interesse an einer Umwertung besteht, würde ein anderes Ergebnis nicht nur dogmatisch zu Wertungswidersprüchen führen,[255] sondern auch abzulehnende paternalistische Züge annehmen. Das Prinzip der Eigenverantwortlichkeit ist der wichtigste Einwand gegen die eingangs in der Literatur genannte Ansicht, dass es entscheidend auf den rechtfertigenden Notstand ankäme. Ergänzend sei auf § 1901a BGB hingewiesen, der zur Stärkung der Patientenautonomie vorgibt, dass Ärzte und Betreuer die autonome Entscheidung des Patienten akzeptieren müssen. Konsequenterweise kann nichts anderes für einen Garanten gelten.[256]

---

252 *Grünwald*, GA 1959, 110, 114; *Bottke*, GA 1983, 22, 29; *v. Dellingshausen*, Sterbehilfe und Grenzen der Lebenserhaltungspflicht des Arztes, S. 265 f.; *Roxin*, FS für Dreher, 331, 348; *Ingelfinger*, Grundlagen und Grenzbereiche des Tötungsverbots, S. 234 f.; a.A. *Herzberg*, JA 1985, 177, 181; NK-StGB/*U. Neumann*, Vor. § 211, Rn. 79.

253 NK-StGB/*U. Neumann*, Vor. § 211, Rn. 80; MüKoStGB/*Schneider*, Vor. § 211, Rn. 72.

254 Vgl. NK-StGB/*U. Neumann*, Vor. § 211, Rn. 80, der das Prinzip der Eigenverantwortlichkeit als das wesentliche Argument für die Straffreiheit des Suizidenten ins Feld führt. Da kein Interventionsrecht bestehe, sei weitergehend ein Eingriff in den Suizidakt und damit auch in die Freiheit und/oder die körperliche Integrität des Suizidenten nur unter den allgemeinen Voraussetzungen der mutmaßlichen Einwilligung gerechtfertigt; a.A. *Herzberg*, ZIS 2016, 440, 444 f.

255 So bereits *Gallas*, JZ 1960, 686, 689 f.

256 Vgl. MüKoStGB/*Schneider*, Vor. § 211, Rn. 72, m.w.N.

Überzeugend ist es daher mit der Rechtssprechungsänderung des Bundesgerichtshofs die Strafbarkeit des Lebensschutzgaranten wegen Tötung durch Unterlassen zu verneinen, wenn dieser nicht einschreitet. Die Strafbarkeit ist nicht nur dogmatisch unhaltbar, sondern führt auch zu Wertungswidersprüchen und würde den gesetzgeberischen Willen unterlaufen. Die Grenze zum strafbaren Unterlassen ist erst dann erreicht, wenn der Garant Anhaltspunkte für einen geänderten Willen des Suizidenten hat und nicht einschreitet.[257]

#### b. Unterlassene Hilfeleistung

Zwar ist unstreitig, dass jeder nach § 323c Abs. 1 StGB zur Hilfeleistung bei einem unfreiwilligen Suizid verpflichtet ist,[258] problematisch ist aber, ob das Geschehenlassen einer freiverantwortlichen Selbsttötung nach § 323c Abs. 1 StGB strafbar ist. In dogmatischer Hinsicht handelt es sich um keinen speziellen Fremdtötungs-, sondern um einen Auffangtatbestand. Da aber gerade dieser Tatbestand nach teilweise vertretener Ansicht sowohl bei zufällig anwesenden Dritten als auch bei Garanten in einer Suizidsituation zu tragen kommen soll, sei er aufgrund dieser Verbindung hier verortet.[259] Dem Grunde nach fokussiert sich die Betrachtung auf die objektiven Tatbestandsmerkmale „Unglücksfall" und „zumutbare Hilfe" des § 323c Abs. 1 StGB.

##### i. Position der Rechtsprechung

Die höchstrichterliche Rechtsprechung definiert den Unglücksfall im Sinne von § 323c Abs. 1 StGB als „plötzliches äußeres Ereignis, das erheblichen Schaden an Personen oder Sachen anrichtet und weiteren Schaden

---

257 Vgl. insbesondere MüKoStGB/*Schneider*, Vor. § 211, Rn. 76 f.; a.A. noch LK-*Jähnke*, 11. Auflage, Vor. § 211, Rn. 24 nach dem die Strafbarkeit nur bei Eltern und Ehegatten auflebe, nicht hingegen aber bei Ärzten, die lediglich nach § 323c StGB haftbar zu machen seien.

258 Der unfreie Suizid stellt einen Unglücksfall im Sinne von § 323c StGB dar, BGHSt 2, 150 f.; *Sowada*, Jura 1985, 75, 86; *Dölling*, NJW 1986, 1011, 1012 ff.; Lackner/Kühl/*Kühl* StGB, § 323c, Rn. 2; MüKoStGB/*Schneider*, Vor. § 211, Rn. 81, m.w.N.

259 Vgl. insbesondere zur „Lückenbüßerfunktion" kritisch *Ulsenheimer*, in: Laufs/Kern/Rehborn, ArztR-HdB, § 151, Rn. 9.

zu verursachen droht".[260] Der Bundesgerichtshof bestimmt dieses Tatbestandsmerkmal rein objektiv, sodass es unerheblich sei, ob der Gefährdete seine Lage selbst herbeigeführt hat oder diese ihm von außen zustößt. Für das Auslösen der Hilfspflicht sei es nicht relevant, ob der Suizident frei oder unfrei handele, da es von außen typischerweise in der kurzen Zeitspanne niemandem möglich sei, in zuverlässiger Weise den Willen festzustellen. Daher sei grundsätzlich jeder Suizid ein Unglücksfall. Ausnahmen könnten nur – in vom Bundesgerichtshof nicht näher ausgeführten Situationen – bestehen, in denen das normgemäße Verhalten nicht zumutbar sei.[261] Im Gegensatz zur Strafbarkeit des Garanten durch Unterlassen, bei der die Interventionspflicht erst mit Handlungsunfähigkeit des Sterbewilligen eintrete, entstehe die Hilfspflicht der Normadressaten gemäß § 323c Abs. 1 StGB bereits schon dann, wenn der Rechtsgutsträger sich in die Gefahrensituation begebe.[262] Da es bei der Strafbarkeit nach § 323c Abs. 1 StGB nicht um die Tatherrschaft geht, konnte die Rechtsprechung hier keinen Tatherrschaftswechsel behaupten, sondern begründete die Strafbarkeit zunächst mit dem Sittengesetz[263] und später mit der solidarischen Lebensschutzfunktion der Strafnorm.[264] Auch diese Rechtsprechung hat der Bundesgerichtshof im Juli 2019 unter Beachtung einer wirksamen Ausübung des Selbstbestimmungsrechts aufgegeben.[265]

#### ii. Positionen in der Literatur

Teile der Literatur folgen im Ansatz der alten richterlichen Betrachtung und lösen die suizidspezifische Auslegung des § 323c Abs. 1 StGB ebenfalls aus der Perspektive des Dritten.[266] Gleichwohl suchen jene Autoren eine etwas liberalere Lösung über das Tatbestandsmerkmal der Zumutbar-

---

260 Zunächst schon RGSt 75, 68, 162; folgend BGHSt, 2, 150 f.; Übersicht zur Rspr. zu § 323c StGB und deren Vorgängervorschrift § 330c StGB a.F. bei *Geppert*, Jura 2005, 39, 43.

261 BGHSt 6, 147, 152 ff.; 32, 367, 375 ff.; zuletzt bestätigt durch BGH, NJW 2019, 3089, 3092; 3092, 3095 f.

262 BGHSt, 13, 162, 169; zustimmend *Dölling*, NJW 1986, 1011, 1016; a.A. *Gallas*, JZ 1954, 641, bezüglich der Vorgängernorm § 330c StGB a.F.

263 Das Sittengesetz fordere von jedem, der das Suizidgeschehen beobachte, rettend einzugreifen, BGHSt 6, 147, 153.

264 BGHSt 32, 367, 376.

265 BGH, NJW 2019, 3092, 3095 f.

266 *Achenbach*, Jura 2002, 542, 545; *Dölling*, NJW 1986, 1011, 1016; *U. Neumann*, JA 1987, 244, 255.

keit. Die Hilfspflicht soll dann nicht bestehen, wenn der Dritte sichere Erkenntnisse über die freiverantwortliche Gesinnung des Rechtsträgers habe. Dogmatisch bestehe dann entweder gar keine Notlage oder das Hilfeleisten wäre unzumutbar, soweit es sich um einen bilanzierten oder jedenfalls klar erkennbar eigenverantwortlichen Suizid handele. Vertreten wird auch, dass das Hilfeleisten dann unzumutbar sei, wenn der Rechtsträger freiverantwortlich und tatherrschaftlich zuvor Hilfe untersagt hat oder der Dritte am Geschehensablauf aktiv beteiligt war.[267] Die überwiegende Ansicht in Literatur und Lehre erkennt im freiverantwortlichen Suizid keinen Unglücksfall im Sinne der Norm.[268] Semantisch sei schon nicht von einem Unglücksfall auszugehen, der eine Handlungspflicht auslöse, wenn der Selbstschädigungsakt bewusst herbeigeführt wurde.[269] Auf eine Zumutbarkeitsprüfung kommt es dann gar nicht mehr an. Wenn die zeitlich vorgelagerte aktive Teilnahme am Suizid entsprechend dem gesetzgeberischen Willen nach straffrei sein soll, dann sei es nicht einzusehen, warum der freiverantwortlichen Willensentscheidung des Rechtsträgers bei der unterlassenen Hilfeleistung nach § 323c Abs. 1 StGB nicht das gleiche strafbefreiende Gewicht zukommen soll.[270] Insgesamt sei es sachgerecht, das Vorliegen einer Unglücksituation aus der Sicht der Selbstschädigenden zu beurteilen und folglich die vorsätzlich und freiverantwortlich begangene Selbstschädigung nicht dem Anwendungsbereich des § 323c Abs. 1 StGB zuzuführen.[271]

### iii. Stellungnahme

Gegen die Bestimmung aus der Perspektive des in Not Geratenen wird angeführt, § 323c Abs. 1 StGB normiere überindividuelle, das heißt allge-

---

267 Vgl. *Rengier*, BT/II, § 8, Rn. 20a.

268 Vgl. bereits *Bottke*, Suizid und Strafrecht, S. 312 ff.; *ders.*, GA 1983, 22, 35 ff., m.w.N. zum damaligen Stand in Fn. 34; *Sowada*, Jura 1985, 75, 86; in neuerer Literatur *Beckert*, Strafrechtliche Probleme einer Suizidbeteiligung und Sterbehilfe, S. 173 ff.; *Günzel*, Das Recht auf Selbsttötung, S. 192; Lackner/Kühl/*Kühl* StGB, § 323c, Rn. 2; MüKoStGB/*Schneider*, Vor. § 211, Rn. 84 f.; NK-StGB/*Gaede*, § 323c, Rn. 5; S/S-*Hecker*, StGB, § 323c, Rn. 8.

269 MüKoStGB/*Schneider*, Vor. § 211, Rn. 84; a.A. *Dölling*, NJW 1986, 1011, 1012 f.

270 *Bottke*, Suizid und Strafrecht, S. 312 ff.; *ders.* GA 1983, 22, 35; *Sowada*, Jura 1985, 75, 86; MüKoStGB/*Schneider*, Vor. § 211, Rn. 84.

271 So MüKoStGB/*Schneider*, Vor. § 211, Rn. 84, m.w.N.

meinschützende Solidaritäts- und Sozialpflichten.[272] Wäre dem so, dann wäre jede Nichtabwendung einer aus gesellschaftlicher Perspektive empfundenen Gefahrenlage unabhängig vom Willen des Geschädigten strafbar. Jedoch besteht der Sinn und Zweck der Norm nicht darin, altruistische oder solidarische Handlungen zu fördern – Strafgrund mag gleichwohl das Interesse der Allgemeinheit an der Wahrung mitmenschlicher Solidarität sein –, sondern ausschließlich im Schutz von Individualrechtsgütern.[273] Der Geschützte kann mithin auf Hilfe verzichten. Im Fall einer freiverantwortlichen Suizidentscheidung tritt die allgemeine Hilfspflicht nach § 323c Abs. 1 StGB dahinter zurück, ja es besteht weiterführend kein Recht mehr dazu, einzugreifen.[274] Auch hier zeigt sich die Parallele zu der zu verneinenden Strafbarkeit des Garanten durch Unterlassen. Dort besteht ebenso keine Interventionspflicht und weitergehend auch kein Interventionsrecht. Es wäre wertungswidersprüchlich, verneinte man die Strafbarkeit des Garanten wegen Tötung durch Unterlassen, aber bejahte eine Rettungspflicht quivis ex populis, denn der Garant hat wertungsmäßig eine stärkere Handlungspflicht. Hat der Garant keine Interventionspflicht, dann hat ein anderer Dritter, der nicht Garant ist, diese erst recht nicht. Auch bei der Beurteilung der Pflichten im Rahmen von § 323c Abs. 1 StGB gilt also, dass auf Grundlage der Unrechtskonzeption der Strafrechtsordnung und dem Prinzip der Eigenverantwortlichkeit niemand in paternalistischer Weise zur bevormundenden Gefahrenabwehr unter Strafandrohung gegen den freiverantwortlich Handelnden gezwungen werden kann. Die Fälle der freiverantwortlichen Selbsttötung fallen dogmatisch also a priori schon nicht in den Anwendungsbereich.

Manche warnen davor, diese Betrachtung habe erhöhende Auswirkungen auf das Aktionspotenzial Dritter bei unfreien Suiziden: So könnten diese untätig bleiben und behaupten, sie seien irrig und damit gemäß § 16 Abs. 1 StGB strafbefreiend von einem freien Suizid ausgegangen.[275] Auch wenn die Gefahr von Schutzbehauptungen nicht von der Hand gewiesen werden kann, ist dem zweierlei zu entgegnen. Zum einen darf eine solche Ansicht, die vom Ergebnis her argumentiert, niemals ausschließlich zu einer Definition oder Konkretisierung des materiellen Rechts führen und

---

272 *U. Neumann,* JA 1987, 244, 255.

273 *Geppert*, Jura 2005, 39, 40; *Bottke*, Suizid und Strafrecht, S. 305 ff.; Rengier, BT/II, § 42, Rn. 1, 17; S/S-*Hecker*, StGB, § 323c, Rn. 1, m.w.N.

274 Vgl. zum folgenden Argument *Duttge*, FS für Schöch, 599, 615 f.; vgl. auch MüKoStGB/*Schneider*, Vor. § 211, Rn. 84.

275 AWHH/*Hilgendorf*, § 3, Rn. 33.

so eine Strafbarkeit begründen. Das materielle Recht darf mit anderen Worten nicht so verbogen werden, dass die dem Staat verfassungsrechtlich nach Art. 103 Abs. 2 GG auferlegte Beweislast im Strafverfahren umgangen wird. Zudem würden sonst auch diejenigen bestraft, die von einem freiverantwortlichen Suizid ausgegangen sind und die keinen Sachverhalt vor Augen haben, bei dem ihr Untätigbleiben strafwürdig wäre. Zum anderen sind Schutzbehauptungen häufig in der Praxis widerlegbar:[276] Der Dieb, der behauptet, er wollte das entwendete Fahrrad doch zurückbringen, kann sich mit dieser Behauptung regelmäßig nicht seiner Strafe nach § 242 Abs. 1 StGB entziehen, denn über das Ergebnis der Beweisaufnahme entscheidet das Gericht nach seiner freien, aus dem Inbegriff der Verhandlung geschöpften Überzeugung gemäß § 261 StPO. Der zufällig anwesende Laie wird grundsätzlich mit bedingtem Vorsatz von einem unfreien Suizid ausgehen. Kann der Tatrichter dies bei einem unfreien Suizid feststellen, so ist eine Bestrafung nach § 323c Abs. 1 StGB möglich. Die „Irrtumsanfälligkeit" der hier vertretenen Ansicht bezüglich des Tatbestandsmerkmals des Unglücksfalls ist damit strafprozessual deutlich begrenzt.

## C. *Exkurs de lege abrogata: Die geschäftsmäßige Förderung der Selbsttötung gemäß § 217 StGB a.F.*

Am 10.12.2015 trat § 217 StGB a.F. in Kraft, der mit der amtlichen Überschrift „Geschäftsmäßige Förderung der Selbsttötung" betitelt wurde. Zunächst wurde ein Eilrechtsschutzantrag gegen die Norm kurz nach Inkrafttreten abgelehnt[277] und Verfassungsbeschwerden im Jahr 2017 als unzulässig abgewiesen[278]. Dennoch war die Strafnorm weiterhin Gegenstand von mehreren Verfassungsbeschwerden.[279] Im Eilrechtsschutzantrag stellte das Bundesverfassungsgericht klar, dass das strafrechtliche Verbot sich nicht an die Sterbewilligen richtet, sondern nur an die Suizidhelfer.[280] Teilweise wurde daraus geschlossen, die in die Abwägung einzubeziehenden Grund-

---

276 S. zu diesem Argument MüKoStGB/*Schneider*, Vor. § 211, Rn. 85.

277 BVerfG, NJW 2016, 558.

278 BVerfG, Beschl. v. 20.07.2017 – 2 BvR 2492/17, 2 BvR 2507/16. Der Großteil der Beschwerden wurde wegen unzureichender Begründung und eine Beschwerde mangels Betroffenheit abgewiesen.

279 BVerfG 2 BvR 2347/15, 2 BvR 651/16, 2 BvR 1261/16, 2 BvR 1494/16, 2 BvR 1593/16, 2 BvR 1624/16, 2 BvR 1807/16, 2 BvR 2354/16, 2 BvR 2506/16, 2 BvR 2527/16, 2 BvR 2667/16.

280 NJW 2016, 558, 559.

rechte seien nach Ansicht des Gerichts auf die der Suizidhelfer beschränkt, sodass dies präjudiziell für die offenen Verfassungsbeschwerden sei.[281] Entgegen dieser Vermutung stellte das Bundesverfassungsgericht die Verfassungswidrigkeit des § 217 StGB a.F. am 26.02.2020 fest.[282] Damit ist die Norm ipso iure nichtig.[283]

Nach § 217 StGB a.F. wurde mit Freiheitsstrafe bis zu drei Jahren oder mit Geldstrafe bestraft, „wer in der Absicht, die Selbsttötung eines anderen zu fördern, diesem hierzu geschäftsmäßig die Gelegenheit gewährt, verschafft oder vermittelt". Straffrei blieb, „wer selbst nicht geschäftsmäßig handelt und entweder Angehöriger des in Absatz 1 genannten anderen ist oder diesem nahe steht". Die Einführung dieser Strafnorm führte zu einer fachübergreifenden „Flut von Stellungnahmen" in der neueren Sterbehilfediskussion, ohne dass sich ein interdisziplinär überwiegender Standpunkt herausgebildet hatte.[284] Mit seinem Urteil zur Verfassungswidrigkeit definiert das Gericht Inhalt, Grenzen und Reichweite des Selbstbestimmungsrechts am Lebensende[285] und stärkt es erheblich. Auf die wesentlichen Aspekte der Norm und der Verfassungswidrigkeit soll hier eingegangen werden.

Entgegen der strafrechtsdogmatischen und verfassungsrechtlichen Bedenken in einem öffentlichen Aufrufen von 144 deutschen Strafrechtslehrern[286] wurde mit § 217 StGB a.F. die Strafbarkeit der Sterbehilfe ausgeweitet und so das 140 Jahre geltende Dogma, dass die Teilnahme an der Selbsttötung straflos ist, verworfen.[287] Die Strafrechtswissenschaft ging vor dem Urteil des Bundesverfassungsgerichts schon überwiegend davon aus, dass § 217 StGB a.F. verfassungswidrig ist oder jedenfalls erhebliche Bedenken an der Verfassungsmäßigkeit der Norm bestehen.[288]

281 Insoweit erwarteten einige die Erfolglosigkeit der Verfassungsbeschwerden, vgl.; BeckOK StGB/*Oglakcioglu*, 45. Ed., § 217, Rn. 14; *Duttge*, ZStW 2017, 448, 465; *Gaede*, JuS 2016, 385, 387; *Hillenkamp*, KriPoZ 2016, 3, 9.

282 BVerfGE 153, 182.

283 Schmidt-Bleibtreu/Klein/Bethge/*Hömig*, BVerfGG, § 95, Rn. 39.

284 *Roxin*, NStZ 2016, 185.

285 BVerfGE 153, 182, 260 ff.

286 *Hilgendorf/Rosenau*, medstra 2015, 129. Diese Fassung wurde später von weiteren Strafrechtslehrern unterzeichnet, vgl. *Saliger*, Selbstbestimmung bis zuletzt, S. 216 ff.

287 Vgl. *Hecker*, GA 2016, 455.

288 *Gaede*, JuS 2016, 385, 387; *Grünewald*, JZ 2016, 938, 942 ff.; *Hecker*, GA 2016, 455, 463 ff.; *Hoven*, ZIS 2016, 1; NK-StGB/*Saliger*, § 217, Rn. 6; *Roxin*, NStZ 2016, 185, 188 f.; *Taupitz*, medstra 2016, 323, 330; LK-Rosenau, Vor. §§ 211 ff., Rn. 91 m.w.N.; *Hilgendorf*, JZ 2014, 545, 550 ff. bezweifelte schon ein Jahr vor

Die Verletzung verschiedener Grundrechte durch die Strafnorm kommt in Betracht. So greift das Verbot jedenfalls in die Berufsausübungsfreiheit Suizid assistierender Ärzte gemäß Art. 12 Abs. 1 GG ein.[289] Sterbehilfevereine berufen sich daneben auch auf Art. 9 GG.[290] Faktisch am stärksten beschränkt werden jedoch Suizidwillige. Aus diesem Grund und mit Blick auf das Ziel dieser Arbeit soll der Fokus auf diesem Grundrechtseingriff liegen. Suizidwillige werden zwar nicht unmittelbar von der Strafnorm bedroht und sind daher richtigerweise und der Einschätzung des Bundesverfassungsgerichts entsprechend[291] keine Normadressaten, jedoch sind sie faktisch mittelbar betroffen. Denn das Grundrecht auf selbstbestimmte Lebensbeendigung umfasst der Maßgabe des Art. 8 Abs. 1 EMRK[292] entsprechend als Konkretisierung des allgemeinen Persönlichkeitsrechts nach Art. 2 Abs. 1 i.V.m. Art. 1 Abs. 1 GG in seinem Schutzbereich nicht nur das Recht, die Art und Weise des Todes selbst zu bestimmen, sondern auch die Bestimmung des Zeitpunkts und die Inanspruchnahme von Hilfe Dritter.[293] Die Inanspruchnahme der Hilfe Dritter war durch § 217 StGB a.F. in den meisten Fällen strafbewehrt, sodass die Strafnorm ein staatliches Handeln darstellt, welches das grundgesetzlich geschützte Verhalten jedenfalls teilweise unmöglich macht. Dem modernen Eingriffsbegriff entsprechend, griff die Norm damit mittelbar[294] in das allgemeine Persönlichkeitsrecht des potenziell Suizidwilligen ein und wirkte indirekt hart pater-

---

Inkrafttreten des § 217 StGB a.F. die Verfassungsmäßigkeit strafrechtlicher Regulierung von Sterbehilfeorganisationen. Selbst der Wissenschaftliche Dienst des Bundestages äußerte Zweifel an der materiellen Verfassungsmäßigkeit des Gesetzesentwurfs, vgl. Wissenschaftliche Dienste, Ausarbeitung zu BT-Drs. 18/5373, WD – 3000 – 188/15, S. 8 ff.; a.A. etwa *Kubiciel*, ZIS 2016, 396, 402 f., der eine verfassungskonforme Auslegung für möglich hält.

289 Vgl. BVerfGE 153, 182, 300 ff.

290 BVerfGE 153, 182, 303 ff.

291 BVerfGE 153, 182, 257; BVerfG, NJW 2016, 558; zustimmend *Brunhöber*, NStZ 2020, 538, 540.

292 EGMR, NJW 2011, 3773, 3774, Rn. 51, Ls. 1; EGMR, NJW 2013, 2953, 2955, Rn. 52, Ls. 3.

293 So nunmehr auch BVerfGE 153, 182, 264 f.; BVerwGE 158, 142, Ls. 2; vgl. dazu auch bereits Kapitel 2, A. = S. 30 ff.

294 Ob der Eingriff unmittelbar oder mittelbar erfolgt, ist streitig und gleichsam für das Ergebnis unerheblich, da die Grundrechte auch gegen mittelbare Eingriffe schützen (moderner Eingriffsbegriff), nach BVerfGE 153, 182, 266 handelt es sich richtigerweise um eine von der Zweckrichtung des Gesetzgebers bewusst getroffene Zielrichtung des § 217 StGB a.F., die mittelbar-faktische Auswirkungen auf die Suizidwilligen hat; dieser mittelbare Eingriff in das Selbstbestimmungsrecht der Suizidwilligen kann einem normativen und direkten Eingriff

nalistisch.[295] Mithin waren nicht nur diejenigen Suizidwilligen betroffen, deren konkret gewünschte Art des Todes beschränkt wurde, sondern auch sämtliche Suizidwillige, die die Hilfe solcher Dritter in Anspruch nehmen wollten, die geschäftsmäßig Hilfe leisten, deren Angebot also „die Wiederholung gleichartiger Taten zum Gegenstand“[296] hat oder deren Form der Suizidhilfe „eine planmäßige Betätigung in Form eines regelmäßigen Angebots“[297] darstellt, worunter ohne Weiteres auch Ärzte fallen.[298] Dem Gesetzesentwurf zufolge sollten „lediglich allgemeine Hinweise für eine mögliche Selbsttötung“[299] aus dem Tatbestand ausgenommen sein, sodass (palliativ-) medizinische Behandlungen nur noch dann straflos waren, wenn sie keine konkrete Möglichkeit zum Suizid beinhalteten.[300] Wegen der existenziellen Bedeutung des Selbstbestimmungsrechts über das eigene Leben für die personale Identität, Individualität und Integrität und weil die Ausübung des Grundrechts durch § 217 StGB a.F. erheblich erschwert wurde, wog der Eingriff in das allgemeine Persönlichkeitsrecht besonders schwer.[301]

Gemäß der Schrankentrias nach Art. 2 Abs. 1 Hs. 2 GG ist das allgemeine Persönlichkeitsrecht durch verletzte Rechte anderer, die verfassungsmäßige Ordnung und das Sittengesetz begrenzt. Wegen des weiten Begriffsverständnisses der verfassungsmäßigen Ordnung, kommt allein ihr Bedeutung zu; die Trias hat ihre Alltagsbedeutung insoweit verloren.[302] Die verfassungsmäßige Ordnung meint die Summe aller Rechtsnormen, die formell und materiell mit der Verfassung übereinstimmen und ist somit

---

in seiner Wirkung gleichkommen; vgl. auch vgl. MüKoStGB/*Brunhöber*, § 217, Rn. 34 ff.

295 Nach *Roxin*, NStZ 2016, 185, 188 handele es sich „um eine Art von weichem Paternalismus“. Jedoch wirkt die Strafnorm tatsächlich hart paternalistisch. So auch *Duttge*, MedR 2020, 570, 571; NK-StGB/*Saliger*, § 217, Rn. 6. Die begriffliche Zuordnung soll aber nicht die (fehlende) Legitimation vorwegnehmen: s. Kapitel 3, D. = S. 142 ff.

296 BT-Drs. 18/5373, 12.

297 BT-Drs. 18/5373, 12.

298 Vgl. *Roxin*, NStZ 185, 190.

299 BT-Drs. 18/5373, 18.

300 *Duttge*, NJW 2016, 120, 122.

301 BVerfGE 153, 182, 266.

302 Dürig/Herzog/Scholz/*Di Fabio*, GG, Art. 2 Abs. 1, Rn. 39; *Saliger*, Selbstbestimmung bis zuletzt, S. 69 ff. stellt auch konkret für die selbstbestimmte Lebensbeendigung klar, dass nur die verfassungsmäßige Ordnung als Schranke in Betracht kommt.

weit zu verstehen.[303] Der Gesetzesentwurf begründet die Strafnorm damit, dass die personale Eigenverantwortlichkeit, aus der die Straflosigkeit der Selbsttötung folge, durch geschäftsmäßig handelnde Personen und Organisationen zumindest abstrakt das menschliche Leben und die Autonomie des Individuums gefährde.[304] Damit stellt er dem Grundrecht auf selbstbestimmte Lebensbeendigung als Konkretisierung des allgemeinen Persönlichkeitsrechts nach Art. 2 Abs. 1 i.V.m. Art. 1 Abs. 1 GG als Schranke das in Art. 2 Abs. 2 S. 1 GG verankerte Recht auf Leben und die verfassungsrechtlich geschützte individuelle Garantie autonomer Willensentscheidungen gegenüber.[305]

Abgesehen davon, dass der Gesetzgeber hier schon verkannt hat, dass die Eigenverantwortlichkeit des Suizidenten nicht Grund, sondern Voraussetzung für eine straffreie Beteiligung am Suizid ist, hätte § 217 StGB a.F. in Gänze auch verhältnismäßig sein müssen. Zweifelhaft ist bereits die Legitimität des verfolgten Zwecks.[306] Zum einen wird der Lebensschutz, also der Schutz des Suizidenten, angeführt. Wie dargelegt, ist das Recht auf einen selbstbestimmten Tod verfassungsrechtlich abgesichert.[307] Die Zwecksetzung zielt jedoch auf das Unterdrücken dieser Grundrechtsausübung. Mithin fördert der am Suizid Teilnehmende ein rechtmäßiges Verhalten. Das Fördern eines rechtmäßigen Verhaltens kann seinerseits aber nicht unrechtmäßig sein und eine Pönalisierung legitimieren. Das Eigenverantwortlichkeitsprinzip verbietet hier eine strafrechtliche Sanktion: Der Suizident verbleibt in seiner eigenen Freiheitssphäre und greift nicht in die Freiheitssphäre eines anderen über.[308] Diese Fälle erfasste der Straftatbestand, sodass er insofern zu weit gefasst war. Das Unrecht des § 217 StGB a.F. kann somit nicht in der Verursachung des Todes des Suizidenten bestehen. Formell lässt sich der Strafgrund nicht akzessorisch aus dem Suizid

---

303 Grundlegend BVerfGE 6, 32, 38 („Elfes-Entscheidung"); vgl. auch Dürig/Herzog/Scholz/*Di Fabio*, GG, Art. 2 Abs. 1, Rn. 39, Fn. 2 m.w.N.

304 BT-Drs. 18/5373, 12.

305 BT-Drs. 18/5373, 13.

306 BVerfGE 153, 182, 269 ff. erachtet den Zweck als legitim.

307 Davon ist im Übrigen selbst der Gesetzesentwurf des § 217 StGB a.F. überzeugt, der betont, Art. 2 Abs. 2 GG sowie Art. 2 Abs. 1 i.V.m. Art. 1 Abs. 1 GG seien ein umfassendes Grundrecht zu entnehmen, über den eigenen Tod zu entscheiden, BT-Drs. 18/5373, 10.

308 Vgl. auch *Duttge*, NJW 2016, 120, 123; *ders.*, MedR 2020, 570, 572; *Reimer*, ZfL 2015, 66, 73.

ableiten. Es bedarf vielmehr einer selbstständigen Begründung, genauer eines eigenständigen Unwerts, den der Unterstützende verwirklicht.[309]

Als legitimes Ziel wird daneben der Schutz der Selbstbestimmung angeführt. So sollte § 217 StGB a.F. nicht einschränkend, sondern autonomieschützend, insbesondere gegenüber Alten und Kranken wirken.[310] Diese Menschen seien häufig auf die Hilfe anderer angewiesen und gefährdet, aufkeimenden Suiziderwartungen zu unterliegen. Daher müssten sie vor unüberlegten Suizidwünschen geschützt werden. Die abstrakte Gefahr[311] besteht dann aber nicht mehr im konkreten Suizid, sondern darin, dass die Suizidbereitschaft gefördert wird. Die Gefahr des Suizids wurde in § 217 StGB a.F. also gar nicht vorausgesetzt; es genügte die „Gelegenheit" zur Selbsttötung, der aber kein konkret lebensbedrohliches Moment immanent sein musste.[312] Damit pönalisierte § 217 StGB a.F. nicht nur bestimmte Beihilfe- und Anstiftungshandlungen[313] zum Suizid, sondern auch Maßnahmen, die weit im Vorfeld solcher Handlungen liegen. Die Freiverantwortlichkeit war, ist und bleibt notwendige Voraussetzung für eine straffreie Beteiligung am Suizid, sodass im Ergebnis auch keine Gefahr für die Autonomie besteht, die das Gesetz schützen soll. Lebensschutz und Autonomieschutz sind zwar legitime Ziele, zweifelhaft ist aber, ob § 217 StGB a.F. diese tatsächlich verfolgte.[314] Den wahren Grund der Strafandrohung kann man zwischen den Zeilen des Gesetzentwurfs identifizieren. Geht man von der Prämisse aus, dass der Suizid eines Lebensmüden von seinen schwankenden Motiven abhängt, so könnte man vermeiden wollen, dass ein weiteres suizidförderndes Motiv entsteht. Ziel war es also, dass der Suizid sich nicht als fatale Normalität generiert und so durch gesellschaftliche Adäquanz und soziale Gebotenheit eine „Suizidkultur" erschaffen wird.[315] Strafgrund war folglich unmittelbar weder Lebens- noch Autonomieschutz, sondern die gesellschaftspolitisch unerwünschte Folge drastisch erhöhter Suizidzahlen durch öffentlich angebotene Förderung.

---

309 *Hoven*, MedR 2018, 741, 742.

310 BT-Drs. 18/5373, 9 f.

311 Es handelt sich intendiert und anerkanntermaßen um ein abstraktes Gefährdungsdelikt, vgl. BT-Drs. 18/5373, 16; *Duttge*, NJW 2016, 120, 121; *Hoven*, MedR 2018, 741, 742.

312 Treffend *Herzberg*, ZIS 2016, 440.

313 Die Handlungen, die einer Anstiftung enstprechen, werden häufig übersehen, etwa in der erwähnten professoralen Stellungnahme *Hilgendorf/Rosenau*, medstra 2015, 129; vgl. zu dieser Kritik *Herzberg*, ZIS 2016, 440, 441.

314 Dies kann man auch als eine Frage der Eignung ansehen.

315 BT-Drs. 18/5373, 11, 13.

Der mutmaßliche Bestand von Werte- und Moralvorstellungen ist aber kein legitimes gesetzgeberisches Ziel.[316] Werden Rechtnormen nicht mit den Rechten Dritter begründet, sondern mit konventioneller Moral, so verblieben Minderheiten keine Freiheitssphäre.[317] Dies ist nicht mit dem minderheitsschützenden Charakter der Grundrechte vereinbar.[318] Daher darf die Vorstellung der Mehrheit nicht durch strafrechtliche Sanktionen erzwungen werden, soweit nicht Rechte Dritter betroffen sind.[319] Richtig ist aber, dass der Gesetzgeber solchen Entwicklungen entgegentreten darf, die Menschen aufgrund sozialen Drucks dazu zwingen könnten, sich etwa aus Nützlichkeitserwägungen das Leben zu nehmen und die so Autonomie und Leben mittelbar betreffen könnten. Die Plausibilität einer solchen Entwicklung ist zunächst nachvollziehbar.[320] Inwiefern das Selbstbestimmungsrecht des Einzelnen für diesen Zweck beschränkt werden darf, ist hingegen eine Frage der Erforderlichkeit und der Angemessenheit.

Das Gesetz hätte ferner geeignet sein müssen die scheinbar intendierten Regelungsziele umzusetzen.[321] Neben dem Regelungsziel selbst ist auch dessen Umsetzung kritisch zu sehen. Dies betrifft insbesondere das Tatbestandsmerkmal „geschäftsmäßig“. Zweifelhaft ist, ob dieses Merkmal die Grenze zwischen legalen und strafbaren Unterstützungshandlungen zu ziehen vermag. Ein früherer Entwurf sah 2012 nicht die geschäftsmäßige, sondern die „gewerbsmäßige“, also eine auf Gewinnerzielung ausgerichtete Förderung, als strafbar vor.[322] Dagegen wurde eingewendet, nicht die materielle Gewinnerzielungsabsicht berge die Gefahr der negativen Beeinflussung des Suizidwilligen, sondern vielmehr – weiter ausgerichtet – das Eigeninteresse des Fördernden.[323] Finanzielle Interessen seien zwar grundsätzlich persönlichen Interessen immanent, das tatsächlich gefährdende Merkmal des Eigeninteresses könne aber auch unabhängig davon bestehen und Sterbehilfeorganisationen könnten unter rechtlich zulässiger Gründung von gemeinnützigen Vereinen das Tatbestandsmerkmal der Gewerbsmäßigkeit leicht umgehen. Dem sollte durch die dem § 206

316 BVerfGE 153, 182, 271; *Brunhöber*, NStZ 2020, 538, 541; *Duttge*, MedR 2020, 570, 571; *Muckel*, JA 2020, 473, 476.

317 *Hörnle*, Grob anstößiges Verhalten, S. 60.

318 *Huster*, Die ethische Neutralität des Staates, S. 570 f.

319 *Hörnle*, Grob anstößiges Verhalten, S. 60; *Scheinfeld*, Organtransplantation und Strafrechtspaternalismus, S. 311.

320 BVerfGE 153, 182, 271 ff.; zur Gefahrenprognose Kapitel 3, E., II., 4. = S. 177 ff.

321 Zur Eignung im Allgemeinen BVerfGE 30, 292, 316; 33, 171, 187.

322 BT-Drs. 17/11126, 6 f.

323 Statt einiger *Schliemann*, ZRP 2013, 51, 52 f.

Abs. 1 StGB entnommene Voraussetzung der Geschäftsmäßigkeit entgegengewirkt werden.[324] Fraglich ist, ob dieses Merkmal das Regelungsziel auch entsprechend umzusetzen vermochte. Geschäftsmäßig handelt der Suizidhelfer dann, wenn er „die Wiederholung gleichartiger Taten zum Gegenstand seiner Beschäftigung machen will“[325]. Wie bei jedem subjektiven Tatbestandsmerkmal muss auf objektive Indizien und Kriterien zurückgegriffen werden, um ersteres zu beweisen. Neben den typischen Beweisproblemen bleibe damit im Speziellen unklar, welche Indizien vorliegen müssten, um auf einen Wiederholungwillen schließen zu können.[326] Dabei handelt es sich aber nicht um grundsätzlich bedenkliche Kriterien, da es stets der Rechtsprechung überlassen bleibt solch abstrakte Begriffe auszulegen. Ein verfassungsrechtlicher Mangel der Bestimmtheit ist damit noch nicht zu verzeichnen.[327] Entscheidend ist vielmehr, dass nicht begründet werden kann, wieso die Unterstützung einer legitimen Handlung erst dann zum Unrecht avancieren soll, wenn diese mit der Absicht vorgenommen wird, die legitime Handlung mehrmalig und nicht nur einmalig zu fördern.[328] Worin besteht das Unrecht, das sich dadurch geriert, dass das Recht mit Wiederholungsabsicht in Anspruch genommen wird? Es ist nicht nachvollziehbar, warum die Geschäftsmäßigkeit auf „Täterseite“ die objektive Zurechenbarkeit ausschließende Freiverantwortlichkeit auf „Opferseite“ entfallen lassen soll.[329] Die subjektiv auf Wiederholung angelegte Förderung, aber auch die objektiv tatsächlich sich wiederholende Förderung des Suizids vermögen Recht nicht in Unrecht zu verwandeln, weil das legitime Recht mehrmals in Anspruch genommen werden soll oder wird. Die Wiederholungsabsicht kann kein Grund sein aus einer legalen Handlung eine Straftat zu machen.[330] Der Gesetzgeber bezweckte zwischen strafwürdigem Eigeninteresse und nicht strafwürdigem Altruis-

324 BT-Drs. 18/5373, 11; vgl. auch *Hoven*, MedR 2018, 741, 743.

325 BT-Drs. 18/5373, 16 f.

326 *Duttge*, NJW 2016, 120, 122.

327 A.A. etwa *Duttge*, NJW 2016, 120, 122; *Roxin*, NStZ 185, 188.

328 *R. Merkel*, Stellungnahme für die öffentliche Anhörung am 23. September 2015 im Ausschuss des Deutschen Bundestages für Recht und Verbraucherschutz, S. 4, <https://www.bundestag.de/resource/blob/388404/ ad20696aca7464874f d19e2dd93933c1/merkel-data.pdf> (Abruf am 31.01.2022); *Duttge*, NJW 2016, 120, 122; *Duttge*, MedR 2020, 570, 572; *Gaede*, JuS 2016, 385, 387; *Grünewald*, JZ 2016, 938, 946; *Hoven*, ZIS 2016, 1, 7; *Nakamichi*, ZiS 2017, 324, 328; *Saliger*, Selbstbestimmung bis zuletzt, S 159.

329 *Duttge*, NJW 2016, 120, 123.

330 Vgl. *Hoven*, MedR 2018, 741, 743; *Roxin*, NStZ 2016, 185, 186.

mus des Suizidhelfers zu differenzieren.[331] Dies wurde aber durch die Unterscheidung zwischen einer auf Wiederholung gleichartiger Taten angelegte suizidfördernde Handlung und Handlungen im Einzelfall nicht abgebildet. Es ist nicht fernliegend, dass im Einzelfall Alte und Kranke auf Druck von nahestehenden Verwandten den Suizid für geboten und erforderlich erachten, auf mehrfache Unterstützung ausgerichtete Sterbehilfeorganisationen hingegen verantwortungsvoll handeln.[332] Genau jene Personengruppen, also Angehörige im Sinne von § 11 Abs. 1 Nr. 1 StGB und nahestehende Personen (vgl. § 35 Abs. 1 StGB), haben potenziell das größte wirtschaftliche Eigeninteresse am Suizid, waren aber gleichzeitig nach Abs. 2 des § 217 StGB a.F. strafausschließend privilegiert.[333] Das Tatbestandsmerkmal der Geschäftsmäßigkeit ist also nicht geeignet das scheinbare Regelungsziel umzusetzen, weil es gleichzeitig zu eng (Straffreiheit der Angehörigen nach Abs. 2) und zu weit (auch Ärzte sind erfasst) ist.[334] Mit anderen Worten vermochte der Gesetzgeber weder widerspruchsfrei ein legitimes Schutzgut zu benennen, noch konnte das Kernkriterium der Widerholungsgefahr die im Gesetzentwurf definierten Idealtypen der strafbaren „schlechten“ und legitimen „guten“ Suizidförderung abbilden.[335] Es ist nicht nur von zentraler Bedeutung für die Beurteilung von Strafgesetzen, was und wer geschützt werden soll, sondern auch welche möglichen Folgeentscheidungen des verbotenen Verhaltens verhindern sollen.[336] Das Bundesverfassungsgericht führt zur Eignung der Norm an, der Gesetzgeber sei befugt nur einer bestimmten von mehreren Gefahrenquellen zu begegnen, sodass Lücken im Rechtsgüterschutz die Eignung im konkreten Fall nicht entfallen lassen, da der angestrebte Rechtsgüterschutz durch das Gesetz zumindest teilweise gefördert wird.[337] Zweifel verbleiben dennoch an der Eignung. Erachtet man § 217 StGB a.F. als geeignet den suizidpräventiven Zweck zu erfüllen, muss jedenfalls in der folgenden Abwägung bedacht werden, dass der gewählte Ansatz autonomiehindernd ist. Wird die Hilfe Dritter beschränkt und bestehen faktisch keine Möglichkeiten mit Hilfe der Beteiligung Dritter legal zu sterben, dann werden weniger Menschen in den suizidpräventiven, bera-

---

331 BT-Drs. 18/5373, 14, 18.

332 *Duttge*, NJW 2016, 120, 122; *Kubiciel*, ZIS 2016, 396, 401; Spickhoff/*Knauer/Brose*, Medizinrecht, StGB § 217, Rn. 2; *Weigend/Hoven*, ZIS 2016, 681, 687 ff.

333 *Hoven*, MedR 2018, 741, 744; *Duttge*, MedR 2020, 570, 571.

334 *Kubiciel*, ZIS 2016, 396, 401.

335 *Hoven*, MedR 2018, 741, 744.

336 *Hörnle*, Grob anstößiges Verhalten, S. 20.

337 BVerfGE 153, 182, 281.

tenden Raum gelangen. Ob eine solch indirekt paternalistische Lösung durch die Hintertür unter dem Deckmantel des Autonomieschutzes verhältnismäßig sein kann, ist höchst zweifelhaft. Der einsame und brutale Suizid wird jedenfalls durch das Versagen fachkundiger Hilfe gefördert.[338]

Kritisch wird zudem die Erforderlichkeit des Gesetzes gesehen. Das Bundesverfassungsgericht erachtet die Erforderlichkeit der Norm unter Hinweis auf die mangelnden empirischen Befunde zur Effektivität anderer weniger eingriffsintensiver Schutzmaßnahmen als zweifelhaft, geht darauf aber mit Blick auf die Angemessenheit nicht näher ein.[339] Erforderlich ist die staatliche Maßnahme, wenn sie das relativ mildeste Mittel ist, um den angestrebten Zweck zu erreichen. *Roxin* legt zurecht nahe, dass ein solch relativ milderes Mittel die Regelung per Ordnungswidrigkeit wäre.[340] Zum einen entspreche der Täterkreis der Sterbehelfer nicht dem gesellschaftsschädlichen Typ eines Kriminellen. Legitim sei es zwar zu verhindern, dass Menschen anderen bei der Umsetzung des Suizidwunsches helfen, dieses fremdnützige Verhalten solle aber nicht alleine aufgrund der subjektiven Überzeugung kriminalisiert werden. Zum anderen könne einer Anreizwirkung auch durch die Einstufung als Ordnungswidrigkeit begegnet werden, denn Sterbehilfeorganisationen ließen sich dadurch verbieten. Eine zivilrechtliche Regulierung scheint ebenfalls milder als das scharfe Schwert des Strafrechts und dennoch gleich effektiv.[341] Dem ist im Grundsatz zuzustimmen. Jedoch bewegte der Gesetzgeber sich hier innerhalb seiner Einschätzungsprärogative. So liegt es in seinem Ermessen die exakte Grenzlinie zwischen einer Ordnungswidrigkeit und einer Straftat zu definieren.[342] Als weniger eingriffsintensives und zugleich effektiveres Mittel kommt vielmehr eine prozedurale Beratungslösung in Betracht.[343]

---

338 *Rosenau/Sorge*, NK 2013, 108, 116; zustimmend u.a. *Duttge*, MedR 2020, 570, 571; *Hoven*, MedR 2018, 741, 742f.; kritisch („Es geht aber zu weit“) *Roxin*, NStZ 2016, 185, 188.

339 BVerfGE 153, 182, 282.

340 *Roxin*, NStZ 2016, 185, 188f., 190f.; s. dazu *Britzke*, § 217 StGB im Lichte des strafrechtlichen Rechtsgutskonzepts, S. 209ff.; *Duttge*, MedR 2020, 570, 572; Zweifel an einer strafrechtlichen Regelungsbedürftigkeit äußert auch *F. Neumann*, NZWiSt 2020, 286, 288.

341 NK-StGB/*Saliger*, § 217, Rn. 6.

342 BVerfGE 51, 60, 74; zu den Anforderungen an eine Strafnorm *Hörnle*, Grob anstößiges Verhalten, S. 38ff.

343 Zum prozeduralen und materiellen Paternalismus *Fateh-Moghadam*, Grenzen des weichen Paternalismus, 21, 39ff.; vgl. auch *Scheinfeld*, Organtransplantation und Strafrechtspaternalismus, S. 27; s. Kapitel 3, E., III., 3. = S. 189ff.

Abschließend soll aber noch auf die Angemessenheit des § 217 StGB a.F. eingegangen werden. Eine Freiheitsbeschränkung ist nur verhältnismäßig im engeren Sinne, wenn eine Abwägung zwischen den betroffenen Rechtsgütern ergibt, dass das Maß der Einschränkung des Einzelnen im vernünftigen Verhältnis zu den der Allgemeinheit erwachsenden Vorteilen steht.[344] Hier ist schlicht zu konstatieren, dass die finale Versagung auf fachkundige Hilfe Dritter zurückgreifen zu können, das Selbstbestimmungsrecht des entscheidungsfähigen Suizidwilligen derart beschränkte, dass dies nicht zuletzt vor der nur scheinbar gewonnenen Autonomieförderung unangemessen war. Wenn die Norm wenigstens suizidpräventiv wirken würde, könnte man die Beschränkung zulasten der entscheidungsfähigen Suizidwilligen zugunsten der Entscheidungsunfähigen abwägen und eine Solidaritätspflicht erwägen, die vulnerabler Personen schützen soll. Unabhängig davon, dass ein solcher Nutzen – auch wenn er innerhalb der Prärogative des Gesetzgebers läge – bloße Behauptung bliebe, stünde dieser nicht im Verhältnis zum Schaden, den das Verbot hervorruft.[345] Es gilt zu bedenken, dass auch solche Menschen eine vulnerable Gruppe bilden, die ihr Leben nicht mehr ertragen können, dieses aufgrund autonomer Entscheidung beenden wollen und einen sanften Weg hierfür suchen.[346] § 217 StGB a.F. machte es Sterbewilligen aber unmöglich Hilfe Dritter in Anspruch zu nehmen:

> „Die Strafbarkeit der geschäftsmäßigen Förderung der Selbsttötung hat zur Folge, dass das Recht auf Selbsttötung als Ausprägung des Rechts auf selbstbestimmtes Sterben in bestimmten Konstellationen faktisch weitgehend entleert ist. Dadurch wird die Selbstbestimmung am Lebensende in einem wesentlichen Teilbereich außer Kraft gesetzt, was mit der existenziellen Bedeutung dieses Grundrechts nicht in Einklang steht."[347]

Bisher anerkannt straffreie Formen der Sterbehilfe wurden zudem kriminalisiert, sodass es zu erheblichen Rechtsunsicherheiten kam und dadurch schwerkranken und sterbewilligen Menschen nicht nur professionelle ärztliche Hilfe versagt wurde, sondern diese Menschen entweder in den einsamen oder gar gewaltsamen Tod getrieben („Brutalsuizid") oder sie auf andere Länder wie zum Beispiel die Schweiz, Belgien oder Niederlande

---

344 BVerfGE 76, 1, 51; 92, 277, 327.

345 Vgl. *Hoven*, MedR 2018, 741, 744.

346 *R. Merkel*, ZRP 2020, 162, 163.

347 BVerfGE 153, 182, 282 f.; zustimmend *Duttge*, MedR 2020, 570, 571.

verwiesen wurden, in denen die Regelungen klarer und im Ergebnis liberaler sind.[348] Zudem entstanden erhebliche und unauflösbare Wertungswidersprüche, die ebenfalls für die Verfassungswidrigkeit sprechen. In den letzten Jahrzehnten stand die Entwicklung der Sterbehilfe einer zunehmenden Liberalisierung gegenüber, bei der das Selbstbestimmungsrecht des Patienten auch durch die Rechtsprechung an Bedeutung gefunden hat[349]; die Einführung dieser Strafnorm stand dem konträr gegenüber.[350] Nicht begründbar ist, warum die versuchte Beihilfe zum Mord straffrei, die versuchte Förderung der Selbsttötung hingegen strafbar sein sollte. Fördern Sterbehelfer – auch wenn sie kommerziell organisiert sind – den Suizid eines eigen- und freiverantwortlich Handelnden, dann werden sie mangels Übergriffs in die Freiheitssphäre eines anderen dafür bestraft, dass sie etwas Rechtmäßiges unterstützen. Es handelt sich daher um eine Verdachtsstrafe, die gegen das Schuldprinzip verstößt.[351] Insgesamt ist auch eine verfassungskonforme Auslegung aufgrund der widersprüchlichen Gesetzesbegründung nicht möglich.[352] Dem Bundesverfassungsgericht ist in der Abwägung zuzustimmen:

> „Ein gegen die Autonomie gerichteter Lebensschutz widerspricht dem Selbstverständnis einer Gemeinschaft, in der die Würde des Menschen im Mittelpunkt der Werteordnung steht, und die sich damit zur Achtung und zum Schutz der freien menschlichen Persönlichkeit als oberstem Wert ihrer Verfassung verpflichtet."[353]

§ 217 StGB a.F. ist jedenfalls nicht angemessen und daher zurecht als verfassungswidrig erklärt worden.[354]

Das vom Bundesverfassungsgericht am 26.02.2020 ergangene Urteil stärkt das verfassungsrechtliche Selbstbestimmungsrecht erheblich und

---

348 *Saliger*, Selbstbestimmung bis zuletzt, S. 40, 100, 163, 218; BVerfGE 153, 182, 200.

349 Die Fortsetzung der Liberalisierung kommt maßgeblich in BVerfGE 153, 182, 282 ff. zum Ausdruck; zustimmend *Brunhöber*, NStZ 2020, 538, 542; s. auch BGH, NJW 2019, 3089 und BGH, NJW 2019, 3092.

350 *Berghäuser*, ZStW 2016, 741, 742; *Hilgendorf/Rosenau*, medstra 2015, 129.

351 Ausführlich *Duttge*, NJW 2016, 120, 123 f.; vgl. auch *R. Merkel*, ZRP 2020, 162, 163.

352 BVerfGE 153, 182, 289 ff.; statt vieler aus der Literatur NK-StGB/*Saliger*, § 217, Rn. 6; a.A. nur *Kubiciel*, ZIS 2016, 396, 402 f.

353 BVerfGE 153, 182, 287.

354 Zustimmend etwa *Brunhöber*, NStZ 2020, 538, 539; *dies.* MüKoStGB/*Brunhöber*, § 217, Rn. 19, 42; *Duttge*, MedR 2020, 570, 571 („Nichtigkeitserklärung war unvermeidlich"); *Muckel*, JA 2020, 473, 476.

erweist sich als Auftrag an den Gesetzgeber seiner Neutralitätspflicht entsprechend einen verhältnismäßigen Schutz vulnerabler Personengruppen zu entwickeln. Nicht nur der Suizid selbst, sondern auch die Inanspruchnahme von Suizidhelfern stellen einen Teilbereich des Rechts auf selbstbestimmtes Sterben dar. Keiner dieser Teilbereiche darf dabei rechtlich oder faktisch unmöglich gemacht werden. De lege ferenda steht dem Gesetzgeber dabei ein breites Spektrum an Möglichkeiten offen.[355]

## *D. Sterbehilfe*

Im Folgenden geht es um solche Handlungen, die über die Suizidförderung hinausgehen und damit kategorisch von der Suizidhilfe zu unterscheiden sind. Während das Thema Sterben in der Vergangenheit tabuisiert wurde, ist der Sterbeprozess in den letzten Jahrzehnten immer häufiger Gegenstand von öffentlichen Diskussionen. Dies ist wohl vor allem dem medizinischen Fortschritt geschuldet. Der Tod kann häufig durch den medizinwissenschaftlichen Fortschritt deutlich herausgezögert und so das Leben verlängert werden. Aufgrund dieser Möglichkeit erstreckt sich das Selbstbestimmungsrecht nunmehr nicht nur auf die Ausgestaltung des Lebens, sondern auch auf den Tod in Form des Sterbevorgangs als letzte Phase des Lebens.[356] Geht man von einem absoluten Lebensschutz aus, liegt prima facie der Schluss nahe, dass alle zur Verfügung stehenden Maßnahmen ergriffen werden müssen, um das Leben zu verlängern und den Tod hinauszuzögern. Indes gibt es offensichtlich Fälle, in denen die Lebensverlängerung zu einer qualvollen letzten Lebensphase führt oder eine solche verlängert, bei denen medizinische Eingriffe in Form von lebenserhaltenden Maßnahmen höchst zweifelhaft sind. Solche Maßnahmen sind sinnlos[357] und fallen nicht mehr in den ärztlichen Heilauftrag[358]. Es gibt damit keine Lebenserhaltungspflicht um jeden Preis; lebensverlängernde Maßnahmen sind nicht schon deswegen geboten, weil sie möglich sind.[359] Eine strafrechtliche Lebenserhaltungspflicht sei jedenfalls dann nicht geboten, wenn keine medizinische Indikation aufgrund eines nahenden Todes

---

355 BVerfGE 153, 182, 309; zum konkreten Reformvorschlag s. insbesondere Kapitel 3, E. = S. 166 ff.

356 Vgl. auch MüKoStGB/*Schneider*, Vor. § 211, Rn. 94 f.; *Magnus*, Patientenautonomie im Strafrecht, S. 235.

357 *R. Merkel*, Früheuthanasie, S. 294 ff.

358 Vgl. S/S-*Eser-Sternberg-Lieben*, StGB, Vor. §§ 211 ff., Rn. 29e, f.

359 BGHSt 32, 367, 379.

und der medizinischen Konstitution im Einzelfall besteht.[360] Daraus ergibt sich eine ärztliche Einschätzungsprärogative. Das bedeutet aber nicht, dass den Juristen die rechtliche Beurteilung gleichsam durch ärztliche Diagnose genommen wird. Die Diagnose betrifft nämlich nur die Sinnhaftigkeit lebenserhaltender Maßnahmen bezüglich möglicher Therapiemaßnahmen in einem gewissen Spielraum. Wie weit dieser Ermessensspielraum reicht und wo die Grenzen liegen, ist aber rechtlich zu bestimmen.[361]

Obgleich anerkannt ist, dass es keine Rechtspflicht zur Lebenserhaltung um jeden Preis gibt und dies durch die medizinische Indikation konkretisiert werden soll, werden dadurch weder klare rechtliche Grenzen spezifiziert, noch ist aus diesen Begriffen eine dogmatische Begründung unmittelbar ersichtlich.[362] Einzig ist im Grundsatz damit gesagt, dass das absolute Tötungsverbot nicht länger aufrechterhalten bleibt. Die faktische Abkehr von der ausnahmslosen Lebenserhaltungspflicht ist mit der Autonomie des Patienten zu begründen, die auch verfassungsrechtlich gewährleistet ist.[363] Eine auch von der medizinischen Indikation abhängige Behandlungspflicht bedarf aber in jedem Fall eines Behandlungsrechts. Besteht kein Recht, kann auch keine Pflicht begründet werden. So mag zwar § 216 StGB eine rechtfertigende Einwilligung in lebensvernichtende Handlungen sperren, die Norm zwingt jedoch nicht umgekehrt lebenserhaltende Eingriffe zu dulden.[364] Erst wenn ein dem Willen des Patienten entsprechendes Behandlungsrecht besteht, kommt es auf eine Behandlungspflicht an; die Behandlungspflicht setzt – selbst bei vital indizierten ärztlichen Maßnahmen[365] – das an die Einwilligung gebundene Behandlungsrecht notwendig voraus.[366]

Sachverhalte der Sterbehilfe sind immer dann potenziell problematisch, wenn ein Mensch schwer erkrankt ist. Die Zuordnung zur Sterbehilfe

---

360 Zum Begriff der medizinischen Indikation BGHZ 153, 205, 223 f.; siehe auch *Roxin*, in: Roxin/Schroth, Handbuch des Medizinstrafrechts, S. 96 f.; *Spickhoff*, NJW 2000, 2297, 2298 f.

361 Vgl. Kapitel 3, C. = S. 133 ff.

362 Vgl. MüKoStGB/*Schneider*, Vor. § 211, Rn. 97: „Die ungebremste Karriere der ‚medizinischen Indikation' läuft tendenziell auf eine Verschleierung der rechtlichen Dimension von Sterbehilfe hinaus".

363 MüKoStGB/*Schneider*, Vor. § 211, Rn. 95 f.; *T. Fischer* StGB, Vor. §§ 211-217, Rn. 36; *Roxin*, in: Roxin/Schroth, Handbuch des Medizinstrafrechts, S. 92 f.

364 BGHSt 46, 279, 285 f.; NK-StGB/*U. Neumann*, Vor. § 211, Rn. 107; S/S-*Eser/Sternberg-Lieben*, StGB, Vor. §§ 211 ff., Rn. 28.

365 BGHSt 11, 111, 114; 40, 257, 260; *Kutzer*, NStZ 1994, 110, 114.

366 *Geilen*, Euthanasie und Selbstbestimmung, S. 8 ff.; NK-StGB/*U. Neumann*, Vor. § 211, Rn. 107.

sagt jedoch noch nichts über die Strafbarkeit einer solchen Maßnahme aus. Dies muss sich nach allgemeinen strafrechtlichen und verfassungsrechtlichen Maßgaben richten, die jedoch teilweise zu modifizieren sind. Entscheidend für die Strafbarkeit ist die Qualität des Täterverhaltens (Tun/Unterlassen), die Zielrichtung des Handelnden (Schmerzlinderung, Beschleunigung oder Herbeiführung des Todes), die Willenskundgabe und die Willensrichtung des Rechtsträgers (kundgegebene oder mutmaßliche Einwilligung) und der Zeitpunkt der Handlung (nach oder vor Eintritt des Sterbeprozesses).[367]

Die strafrechtliche Beurteilung der Sterbehilfe wurde traditionell anhand von typischen Fallgruppen diskutiert. Unterschieden wurde insoweit zwischen der reinen, der aktiven und der passiven Sterbehilfe, wobei zwischen den beiden letztgenannten anhand der Qualität des Täterverhaltens differenziert wird. Innerhalb der aktiven Sterbehilfe kann nochmals zwischen der direkten und der indirekten Sterbehilfe abgegrenzt werden, wobei dies mithilfe der Zielsetzung des Täters erfolgt.[368] Dieser Kategorisierung ist der Bundesgerichtshof lange Zeit gefolgt,[369] schuf mit dem Begriff des „Behandlungsabbruchs“ in seinem Grundsatzurteil 2010 jedoch eine neue verhaltensübergreifende Kategorie.[370] Während es nach den alten Kategorien straflose und strafbare Formen der Lebensverkürzung gab, ordnet die neuere Rechtsprechung der Sterbehilfe nur strafbare Maßnahmen der Lebensverkürzung zu. Innerhalb der strafbaren Fälle ist nur noch zwischen direkter Sterbehilfe und dem Behandlungsabbruch zu unterscheiden. Die Neuausrichtung des Bundesgerichtshofs kann jedoch vorerst dahingestellt bleiben, handelt es sich doch im Ergebnis nur um eine terminologische, nicht um eine inhaltliche Veränderung. Obwohl die herkömmliche Terminologie zuvor kritisiert[371] und die Entscheidung des Bundesgerichtshofs krimanalpolitisch begrüßt wurde[372], nimmt die alte Terminologie die normativen Resultate gleichsam nicht vorweg. Gerade weil die herkömmliche Terminologie mehrheitlich weitergenutzt wird, wird sie hier aus Klarstellungsgründen verwendet.[373]

---

367 Vgl. NK-StGB/*U. Neumann*, Vor. § 211 f., Rn. 97.

368 Vgl. statt vieler *Roxin*, in: Roxin/Schroth, Handbuch des Medizinstrafrechts, S. 85 ff.; kritisch dazu u.a. *T. Fischer*, FS für Roxin, 557, 565 ff.

369 Vgl. beispielhaft BGHSt 40, 257.

370 BGHSt 55, 191 („Fuldaer-Fall“).

371 Statt vieler etwa *Beckmann*, DRiZ 2005, 252, 253 f.

372 Vgl. NK-StGB/*U. Neumann*, Vor. § 211, Rn. 98, 130.

373 Im Ergebnis ähnlich vorgehend: *Britzke*, § 217 StGB im Lichte des strafrechtlichen Rechtsgutskonzepts, S. 38 f.; *Ehmann*, Die strafrechtliche Bewertung der

## I. Reine Sterbehilfe

Grundlegend für die Frage der Strafbarkeit der Sterbehilfehandlung ist die Beurteilung, ob eine Maßnahme lebensverkürzend ist oder nicht. Unter der reinen Sterbehilfe werden schmerzlindernde Maßnahmen verstanden, die jedoch nicht mit dem Risiko einer Lebensverkürzung verbunden sind.[374] Es kommt daher gar keine Strafbarkeit wegen Fremdtötung, sondern nur wegen Körperverletzung in Betracht. Soweit der Patient in die Medikamentengabe einwilligt, ist diese tatbestandliche Körperverletzung nach § 228 StGB nicht rechtswidrig und daher straflos. Dies gilt im Übrigen auch, wenn der Patient bewusstlos ist und das Verabreichen des Medikaments seinem mutmaßlichen Willen entspricht. Wegen Körperverletzung durch Unterlassen macht der Arzt sich gemäß §§ 223 Abs. 1, 13 Abs. 1 StGB und wegen unterlassener Hilfeleistung ein Nichtgarant sich gemäß § 323c Abs. 1 StGB hingegen strafbar, wenn er eine entsprechende Hilfe vorenthält.[375]

Im Ergebnis ist die reine Sterbehilfe thematisch mit der Sterbehilfe verbunden, sodass sie auch hier eine kurze Erwähnung verdient. Da die hierunter verstandenen Maßnahmen aber weder das Leben verkürzen noch den Tod herbeiführen, handelt es sich nicht um Sterbehilfe im eigentlichen Sinne.

## II. Aktive Sterbehilfe

Unter der aktiven Sterbehilfe ist die bewusste Beschleunigung des nahenden Todes durch über den Behandlungsabbruch hinausgehende Einwirkung auf den Krankheitsprozess zu verstehen.[376] Sie unterteilt sich in die indirekte und die direkte Sterbehilfe.

---

Sterbehilfe im deutsch-ungarischen Vergleich, S. 30 f.; MüKoStGB/*Schneider*, Vor. § 211, Rn. 98.

374 Vgl. kurz *Roxin*, in: Roxin/Schroth, Handbuch des Medizinstrafrechts, S. 85. Teilweise missverständlich werden für nicht lebensverkürzende Maßnahmen auch andere Begriffe verwendet wie „Hilfe im Sterben" (*Saliger*, KritV 2001, 382, 404; S/S-*Eser/Sternberg-Lieben*, StGB, Vor. §§ 211 ff., Rn. 21), „Hilfe beim Sterben" (*Stürmer*, Sterbehilfe, S. 7) oder „echte Sterbehilfe".

375 Vgl. statt aller *Roxin*, in: Roxin/Schroth, Handbuch des Medizinstrafrechts, S. 86.

376 Ähnlich *Otto*, Jura 1999, 434, 440; *Ehmann*, Die strafrechtliche Bewertung der Sterbehilfe im deutsch-ungarischen Vergleich, S. 33, m.w.N.

### 1. Indirekte Sterbehilfe

Die indirekte Sterbehilfe ist eine medizinisch indizierte Maßnahme zur Schmerzlinderung, deren unvermeidbare Nebenfolge aber in einer Lebensverkürzung besteht. Trotz des medizinischen Fortschrittes kann eine lebensverkürzende Nebenfolge bei der Verabreichung von sehr starken Analgetika noch nicht mit Gewissheit ausgeschlossen werden.[377] Daher nimmt der Arzt bei der Gabe solcher Medikamente die Lebensverkürzung des Patienten vielfach jedenfalls billigend in Kauf und handelt vorsätzlich.[378] Somit ist eine rechtliche Einordnung dieser Maßnahmen unentbehrlich. Die Straflosigkeit der indirekten Sterbehilfe ist im Ergebnis weitgehend unstreitig. Die dogmatische Begründung der Straflosigkeit und deren Reichweite sind es hingegen nicht.

#### a. Begründung der Straflosigkeit

Ältere Ansätze begründeten die Straflosigkeit über einen fehlenden Vorsatz[379] oder durch eine Entschuldigung[380]. Grundgedanke der meisten Ansätze ist auch heute noch eine Differenzierung zwischen der vom Arzt primär gewollten Leidensminderung und der als Nebenfolge nicht gewollten Lebensverkürzung. Als maßgebliches Abgrenzungskriterium wird da-

---

377 Vgl. *Beckmann*, ZfL 2011, 110, 111, 115.

378 *Beckmann*, ZfL 2011, 110, 111: Bei einer im Jahr 2009 unter Palliativmedizinér durchgeführten Umfrage gaben lediglich 16 % an, eine Lebensverkürzung sei bei einer Sedierung am Lebensende gar nicht zu erwarten und nur 22 % vertrauen darauf, dass bei angemessener Dosierung keine Lebensverkürzung eintritt. Die weitaus größere Zahl der Teilnehmer erkennt das Potenzial einer Lebensverkürzung durch die Sedierung am Lebensende (83 %) und nimmt sie als notgedrungene Nebenwirkung in Kauf, billigt oder beabsichtigt sie (75 %).

379 Vgl. *Schmitt*, JZ 1979, 462; *Bockelmann*, Strafrecht des Arztes, S. 25, 70 f. wonach die lebensverkürzende Nebenfolge bei der indirekten Sterbehilfe „im Rechtssinne" nicht vom subjektiven Tatbestand erfasst sei. Diese auf die Doktrin der Doppelwirkung zurückgehende Ansicht verkennt hier aber, dass das Motiv der Schmerzlinderung rechtlich vom Vorsatz getrennt ist. Die Lebensverkürzung wird jedenfalls billigend in Kauf genommen und ist vom Vorsatz umfasst, vgl. dazu MüKoStGB/*Schneider*, Vor. § 211, Rn. 105, Fn. 430; NK-StGB/*U. Neumann*, Vor. § 211, Rn. 101.

380 Vgl. *Schwalm*, BayÄBl. 1975, 565, 566, der den Arzt aufgrund einer Pflichtenkollision übergesetzlich entschuldigt sieht. Eine Entschuldigungslösung kommt jedoch schon nicht in Betracht, soweit auf Tatbestands- oder Rechtfertigungsebene die Straflosigkeit begründet werden kann.

her teilweise noch auf die innere Willensrichtung des Arztes abgestellt.[381] Insgesamt werden aber überwiegend Lösungen auf objektiver Tatbestands- oder Rechtfertigungsebene gesucht.

### i. Lösung auf Tatbestandsebene

Es wird vertreten, lege artis durchgeführte ärztliche Maßnahmen seien von vornherein nicht vom normativen Schutzbereich der §§ 212, 216 StGB umfasst.[382] Die Patientenautonomie kann aber nur hinreichend geschützt werden, wenn auch ärztliches Handeln tatbestandsmäßig ist.[383] Die besagte Verengung des Schutzbereiches der Tötungsdelikte liefe nicht nur auf eine unbeschränkte Selbstlegitimation einer ganzen Berufsgruppe für die nach dem äußeren Geschehen schwersten Delikte, die das Strafgesetzbuch kennt, hinaus;[384] sie ist darüber hinaus auch nicht zielführend. Hierdurch kann allenfalls die Art und Weise der Schmerzbekämpfung geregelt werden, jedoch begründet es nicht, warum die Lebensverkürzung zulässig sein soll. Da es sich nicht um ein medizinisches, sondern um ein rechtliches Problem handelt, ist dieses auch durch Abwägung innerhalb der rechtlichen Kategorien zu lösen.[385] Der Vorschlag hält insoweit methodischen Vorgaben nicht stand: Um festzustellen, ob ein Gesetz anwendbar ist, gibt es keine bessere Methode, als die Tatbestandsmerkmale zu prüfen. Die Ausklammerung aus dem normativen Schutzbereich vermag nicht

---

381 So MüKoStGB/*Schneider*, Vor. § 211, Rn. 105; zur heute nach ganz h.A. abgelehnten Doktrin der Doppelwirkung *Chatzikostas*, Die Disponibilität des Rechtsgutes Leben, S. 79 ff.; *R. Merkel*, Früheuthanasie, S. 166, Fn. 145.

382 *Jakobs*, Tötung auf Verlangen, S. 32; *Tröndle*, ZStW 1987, 25, 30, 47; vgl. aus jüngerer Vergangenheit *Beckmann*, DRiZ 2005, 252, 254: Der Behandlungsabbruch sei „kein Handeln im Sinne einer Tötung (...) Der entscheidende Aspekt ist also das Einverständnis des Patienten"; *Roxin*, in: Roxin/Schroth, Handbuch des Medizinstrafrechts, S. 85, der ohne weitere Begründung behauptet, eine Maßnahme gegen den Willen des Patienten sei schon gar keine Heilbehandlung. Dies ist jedoch unzutreffend, denn ob eine Maßnahme heilend ist, ist anhand der Zielrichtung der lege artis angestrebten Maßnahme zu bestimmen und nicht anhand des subjektiven Willens des Patienten.

383 Vgl. bereits RGSt 25, 365; BGHSt 11, 111, 112; *Schroth*, in: Roxin/Schroth, Handbuch des Medizinstrafrechts, S. 23 ff., m.w.N.; vgl. präzisierend BGHSt 64, 69, 73 f., wonach nicht jede Verabreichung von Betäubungsmitteln eine tatbestandliche Körperverletzung darstellt, sondern je nach den Umständen des Einzelfalls die Wirkung des Mittels oder die Injektion selbst.

384 *R. Merkel*, JZ 1996, 1145, 1148.

385 *R. Merkel*, Früheuthanasie, S. 202 f.

anzugeben, welches der Tatbestandsmerkmale nicht erfüllt sein soll. Gleiches kann man auch dem Ansatz entgegenhalten, der den Ausschluss der Strafbarkeit auf Grundlage des vorherrschenden sozialen Handlungssinnes Schmerzen zu lindern, diskutiert. Die schmerzlindernde Maßnahme sei die einzige Möglichkeit dem ohnehin verlöschenden Leben zu dienen und richte sich daher nicht gegen jenes.[386] Obwohl die Schmerzlinderung ein humanistischer Akt ist, kann damit ebenfalls nicht erklärt werden, warum die Lebensverkürzung rechtlich nicht relevant sein soll. Da die Lebensverkürzung den Tod verursacht, ist die entsprechende Handlung kausal für den tatbestandlichen Erfolg, sodass die tatbestandliche Relevanz nicht geleugnet werden kann.[387] Es ist nicht selbstverständlich, dass der tatbestandliche Erfolg der Lebensverkürzung durch die soziale Dominanz in den Hintergrund tritt. Die soziale Dominanz des Handlungssinnes beschreibt nur das Ergebnis eines Abwägungsvorganges, nicht hingegen deren Begründung selbst. Die Begründung innerhalb der Abwägung muss anhand verschiedenster Kriterien inklusive der Lebensverkürzung selbst erfolgen, sodass nicht von vornherein festgestellt werden kann, dass die Leidensminderung stets den sozialen Sinngehalt der Lebensverkürzung angemessen oder gar abschließend regelt.[388]

Andere greifen für die Begründung auf die Kategorie des erlaubten Risikos zurück.[389] Schon die Existenz dieser Rechtsfigur sowie deren dogmatische Einordnung sind strittig.[390] Selbst wenn man die Figur des erlaubten Risikos generell (auf Tatbestandsebene) anerkennt, überzeugt diese Begründung lediglich, solange die Verkürzung des Lebens durch die Maßnahme als Nebenfolge fernliegt.[391] Sind die Lebensverkürzung und damit der tatbestandliche Erfolg aber sehr wahrscheinlich oder sogar

386 Vgl. *R. Merkel*, Früheuthanasie, S. 203 ff.; *Tag*, Der Körperverletzungstatbestand im Spannungsfeld zwischen Patientenautonomie und Lex artis, S. 297; ähnlich *Ingelfinger*, Grundlagen und Grenzbereiche des Tötungsverbots, S. 271 ff.

387 *Magnus*, Patientenautonomie im Strafrecht, S. 279; s. dazu und zum folgendem Argument MüKoStGB/*Schneider*, Vor. § 211, Rn. 107.

388 *Dreier*, JZ 2007, 317, 322; *U. Neumann*, FS für Herzberg, 575, 577; MüKoStGB/*Schneider*, Vor. § 211, Rn. 107.

389 *Laber*, Schutz des Lebens im Strafrecht, S. 205 ff.; Spickhoff/*Knauer/Brose*, Medizinrecht, StGB § 216, Rn. 23. Andere sprechen vom „unverbotenen Risiko", da es sich nicht um Fälle der Erlaubnis im Sinne einer Rechtfertigung, sondern um Fälle fehlender Tatbestandsmäßigkeit handele, *Hirsch*, ZStW 1962, 78, 95 f.; *Bade*, Der Arzt an den Grenzen von Leben und Recht, S. 110.

390 Instruktiv zum erlaubten Risiko *Mitsch*, JuS 2018, 1161.

391 *Magnus*, Patientenautonomie im Strafrecht, S. 278; MüKoStGB/*Schneider*, Vor. § 211, Rn. 107.

gewiss, dann kann man nicht mehr von einem „Risiko" sprechen. Eine Risikoerlaubnis befugt nicht zu einem Eingriff.[392] Würde man in diesen Fällen auf eine Rechtfertigung nach § 34 StGB zurückgreifen,[393] käme eine einheitliche und damit stringente Bewertung der indirekten Sterbehilfe nicht mehr in Betracht.[394] Insgesamt vermag auch diese Ansicht die Straflosigkeit der Lebensverkürzung nicht zu begründen.

Der Erfolg könnte dem Arzt aufgrund von Sozialadäquanz objektiv nicht zuzurechnen sein.[395] Ein Erfolg ist danach objektiv nicht zurechenbar, wenn die Handlung sozialen Wertungskriterien einer festgeschriebenen Art des „Sozialadäquanten" entspricht. Bei der Sozialadäquanz wird das Verhalten des Täters betrachtet, der Zustand des geschützten Rechtsgutes spielt für den Zurechnungsausschluss aber keine Rolle. Das Handeln des Arztes kann aber nur unter Hinzunahme und Abwägung des Zustands des Lebensmüden straffrei sein. Eine einzelfallorientierte Abwägung hat jedoch mit der tatbestandsspezifischen Typisierung des Unrechtscharakters von Verhaltensweisen nichts zu tun, dies ist dogmatisch eine Frage der Rechtswidrigkeit.[396] Somit handelt es sich nicht um ein Missverständnis, dass das erlaubte Risiko und die sozialadäquate Lebensverkürzung als Spezifika von Fahrlässigkeitsdelikten unanwendbar seien, wenn es wegen der Erfolgsaussichten des Täters um eine Vorsatzhaftung gehe.[397] Vorab aufgestellte soziale Wertungskriterien vermögen nur einen zurechnungsausschließenden Typus des „Sozialadäquaten" aufzustellen, der allein Verhaltenskriterien des potenziellen Täters berücksichtigt und den situativen Zustand des Rechtsgutes außer Acht lässt.[398] Bei der indirekten Sterbehilfe kann die erfolgsursächliche Handlung des Arztes aber nicht an sich zulässig sein, sondern nur mit Blick auf den Zustand des konkreten Rechtsgutes.[399] Wenn man die lebensverkürzenden Maßnahmen des Arztes ungeachtet des Zustandes des Patienten als erlaubt erklärte, so könnte dies nur für eine bestimmte Art Mensch – den leidenden und totkranken Menschen – gelten, dem man eine Lebensschutzgarantie normativ

---

392 *R. Merkel*, FS für Schroeder, 297, 299; *Magnus*, Patientenautonomie im Strafrecht, S. 278.

393 Zum Beispiel *Bade*, Der Arzt an den Grenzen von Leben und Recht, S. 111 ff.

394 *Ingelfinger*, Grundlagen und Grenzbereiche des Tötungsverbots, S. 265 f.

395 *Herzberg*, NJW 1996, 3043, 3048 f.

396 So MüKoStGB/*Schneider*, Vor. § 211, Rn. 107.

397 So aber *Herzberg*, NJW 1996, 3043, 3048 f.

398 MüKoStGB/*Schneider*, Vor. § 211, Rn. 107.

399 *R. Merkel*, JZ 1996, 1145, 1148; *ders.*, Früheuthanasie, S. 211 ff.; MüKoStGB/*Schneider*, Vor. § 211, Rn. 107.

nicht zuspreche; dies ist offensichtlich nicht gangbar.[400] Daher ist diese Konstruktion von vornherein schon nicht geeignet, die Straflosigkeit der Lebensverkürzung zu begründen.

Ansätze, die eine Lösung auf Tatbestandsebene suchen, sind im Ergebnis die Folge eines Abwägungsprozesses der unterschiedlichen kollidierenden Interessen des Rechtsgutsträgers; einerseits geht es um den Lebensschutz und die Verlängerung des Lebens (oder jedenfalls nicht dessen Verkürzung) und andererseits um die Leidensminderung oder gar die Freiheit von Schmerzen.[401] Eine solche Abwägung kann nur im Einzelfall getroffen werden. Auf Tatbestandsebene geht es aber um eine spezifische Typisierung des Unrechtscharakters einer Handlung.[402] Eine Lösung auf Tatbestandsebene durch Typisierung kann dem Einzelfall also gar nicht gerecht werden. Der erforderliche Abwägungsvorgang, um dies zu gewährleisten, ist demnach nicht nur dogmatisch, sondern auch seinem Sinn und Zweck nach nicht auf Tatbestandsebene, sondern vielmehr auf Rechtfertigungsebene zu führen.[403]

#### ii. Lösung auf Rechtfertigungsebene

Vorzugswürdig ist eine Lösung auf Rechtfertigungsebene. Aber auch hier gibt es verschiedene Ansätze, nach denen es zu differenzieren gilt. Im Wesentlichen kommt eine Rechtfertigung aufgrund rechtfertigender Pflichtenkollision, (mutmaßlicher) Einwilligung oder rechtfertigenden Notstands nach § 34 StGB in Betracht.

Die indirekte Sterbehilfe könnte aufgrund einer Pflichtenkollision gerechtfertigt sein.[404] Die Figur der rechtfertigenden Pflichtenkollision ist zwar anerkannt, in ihrer dogmatischen Einordnung aber umstritten. Sie kommt auf den ersten Blick in Betracht, weil es um die Abwägung

---

400 *R. Merkel*, Früheuthanasie, S. 204, 209 ff.; *Roxin*, in: Roxin/Schroth, Handbuch des Medizinstrafrechts, S. 87 f.; MüKoStGB/*Schneider*, Vor. § 211, Rn. 107, Fn. 396.

401 *Magnus*, Patientenautonomie, S. 280; MüKoStGB/*Schneider*, Vor. § 211, Rn. 109.

402 MüKoStGB/*Schneider*, Vor. § 211, Rn. 109; *Roxin*, in: Roxin/Schroth, Handbuch des Medizinstrafrechts, S. 87.

403 *R. Merkel*, FS für Schroeder, 297, 306 ff.; MüKoStGB/*Schneider*, Vor. § 211, Rn. 109; *Roxin*, in: Roxin/Schroth, Handbuch des Medizinstrafrechts, S. 87.

404 *Leonardy*, DRiZ 1986, 281, 287; *Wimmer*, FamRZ 1975, 438, 439 spricht von „Gewohnheitsrecht der strafbefreienden Pflichtenkollision".

kollidierender Interessen geht.[405] Ihr liegt die Idee zugrunde, dass derjenige nicht strafbar sein kann, der von zwei nur alternativ erfüllbaren Pflichten die ranggleiche oder ranghöhere erfüllt und dadurch gleichsam die andere verletzt. Tritt also die Leidensminderung derart in den Vordergrund, sodass die Lebenserhaltungspflicht nachrangig wird, so soll die Verletzung der letzteren gerechtfertigt sein. Richtigerweise ist der Anwendungsbereich der rechtfertigenden Pflichtenkollision aber auf Unterlassungshandlungen beschränkt: Kollidiert eine Handlungs- mit einer Unterlassenpflicht, so ist die Rechtfertigung deshalb ausgeschlossen, weil eine Rettungspflicht des Täters gegenüber dem Erhaltungsinteresse die Duldungspflicht des Rechtsgutsträgers nicht zu erweitern vermag.[406] Da das Verbot der Lebensverkürzung eine Unterlassungspflicht statuiert, kollidiert die Handlungspflicht des Arztes die Schmerzen des Patienten zu lindern mit ersterer nicht. Mithin ist dieser Ansatz schon strukturell nicht auf die indirekte Sterbehilfe anwendbar.

Teilweise wird die Straflosigkeit alleine aufgrund der Rechtsfigur tatsächlicher oder mutmaßlicher Einwilligung begründet.[407] Dieser Ansatz wird ausschließlich auf die Patientenautonomie gestützt. Die Betrachtung führt jedoch zu unüberwindbaren Friktionen mit der Einwilligungssperre des § 216 StGB, denn die Einwilligung des Getöteten stellt keinen Rechtfertigungsgrund im Rahmen des § 216 StGB dar.[408] Der mutmaßliche Wille kann ferner nur für Personen bedeutsam sein, die jemals in

---

405 Das Prinzip der Interessensabwägung ist hier aber ein anderes als bei § 34 StGB, da hier nur ein geringfügiges, teilweise sogar ein gleichwertiges Interesse genügt und dort das geschützte Interesse wesentlich überwiegen muss.

406 Statt vieler NK-StGB/*U. Neumann*, § 34, Rn. 125 f.; *ders.*, Vor. § 211, Rn. 103; a.A. NK-StGB/*Paeffgen/Zabel*, Vor. §§ 32 ff., Rn. 171 mit Hinweis auf den normativen Gleichrang von Handlungs- und Unterlassungspflichten.

407 BGHSt 11, 111, 112; 55, 191, 204 („Fuldaer-Fall"); *Verrel*, JZ 1996, 224, 226 ff.; vgl. BGHSt 64, 69, wonach eine Rechtfertigung kraft erklärter oder mutmaßlicher Einwilligung selbst dann nicht ausgeschlossen werden kann, wenn die Verabreichung von Morphin zur Bekämpfung von Schmerzen bei einem Sterbenden gegen ärztliche Verordnung und zugleich gegen betäubungsmittelrechtliche Vorgaben verstößt. Bestätigt durch BGH, NStZ 2021, 164.

408 *Britzke*, § 217 StGB im Lichte des strafrechtlichen Rechtsgutskonzepts, S. 49 f.; *Dölling*, JR 1998, 160, 161; *Dreier*, JZ 2007, 317, 322; *Ingelfinger*, Grundlagen und Grenzbereiche des Tötungsverbots, S. 268; NK-StGB/*U. Neumann*, Vor. § 211, Rn. 103; *ders.*, FS für Herzberg, 575, 578 ff.; unter Berücksichtigung des „Fuldaer-Falls" *Ehmann*, Die strafrechtliche Bewertung der Sterbehilfe im deutsch-ungarischen Vergleich, S. 40 ff.

ihrem Leben den Zustand der Eigenverantwortlichkeit erlangt haben.[409] Zeitlebens Geisteskranken wäre diesem Ansatz folgend die indirekte Sterbehilfe verwehrt. Diese Hindernisse können auch nicht mit dem Argument überwunden werden, die indirekte Sterbehilfe unterscheide sich von der Tötung auf Verlangen durch den „primär therapeutischen Zweck“ der Handlung.[410] Der therapeutische Zweck ist genau betrachtet schlicht eine notwendige Voraussetzung der indirekten Sterbehilfe und kann nicht die Einwilligungssperre auflösen.[411] Der therapeutische Zweck ändert also nichts an der Lebensverkürzung, die mit der therapeutischen Handlung einhergeht. Die Lebensverkürzung muss gerechtfertigt werden, was die Einwilligung alleine mit Blick auf § 216 Abs. 1 StGB nicht vermag. Das ernsthafte Verlangen des Opfers führt demnach gerade nicht zu einer Straflosigkeit, sondern lediglich zu einer Privilegierung des Täters.[412] Es ist zwar einzuräumen, dass die (mutmaßliche) Einwilligung der Patienten notwendige Bedingung für die straffreie ärztliche Maßnahme ist, sie kann aber nicht einzig als Rechtfertigung der vorsätzlichen Lebensverkürzung verwendet werden. Möchte man die Einwilligungssperre überwinden, indem man den Einwilligungsansatz so modifiziert, dass man die mit bedingtem Tötungsvorsatz vorgenommenen indirekten Sterbehilfemaßnahmen aus dem Anwendungsbereich der Norm herausnimmt, da der mit dolus eventualis handelnde Täter nicht im Sinne von § 216 StGB „zur Tötung bestimmt“ worden sei,[413] so ist dem entgegenzuhalten, dass dann ohne Weiteres der den Anwendungsbereich sämtlicher Vorsatzformen erfassende § 212 StGB eingreifen würde.[414]

In Abkehr seiner früheren Rechtsprechung, nach der ein gerechtfertigter Notstand gemäß § 34 StGB in Betracht komme,[415] könne laut Bundesgerichtshof nunmehr eine (mutmaßliche) Einwilligung die indirekte Sterbehilfe rechtfertigen.[416] In der Entscheidung zur passiven Sterbehilfe erteilt er der notwendigen Unterscheidung zwischen aktiven Tun und

409 *R. Merkel*, ZStW 1995, 545, 563 f.; *Scheinfeld*, Organtransplantation und Strafrechtspaternalismus, S. 233 f.

410 So aber *Verrel*, JZ 1996, 224, 226; *Duttge*, GA 2006, 573, 578 f.

411 *Ingelfinger*, Grundlagen und Grenzbereiche des Tötungsverbots, S. 268.

412 *G. Merkel*, Behandlungsabbruch und Lebensschutz, S. 267; MüKoStGB/*Schneider*, § 216, Rn. 1.

413 *Duttge*, GA 2006, 573, 578 f.; *ders.* GA 2005, 612, 614.

414 *U. Neumann*, FS für Herzberg, 575, 579 f.; MüKoStGB/*Schneider*, Vor. § 211, Rn. 109, Fn. 452.

415 BGHSt 46, 279, 285 (obiter dictum).

416 BGHSt 55, 191, 204 („Fuldaer-Fall“, obiter dictum).

Unterlassen eine Absage und erachtet aktive Tötungshandlungen unter bestimmten Voraussetzungen aufgrund (mutmaßlicher) Einwilligung als gerechtfertigt.[417] Entscheidend für das Urteil sind die durch das 3. BtÄndG[418] neu in das BGB eingefügten Vorschriften §§ 1901a, 1901b, 1904 zur Patientenverfügung. Nach dem Willen des Gesetzgebers sollte die Grenze zwischen strafbarer und zulässiger Sterbehilfe durch die Normen des Betreuungsrechts nicht verschoben werden:

> "Die strafrechtliche Rechtsprechung zieht die Grenze zwischen strafbarer Tötung auf Verlangen und den zulässigen Formen der Sterbehilfe unter Wahrung des Lebensschutzes wie des Selbstbestimmungsrechts des Patienten. Sie stützt sich dabei maßgeblich auf dessen geäußerten oder mutmaßlichen Willen. Die gesetzliche Regelung der Patientenverfügung verschiebt diese Grenze nicht, sondern klärt die Beachtung des Selbstbestimmungsrechts bei solchen Verfügungen.“[419]

Der entscheidende 2. Senat erkennt dies und betont mit Verweis auf die Gesetzesbegründung zutreffend, dass die Bestimmung dieser Grenzen „strafrechtsspezifisch“ vorzunehmen ist und grundsätzlich „autonom nach materiell strafrechtlichen Kriterien“ zu erfolgen hat.[420] Der Wortlaut der Vorschriften des Betreuungsrechts erfasst zwar Fälle, die über die intendierten Regelungsziele hinausgehen, strafrechtsspezifische Regeln für die Abgrenzung zwischen erlaubter und strafbewährter Sterbehilfe müssen aber dem Willen des Gesetzgebers entsprechend von diesen Wertungen unberührt bleiben.[421] Zwar können die Neuregelungen für das Strafrecht Wirkung haben, allerdings bleiben die Regelungen der §§ 212, 216 StGB von den Vorschriften des Betreuungsrechts unberührt, da schon der schrankenlos und unterschiedlichste betreuungsrechtliche Fallgestaltungen erfassende § 1901a BGB zeigt, dass die Frage einer strafrechtlichen Rechtfertigung von Tötungshandlungen nicht als „zivilrechtsakzessorisch“ verstanden werden kann.[422] Daher ist nicht nachvollziehbar, wie der Bundesgerichtshof unter Rückgriff auf §§ 1901a ff. BGB trotz richtiger Erfassung der Wirkungsreichweite des zivilrechtlichen Betreuungsrechts,

---

417 BGHSt 55, 191, 198 ff.; s. zur passiven Sterbehilfe und zum „Fuldaer-Fall“ Kapitel 2, D., III. = S. 107 ff.

418 Drittes Gesetz zur Änderung des Betreuungsrechts vom 29. Juli 2009, BGBl. I, S. 2286; BT-Drs. 16/8442.

419 BT-Drs. 16/8442, 9.

420 BGHSt 55, 191, 200.

421 BGHSt 55, 191, 199.

422 BGHSt 55, 191, 199 f.

die die strafrechtliche Einwilligungsgrenze unangetastet lassen soll, unter bestimmten Voraussetzungen eine rechtfertigende Einwilligung in die indirekte Sterbehilfe annimmt. Richtigerweise können die betreuungsrechtlichen Vorschriften keinerlei „materielle Ausstrahlungswirkung" auf die strafrechtlich rechtfertigende (mutmaßliche) Einwilligung in lebensverkürzende Handlungen haben.[423] Aus der verfahrensrechtlichen Absicherung für die Verwirklichung des Selbstbestimmungsrechts von nicht mehr äußerungsunfähigen Patienten über den Zeitpunkt der Einwilligungsfähigkeit hinaus nach §§ 1901a ff. BGB folgert der Bundesgerichtshof, dass die Neuregelungen wegen der Einheitlichkeit der Rechtsordnung bei der Bestimmung der Grenze einer möglichen Rechtfertigung von lebensverkürzenden Handlungen berücksichtigt werden müsse.[424] Die verfahrensrechtliche Absicherung betrifft aber nur die „Zeitdimension" des Selbstbestimmungsrechts über die körperliche Integrität.[425] Unklar bleibt, wie dies eine Ausstrahlungswirkung des Betreuungsrechts auf eine strafrechtlich rechtfertigende Einwilligung in lebensverkürzende Maßnahmen haben oder gar die Einheitlichkeit der Rechtsordnung begründen soll. Als sekundäre Normenordnung kann dem zivilrechtlichen Betreuungsrecht nur insoweit Bindungswirkung zukommen, als dass es auf Verhaltensnormebene relevante Bewertungen enthält.[426] Die §§ 1901a ff. BGB sichern im Vorfeld einer Behandlung eine dem Patientenwillen entsprechende Entscheidung und bezwecken so den Schutz höchstpersönlicher Rechtsgüter.[427] Wann aber eine Lebensverkürzung strafbewährt oder straffrei ist, wird damit nicht zum Ausdruck gebracht.

Wegen der notwendigen strafrechtsautonomen Betrachtung gilt richtigerweise weiterhin, dass die indirekte Sterbehilfe wegen der Einwilligungssperre des § 216 StGB nicht alleine aufgrund einer tatsächlichen oder mutmaßlichen Einwilligung gerechtfertigt ist.[428] Vielmehr kann eine Legitimation der Lebensverkürzung mit dem Hauptziel der Schmerzlinderung

---

423 *Rosenau*, FS für Rissing-van Saan, 547, 558 ff.; *Verrel*, NStZ 2010, 671, 674; *Ehmann*, Die strafrechtliche Bewertung der Sterbehilfe im deutsch-ungarischen Vergleich, S. 43.

424 BGHSt 55, 191, 200 mit Verweis auf *Reus*, JZ 2010, 80, 83 f.

425 *Ehmann*, Die strafrechtliche Bewertung der Sterbehilfe im deutsch-ungarischen Vergleich, S. 44 mit Verweis auf *Höfling*, JuS 2000, 111.

426 *Sternberg-Lieben*, FS für Roxin, 537, 555; *Reus*, JZ 2010, 80, 83.

427 *Sternberg-Lieben*, FS für Roxin, 537, 555.

428 LK-*Rosenau*, Vor. §§ 211 ff., Rn. 47; *v. Dellingshausen*, Sterbehilfe und Grenzen der Lebenserhaltungspflicht des Arztes, S. 166 f.; 191 f.; *R. Merkel*, FS für Schroeder, 297, 307.

nur mithilfe weiterer wertender Kriterien erfolgen. Eine solche Interessensabwägung wird dogmatisch typischerweise im Rahmen des Notstands geführt.

Somit ist eine Lösung über den rechtfertigenden Notstand gemäß § 34 StGB zu suchen.[429] Wägt man entgegenstehende Interessen gegeneinander ab und entscheidet sich für das geringere Übel, so bietet das Notstandssystem aufgrund der vorangegangenen Erwägungen jene Legitimationsgrundlage der indirekten Sterbehilfe. Grundlage dieses menschenwürdezentrierten Ansatzes ist, dass ein schmerzfreier und würdevoller Tod ein höheres und damit überwiegendes Rechtsgut darzustellen vermag, als die Aussicht unter schweren Leiden noch ein wenig länger zu leben; daher muss in Grenzsituationen zwischen Leben und Tod unter Berücksichtigung der menschlichen Würde eine lebensverkürzende Maßnahme durch § 34 StGB gerechtfertigt sein können.[430] Da die tatsächliche oder mutmaßliche[431] Einwilligung des Patienten eine notwendige Bedingung darstellt, ist eine Kombination aus Notstands- und Einwilligungselementen zu bevorzugen.[432] Diese Ansicht bietet dogmatisch den besten Ansatz, um einzelfallbezogene Interessen abzuwägen. Als Kriterien in der Abwägung können insbesondere die hoffnungslose Lage und der Schmerzgrad heran-

---

429 *Achenbach*, Jura 2002, 542, 547; *Chatzikostas*, Die Disponibilität des Rechtsgutes Leben, S. 328 f.; *v. Dellingshausen*, Sterbehilfe und Grenzen der Lebenserhaltungspflicht des Arztes, S. 185 ff.; *Dölling*, FS für Gössel, 209, 212; *Geilen*, Euthanasie und Selbstbestimmung, S. 26 f.; *Kühl*, Jura 2009, 881, 884; *Kutzer*, NStZ 1994, 110, 115; *Lackner/Kühl* StGB, § 211 - § 222, Rn. 7; *R. Merkel*, FS für Schroeder, 297, 308 ff.; MüKoStGB/*Schneider*, Vor. § 211, Rn. 113; NK-StGB/*U. Neumann*, Vor. § 211, Rn. 103; *Otto*, Gutachten D, 56 ff.; *Schreiber*, NStZ 1986, 337, 340; S/S- *Eser/Sternberg-Lieben*, StGB, Vor. §§ 211 ff., Rn. 26.

430 Grundlegend *Otto*, Gutachten D, 56 ff.; aufgegriffen von BGHSt 42, 301, 305; 46, 279, 285 (obiter dictum); vgl. nun aber BGHSt 55, 191, 204.

431 Für die strafrechtliche Bewertung ist es ohne Belang, ob es einer betreuungsgerichtlichen Genehmigung bei einwilligungsunfähigen Patienten nach § 1904 I 1 BGB bedarf, vgl. dazu *Ehmann*, Die strafrechtliche Bewertung der Sterbehilfe im deutsch-ungarischen Vergleich, S. 53 ff.

432 *R. Merkel*, Früheuthanasie, S. 157 ff.; *Eser*, Lebenserhaltungspflicht und Behandlungsabbruch in rechtlicher Sicht, S. 75, 90; LK-*Rosenau*, Vor. §§ 211 ff., Rn. 50; *Kutzer*, NStZ 1994, 110, 115; *Schöch*, NStZ 1997, 409; *Dölling*, FS für Gössel, 209, 212; MüKoStGB/*Schneider*, Vor. § 211, Rn. 108, m.w.N.

gezogen werden.[433] Gleichwohl gibt es dogmatische Einwände, denen es zu entgegnen gilt.[434]

So ist der rechtfertigende Notstand im herkömmlichen Verständnis nicht auf die Kollision von widerstreitenden Interessen einer Person, sondern auf entgegenstehende Interessen verschiedener Personen zugeschnitten.[435] Bei der indirekten Sterbehilfe handele sich nicht um widerstreitende Interessen des Sterbewilligen, denn sofern er den Wunsch nach lebensverkürzenden schmerzlindernden Maßnahmen äußere, habe er kein Interesse mehr am Weiterleben; insoweit bestehe kein Eingriffsinteresse.[436] Damit stellt *Herzberg* schon die Eingangsvoraussetzungen des Notstands infrage. Der Patient befindet sich aber in einem Abwägungsprozess, welchem Interesse er stattgibt, bevor er in die Maßnahme einwilligt. Diese Abwägung der monopersonalen Interessen darf nicht einfach ausgeblendet werden.[437]

Zwar passt der dem § 34 StGB zugrundeliegende Gedanke der Mindestsolidarität nicht, wenn der Betroffene Inhaber des geschützten und zugleich des beeinträchtigten Interesses ist, da dem Notstandpflichtigen keine Solidarpflicht gegen sich selbst auferlegt werden kann.[438] Jedoch sind die strukturellen Einwände nicht zwingend und hindern den Rückgriff nicht. Da die Situation unter den Wortlaut subsumiert werden kann, ist es unerheblich, dass bei der indirekten Sterbehilfe zunächst nicht die Interessen mehrerer Personen, sondern nur die Interessen einer Person aufeinandertreffen.[439] Es gilt auch zu bedenken, dass externe Interessen, wie

---

433 *Roxin*, GA 2013, 313, 314 f.; *Chatzikostas*, Die Disponibilität des Rechtsgutes Leben, S. 327 ff.; *Otto*, Gutachten D, 57.

434 Zur umfassenden Entkräftung der Einwände *U. Neumann*, FS für Herzberg, 575, 581 ff.; *R. Merkel*, FS für Schroeder, 297, 308 ff.

435 *Engländer*, GA 2010, 15, 17 ff., der nach ausführlicher rechtlicher Würdigung die Anwendbarkeit von § 34 StGB auf intrapersonale Interessenkollisionen ablehnt; ablehnend auch *Schroth*, JuS 1992, 476, 478; *ders*, in: Roxin/Schroth, Handbuch des Medizinstrafrechts, S. 39, Fn. 66.

436 *Herzberg*, NJW 1996, 3043, 3045 ff., 3048.

437 *Roxin*, in: Roxin/Schroth, Handbuch des Medizinstrafrechts, S. 88; *v. Dellingshausen*, Sterbehilfe und Grenzen der Lebenserhaltungspflicht des Arztes, S. 188 f., 228 ff.; *Dreier*, JZ 2007, 317, 322; MüKoStGB/*Schneider*, Vor. § 211, Rn. 110.

438 *Engländer*, GA 2010, 15, 21 ff.; *U. Neumann*, FS für Herzberg, 575, 581; nur insoweit zustimmend *Scheinfeld*, Organtransplantation und Strafrechtspaternalismus, S. 229 f.

439 *V. Dellingshausen*, Sterbehilfe und Grenzen der Lebenserhaltungspflicht des Arztes, S. 190 ff.; MüKoStGB/*Schneider*, Vor. § 211, Rn. 110, Fn. 461, m.w.N.

das „Tabuinteresse“[440] oder das „Normschutzinteresse“[441] der Gesellschaft, mit dem Interesse auf Leidensverminderung kollidieren; insoweit wird das konkrete Leidensverminderungsinteresse intrapersonal ermittelt und gegen das abstrakt externe Tabu- und Normschutzinteresse abgewogen, woraus dann das Überwiegen des Sterbeinteresses folgt.[442] Insoweit ist das Prinzip der Mindestsolidarität doch auf diese Konstellationen anwendbar: Wenn § 34 StGB vom Einzelnen aus Solidarität die Opferung seiner Interessen zugunsten der Allgemeinheit fordert, dann muss die Allgemeinheit doch erst recht bereit sein das Tabu- und Normschutzinteresse zugunsten der Leidensminderung zurücktreten zu lassen.[443] Solidarität kann nur wechselseitig bestehen. Genauso zieht die Allgemeinheit ihr Interesse an der Sicherheit des Straßenverkehrs zurück und rechtfertigt über § 34 StGB die Trunkenheitsfahrt, wenn der verunfallte und betrunkene Fahrer sich selbst mit dieser retten möchte.[444]

Zudem wird angeführt, dass das Interesse am Leben aufgrund seiner Höchstwertigkeit a priori nicht vom Interesse der Schmerzlinderung überboten werden könne. Dies könne schon dadurch belegt werden, dass der Patient durch den Todeserfolg die „Wohltat“ selbst gar nicht mehr erlebe.[445] Im Übrigen sei menschliches Leben unabwägbar, sodass das (absolute) Lebensschutzprinzip durch den Abwägungsvorgang ausgehöhlt werden würde.[446] Dem liegt der Gedanke zugrunde, dass das Rechtsgut „Leben“ isoliert vom Interesse des Rechtsgutsträgers zu betrachten ist.[447] Diese Ansicht verkennt, dass es bei der Abwägung im binnenpersonalem Verhältnis des Rechtsträgers nicht um eine Abwägung von Rechtgütern

440 *Herzberg*, NJW 1996, 3043, 3048 f.; ähnlich *v. Dellingshausen*, Sterbehilfe und Grenzen der Lebenserhaltungspflicht des Arztes, S. 221 f.

441 *R. Merkel*, FS für Schroeder, 297, 308 ff.; *ders.*, Früheuthanasie, S. 413 ff.

442 *Jakobs*, FS für Kaufmann, 459, 470 f.; *R. Merkel*, Früheuthanasie, S. 423 ff.; *Scheinfeld*, Organtransplantation und Strafrechtspaternalismus, S. 230 ff.; *Stiller*, Sterbehilfe und assistierter Suizid, S. 224 f.

443 *R. Merkel*, FS für Schroeder, 297, 308 ff.; *ders.*, Früheuthanasie, S. 154; *Scheinfeld*, Organtransplantation und Strafrechtspaternalismus, S. 234 f.

444 *Scheinfeld*, Organtransplantation und Strafrechtspaternalismus, S. 235.

445 *Dreier*, JZ 2007, 317, 322; *T. Fischer* StGB, Vor. §§ 211-217, Rn. 57: „schwer vereinbar“; *Ingelfinger*, Grundlagen und Grenzbereiche des Tötungsverbots, S. 249 f., 272 f., der zwar ein Abwägungsergebnis pro mortem anerkennt, aber gleichwohl einen Tatbestandsausschluss fordert.

446 Vgl. *Ingelfinger*, Grundlagen und Grenzbereiche des Tötungsverbots, S. 267; *Verrel*, JZ 1996, 224, 226.

447 So MüKoStGB/*Schneider*, Vor. § 211, Rn. 27 ff.; NK-StGB/*U. Neumann*, Vor. § 211, Rn. 3.

geht, sondern von konkreten Interessen.[448] Es handelt sich um die Abwägung von individuellen Lebensinteressen zur Qualität des verbleibenden Lebens. Die Legitimation der Lebensverkürzung ist im Ergebnis nichts anderes als eine Präferenzentscheidung, der die Prämisse zu Grunde liegt, dass die äußerst negative Lebensqualität des Rechtsgutsträgers dem Interesse auf Schmerzfreiheit unterlegen ist.[449] Das Postulat gleichen Lebensschutzes, welches die Quanti- und die Qualifizierung menschlichen Lebens verbietet, steht der Abwägung also nicht entgegen, denn es ist nur auf Binnenkollisionen zwischen verschiedenen Rechtsträgern anwendbar.[450] Dies ist dadurch gerechtfertigt, dass der monopersonale Abwägungsvorgang quasi akzessorisch an den Willen des Patienten gebunden ist und so die Notstandserwägungen lediglich seinen subjektiven Willen objektivieren.[451] Im Übrigen wird die Indisponibilität über das Rechtsgut „Leben" aus § 216 StGB abgeleitet; diese Norm regelt aber nur einen Teilbereich der bewertungsrelevanten Kriterien über die Disponibilität, da sie im Kern nur eine Aussage über die rechtfertigende Wirkung der Einwilligung in eine vorsätzliche Tötung trifft.[452] Dieses Prinzip gilt demnach nicht uneingeschränkt. Zum einen darf – für die indirekte Sterbehilfe anerkanntermaßen – die Isolierung des Rechtsguts vom Interesse nicht dazu führen, dass sich das Lebensrecht zu einer Lebenspflicht entwickelt.[453] Schon deshalb scheint es konsequent, dass das Selbstbestimmungsrecht des Rechtsgutsträgers allen drittverpflichtenden lebensverlängernden Maßnahmen vorgeht.[454] Zum anderen kann der absolute Lebensschutz dann eine am Interesse der Betroffenen orientierte Lösung nicht blockieren, wenn die gesetzgeberische Maßgabe gerade dazu auffordert, sich doch am Interesse zu orientieren. Dies ist bei § 34 StGB genau der Fall. Dann vermag das Lebensschutzprinzip nicht die Interessen des Rechtsgutsträgers von vorn-

---

448 *Magnus*, Patientenautonomie im Strafrecht, S. 281 f.; MüKoStGB/*Schneider*, Vor. § 211, Rn. 110; *U. Neumann*, FS für Herzberg, 575, 581 ff., 589 f.; *Roxin*, in: Roxin/Schroth, Handbuch des Medizinstrafrechts, S. 87 f.

449 *Roxin*, in: Roxin/Schroth, Handbuch des Medizinstrafrechts, S. 87 f.

450 Vgl. *Dreier*, JZ 2007, 317, 322; MüKoStGB/*Schneider*, Vor. § 211, Rn. 111.

451 LK-*Zieschang*, § 34, Rn. 68; MüKoStGB/*Schneider*, Vor. § 211, Rn. 113.

452 S. ausführlich *U. Neumann*, FS für Kühl, 569; kurz NK-StGB/*U. Neumann*, Vor. § 211, Rn. 3.

453 *R. Merkel*, Früheuthanasie, S. 393 ff.; NK-StGB/*U. Neumann*, Vor. § 211, Rn. 3.

454 NK-StGB/*U. Neumann*, Vor. § 211, Rn. 3.

herein zu verdrängen.[455] Folglich scheitert die Abwägung des Schmerzlinderungsinteresses nicht an einer Höchstwertigkeit des Lebens.[456]

Der Notstandsparagraph mag zwar ursprünglich nicht für monopersonale Interessensabwägungen geschaffen worden sein, dogmatisch stellt dies aber kein Hindernis dar, sodass die Notstandslösung den dogmatisch besten und einzigen Weg für die Begründung der Straflosigkeit darstellt.

### b. Reichweite der Straflosigkeit

Schließlich ist noch zu klären, wie weit die Straflosigkeit der indirekten Sterbehilfe reicht. Dabei ist insbesondere auf die Frage der Reichweite in zeitlicher Hinsicht und auf die Vorsatzform einzugehen. Teilweise wird in der Literatur unter diesem Aspekt diskutiert, ob eine betreuungsgerichtliche Genehmigung in den Fällen erforderlich ist, in denen der Patient keine wirksame Erklärung mehr abgeben kann, Maßnahmen der indirekten Sterbehilfe aber seinem mutmaßlichen Willen entsprechen oder in seiner Patientenverfügung festgelegt sind.[457] Wie aber noch dargelegt wird, betrifft dies nur die zivilrechtliche Ebene. Ein Verstoß hiergegen ist strafrechtlich nicht relevant. Daher ist auf die betreuungsgerichtliche Genehmigung bei einwilligungsunfähigen Personen nicht in diesem Zusammenhang einzugehen. Auch ist nicht auf die Frage einzugehen, ob die indirekte Sterbehilfe nur bei schweren Schmerzen oder auch bei sonstigen schweren Leidenszuständen zulässig sein soll. Es wird einhellig bejaht, dass die indirekte Sterbehilfe auf alle Formen des unzumutbaren Leidens unabhängig von Schmerzen zu erstrecken ist.[458]

---

455 *R. Merkel*, ZStW 1995, 545, 570 ff.; NK-StGB/*U. Neumann*, Vor. § 211, Rn. 3.

456 MüKoStGB/*Schneider*, Vor. § 211, Rn. 113 mit dem Hinweis, dass damit die Grenzziehung zwischen strafbaren und straflosen Formen der aktiven Sterbehilfe kriminalpolitisch zunehmend erschwert werde; NK-StGB/*U. Neumann*, Vor. § 211, Rn. 103; *ders.* § 34, Rn. 85, konstatiert sogar konsequenterweise und wohl zutreffend entgegen der noch h.M., auch die direkte Sterbehilfe könne durch § 34 StGB gerechtfertigt sein; vgl. dazu Kapitel 2, D., II., 2. = S. 104 ff.

457 *Ehmann*, Die strafrechtliche Bewertung der Sterbehilfe im deutsch-ungarischen Vergleich, S. 53 ff.; *Leitner*, Sterbehilfe im deutsch-spanischen Rechtsvergleich, S. 66.

458 Vgl. *Ingelfinger*, Grundlagen und Grenzbereiche des Tötungsverbots, S. 257; *Roxin*, in: Roxin/Schroth, Handbuch des Medizinstrafrechts, S. 89 f.; *Otto*, NJW 2006, 2217, 2221; *Schöch/Verrel*, GA 2005, 553, 575.

### i. Zeitlicher Anwendungsbereich

Teile der Literatur sind bestrebt, die Straflosigkeit der indirekten Sterbehilfe auf die Hilfe beim Sterben zu begrenzen. Dies wird teilweise mit dem pauschalen Verweis auf den absoluten Lebensschutz, der ansonsten relativiert werden würde, gefordert.[459] Die große Mehrheit sieht jedoch auch die Hilfe zum Sterben vom Anwendungsbereich der indirekten Sterbehilfe umfasst.[460] Der Bundesgerichtshof hatte die zeitliche Dimension zunächst offen gelassen[461], sprach dann allgemein und sprachlich schief vom „tödlichen Kranken“[462] und ließ es schließlich ausdrücklich genügen, „dass die betroffene Person lebensbedrohlich erkrankt ist“[463]. Mithin umfasst nach höchstrichterlicher Rechtsprechung der Anwendungsbereich der indirekten Sterbehilfe auch die Hilfe zum Sterben.

Eine Beschränkung des Anwendungsbereichs auf den Sterbeprozess ist sowohl aus ethischer als auch aus rechtlicher Sicht abzulehnen. Zum einen gibt es eine Reihe von Krankheiten, bei denen qualvolle Schmerzen schon lange vor dem Sterbeprozess einsetzen und zum anderen gibt es keine rechtlichen Gründe für die Beschränkung. Die Notstandsabwägung ist auch hier durchzuführen.[464] Dabei kann durchaus die Intensität und auch der (nicht) begonnene Sterbeprozess Teil der Abwägung sein. Jedenfalls ist das Erstrecken des Anwendungsbereiches auf die Fälle außerhalb des Sterbeprozesses nur konsequent. Relativiert man das Postulat des absoluten Lebensschutzes, dann müssen auch alle Formen des (subjektiv) qualvollen Leidens erfasst sein. Der Anwendungsbereich würde ansonsten in vielen Fällen drastisch verengt werden. Ist man anderer Ansicht, müsste

---

459 *Schreiber*, NStZ 1986, 337, 341; *Kaufmann*, MedR 1983, 121, 122; *Dölling*, JR 1998, 160, 162.

460 Ausführlich *Saliger*, KritV 2001, 382, 400 ff.; vgl. auch *Roxin*, in: Roxin/Schroth, Handbuch des Medizinstrafrechts, S. 89; *ders.*, GA 2013, 313; 314; NK-StGB/*U. Neumann*, Vor. § 211, Rn. 99; *T. Fischer* StGB, Vor. §§ 211-217, Rn. 56; MüKoStGB/*Schneider*, Vor. § 211, Rn. 104; *Schöch/Verrel*, GA 2005, 553, 575; *Otto*, NJW 2006, 2217, 2221; *Magnus*, Patientenautonomie im Strafrecht, S. 274; *Ingelfinger*, JZ 2006, 821, 824.

461 BGHSt 42, 301; a.A. *Dölling*, JR 1998, 160, 162, der aus den Ausführungen des Bundesgerichtshofs schließt, die Sterbehilfe sei ausschließlich zulässig, wenn der Sterbevorgang bereits eingesetzt habe. Der Bundesgerichtshof bezieht mit seinen Ausführungen zum „sterbenden Patienten“ aber auf den konkreten Fall und verallgemeinert nicht.

462 BGHSt 46, 279, 284 f.

463 BGHSt 55, 191, 204.

464 *Leitner*, Sterbehilfe im deutsch-spanischen Rechtsvergleich, S. 64.

man auch konsequent alle Formen der indirekten Sterbehilfe unter Strafe stellen.[465] Folglich sind richtigerweise ebenfalls Fälle außerhalb des Sterbeprozesses und damit die Hilfe zum Sterben vom Anwendungsbereich der indirekten Sterbehilfe erfasst.

### ii. Erforderliche Vorsatzform

Die wohl herrschende Ansicht in der Lehre hält auch solche Handlungen der indirekten Sterbehilfe für straflos, die mit sicherem Wissen im Sinne eines direkten Vorsatzes des zweiten Grades begangen werden.[466] Der Bundesgerichtshof hat sich dahingehend jedoch soweit ersichtlich noch nicht eindeutig geäußert.[467] Wie auch bei der Frage des zeitlichen Anwendungsbereichs wurde früher vornehmlich vertreten, dass die Straflosigkeit der indirekten Sterbehilfe auf die lediglich mögliche, aber nicht sichere Todesbeschleunigung, die also mit Eventualvorsatz vorgenommen wird, beschränkt sei.[468] Sofern diese Ansicht überhaupt begründet wird, wird darauf verwiesen, dass anderenfalls Abgrenzungsschwierigkeiten zur aktiven direkten Sterbehilfe entstünden, welche nach § 216 StGB strafbar ist.[469] *Schöch* führt dazu aus, dass aufgrund des Bedürfnisses einer effektiven Schmerztherapie früher die Notwendigkeit bestand, den dolus directus zweiten Grades in den Anwendungsbereich aufzunehmen, da jedes höher dosierte Opiat eine sichere Lebensverkürzung nahelegte. Dies gelte aber nicht mehr, weil die Grenze für die sichere Erfassung der Todesursäch-

465 MüKoStGB/*Schneider*, Vor. § 211, Rn. 104.

466 MüKoStGB/*Schneider*, Vor. § 211, Rn. 104, Fn. 421, m.w.N.; vgl. auch *Dorneck/Gassner/Kersten et al.*, AMHE-SterbehilfeG, S. 61.

467 Vgl. etwa BGHSt 42, 301, 305; 46, 279, 284 f.; *Ehmann*, Die strafrechtliche Bewertung der Sterbehilfe im deutsch-ungarischen Vergleich, S. 56 f. Nach *G. Merkel*, NStZ 2021, 166 könne dem Urteil BGH NStZ 2021, 164 jedoch – was die Richter wohl nicht im Sinne hatten – entnommen werden, dass auch eine absichtliche Tötung im Rahmen der indirekten Sterbehilfe straffrei bleibt, denn nach den zugrundeliegenden Feststellungen des Tatgerichts, „wusste und wollte“ der Angeklagte, dass die Dosierung des Betäubungsmittels die Atmung des Patienten beeinträchtigt, er bat eine Kollegin darum, ihn nicht zu „verpetzen“ und äußerte, dass er den Patienten nun „weggespritzt“ habe.

468 *Kutzer*, NStZ 1994, 110, 115; *Schöch*, NStZ 1997, 409, 411; *Dölling*, JR 1998, 160, 162; *Duttge*, GA 2006, 573, 578 f.

469 Zum Folgenden *Schöch*, NStZ 1997, 409, 411; gleichwohl revidierend und dolus directus zweiten Grades in den Anwendungsbereich aufnehmend später *Schöch/Verrel*, GA 2005, 553, 575 f.

lichkeit eines Opiats nicht mehr feststellbar sei. Berufe sich der gezielt Handelnde darauf, dass die Lebensverkürzung unerwünscht sei, so könne man ihm kaum beweisen, dass es ihm gerade auf den Tod ankam (dolus directus ersten Grades). Daher bestehe nunmehr das kriminalpolitische Bedürfnis, den mit direkten Vorsatz Handelnden nicht straffrei zu stellen.

Dem Grunde nach handelt es sich also um Missbrauchsbedenken, dass direkte Sterbehilfe unter dem Deckmantel der indirekten Sterbehilfe vorgenommen werden würde.[470] Die Prämisse, dass der sichere oder gar beabsichtigte Tod zur strafwürdigen Hauptfolge des Arztes werde, trifft jedoch nicht zu. Zum einen ist das „Absichtsverbot“[471] dogmatisch kaum begründbar.[472] Weder der Tötungstatbestand nach § 212 Abs. 1 StGB noch § 34 StGB selbst stellen eine besondere Vorsatzform auf, sodass für dessen Verwirklichung schon dolus eventualis genügt.[473] Gleichsam ist zum anderen ein Ausschluss der objektiven Zurechenbarkeit oder eine Rechtfertigung nicht dadurch verwehrt, dass der Täter mit direktem Vorsatz handelt.[474] Mithin ist eine Unterscheidung anhand des Vorsatzgrads nach der vorzugswürdigen Notstandslösung dogmatisch nicht möglich.[475] Innerhalb des subjektiven Rettungswillens nach § 34 StGB ist auch nicht erforderlich, dass der Rettungszweck (ausschließliches) Handlungsziel ist, vielmehr genügt die Kenntnis der rechtfertigenden Umstände.[476]

Nach dem Gesagten muss der Anwendungsbereich konsequenterweise eröffnet sein, wenn der Arzt zielgerichtet, also mit dolus directus ersten Grades, die Lebensverkürzung bezweckt.[477] Entscheidend ist die Zuord-

---

470 Vgl. *Schöch/Verrel*, GA 2005, 553, 578.

471 *R. Merkel*, FS für Schroeder, 297, 315; *ders.*, Früheuthanasie, S. 176 ff.

472 *Ingelfinger*, Grundlagen und Grenzbereiche des Tötungsverbots, S. 258 spricht von einem „dogmatischen Fremdkörper“; vgl. auch LK-*Rosenau*, Vor. §§ 211 ff., Rn. 43: „Die Abgrenzung ist nicht nur aus dogmatischeren Erwägungen heraus problematisch“.

473 *R. Merkel*, Früheuthanasie, S. 169; *Ingelfinger*, Grundlagen und Grenzbereiche des Tötungsverbots, S. 258.

474 *R. Merkel*, FS für Schroeder, 297, 314; *Herzberg*, ZIS 2016, 440, 444; *Ehmann*, Die strafrechtliche Bewertung der Sterbehilfe im deutsch-ungarischen Vergleich, S. 59.

475 *R. Merkel*, FS für Schroeder, 297, 314; *Ingelfinger*, Grundlagen und Grenzbereiche des Tötungsverbots, S. 258.

476 Vgl. nur S/S-*Perron*, StGB, § 34, Rn. 48, m.w.N.; a.A. *Dorneck/Gassner/Kersten et al.*, AMHE-SterbehilfeG, S. 61.

477 *R. Merkel*, FS für Schroeder, 297, 317 f.; *Ingelfinger*, Grundlagen und Grenzbereiche des Tötungsverbots, S. 258, 269 f., 274; *ders.*, JZ 2006, 821, 824 f.; *Ehmann*, Die strafrechtliche Bewertung der Sterbehilfe im deutsch-ungarischen Vergleich, S. 59 f.; das Absichtsverbot i.E. auch ablehnend *Herzberg*, ZIS 2016,

nung zu einem bestimmten Handlungstypus und nicht die innere Einstellung des Handelnden, welche den Charakter der lebensverkürzenden Maßnahme prägt. So gibt es bei der indirekten Sterbehilfe keine zweifelhaften Handlungen, da der zweifache Handlungssinn, Schmerzlinderung und Lebensverkürzung, nach außen hin vollständig objektiviert ist wie auch die Unterscheidung zwischen einem Heileingriff, einem kosmetischen Eingriff und einer Körperverletzung.[478] Es sind alleine die objektiven Tatumstände, wie die Dosierung des lebensverkürzenden Schmerzmittels, die Rückschlüsse auf den inneren Willen des Handelnden zulassen. Die Grenze zwischen strafloser indirekter Sterbehilfe und strafbarer aktiver Sterbehilfe ist nicht durch das Motiv oder die Absicht des Arztes zu ziehen; dem Gesinnungsstrafrecht würde der Weg geebnet werden.[479] So gebietet die Rechtsordnung unter Strafandrohung gemäß §§ 223, 13 StGB dem Arzt, dass er auch dann der erbetenen Schmerzlinderung nachkommt, wenn die Lebensverkürzung gegebenenfalls sogar als Nebenfolge vom Patienten gefordert wird.[480] Kann er jedoch nicht seinen inneren Wunsch unterdrücken, dass die Initiierung des Schmerzmittels den Patienten töten solle, dann müsste sich seine gezeigte rechtliche Pflicht sofort in ein striktes Verbot umwandeln. Die Rechtsordnung fordert ihn also strafbewährt dazu auf zu handeln, jedoch nur mit dem richtigen Motiv. Der Rechtsbefehl richtet sich damit ausschließlich auf das Vorhandensein des Motivs und auf nichts anderes. Dies ist der Inbegriff des Gesinnungsstrafrechts und verfassungswidrig.

---

440, 444, der dieser Streitfrage keinerlei praktische Bedeutung beimisst, weil entweder die Staatsanwaltschaft nie dahingehend ermitteln oder jedenfalls jeder Beschuldigte die Absicht plausibel von sich weisen würde; kritisch bereits *ders.*, NJW 1986, 1635, 1640.

478 So bereits *R. Merkel*, FS für Schroeder, 297, 315; *ders.*, Früheuthanasie, S. 170; *Ingelfinger*, Grundlagen und Grenzbereiche des Tötungsverbots, S. 269 f.; LK-*Jähnke*, 11. Auflage, Vor. § 211, Rn. 15; kritisch *Schroth*, GA 2006, 549, 566, Fn. 81, der zwar auch die Diskrepanz in der subjektiven Abgrenzung erkennt, diese aber gleichwohl dadurch legitimiert, dass der Arzt in seiner spezifischen Funktion bei der Schmerzlinderung wohl nie mit der Absicht handele, ein Leben zu beenden.

479 *R. Merkel*, FS für Schroeder, 297, 317; *Kubiciel*, JZ 2009, 600, 607; *ders.*, JA 2011, 86, 91; *ders.*, ZIS 2016, 396, 401: „Einen Arzt nur wegen seiner Sterbehilfeabsicht, d.h. seiner Gesinnung zu bestrafen, entfernt sich vom Ziel des Gesetzes und ist klar verfassungswidrig".

480 Zum Folgenden treffend *R. Merkel*, FS für Schroeder, 297, 317 f.

Dem lässt sich auch nicht entgegnen, es bestehe trotz Fehlens eines Handlungsunrechts ein Erfolgsunrecht.[481] Denn das Handlungsrecht geriert sich aus dem angestrebten Erfolgsunrecht. Soweit der Handelnde weiß, dass er keinen Erfolgsunwert herbeiführt, weist sein Verhalten keinen Handlungsunwert auf.[482] Bei der Differenzierung muss es also entscheidend darauf ankommen, ob der Arzt Maßnahmen ergriffen hat, die objektiv medizinisch indiziert sind. Lebensbeendende Handlungen können immer dann als nicht medizinisch indiziert interpretiert werden, wenn der gebotene gute Zweck durch eine nicht ad hoc letale Leidensminderung hätte herbeigeführt werden können. Dann handelt es sich nicht mehr um legitime Sterbehilfe, sondern um reinen, nicht mehr gerechtfertigten Totschlag.[483] Es besteht kein Missbrauch durch einen Deckmantel der indirekten Sterbehilfe. Vielmehr ist die Differenzierung zwischen einer rechtlichen Handlungspflicht und einem verbotenen Tötungsdelikt allein anhand der Gesinnung bei Lichte betrachtet kaum haltbar.[484]

### c. Zwischenergebnis

Die indirekte Sterbehilfe ist nach ganz herrschender Ansicht dem Grunde nach straffrei. Dogmatisch lässt sich dies einzig mit der Notstandslösung nach § 34 StGB begründen, wobei der Patient in die Maßnahme (mutmaßlich) einwilligen muss.[485] Praxisrelevanter ist hingegen die Reichweite der indirekten Sterbehilfe und der damit korrespondierenden Straflosigkeit. In zeitlicher Hinsicht ist der herrschenden Meinung zuzustimmen, dass der Anwendungsbereich nicht auf den Sterbeprozess beschränkt ist und mithin auch die Hilfe zum Sterben erfasst. Entgegen der herrschenden Meinung in der Lehre ist nicht nur der mit sicherem Wissen handelnde

---

481 So *Schöch/Verrel*, GA 2005, 553, 578.

482 *Ingelfinger*, JZ 2006, 821, 825; vgl. auch *R. Merkel*, FS für Schroeder, 297, 317 f.

483 Grundlegend *R. Merkel*, FS für Schroeder, 297, 314 ff.

484 Etwas zurückhaltender *R. Merkel*, FS für Schroeder, 297, 318 unter Hinweis auf Studien, in denen knapp die Hälfte der befragten Ärzte angab, gelegentlich mit Tötungsabsicht zu handeln. Wer anhand der Gesinnung differenziere, lege diesen Ärzten zutreffend eine Lüge als einzig möglichen Ausweg nahe.

485 Bei Menschen, die niemals den Zustand der Einwillgungfähigkeit erreicht haben (etwa Neugeborne oder zeitlebens Geisteskranke), kann nicht auf einen tatsächlichen oder mutmaßlichen Willen abgestellt werden (vgl. dazu bereits Kapitel 1, C. = S. 21 f.). Hier ist der zugeschriebene im Sinne eines hypothethischen Willens maßgeblich.

Arzt straffrei zu stellen, sondern der Anwendungsbereich umfasst richtigerweise auch solche Maßnahmen der indirekten Sterbehilfe, die mit direktem Vorsatz des ersten Grades ergriffen werden.

## 2. Direkte Sterbehilfe

Nach herrschender Ansicht in der Literatur und Rechtsprechung ist die direkte Sterbehilfe im Sinne einer gezielten aktiven Lebensverkürzung ausnahmslos unzulässig. Strafbar soll diese Lebensverkürzung auch dann sein, wenn eine Schmerztherapie die Qualen des Moribunden nicht zu lindern vermag.[486] Mithin muss auch dem mit Qualen im Sterben Liegenden eine Maßnahme der direkten Lebensverkürzung verwehrt bleiben.[487] Dies wird im Wesentlichen mit der Einwilligungssperre des § 216 StGB begründet, die auch bei infauster Prognose und qualvollen Leiden gelte.[488] Manche qualifizieren schon deshalb § 216 StGB als insoweit verfassungswidrig und schlagen eine partielle Entkriminalisierung vor,[489] andere fordern eine ersatzlose Streichung der Strafnorm.[490] Teilweise wird bei Extremfällen ein strafunrechtsausschließender[491] bzw. übergesetzlicher entschuldigender Notstand[492] angenommen oder gefordert von der Strafe abzusehen[493]. *Roxin* stellt überblicksartig verschiedene Ausnahmevorschläge der neueren Literatur dar und zeigt vier Gründe auf, warum der herrschenden Meinung zu folgen und eine ausnahmslose Strafbarkeit der direkten Sterbehilfe geboten sei.[494] Erstens sei der bestehende umfassende Schutz menschlichen Lebens in bedenklicher Weise gefährdet. Er befürchtet, es könne gar

---

486 BGHSt 37, 376; *Duttge*, GA 2006, 573, 576 f.; *T. Fischer* StGB, Vor. §§ 211-217, Rn. 38; S/S- *Eser/Sternberg-Lieben*, StGB, Vor. §§ 211 ff., Rn. 24; vgl. insbesondere zur verfassungsrechtlichen Begründung bemüht *Antoine*, Aktive Sterbehilfe in der Grundrechtsordnung, S. 252 ff.

487 Prägnant *Roxin*, in: Roxin/Schroth, Handbuch des Medizinstrafrechts, S. 110.

488 Vgl. dazu insgesamt S/S- *Eser/Sternberg-Lieben*, StGB, § 216, Rn. 15 f.

489 *Leitmeier*, NStZ 2020, 508, 513 f.; *Lindner*, NStZ 2020, 505, 508.

490 *Zehetgruber*, HRRS 2017, 31, 33.

491 *Köhler*, Jahrbuch für Recht und Ethik 2006, 425, 444.

492 *Hirsch*, FS für Lackner, 597, 614 ff. m.w.N.; *Pelzl*, KJ 1994, 179, 194 f. plädiert für eine analoge Anwendung des § 35 StGB im Einzelfall, soweit der Gewissens- und Motivationsdruck derart hoch ist, dass das verübte Unrecht derart vermindert ist, dass der Schuldvorwurf entfallen muss.

493 Vgl. dazu *Roxin*, in: Roxin/Schroth, Handbuch des Medizinstrafrechts, S. 118.

494 Überblicksartig zu Ausnahnamevorschlägen in der neueren Literatur *Roxin*, in: Roxin/Schroth, Handbuch des Medizinstrafrechts, S. 112 ff.

von einem Menschen erwartet werden, ab einem gewissen Alter zu sterben und Bemühungen um eine effiziente Schmerztherapie könnten gehemmt werden. Dieses Argument deutet auf eine befürchtete Suizidkultur hin. Zweitens sei der freiwillige Todeswunsch eines Menschen nur durch seinen eigenhändigen Vollzug tatsächlich bewiesen. Drittens bestünden Bedenken aufgrund einer Missbrauchs- und Falschbeurteilungsgefahr. Viertens und letztens bestehe gar kein Bedürfnis für eine Straffreistellung, soweit der ärztlich assistierte Suizid straffrei gestellt würde. Diese Bedenken und Hinweise bieten jedoch keinerlei dogmatischen Ansatz für die Begründung der Strafbarkeit. Die Sorgen um Suizidkultur, Falschbewertungen oder Missbrauch sind im Ergebnis bloße Behauptungen, genauso wie der Todeswunsch, der einzig durch die eigenhändige Richtung des Suizidenten bestätigt werden könne – darauf wird de lege ferenda noch genauer eigegangen.[495] Ob schließlich das Bedürfnis nach Straffreiheit bestehe, ist die falsche Frage. Vielmehr muss die Pönalisierung legitimiert werden, die zu begründen hat, ob ein Bedürfnis der strafrechtlichen Sanktionierung besteht. Die Suizidförderung könnte auch nur dann ein die Erforderlichkeit ausschließendes milderes Mittel sein, soweit sie tatsächlich möglich und sicher straffrei ist. Unabhängig davon sollte fernab von ethischen, moralischen, religiösen oder anderen weltanschaulichen Ansichten einzig das Gesetz und seine Dogmatik ausschlaggebend für die Strafbarkeit sein.[496]

Die hier getroffenen Ausführungen zur Vorsatzform bei der indirekten Sterbehilfe haben konsequenterweise auch Auswirkungen auf die Strafbarkeit der direkten Sterbehilfe. Richtigerweise ist die Strafbarkeit gezielter Tötungen innerhalb der direkten Sterbehilfe in der angeführten Pauschalität dogmatisch nicht haltbar. Auch bei der direkten Sterbehilfe kommt immer dann eine Rechtfertigung gemäß § 34 StGB in Betracht, wenn das äußere Erscheinungsbild der Handlung und die Umstände des Einzelfalls eine medizinisch indizierte Schmerzlinderung darstellen. Willigt der Patient in die Maßnahme (mutmaßlich) ein und bestehen insoweit keine Unterschiede zur indirekten Sterbehilfe, dann steht auch hier dem rechtfertigenden Notstand, jedenfalls in Fällen extremen Leidens des Moribunden, nichts im Wege.[497] Wer das Lebensinteresse und das Interesse an Schmerz-

---

495 Vgl. dazu ausführlich Kapitel 3, E., II., 4. = S. 177 ff. und III., 3. = S. 189 ff.

496 Vgl. Kapitel 3, E. = S. 166 ff.

497 *Chatzikostas*, Die Disponibilität des Rechtsgutes Leben, S. 320 ff.; *T. Fischer*, FS für Roxin, 557, 575 f.; *Herzberg*, NJW 1986, 1635, 1639; *ders.*, NJW 1996, 3043, 3047; *Kienzerle*, Paternalismus im Strafrecht der Sterbehilfe, S. 452; *Kubiciel*, JZ

freiheit bei therapeutisch beherrschbaren Schmerzzuständen innerhalb der indirekten Sterbehilfe für zulässig erachtet, der muss dies gleichsam erst recht für zulässig erachten, wenn die Qualen nicht mehr therapeutisch beherrschbar und so Maßnahmen der indirekten Sterbehilfe qua Definition nicht mehr möglich sind.[498] Wie dargelegt, ist die Interessensabwägung weder durch den Höchstwert des „Lebens“ von vornherein ausgeschlossen, noch kommt es dabei auf die Vorsatzform an. Dogmatisch ist auch nicht begründbar, warum eine Rechtfertigung auf den Sterbeprozess beschränkt sein soll.[499] Folglich kommt es nicht mehr – wie eingangs erwähnt von manchen Autoren behauptet – auf einen Schuldausschluss an, wenn zuvor schon ein Rechtfertigungsgrund eingreift. Lässt sich die Maßnahme phänotypisch in Verbindung mit den Umständen des Einzelfalls als medizinisch indizierte Leidensminderung begreifen und entspricht sie den Interessen des Patienten, dann ist eine Rechtfertigung gemäß § 34 StGB möglich.

Übrig bleiben die Fälle, in denen es sich nicht mehr um eine medizinisch indizierte Leidensminderung handelt, sondern die Lebensverkürzung äußerlich nur noch als Tötung bewertet werden kann. Hier ergeben sich Ansatzpunkte für eine unterschiedliche strafrechtliche Beurteilung. Gleichwohl sind auch hier Konstellationen denkbar, bei denen die Erforderlichkeit einer aktiven Tötungshandlung nicht verneint werden kann, denkt man an das Beispiel des verunfallten und im brennenden Auto bei lebendigem Leibe Verbrennenden, der dort eingeklemmt ist und daher um seine Erschießung bittet.[500] Innerhalb der Interessensabwägung mag

---

2009, 600, 607; *Kutzer*, MedR 2001, 77, 78; LK-*Rönnau*, Vor. §§ 32 ff., Rn. 368; *R. Merkel*, FS für Schroeder, 297, 320 f.; MüKoStGB/*Schneider*, Vor. § 211, Rn. 100; NK-StGB/*U. Neumann*, Vor. § 211, Rn. 139 ff.; *ders.*, FS für Herzberg, 575; *Otto*, NJW 2006, 2217, 2222; *Schöch/Verrel*, GA 2005, 553, 583; S/S- *Eser/Sternberg-Lieben*, StGB, § 216, Rn. 15a; a.A. etwa *v. Dellingshausen*, Sterbehilfe und Grenzen der Lebenserhaltungspflicht des Arztes, S. 296 ff.; 352 f.; *Ingelfinger*, Grundlagen und Grenzbereiche des Tötungsverbots, S. 340, die jedoch in Extremfällen eine Entschuldigung des Arztes analog § 35 StGB als sachgerecht erachten; s. auch *Kaspar*, Verhältnismäßigkeit und Grundrechtsschutz im Präventionsstrafrecht, S. 477, der einen Tatbestandsausschluss erwägt.

498 *R. Merkel*, FS für Schroeder, 297, 321; NK-StGB/*U. Neumann*, Vor. § 211, Rn. 139.

499 So aber etwa ohne Begründung S/S- *Eser/Sternberg-Lieben*, StGB, Vor. §§ 211 ff., Rn. 25.

500 Auf diesen Fall verweisen u.a. *Kühl*, Jura 2009, 881, 884; *Ingelfinger*, Grundlagen und Grenzbereiche des Tötungsverbots, S. 246; *Ehmann*, Die strafrechtliche Bewertung der Sterbehilfe im deutsch-ungarischen Vergleich, S. 63; *Chatzikostas*, Die Disponibilität des Rechtsgutes Leben, S. 321; *R. Merkel*, FS für Schroeder,

zwar die soziale Geltung des Tötungsverbots in höherem Maße berührt sein als bei Maßnahmen, bei denen die medizinisch indizierte Schmerzlinderung im Vordergrund steht, aber dieses Interesse ist nicht nur nicht abwägungsfest, sondern verglichen mit dem Interesse des Getöteten an der Schmerzbefreiung als kaum erwähnenswert zu beurteilen.[501] Denn jenes Interesse der Gesellschaft betrifft eine nicht messbare, bloß befürchtete Beeinträchtigung des Tötungsverbots (was wegen des Ausnahmecharakters der Tatsituation ohnehin fragwürdig scheint), wohingegen das Interesse des Individuums intrapersonal sein Lebensinteresse überwiegt und deshalb fortan sein fundamentales Interesse darstellt.

Im Ergebnis ist das apodiktische Verbot der direkten Sterbehilfe in seiner Pauschalität dogmatisch nicht haltbar. Selbiges gilt für bloße Vermutungen der Literatur aus Angst vor einer Suizidkultur, einem „Dammbruch“, vor Missbrauch oder Fehleinschätzungen.[502] Entscheidend sind bei dieser Frage die dogmatischen Erwägungen, die einen rechtfertigenden Notstand nicht a priori ausschließen können. Somit ist im Ergebnis das Modell der indirekten Sterbehilfe auf das der direkten Sterbehilfe zu erstrecken. Die Abwägung innerhalb des rechtfertigenden Notstandes bedarf jedoch ausdifferenzierter Kriterien, die sich nicht zuletzt am individuellen Einzelfall messen lassen müssen. Klargestellt sei aber, dass der Anwendungsbereich des § 216 StGB de lege lata jedenfalls Konstellationen erfasst, in denen ein Mensch auf dessen Verlangen hin getötet wird, um seinem scheinbar sinnlosen Leben ein Ende zu bereiten („Bilanzsuizid“). Aufgedrängte Handlungen im Sinne einer „Mitleidstötung“ ohne die Einwilligung des Opfers sind ebenfalls keine straffreie Sterbehilfe mehr und nach § 212 (gegebenenfalls auch § 211) StGB strafbar.[503]

## III. Passive Sterbehilfe

Die passive Sterbehilfe bezeichnet den Verzicht auf lebensverlängernde Maßnahmen. Dies umfasst sowohl das Absehen von der Aufnahme als

---

297, 320 f.; *ders.*, Früheuthanasie, S. 395 ff.; *Roxin,* in: Roxin/Schroth, Handbuch des Medizinstrafrechts, S. 118, mit dem Hinweis, dass solche Extrembeispiele praxisfern seien.

501 Prägnant NK-StGB/*U. Neumann*, Vor. § 211, Rn. 140; zustimmend *R. Merkel*, FS für Schroeder, 297, 321; schematisch detaillierter *Ehmann*, Die strafrechtliche Bewertung der Sterbehilfe im deutsch-ungarischen Vergleich, S. 63 ff.

502 Vgl. Kapitel 3, E., II., 4. = S. 177 ff.

503 Vgl. NK-StGB/*U. Neumann*, Vor. § 211, Rn. 141.

auch das Einstellen lebenserhaltender Maßnahmen.[504] Sprachlich wird diese Kategorisierung teilweise als irreführend bezeichnet, da es nicht um eine Hilfeleistung zum Sterben gehe. Daher wird vorgeschlagen diesen Vorgang als „Verzicht auf lebensverlängernde Maßnahmen" zu bezeichnen.[505] Der 2. Strafsenat des Bundesgerichtshofs hat nunmehr die Terminologie der passiven Sterbehilfe ebenfalls preisgegeben und bezeichnet Sterbehilfe durch Unterlassen, Begrenzung oder Beenden einer begonnenen medizinischen Behandlung mit dem Oberbegriff „Behandlungsabbruch". Der Behandlungsabbruch kann dabei sowohl durch Unterlassen als auch durch aktives Tun vorgenommen werden.[506] Ein Unterlassen ist nur dann im Rahmen eines Tötungsdelikts von strafrechtlicher Bedeutung, wenn die Nichtvornahme hypothetisch kausal für den Tod ist, also wenn die Aufnahme oder die Fortführung der Behandlung mit an Sicherheit grenzender Wahrscheinlichkeit den Todeseintritt verzögert hätte und der Unterlassende aufgrund seiner Garantenstellung nach § 13 StGB zur Abwendung der Erfolgs verpflichtet war.[507] Die Garantenstellung begründet innerhalb dieses Themenkomplexes der behandelnde Arzt durch die tatsächliche Übernahme einer Schutzfunktion.[508] Soweit keine Garantenstellung besteht, kommt nur eine Strafbarkeit wegen unterlassener Hilfeleistung gemäß § 323c Abs. 1 StGB in Betracht.

Die Straflosigkeit der passiven Sterbehilfe ist allgemein schon lange anerkannt. Der Bundesgerichtshof hat bereits im „Fall Wittig" klargestellt, „daß es keine Rechtsverpflichtung zur Erhaltung eines erlöschenden Lebens um jeden Preis" gebe. Die Richter führen aus: „Maßnahmen zur Lebensverlängerung sind nicht schon deswegen unerläßlich, weil sie technisch möglich sind"[509]. Im Ergebnis stimmen auch die strafrechtliche Literatur[510] sowie die Bundesärztekammer[511] dafür, dass das Absehen oder nicht Fortführen lebenserhaltender Maßnahmen rechtmäßig sein kann.

504 BGHSt 37, 376, 378; MüKoStGB/*Schneider*, Vor. § 211, Rn. 114.

505 Vgl. *Schreiber*, NStZ 2006, 473, 474 f; NK-StGB/*U. Neumann*, Vor. § 211, Rn. 104, m.w.N.

506 BGHSt 55, 191.

507 *S/S- Eser/Sternberg-Lieben*, StGB, Vor. §§ 211 ff., Rn. 27; *Kühl*, Jura 2009, 881, 885.

508 *Kühl*, Jura 2009, 881, 885; *Detering*, JuS 1983, 418.

509 BGHSt 37, 367, 379 f.; vgl. im Übrigen auch BGHSt 37, 376; BGH, NStZ 2011, 274.

510 Etwa *Roxin*, in: Roxin/Schroth, Handbuch des Medizinstrafrechts, S. 92; *T. Fischer* StGB, Vor. §§ 211-217, Rn. 58; NK-StGB/*U. Neumann*, Vor. § 211, Rn. 105, Fn. 453, m.w.N.

511 Zu den Grundsätzen der ärztlichen Sterbebegleitung DÄBl. 2011, 108, A-346.

Umstritten sind indes sowohl die Grenzen als auch die dogmatische Begründung für die Straflosigkeit.

Zunächst ist das normative Fundament der passiven Sterbehilfe darzustellen. Im Mittelpunkt der Betrachtung steht der entscheidungsfähige Patient. Die strafrechtliche Bewertung richtet sich maßgeblich nach der Ausübung seines Selbstbestimmungsrechts. Die Patientenautonomie ist damit die Grundlage für das ärztliche Verhalten. Ist ein Patient nicht in der Lage seinen Willen zu äußern, dann kommt es auf den mutmaßlichen Willen an. Von einem mutmaßlichen Willen kann man aber nicht in den Fällen sprechen, in denen der Patient zeitlebens geisteskrank ist oder es sich um ein Neugeborenes handelt, bei dem durch Missbildungen vitale Funktionen derart eingeschränkt sind, sodass offensichtlich keine Lebensfähigkeit besteht: Weil die Mutmaßungen im Rahmen der mutmaßlichen Einwilligung anders als bei der hypothetischen Einwilligung[512] sich auf einen Willen beziehen, der sich bereits einmal im Zustand der Einwilligungsfähigkeit entfaltet hat, ist diese Figur per definitionem in diesen Fällen nicht anwendbar.[513] Dogmatische Brisanz erfährt der „technische Behandlungsabbruch". In diesen Fällen beschränkt sich das Verhalten des Dritten nämlich nicht auf bloße Inaktivität, wenn das äußere Erscheinungsbild eine kausale aktive Handlung umfasst, zum Beispiel indem lebenserhaltende Geräte per Knopfdruck abgeschaltet werden. Hier kommt es maßgeblich darauf an, ob diese besondere Form des Behandlungsabbruchs nach seinem phänotypischen Erscheinen als aktive Sterbehilfe rechtfertigungsbedürftig oder als Unterlassen zu werten ist.[514]

### 1. Patientenautonomie

Das Fundament der passiven Sterbehilfe ist die Patientenautonomie. Die Selbstbestimmung ist als Kern der Menschenwürde in Art. 1 Abs. 1 GG und in Art. 2 Abs. 1 GG, in dem Recht auf freie Entfaltung der Persönlichkeit, verfassungsrechtlich gewährleistet.[515] Ein Eingriff in die körperli-

---

512 BGH, NStZ 1996, 34; BGH, NStZ-RR 2004, 16; Spickhoff/*Knauer/Brose*, Medizinrecht, StGB, § 223, Rn. 88 ff.

513 *R. Merkel*, ZStW 1995, 545, 563 f.; *Scheinfeld*, Organtransplantation und Strafrechtspaternalismus, S. 234 f.

514 Zur Ausgangslage MüKoStGB/*Schneider*, Vor. § 211, Rn. 114.

515 *Hufen*, NJW 2001, 849, 850 f.; NK-StGB/*U. Neumann*, Vor. § 211, Rn. 107; ausführlich zur rechtlichen Grundlage und Reichweite der Patientenautonomie *Magnus*, Patientenautonomie im Strafrecht, S. 14 ff.; 38 ff.; 109 ff.

che Unversehrtheit tangiert Art. 2 Abs. 2 S. 1 GG, der nur dann straflos sein kann, wenn der Patient durch die wirksame Ausübung seines Selbstbestimmungsrechts darin einwilligt. Somit ist die Einwilligung Grundlage für sämtliche ärztliche Maßnahmen. Sie stellt nicht nur den Grund, sondern auch die Grenze der zulässigen ärztlichen Handlung dar.[516] Das heißt, der Patient kann von vornherein eine Behandlung verweigern, sie in Teilen ablehnen oder jederzeit deren Einstellung verlangen und das unabhängig davon, ob diese Entscheidung nach objektiven Maßstäben vernünftig oder verantwortungsvoll erscheinen mag oder gar zum sicheren Tode des Patienten führt.[517] Die versagte Einwilligung in Form eines Vetos ist für den Arzt bindend, sodass nicht nur keine Handlungspflicht, sondern schon gar kein Handlungsrecht zur Einleitung oder Fortführung der Behandlung besteht.[518] Die Straflosigkeit der passiven Sterbehilfe begründet sich also im Kern über den Willen des Patienten. Die Einwilligungssperre des § 216 StGB hindert diesen Willen nicht, da eine Behandlungspflicht das an die Einwilligung gebundene Behandlungsrecht notwendig voraussetzt.[519]

Die Beachtung des Selbstbestimmungsrechts beginnt ferner nicht erst mit Einsetzen des Sterbeprozesses, sondern besteht, kongruent mit der allgemeinen Vornahme von Heileingriffen, bereits in der Vorfeldphase.[520] Gleichwohl können die Anforderungen an eine Einwilligung vor dem Sterbeprozess höher sein.[521] Das Selbstbestimmungsgrundrecht selbst ist aber nicht an zeitliche Anforderungen gebunden und darf nicht durch überspannte Anforderungen ausgehöhlt werden. Dogmatisch besteht keine Rechtfertigung das verfassungsrechtliche Selbstbestimmungsrecht in der Vorfeldphase gegen den Willen des Patienten einzuschränken. Eine solche Einschränkung wäre jedenfalls unverhältnismäßig. Gleichsam ist

---

516 So bereits BGHSt 11, 111; MüKoStGB/*Schneider*, Vor. § 211, Rn. 115, m.w.N.

517 Grundlegend zur Einwilligung auch bei Einleitung von Maßnahmen *R. Merkel*, ZStW 1995, 545, 559 ff.; s. auch *G. Merkel*, Behandlungsabbruch und Lebensschutz, S. 178 f., 554; NK-StGB/*U. Neumann*, Vor. § 211, Rn. 108b; aus verfassungsrechtlicher Sicht *Hufen*, NJW 2001, 849, 853; einschränkend *Magnus*, Patientenautonomie im Strafrecht, S. 285, die bei Unvernünftigkeit aus ärztlicher Sicht auffordert, dass der Arzt nachdrücklich auf eine Weiterbehandlung hinwirkt. Eine Weiterbehandlung gegen den Willen des Patienten erachtet sie aber auch bei objektiver Unvernünftigkeit als strafbar.

518 *Ingelfinger*, Grundlagen und Grenzbereiche des Tötungsverbots, S. 297 f.

519 Vgl. Kapitel 2, D. = S. 81 ff.; *Geilen*, Euthanasie und Selbstbestimmung, S. 8 ff.; NK-StGB/*U. Neumann*, Vor. § 211, Rn. 107.

520 MüKoStGB/*Schneider*, Vor. § 211, Rn. 116.

521 NK-StGB/*U. Neumann*, Vor. § 211, Rn. 109, 122.

eine Einschränkung der Patientenautonomie durch die kategoriale Unterscheidung zwischen „Normal- und Suizidpatienten“[522] dogmatisch nicht haltbar, da sich eine garantenspezifische Handlungspflicht gegen den Willen des entscheidungsfähigen Patienten nicht begründen lässt.[523] Grundlage für die Straflosigkeit des Behandlungsverzichts ist demnach die verfassungsrechtlich gewährte Patientenautonomie.

## 2. Dogmatische Umsetzung

Ausgehend von dem Grundsatz, dass die Patientenautonomie das Fundament der Straflosigkeit darstellt, ist fraglich, wie ein Behandlungsverzicht oder ein Behandlungsabbruch dogmatisch einzuordnen ist. Der Bundesgerichtshof geht im „Fuldaer-Fall“ davon aus, dass der Behandlungsabbruch durch die tatsächliche oder mutmaßliche Einwilligung gerechtfertigt sein kann.[524] Die Richter verkennen jedoch, dass – zurückgehend auf einen liberalen Staatsentwurf, dem eine gegenseitige Nichtbeeinflussung im Grundsatz immanent ist – der Eingriff in die Grundrechte des Patienten der Legitimation bedarf und nicht das Unterlassen.[525] Folglich ist nicht der Abbruch legitimationsbedürftig, sondern die Einleitung und Aufrecht-

---

522 So aber BGHSt 32, 367, 380 f.: Im „Fall-Wittig“ (1984) wollte eine 76-jährige schwerkranke und nach dem Tod ihres geliebten Peterle (daher wird der Fall teilweise auch „Peterle-Fall“ genannt) lebensmüde Frau sich durch eine Überdosis Schlaftabletten und Schmerzmitteln das Leben nehmen. Neben der häufigen mündlichen Äußerung gegenüber ihrem Hausarzt Wittig, aus dem Leben scheiden zu wollen, verfasste sie schriftlich: „Willenserklärung. Im Vollbesitz meiner Sinne bitte ich meinen Arzt keine Einweisung in ein Krankenhaus oder Pflegeheim, keine Intensivstation und keine Anwendung lebensverlängernder Medikamente. Ich möchte einen würdigen Tod sterben. Keine Anwendung von Apparaten. Keine Organentnahme." Der Arzt Wittig stieß in Kenntnis dieser Umstände hinzu und unterließ lebensrettende Maßnahmen. Der Bundesgerichtshof entschied, es sei für einen Arzt „grundsätzlich unzulässig“, sich dem Suizidwunsch eines Patienten zu beugen und sprach den Angeklagten nur innerhalb der eigens dafür geschaffenen Kategorie „ärztlicher Gewissensentscheidung“ von seiner Schuld frei, weil die Frau im Falle der Rettung schwer und irreversibel geschädigt geblieben wäre.

523 Vgl. *Roxin*, in: Roxin/Schroth, Handbuch des Medizinstrafrechts, S. 93 f.; MüKoStGB/*Schneider*, Vor. § 211, Rn. 117.

524 BGHSt 55, 191.

525 Vgl. Grundlegend *Timpe*, Strafmilderung des Allgemeinen Teils des StGB und das Doppelverwertungsverbot, S. 170: „Ein Zustand gegenseitiger Nichtbeeinflussung kann nicht durch Verbote allein garantiert werden, wenn Tun und

erhaltung von Maßnahmen.[526] Die Legitimation zur Fortführung einer Maßnahme muss dabei ständig aktualisiert werden.

Zudem führt die Lösung des Bundesgerichtshofs zu Widersprüchen[527]: Verweigert ein Patient lebensrettende Maßnahmen aufgrund fehlerhafter Aufklärung in der irrigen Annahme, diese seien für sein Überleben nicht erforderlich, so macht der Arzt sich wegen Körperverletzung nach § 223 Abs. 1 StGB strafbar, wenn er sich dem Veto widersetzt, da Irrtümer und objektive Unvernünftigkeit für die Wirksamkeit des Behandlungsvetos irrelevant sind. Berücksichtigt er hingegen das Veto, dann hat der Arzt nach der Lösung des Bundesgerichtshofs den Tatbestand einer Tötung durch Unterlassen erfüllt. Obwohl der Patient darin eingewilligt hat, kommt das Institut der rechtfertigenden Einwilligung aufgrund des Willensmangels aber nicht in Betracht. Somit bestünde weiterhin die Pflicht, den Patienten zu behandeln und lebenserhaltende Maßnahmen zu ergreifen. Zwar unterliegt der Arzt insofern einem Erlaubnistatumstandsirrtum, nach der herrschenden eingeschränkten Schuldtheorie entfiele aber nur die Vorsatzschuld, sodass die Tat immer noch Unrecht darstellen würde und eine Verurteilung wegen fahrlässiger Tötung gemäß § 222 StGB ebenfalls noch in Betracht käme.[528] Der Arzt kann nicht beide Gebote, sowohl den Abbruch als auch die Fortführung der Maßnahmen, erfüllen. Der Widerspruch ist aufzulösen, indem man die Beendigung von Maßnahmen aufgrund des Behandlungsvetos gestattet, also dem Fortfall der Einwilligung, welche nicht mehr aktualisiert wird.[529]

Unter der korrekten Prämisse, dass die fehlende Einwilligung beim einwilligungsfähigen Patienten die folgend ausbleibenden Behandlungsmaßnahmen des Arztes legitimiert, ist weiterhin fraglich, wie dies im Deliktsaufbau dogmatisch umzusetzen ist. Dies wird in der Literatur uneinheitlich beurteilt. Teilweise wird in Betracht gezogen, auf die rechtfertigende Einwilligung[530] oder den rechtfertigenden Notstand zurückzugrei-

---

Unterlassen (...) beliebig austauschbar sind"; im Anschluss *Ingelfinger*, Grundlagen und Grenzbereiche des Tötungsverbots, S. 291.

526 *R. Merkel*, ZstW 1995, 545, 559; *Kubiciel*, ZJS 2010, 656, 660; *Engländer*, JZ 2011, 513, 517.

527 Zu den folgenden Widersprüchen *Engländer*, JZ 2011, 513, 518.

528 Zum Erlaubnistatumstandsirrtum, der dort Erlaubnistatbestandsirrtum genannt wird MüKoStGB/*Joecks/Kulhanek*, § 16, Rn. 119 ff.

529 *Engländer*, JZ 2011, 513, 518.

530 *Magnus*, Patientenautonomie im Strafrecht, S. 284, die zwar die Garantenstellung entfallen lassen möchte, aber widersprüchlich den Tatbestand als erfüllt betrachtet und auf eine rechtfertigende Einwilligung zurückgreift.

fen.[531] Überwiegend wird vertreten, die Garantenpflicht entfalle,[532] die danach wohl ebenfalls auf der Ebene der Rechtswidrigkeit zu verorten ist.[533] Vorzugswürdig erscheint es aber, die Garantenstellung schon tatbestandlich entfallen zu lassen.[534] Beim Unterlassungsdelikt begründet erst die Garantenstellung eine Handlungspflicht des Täters. Das heißt, dass erst die Garantenstellung den Garanten zum Normadressaten macht.[535] Die Garantenstellung des Arztes wird durch die tatsächliche Übernahme einer Schutzfunktion begründet.[536] Vereinbaren Arzt und Patient von Anfang an lediglich Sterbebegleitung, wird der Arzt erst gar nicht zum Garanten.[537] Es muss dem Patienten ferner auch möglich sein, den Garanten wieder aus einer tatsächlich erlangten Stellung durch Kündigung oder Widerruf zu entlassen.[538] Dies geschieht durch das Behandlungsveto.[539] Selbst wenn man auf dem Standpunkt steht, dass der Behandlungsvertrag als Rechtsgrund weiterhin besteht und weiter die Garantenstellung begründet, so ist mit dem Behandlungsveto davon auszugehen, dass der Be-

---

531 NK-StGB/*U. Neumann*, Vor. § 211, Rn. 110; *R. Merkel*, ZStW 1995, 545, 570.

532 *Achenbach*, Jura 2002, 542, 545 f.; *v. Dellingshausen*, Sterbehilfe und Grenzen der Lebenserhaltungspflicht des Arztes, S. 358 f.; *Detering*, JuS 1983, 418, 419; *Hörr*, Passive Sterbehilfe und betreuungsgerichtliche Kontrolle, S. 94 f.; *Ingelfinger*, Grundlagen und Grenzbereiche des Tötungsverbots, S. 307 f.; *Lackner/Kühl* StGB, Vor. § 211 - § 222, Rn. 8; MüKoStGB/*Schneider*, Vor. § 211, Rn. 115; *Otto*, Gutachten D, 40; *Roxin*, NStZ 1987, 345, 349; S/S-*Eser/Sternberg-Lieben*, StGB, Vor. § 211 ff., Rn. 28.

533 Vgl. BGHSt 16, 155, 158; *Ingelfinger*, Grundlagen und Grenzbereiche des Tötungsverbots, S. 308, Fn. 326, m.w.N.

534 So auch *Achenbach*, Jura 2002, 542, 545 f.; *Ingelfinger*, Grundlagen und Grenzbereiche des Tötungsverbots, S. 308; *Kühl*, Jura 2009, 881, 885; S/S-*Eser/Sternberg-Lieben*, StGB, Vor. § 211 ff., Rn. 28a; *Dreier*, JZ 2007, 317, 323 mit Verweis auf *Schneider*, der dort noch die Garantenstellung, später die Garantenpflicht entfallen lassen möchte; differenzierend nach anfänglichem Verzicht (Garantenstellung) und nachträglichem Abbruch (Garantenpflicht) *Thias*, Möglichkeiten und Grenzen eines selbstbestimmten Sterbens durch Einschränkung und Abbruch medizinischer Behandlungen, S. 88, 93 f., 100.

535 BGHSt 16, 155.

536 BGH, NJW 2019, 3089, 3091; S/S-*Bosch*, StGB, § 13, Rn. 28a; *Stiller*, Sterbehilfe und assistierter Suizid, S. 122.

537 BGH, NJW 2019, 3092, 3094.

538 BGH, NJW 2019, 3089, 3091; *Popp*, ZStW 2006, 639, 644 f.; BeckOK StGB/*Heuchemer*, § 13, Rn. 49.

539 MüKoStGB/*Schneider*, Vor. § 211, Rn. 115; *Stiller*, Sterbehilfe und assistierter Suizid, S. 123 f. Im Kontext der Sterbehilfe besteht ein Veto etwa, wenn der Patient seinen (ernstahften) Sterbewunsch gegenüber seinem Arzt freiverantwortlich äußert, vgl. BGH, NJW 2019, 3089, 3091.

handlungsvertrag jedenfalls konkludent abgeändert wurde, er fortan nicht mehr den Lebensschutz, sondern allenfalls noch eine Basisbetreuung nach dem Willen des Patienten enthält, sodass die Garantenstellung insoweit entfällt.[540]

### 3. Der technische Behandlungsabbruch

Unter dem Begriff des technischen Behandlungsabbruchs werden Sachverhalte verstanden, bei denen Geräte abgestellt werden, die die Vitalfunktionen des Kranken technisch dauerhaft entweder unterstützen oder gar ersetzen. Erbittet ein entscheidungsfähiger Patient die Deaktivierung dieser technischen Maßnahmen, fragt sich, wie die Straflosigkeit, die auch in dieser Untergruppe der passiven Sterbehilfe einhelliger Meinung entspricht, begründet werden kann. Dabei kommt es nach überwiegender Ansicht darauf an, ob das Abschalten der Geräte als aktives Tun oder als Unterlassen gewertet werden kann. Der Bundesgerichtshof hingegen hat alle Lösungsvorschläge des Schrifttums im „Fuldaer-Fall“ zugunsten einer auf §§ 1901 ff. BGB fußenden Einwilligungslösung verworfen.

#### a. Lösungsansätze der Literatur

Wie auch die ältere Rechtsprechung vor dem „Fuldaer-Fall“ steht der überwiegende Teil der Literatur auf dem Standpunkt, dass es beim technischen Behandlungsabbruch auf die Frage ankommt, ob das Abschalten der lebenserhaltenden Geräte als aktives Tun oder als Unterlassen zu werten ist.[541]

540 *Ehmann*, Die strafrechtliche Bewertung der Sterbehilfe im deutsch-ungarischen Vergleich, S. 82 f. In diese Richtung geht auch das Urteil BGH, NJW 2019, 3089, 3091, wonach im konkreten Fall kraft Behandlungsvetos der Patientin der Arzt aus seiner Pflichtenstellung entlassen wurde und gemäß einer Vereinbarung es dem Arzt nur noch oblag als Sterbebegleiter etwaiges Leid und Schmerzen während des Sterbens zu lindern oder zu verhindern.

541 *C. Schneider*, Tun und Unterlassen beim Abbruch lebenserhaltender medizinischer Behandlungen, S. 164 ff.; 286 ff.; *Ehmann*, Die strafrechtliche Bewertung der Sterbehilfe im deutsch-ungarischen Vergleich, S. 83 ff.; MüKoStGB/*Schneider*, Vor. § 211, Rn. 118 ff.; NK-StGB/*U. Neumann*, Vor. § 211, Rn. 126 ff.; *Roxin*, in: Roxin/Schroth, Handbuch des Medizinstrafrechts, S. 94 ff.; S/S-*Bosch*, StGB, Vor. §§ 13 ff., Rn. 160; S/S-*Eser/Sternberg-Lieben*, StGB, Vor. §§ 211 ff., Rn. 32; *Stoffers*, MDR 1992, 621; a.A. etwa *T. Fischer* StGB, Vor. §§ 211-217,

Eine nicht unerhebliche Anzahl der Strafrechtswissenschaftler beurteilt den technischen Behandlungsabbruch als aktives Tun.[542] Phänotypisch wird durch das Betätigen der Abschaltvorrichtung Energie aufgewendet, die dem äußeren Erscheinungsbild nach für ein aktives Tun spricht. Die Handlung ist schließlich erfolgskausal für den (früheren) Todeseintritt. Die Bewertung als Unterlassen sei demnach nur eine ergebnisorientierte Umwertung, um dogmatischen Begründungsaufwand für die Straflosigkeit der passiven Sterbehilfe zu ersparen oder dieses Problem zu umgehen. Die „Flucht ins Unterlassen" sei daher als „dogmatisch unzulässiger Kunstgriff" und „Trick" abzulehnen.[543] Trotzdem gelangen jene Autoren, die für eine aktive Handlung plädieren, entweder auf Tatbestandsebene oder auf Rechtswidrigkeitsebene zur Straflosigkeit, wobei (folgerichtig) keine unmittelbare Unterscheidung zwischen Maßnahmen eines Arztes und dem Verhalten eines Dritten getroffen wird.[544]

Teilweise wird im Hinblick auf die Besonderheiten im Sterbehilfebereich vorgeschlagen, das Verbot aktiver Sterbehilfe tatbestandlich dort einzuschränken, wo der absolute Lebensschutz in Unmenschlichkeit umschlage.[545] Andere wollen die Haftung mangels objektiver Zurechenbarkeit begrenzen, da infolge des künstlich hinausgeschobenen Todes das Rechtsgut „Leben" bereits gar nicht gefährdet (Schutzzweck der Norm)[546] oder der Arzt nur Werkzeug des Patienten sei (entsprechend dem Gedanken des § 25 Abs. 1 Alt. 2 StGB)[547]. Stellt man hingegen auf einen nicht mehr aktualisierten und daher entfallenen Patientenwillen ab, dann kommt dies

---

Rn. 61, der diese Entscheidung und begriffliche Abgrenzung aufgrund der Neuregelung des PatientenverfügungsG in §§ 1901a ff. BGB und aufgrund des Urteils im „Fuldaer-Fall" (BGHSt 55, 191) als „überholt" erachtet.

542 *Brammsen*, NStZ 2000, 337, 341 f.; *T. Fischer* StGB, Vor. §§ 211-217, Rn. 60; LK-*Weigend*, § 13, Rn. 8 f.; *G. Merkel*, Behandlungsabbruch und Lebensschutz, S. 122; *Otto*, Jura 1999, 434, 438; *Rosenau*, FS für Rissing-van Saan, 547, 555 ff.; *Samson*, FS für Welzel, 579, 601 ff.; *Sax*, JZ 1975, 137, 149 f.; *Stoffers*, MDR 1992, 621, 626; *Verrel*, NStZ 2010, 671.

543 Vgl. u.a. *T. Fischer* StGB, Vor. §§ 211-217, Rn. 60; *Gropp*, GS für Schlüchter, 173, 184; i.Ü. argumentiert so auch BGHSt 55, 191.

544 Zum Folgenden u.a. *Ehmann*, Die strafrechtliche Bewertung der Sterbehilfe im deutsch-ungarischen Vergleich, S. 84 ff.; *Leitner*, Sterbehilfe im deutsch-spanischen Rechtsvergleich, S. 96 ff.; *Stoffers*, MDR 1992, 621, 626.

545 Zuerst bei *Samson*, FS für Welzel, 579, 601 ff.

546 Zuerst bei *Sax*, JZ 1975, 137, 149 f.

547 *G. Merkel*, Behandlungsabbruch und Lebensschutz, S. 554 f. (bei selbstbestimmungsfähigen und einwilligungsunfähigen Patienten; letztere soweit sie zuvor ausdrücklich und ernsthaft den Wunsch formuliert haben).

einer Rechtfertigungslösung nahe.[548] Vertreten wird, dass der Arzt bei einem Behandlungsveto nicht nur zum Unterlassen weiterer Maßnahmen, sondern auch zur Wiederherstellung der Handlungsfreiheit verpflichtet sei, die vor dem Anschluss der lebenserhaltenden Geräte bestand; daher sei es mit einer Rechtfertigung sui generis zu lösen.[549] Möglich erscheint auch eine analoge Anwendung der Regeln zum rechtfertigenden Notstand nach § 34 StGB, da die Lage der passiven Sterbehilfe mit der der indirekten Sterbehilfe vergleichbar sei.[550]

Hingegen bewerten die meisten Autoren das Abschalten der Geräte (jedenfalls durch den Arzt) wertungsmäßig als Unterlassen und folgen der ontologischen Sichtweise nicht.[551] Danach ist der technische Behandlungsabbruch die Fortsetzung des aufgrund des Behandlungsvetos nicht mehr zulässigen Eingriffs. Wertungsmäßig ist der technische Behandlungsabbruch damit genau so zu bewerten wie die klassische Situation des Behandlungsverzichts durch den einwilligungsfähigen Patienten. Nach der hier vertretenden Auffassung würde also ebenfalls die Garantenstellung entfallen.[552]

Die Begründungsansätze für eine normative Umwertung differenzieren. Manche stellen auf den „Schwerpunkt der Vorwerfbarkeit" oder den „sozialen Sinn des Verhaltens" ab, andere sehen eine Parallele zum Abbruch

---

548 *S/S-Bosch*, StGB, Vor. §§ 13 ff., Rn. 160.

549 *Engländer*, JZ 2011, 513, 518; so i.E. auch ohne explizite Benennung als Rechtfertigung sui generis *Otto*, Gutachten D, 47.

550 *Rosenau*, FS für Rissing-van Saan, 547, 560; im Ergebnis auch *Bosch*, JA 2010, 908, 911, der die unausgesprochene, kategorische Ablehnung der Güterabwägung im „Fuldaer-Fall" für nicht überzeugend hält; vgl. auch *G. Merkel*, Behandlungsabbruch und Lebensschutz, S. 555 f. im Rahmen einer mutmaßlichen Einwilligung bei empfindungsunfähigen Patienten, soweit kein konkreter Patientenwille existiert.

551 *Chatzikostas*, Die Disponibilität des Rechtsgutes Leben, S. 119 ff.; *v. Dellingshausen*, Sterbehilfe und Grenzen der Lebenserhaltungspflicht des Arztes, S. 426 ff.; *Dreier*, JZ 2007, 317, 323; *Geilen*, Euthanasie und Selbstbestimmung, S. 22; *Hörr*, Passive Sterbehilfe und betreuungsgerichtliche Kontrolle, S. 69 ff.; *Lackner/Kühl* StGB, Vor. § 211 - § 222, Rn. 8a; *Ingelfinger*, Grundlagen und Grenzbereiche des Tötungsverbots, S. 310; MüKoStGB/*Schneider*, Vor. § 211, Rn. 119; NK-StGB/*U. Neumann*, Vor. § 211, Rn. 126; *Popp*, ZStW 2006, 639, 643; *Roxin*, FS für Engisch, 380, 398 ff.; *Schroth*, GA 2006, 549, 551.

552 Vgl. erneut *Thias*, Möglichkeiten und Grenzen eines selbstbestimmten Sterbens durch Einschränkung und Abbruch medizinischer Behandlungen, S. 87 ff., der zwar beim anfänglichen Behandlungsverzicht ebenfalls keine Garantenstellung annimmt, aber beim nachträglichen Behandlungsabbruch hingegen eine Lösung auf Rechtswidrigkeitsebene (Entfall der Garantenpflicht) sucht.

von eigenen Rettungsbemühungen, welche das Opfer noch nicht erreicht haben und gleichsam als „Unterlassen durch Tun“[553] bewertet werden.[554] Unabhängig von der Begründung ist den Ansätzen aber gemein, dass sie nicht singulär im Sinne einer naturalistischen Betrachtung das Betätigen des Abschaltknopfes, sondern im Rahmen des Gesamtgeschehens unter Hinzunahme der Behandlungssituation eine Bewertung des Verhaltens vornehmen.[555] Dem liegt der Gedanke zugrunde, dass der Arzt eine Leistung für ein fremdes Rechtsgut erbringt. Soweit er diese zurückhält, verletzt er keine Freiheitssphäre, sondern kommt höchstens seiner Handlungspflicht nicht nach. Normativ ist das als Unterlassen zu bewerten, selbst wenn es sich phänotypisch um ein aktives Verhalten handelt.[556]

### b. Lösung des Bundesgerichtshofs im „Fuldaer-Fall“

Der Bundesgerichtshof nahm 2010 den „Fuldaer-Fall“ zum Anlass, um zur bislang als passiv bezeichneten Sterbehilfe Stellung zu nehmen.[557] Darin lehnte der Bundesgerichtshof die Bewertung des phänotypisch akti-

---

553 Die Figur „Unterlassen durch Tun“ wurde durch *Roxin*, FS für Engisch, 380, 398 ff. benannt, geht aber zurück auf *v. Overbeck*, Der Gerichtssaal 1922, 319.

554 Vgl. dazu und zu weiteren Ansätzen *Stoffers*, MDR 1992, 621, 623, m.w.N.

555 MüKoStGB/*Schneider*, Vor. § 211, Rn. 119.

556 *Ingelfinger*, Grundlagen und Grenzbereiche des Tötungsverbots, S. 310; *R. Merkel*, FS für Herzberg, 193, 222 f.

557 BGHSt 55, 191. Zum Sachverhalt: Aufgrund früherer Äußerungen der nunmehr im irreversiblen Wachkoma liegenden Patientin, waren der behandelnde Hausarzt und die zur Betreuerin bestellte Tochter der Patientin übereingekommen, die mittels PEG-Sonde erfolgende Ernährung einzustellen. Nachdem die Nahrungszufuhr eingestellt wurde, intervenierte wider Erwarten das Pflegeheim, welches erneut die Ernährung mittels Sonde aufnahm und der Betreuerin androhte, sie mit einem Hausverbot zu belegen, soweit sie sich der intern angeordneten Wiederaufnahme der künstlichen Ernährung widersetze. Auf Anraten eines auf Medizinrecht spezialisierten Rechtsanwalts, durchtrennte die Tochter über der Bauchdecke die Sonde, um so die künstliche Ernährung endgültig zu beenden. Das Pflegepersonal bemerkte dies und schaltete die Polizei ein. Die Patientin wurde in ein Krankenhaus verlegt, wo die künstliche Ernährung fortgesetzt wurde und die Patientin wenige Tage später eines natürlichen Todes aufgrund ihrer Krankheit verstarb. Die Tochter wurde wegen eines unvermeidbaren Verbotsirrtums nach § 17 S. 1 StGB freigesprochen. Der angeklagte Rechtsanwalt wurde erstinstanzlich wegen versuchten mittäterschaftlichen Totschlags in einem minder schweren Fall zu einer bedingten Freiheitsstrafe von neun Monaten verurteilt. Der Bundesgerichtshof hob dieses Urteil im zugrundeliegenden Fall auf.

ven Tuns als ein Unterlassen ab und fasste beide Handlungsformen unter den Begriff „Behandlungsabbruch“ zusammen, da die häufig vom Zufall abhängende Zuordnung für die Strafbarkeit ohne Belang sei. Ein Behandlungsabbruch sei dann kraft rechtfertigender Einwilligung straflos, wenn dieser dem (mutmaßlichen) Patientenwillen entspreche und er dazu diene, dem Krankheitsprozess seinen Lauf zu lassen. Ferner habe eine Abgrenzung zwischen gerechtfertigter Sterbehilfe und strafbarer Tötung nicht anhand des Verhaltens zu erfolgen, sondern inhaltlich. Von Sterbehilfe sei nur dann zu sprechen, wenn der Patient lebensbedrohlich erkrankt sei, der Eingriff objektiv unmittelbar behandlungsbezogen erfolge und subjektiv der Verwirklichung des Patientenwillens diene. Dies seien auch die Kriterien für eine straflose indirekte Sterbehilfe. Im Ergebnis bleibt also eine Lebensverkürzung losgelöst vom Krankheitsverlauf ohne inneren Zusammenhang zur medizinischen Behandlung strafbar und eine Rechtfertigung durch Einwilligung sei nur dann möglich, wenn die Maßnahme sich darauf beschränke, den status quo ante wiederherzustellen und der Krankheit seinen natürlichen Lauf zu lassen. Dies gelte grundsätzlich auch für Dritte. Zudem geht der Bundesgerichtshof kurz darauf ein, dass die Feststellung des Patientenwillens den Anforderungen der Verfahrensregeln der §§ 1901a ff. BGB unterliegt, was er im „Kölner-Fall“[558] konkretisiert.[559]

### c. Stellungnahme

#### i. Zum „Fuldaer-Fall“

Positiv zu konstatieren ist, dass der Senat – mit dem im Dritten Betreuungsänderungsgesetz zum Ausdruck gebrachten gesetzgeberischen Willen – die Patientenautonomie weiter stärkt und klarstellt, dass dem Willen des Patienten, eine Behandlung zu beenden, die gleiche Verbindlichkeit zuzumessen sei wie seinem Willen, eine Behandlung gar nicht erst einzuleiten.[560]

---

558 BGH, NStZ 2011, 274 („Kölner-Fall“).

559 Die Kernthesen des Urteils zusammenfassend MüKoStGB/*Schneider*, Vor. § 211, Rn. 162 ff.

560 So auch NK-StGB/*U. Neumann*, Vor. § 211, Rn. 130; in diese Richtung auch *T. Fischer*, FS für Roxin, 557, 572: Das Urteil bestätige den Willen des Gesetzgebers, Fälle im Grenzbereich der Sterbehilfe auf Grundlage individueller autonomer Selbstbestimmung zu lösen.

Augenscheinlich sollte mit dem Merkmal des Behandlungszusammenhangs[561] ein Abgrenzungskriterium zwischen der erlaubten Sterbehilfe und der verbotenen Tötung nach § 212 StGB, bzw. § 216 StGB geschaffen werden. Entscheidend ist – wie der Bundesgerichtshof selbst erkennt – die Patientenautonomie. Dieses Selbstbestimmungsrecht ist das Recht des Patienten jeden Eingriff zu verweigern. Ein Behandlungsveto ist daher stets verbindlich und nicht nur, wenn einer Krankheit seinen Lauf gelassen wird. Auf das Abgrenzungskriterium kann demnach verzichtet werden, als dass es wertungsmäßig nicht korrekt ist und eine Abgrenzung schon durch die Definition des Behandlungsabbruchs als „Sterbehilfe durch Unterlassen, Begrenzen oder Beenden einer begonnenen medizinischen Behandlung" geschaffen wurde.[562] Weiterhin wird versucht eine Abgrenzung zwischen strafbaren und straflosen Formen der Sterbehilfe durch Klassifikation des bereits erwähnten „Behandlungsabbruchs" zu erreichen, um so nun endlich Klarheit über die Reichweite der Straflosigkeit zu schaffen. Die bisherige Unterscheidung zwischen aktiver und passiver Sterbehilfe wird damit verworfen. Problematisch ist jedoch zum einen, dass ein Abbruch immer erst dann erfolgen kann, wenn etwas schon begonnen hat.[563] Verweigert der Patient von Anfang an die Behandlung, so bricht er nicht ab, sondern verzichtet. Von einem „Abbruch" der Behandlung kann auch nicht gesprochen werden, wenn im Falle der indirekten Sterbehilfe eine Behandlung zur Schmerzlinderung mit der Nebenfolge der Lebensverkürzung vorgenommen wird.[564]

Gleichwohl ist die Verbindlichkeit des Willens für die Straflosigkeit – wie der Bundesgerichtshof selbst darlegt – unabhängig davon, ob abgebrochen oder gar nicht erst begonnen wird. Die Terminologie ist insoweit missglückt. Vorgeschlagen wird der Oberbegriff „Behandlungsverzicht".[565]

---

561 BGHSt 55, 191, LS 1: Die Maßnahme müsse dazu dienen „einem ohne Behandlung zum Tode führenden Krankheitsprozess seinen Lauf zu lassen".

562 NK-StGB/*U. Neumann*, Vor. § 211, Rn. 130; i.E. ohne Begründung S/S-*Eser/Sternberg-Lieben*, StGB, Vor. §§ 211 ff., Rn. 28b; a.A. MüKoStGB/*Schneider*, Vor. § 211, Rn. 169, der dem Senat attestiert, ein „trennscharfes Kriterium" gefunden zu haben.

563 Zu diesem Argument S/S-*Eser/Sternberg-Lieben*, StGB, Vor. §§ 211 ff., Rn. 28b; MüKoStGB/*Schneider*, Vor. § 211, Rn. 170.

564 Vgl. *Verrel*, NStZ 2010, 671, 673, der diese Voraussetzung (nur) als „Eigentlich überflüssig" bezeichnet und zurecht drauf hinweist, dass der Bundesgerichtshof damit keine Beschränkung auf den Sterbeprozess vornehmen wollte, sondern nur eine Krankheit verlangt, die ohne Behandlung zum Tode führt.

565 MüKoStGB/*Schneider*, Vor. § 211, Rn. 170; i.E. ohne Begründung auch NK-StGB/*U. Neumann*, Vor. § 211, Rn. 130.

Dem ist zuzustimmen, da der Verzichtsbegriff beide Situationen erfasst: Ein Verzicht ist die Nichtinanspruchnahme von etwas. Der Patient kann sowohl vor der Einleitung entscheiden, ob er eine lebensverlängernde Maßnahme nicht in Anspruch nimmt als auch nach Beginn erklären, dass er weitere und bereits begonnene Maßnahmen nicht mehr in Anspruch nehmen möchte. Insoweit verzichtet er in beiden Situationen. Der Abbruch stellt eine besondere Form des Verzichts dar.

Der Bundesgerichtshof entscheidet sich zudem für die rein ontologische Betrachtung des Geschehens und ordnet den technischen Behandlungsabbruch als aktives Tun ein. Die höchstrichterliche Rechtsprechung wendet sich von ihrer bisherigen normativ wertenden „Schwerpunktformel" ab.[566] Gleichwohl scheint die ontologische Abgrenzung fortan nicht konsequent vorgenommen zu werden.[567] Es gibt aber weder eine Begründung dafür, dass der Bundesgerichtshof die normativ wertende Betrachtung hin zu einer ontologischen im Grundsatz aufgeben möchte, noch ist eine ausnahmsweise andere Betrachtung für den Sterbehilfebereich ersichtlich.[568] Obgleich die Richter klarstellen, dass es im Ergebnis nicht auf eine Zuordnung der Handlungsformen ankommt, ist die Zuordnung nicht grundsätzlich, sondern höchstens im konkreten Fall entbehrlich für das Ergebnis. Beendet der Arzt die Behandlung aufgrund einer fehlerhaften Einschätzung des Patientenwillens, so kommt eine Strafbarkeit wegen fahrlässiger Tötung in Betracht. Die fakultative Strafmilderung nach §§ 13 Abs. 2, 49 Abs. 1 StGB kann aber nur dem Unterlassenden zu Teil werden. Insoweit ist die Zuordnung der Handlungsform jedenfalls nicht unerheblich und die Diskussion kann nicht unter Missachtung der Verhaltensmodalitäten grundsätzlich im Rahmen der Rechtfertigung geführt werden. Der Bundesgerichtshof wollte in seinem Urteil keine rechtliche Neuordnung vornehmen,[569] sondern lediglich klarstellen, dass die Rechtmäßigkeit der Sterbehilfe nicht von der Handlungsform abhängt. Dies war vorher aber auch im Ergebnis schon unstreitig; lediglich die dogmatische Begründung war wie dargelegt umstritten.[570]

Abschließend sei kurz angemerkt, dass eine rechtfertigende Einwilligung de lege lata nicht möglich ist, da die Einwilligungssperre des § 216

566 So bereits BGHSt 6, 46; zur passiven Sterbehilfe BGHSt 40, 257.

567 Vgl. BGH, NStZ 2015, 517; BGH, Beschl. v. 26.11.2015 – 2 StR 144/15.

568 Darauf auch hinweisend MüKoStGB/*Schneider*, Vor. § 211, Rn. 171.

569 Zur Abgrenzung der Handlungsformen als „Scheinproblem" *Walter*, ZIS 2011, 76.

570 MüKoStGB/*Schneider*, Vor. § 211, Rn. 171.

StGB entgegensteht.[571] Eine teleologische Reduktion des § 216 StGB[572] kommt schon deswegen nicht in Betracht, weil der Gesetzgeber[573] mit Einführung der §§ 1901a, 1901b, 1904 BGB die Grenzen des § 216 StGB nicht verschieben wollte.[574] Darüber hinaus besteht schon nicht die Notwendigkeit einer Einwilligungslösung unter Zuhilfenahme zivilrechtlicher Betreuungsvorschriften, soweit eine Straffreiheit durch rein strafrechtliche Kriterien, nämlich über den rechtfertigenden Notstand, wie gezeigt werden wird, in Betracht kommt.[575] Da der Bundesgerichtshof ferner offenlässt, wie strafrechtlich mit nicht betreuten Personen (bei denen die mit §§ 1901a, 1901b, 104 BGB verknüpfte Einwilligungslösung nicht mehr möglich ist[576]) zu verfahren ist und eine Rechtfertigung sowohl über § 32 StGB als auch über § 34 StGB ablehnt, steht er vor einem „Scherbenhaufen", da er konsequenterweise in diesen Fällen stets die Strafbarkeit bejahen müsste.[577]

Im Ergebnis führt der „Fuldaer-Fall" nicht zu einer Neubewertung der (passiven) Sterbehilfe. Insoweit ist weiterhin auf die Vorschläge der Literatur einzugehen.

### ii. Zur Literatur

Zunächst ist also erneut auf die (doch) entscheidende Handlungsform beim technischen Behandlungsabbruch zurückzukommen. Die normativ wertende Betrachtung der Literatur ist vorzugswürdig, da ihre Ergebnisse die strafrechtliche Beurteilung von Zufälligkeiten des Behandlungsablaufs befreit.[578] Es darf nicht davon abhängen, ob bereits eine Behandlung

---

571 Prägnant *Walter*, ZIS 2011, 76, 78, 80 ff.: „Aus § 216 StGB folgt, seit es diese Norm gibt und solange es sie geben wird, dass eine tatbestandsmäßige Tötung durch keine noch so intensive Einwilligung gerechtfertigt werden kann"; vgl. auch *Rosenau*, FS für Rissing-van Saan, 547, 558 f.; zuvor bereits *R. Merkel*, FS für Schroeder, 297, 306.

572 Befürwortend *Walter*, ZIS 2011, 76, 81 f.

573 BT-Drs. 16/8842, 7 f.

574 *Hörr*, Passive Sterbehilfe und betreuungsgerichtliche Kontrolle, S. 117; ebenfalls kritisch *Engländer*, JZ 2011, 513, 518 f.; *Rissing-van Saan*, ZIS 2011, 544, 548 f.

575 *Rosenau*, FS für Rissing-van Saan, 547, 558 f.

576 *Hörr*, Passive Sterbehilfe und betreuungsgerichtliche Kontrolle, S. 115.

577 MüKoStGB/*Schneider*, Vor. § 211, Rn. 173.

578 *Chatzikostas*, Die Disponibilität des Rechtsgutes Leben, S. 119 ff.; *v. Dellingshausen*, Sterbehilfe und Grenzen der Lebenserhaltungspflicht des Arztes, S. 426 ff.; *Dreier*, JZ 2007, 317, 323; *Geilen*, Euthanasie und Selbstbe-

begonnen hat und der behandelnde Arzt diese abbricht (Behandlungsabbruch) oder ob auf eine Behandlung von vornherein verzichtet wird (Behandlungsverzicht). Dies gilt unabhängig von den Ausgestaltungen innerhalb einer Behandlung.[579] Dieses Ergebnis ist nach allgemeinen Kriterien begründbar: Der Abbruch von eigenen Rettungsmaßnahmen stellt nur dann aktives Tun dar, wenn die Rettungshandlung den Herrschaftsbereich des Täters verlassen hat und dieser sodann die so geschaffene Rettungsmöglichkeit vereitelt (Beispiel: Dem Ertrinkenden wird ein Rettungsring zugeworfen, mit dessen Hilfe er sich an das Ufer retten könnte; nachdem dieser Rettungsring nun auf den Ertrinkenden zutreibt, holt der Werfende den Ring an einer Leine wieder zurück).[580] Entscheidende Voraussetzung für die Bewertung des Abbruchs von Rettungshandlungen als aktives Tun ist, dass die Maßnahmen den zu Rettenden derart erreicht haben, dass ihm weitergeholfen werden oder dieser sich selbst helfen kann.[581] Hat die Rettungshandlung den Herrschaftsbereich des Retters (noch) nicht verlassen, so handelt es sich beim Zurückhalten der Maßnahmen um bloßes Unterlassen.[582] Dieses Unrecht steht dem Unrecht gleich, welches verwirklicht wird, wenn erst gar keine einleitenden Maßnahmen getroffen werden.[583] Maßnahmen wie die Verwendung eines Respirators setzten voraus, dass das Grundleiden verbessert oder geheilt werden kann; sie werden folglich eingeleitet, um eine Rettung im Sinne einer Besserung der Krankheit erst zu ermöglichen.[584] Der „Rettungsringfall“[585] ist daher nicht mit dem Abschalten lebenserhaltener Geräte vergleichbar. Während im Rettungsring-

---

stimmung, S. 22; *Hörr*, Passive Sterbehilfe und betreuungsgerichtliche Kontrolle, S. 69 ff.; *Lackner/Kühl* StGB, Vor. § 211 - § 222, Rn. 8a; *Ingelfinger*, Grundlagen und Grenzbereiche des Tötungsverbots, S. 310; MüKoStGB/*Schneider*, Vor. § 211, Rn. 119; NK-StGB/*U. Neumann*, Vor. § 211, Rn. 126; *Popp*, ZStW 2006, 639, 643; *Roxin*, FS für Engisch, 380, 398 ff.; *Schroth*, GA 2006, 549, 551.

579 Zum Folgenden grundlegend *Philipps*, Der Handlungsspielraum, S. 140 ff., der am Beispiel eines Staudammwärters abstrakt logisch aufbauend auf die Vertauschbarkeit von Tun und Unterlassen im strafrechtlichen System eingeht; konkret bezogen auf die Sterbehilfe *R. Merkel*, Früheuthanasie, S. 243 ff.; MüKoStGB/*Schneider*, Vor. § 211, Rn. 119.

580 LK-*Weigend*, § 13, Rn. 8; *v. Dellingshausen*, Sterbehilfe und Grenzen der Lebenserhaltungspflicht des Arztes, S. 463 f.; *Ransiek*, JuS 2010, 490, 494.

581 *V. Dellingshausen*, Sterbehilfe und Grenzen der Lebenserhaltungspflicht des Arztes, S. 461 ff., 466; *Roxin*, FS für Engisch, 380, 386 f.

582 LK-*Weigend*, § 13, Rn. 8.

583 Vgl. *Ransiek*, JuS 2010, 490, 494.

584 *V. Dellingshausen*, Sterbehilfe und Grenzen der Lebenserhaltungspflicht des Arztes, S. 463 f.

585 S. das Beispiel zuvor, LK-*Weigend*, § 13, Rn. 8.

fall der Rettungsring auf den Ertrinkenden zutreibt, der sich mit diesem Ring an das Ufer retten könnte, sind lebenserhaltende Maßnahmen, wie die Verwendung eines Respirators, nur die Voraussetzung für weitere Maßnahmen. Vergleichbar wird der Rettungsringfall mit dem Abschalten lebenserhaltender Geräte erst, wenn man ihn modifiziert[586]: Die Fälle sind etwa vergleichbar, wenn man den Kopf des Ertrinkenden über Wasser hält, ihn aber nicht aus dem Wasser holen kann und er schließlich an Unterkühlung stirbt.[587] Das Halten des Kopfes ist nicht rettend, sondern bietet höchstens die Möglichkeit für eine Rettung aus der Situation. Um nichts anderes handelt es sich bei lebenserhaltenden Geräten. Werden keine weiteren Maßnahmen getroffen, um das Grundleiden zu behandeln, so stirbt der Kranke an jenem Leiden. Lebensverlängernde Maßnahmen sind folglich für sich genommen nicht rettend, sie können höchstens die Grundlage weiterer Maßnahmen oder einer Prüfung sein, ob und welche weiteren Möglichkeiten es gibt.

Das Abschalten lebenserhaltender Geräte stellt daher grundsätzlich einen das Opfer nicht erreichenden Rettungsversuch dar, dessen Rücktritt als Unterlassen zu bewerten ist, weil damit weder rettende Kausalverläufe aus der Hand gegeben werden, noch Rettungshandlungen den Patienten derart erreicht haben, dass dieser sich selbst helfen kann.[588] Steht man auf dem Standpunkt, dass eine Rettungsmöglichkeit und jede noch so kurze Lebensverlängerung strafrechtlich identisch bewertet werden müssten oder gibt es Rettungsmöglichkeiten, für die die lebenserhaltenden Maßnahmen die Grundlage bilden, so handelt es sich dennoch beim Abbruch dieser um Unterlassen:[589] Programmiert man die lebenserhaltenden Geräte so, dass sie nach einer bestimmten Zeit die Arbeit einstellen und nur durch das regelmäßige – zum Beispiel wöchentliche – Betätigen eines Knopfes weiterarbeiten, dann würde wohl niemand infrage stellen, dass das unterbliebene Betätigen des Knopfes zur Fortsetzung ein Unterlassen darstellt, selbst nach rein ontologischer Betrachtung. Noch deutlicher wird dies, wenn man die Parallele zu manuellen Rettungsmaßnahmen zieht. Setzt ein Arzt zur manuellen Reanimation an und hört nach einiger Zeit damit auf, dann wird nicht das Aufhören betrachtet, sondern die unter-

---

586 Dies verkennen etwa LK-*Weigend*, § 13, Rn. 9; *Brammsen*, NStZ 2000, 337, 341 f. (hinsichtlich des ähnlich gelagerten Falls einer Ernährung per Sonde).

587 *V. Dellingshausen*, Sterbehilfe und Grenzen der Lebenserhaltungspflicht des Arztes, S. 466 f.

588 *V. Dellingshausen*, Sterbehilfe und Grenzen der Lebenserhaltungspflicht des Arztes, S. 461 ff., 466.

589 Zum folgenden Argument MüKoStGB/*Schneider*, Vor. § 211, Rn. 119.

lassene Fortsetzung. Das lebensverlängernde Gerät, welches fortwährend ohne Aktualisierung seines Auftrags weiterarbeitet, ist nichts anderes als der „verlängerte Arm des Arztes“[590]. Mithin kann die Art und Weise des Behandlungsabbruchs nicht entscheidend sein. Einzig entscheidend ist, ob der Arzt verpflichtet ist, die lebenserhaltenden Maßnahmen fortzusetzen. Optiert der einwilligungsfähige Patient gegen eine (weitere) Behandlung, besteht diese Pflicht für den Arzt nicht. Der Arzt ist darüber hinaus verpflichtet, sämtliche eingerichteten Maßnahmen einzustellen, da er sich ansonsten in Widerspruch zum Patientenwillen setzt und sich wegen vorsätzlicher Körperverletzung gemäß § 223 Abs. 1 StGB strafbar macht.[591] Mithin macht sich der insoweit unterlassende Arzt mangels Garantenstellung nicht strafbar.

Eine andere Lösung könnte sich jedoch ergeben, wenn nicht der Arzt, sondern ein Dritter die Behandlung abbricht. Das Verhalten eines Dritten unterscheidet sich phänotypisch nicht vom Verhalten des abbrechenden Arztes, sodass es naheliegt, dieses Verhalten gleich dem des behandelnden Arztes zu beurteilen. Dafür könnte sprechen, dass auch das Verhalten des Dritten dazu dient, das Selbstbestimmungsrecht des Patienten zu realisieren.[592] Entscheidend ist aber, dass der Dritte nicht einen eigens in Gang gesetzten Kausalverlauf unterbricht, sondern einen fremden. Der Abbruch eines fremden (rettenden) Kausalverlaufs ist – unabhängig davon, ob dieser die Sphäre des Opfers erreicht hat – nicht als Unterlassen, sondern als aktives Tun einzuordnen.[593] Dies gilt auch, wenn der Kausalverlauf nicht rettend ist, aber die Grundlage für eine Rettung bildet. Der Wille der Patienten ist ferner kein Kriterium für die Zuordnung zu einer Handlungsform.[594] Mithin ist nur der technische Behandlungsabbruch durch den behandelnden Arzt wie die „klassische“ passive Sterbehilfe mangels Garantenstellung tatbestandslos, nicht hingegen der Eingriff des Dritten.[595]

---

590 Zuerst bei *Geilen*, FamRZ 1968, 121, 126, Fn. 35; zustimmend MüKoStGB/*Schneider*, Vor. § 211, Rn. 119; kritisch zum Vergleich mit Blick auf die zuverlässige Dauerhaftigkeit einer Beatmung durch den Respirator, die bei Beatmung per Hand gerade nicht bestehe und so risikobehafteter sei: *Gropp*, GS für Schlüchter, 173, 182.

591 MüKoStGB/*Schneider*, Vor. § 211, Rn. 119.

592 *Roxin*, NStZ 1987, 345, 350; *Roxin*, in: Roxin/Schroth, Handbuch des Medizinstrafrechts, S. 95 f. unter Verweis auf LG Ravensburg, NStZ 1987, 229.

593 Statt aller *Wessels/Beulke/Satzger*, Strafrecht AT, § 19, Rn. 1162.

594 *C. Schneider*, Tun und Unterlassen beim Abbruch lebenserhaltender medizinischer Behandlungen, S. 191 f.

595 *Chatzikostas*, Die Disponibilität des Rechtsgutes Leben, S. 333; *C. Schneider*, Tun und Unterlassen beim Abbruch lebenserhaltender medizinischer Behandlun-

Daraus folgen zwei weitere Fragen: Wer ist Dritter und können Dritte aus anderen Gründen straflos sein?[596] Klar ist jedenfalls, dass das Behandlungspersonal, das den Prozess begonnen hat, nicht Dritter sein kann. Jedoch gibt es auch Personen, die denjenigen, der den Prozess anstößt, unterstützen oder seine Verantwortung als Nachfolger übernehmen. Entscheidend muss es für die Bestimmung der Fremdheit auf die Behandlungsbedingungen ankommen. Aufgrund des „planvollen Näheverhältnisses“ sind daher alle mit der Behandlung des Patienten betreuten Mitarbeiter des Krankenhauses jedenfalls dann nicht behandlungsfremd, wenn sie auf ärztlichen Entschluss hin handeln. Dabei kann es nicht davon abhängig zu machen sein, ob diese Person auch bei der Einleitung der Maßnahmen anwesend oder tätig war. Ferner kann ein Schichtwechsel oder allgemein eine (temporäre) Übertragung der ärztlichen Verantwortlichkeit nichts an dieser Zuordnung ändern. Im Ergebnis ist also jeder Dritter, der nicht mit der direkten Behandlung des Patienten betreut ist.[597]

Einigkeit besteht darüber, dass der technische Behandlungsabbruch durch Dritte straflos sein muss, da letztlich das Selbstbestimmungsrecht des Patienten durchgesetzt wird. Umstritten ist hingegen die dogmatische Begründung. Zunächst könnte man eine Rechtfertigung nach § 32 StGB in Betracht ziehen. Dies setzt im Rahmen der Nothilfelage einen gegenwärtigen und rechtswidrigen Angriff voraus. Wenn jedoch gerade niemand vom Krankenhauspersonal das Abschalten unterlässt, gibt es gar keine drohende Verletzung geschützter Rechtsgüter durch menschliches Verhalten, also keinen Angriff. Soweit ein solch pflichtwidriges Verhalten bestünde, rechtfertigt die Nothilfe nur eine Verteidigungshandlung, die gegen die Rechtsgüter des Angreifers gerichtet ist. Damit kann nur die Verletzung der Rechtsgüter desjenigen gerechtfertigt sein, der die lebenserhaltenden Maßnahmen eingeleitet hat bzw. aufrechterhält. Gleichsam wird indes durch das Beenden lebenserhaltender Maßnahmen das Rechtsgut „Leben“ des Patienten beeinträchtigt, was nicht durch die Verteidigungshandlung gerechtfertigt sein kann.[598] Dagegen wird zwar eingewendet, das Beenden der lebenserhaltenden Maßnahmen verletzte von vornherein gar nicht das

---

gen, S. 192 f.; *Ingelfinger*, Grundlagen und Grenzbereiche des Tötungsverbots, S. 310; MüKoStGB/*Schneider*, Vor. § 211, Rn. 120, m.w.N.

596 Zum Folgenden MüKoStGB/*Schneider*, Vor. § 211, Rn. 120 f.

597 So auch *Chatzikostas*, Die Disponibilität des Rechtsgutes Leben, S. 126; *C. Schneider*, Tun und Unterlassen beim Abbruch lebenserhaltender medizinischer Behandlungen, S. 179 f., Fn. 545; MüKoStGB/*Schneider*, Vor. § 211, Rn. 121.

598 So auch BGHSt 55, 191, 202 f.; *Hörr*, Passive Sterbehilfe und betreuungsgerichtliche Kontrolle, S. 118; *Magnus*, Patientenautonomie im Strafrecht, S. 290 f.

Rechtsgut Leben, da nur ein Zustand wiederhergestellt werde, der vor dem rechtswidrigen Angriff bestand; so würde für das Rechtsgut sogar ein Mehrwert geschaffen werden.[599] Läge aber gar kein Eingriff in die Rechtsgüter des Patienten vor, wäre der objektive Tatbestand gar nicht erfüllt und die Frage einer Rechtfertigung würde sich konsequenterweise nicht stellen.[600]

Überwiegend wird zurecht eine Rechtfertigungslösung nach § 34 StGB gesucht.[601] Im Hinblick auf die Erforderlichkeit ist anzumerken, dass das Abschalten der Geräte nur dann das mildeste Mittel gleicher Eignung darstellt, wenn der Patient selbst nicht zum Abschalten der Geräte fähig ist.[602] Wie dargelegt vermag der Einwand der Höchstwertigkeit die Interessensabwägung nicht zu hindern, da der Lebensschutz an verschiedenen Stellen durch die Rechtsordnung ebenfalls relativiert wird. Zudem geht es im Rahmen des rechtfertigenden Notstandes nicht um die Abwägung von Rechtsgütern, sondern um Abwägung von Interessen. Bei der in casu zu treffenden Abwägung handelt es sich um die Interessenskollision desselben Rechtsgutsträgers. Im Ergebnis ist es daher möglich, dem Interesse auf Befreiung von den nicht (mehr) gewollten medizinischen Maßnahmen auf der Erhaltungsseite stärkeres Gewicht beizumessen. Die Wiederherstellung des status quo ante ist mithin als Abwehrmaßnahme zu verstehen, die als Ausfluss des Selbstbestimmungsrechts den überwiegenden Kern der Rechtfertigung darstellt.[603] Anders als bei der indirekten Sterbehilfe geht es dabei weniger um das Interesse, gerichtet auf Schmerzlinderung oder Schmerzfreiheit, als vielmehr um das von der Sterbephase und Lebensdau-

---

599 *Beckmann*, ZfL 2009, 108, 108 f.; *Mandla*, NStZ 2010, 36, 38; MüKoStGB/*Schneider*, Vor. § 211, Rn. 174.

600 Wofür auch einige Autoren plädieren: *Haas*, JZ 2016, 714, 718 ff.; *Rissing-van Saan*, ZIS 2011, 544, 548 ff.; tendenziell auch *Engländer*, JZ 2011, 513, 518; NK-StGB/*U. Neumann*, Vor. § 211, Rn. 132; kritisch *Ehmann*, Die strafrechtliche Bewertung der Sterbehilfe im deutsch-ungarischen Vergleich, S. 90, m.w.N. im Überblick.

601 Vgl. *Chatzikostas*, Die Disponibilität des Rechtsgutes Leben, S. 333; *C. Schneider*, Tun und Unterlassen beim Abbruch lebenserhaltender medizinischer Behandlungen, S. 225 ff., 270 f.; *Herzberg*, JZ 1988, 182, 186, Fn. 22 a.E.; *Ingelfinger*, Grundlagen und Grenzbereiche des Tötungsverbots, S. 311 f.; *G. Merkel*, Behandlungsabbruch und Lebensschutz, S. 294 f., 554 f.; MüKoStGB/*Schneider*, Vor. § 211, Rn. 122; *Rosenau*, FS für Rissing-van Saan, 547, 559 ff.

602 *Chatzikostas*, Die Disponibilität des Rechtsgutes Leben, S. 333.

603 MüKoStGB/*Schneider*, Vor. § 211, Rn. 122 f., m.w.N.; a.A. LK-*Jähnke*, 11. Auflage, Vor. § 211, Rn. 16.

er unabhängige, würdevolle und natürliche Sterben ohne den Einfluss Dritter.

d. Zwischenergebnis

Beim technischen Behandlungsabbruch bleibt auch weiterhin die Bestimmung der Handlungsform für die dogmatische Begründung der Straflosigkeit entscheidend. Der „Fuldaer-Fall" konnte weder eine Neubewertung einleiten noch hat sich die dort gewählte Oberkategorisierung des Behandlungsabbruchs durchgesetzt; der Begriff ist nur plausibel, soweit eine Behandlung überhaupt begonnen hat. Der Verzicht auf lebensverlängernde Maßnahmen stellt unabhängig davon, ob bereits solche Maßnahmen eingeleitet wurden, einen Behandlungsverzicht dar. Verzichtet der Patient auf bereits begonnen Maßnahmen und bricht das Behandlungspersonal die Behandlung daraufhin ab, dann ist dies als Unterlassen zu qualifizieren, sodass eine Strafbarkeit mangels (entfallener) Garantenstellung nicht mehr in Betracht kommt. Dritte können hingegen nach § 34 StGB gerechtfertigt sein.

# Kapitel 3: Sterbehilfe de lege ferenda

Das Recht hat sich legislativ dem medizinischen Fortschritt sowie dem sozialen und gesellschaftlichen Wandel nicht angepasst. Die Urfassung des Reichsstrafgesetzbuches von 1871 hat sich bezüglich der Sterbehilfe im Kern nicht verändert. Lediglich der schon damals bestehende § 216 StGB trifft Regelungen zur Sterbehilfe und das nur insoweit, als dass der auf Verlangen des Sterbewilligen Tötende milder zu bestrafen ist als der Totschläger nach § 212 StGB. Diverse Fallkonstellationen blieben damit vollkommen unberücksichtigt und der Forschung sowie Rechtsprechung überlassen. Dies bis heute, obwohl es diverse Anlässe gab, legislatorisch Klarheit zu schaffen. Während es jedenfalls nach dem Zweiten Weltkrieg lange Zeit keine relevanten Gesetzesinitiativen zur Sterbehilfe gab, um dem medizinischen Fortschritt im Rahmen der Sterbehilfe Rechnung zu tragen[604], wurde erst 1986[605] und zuletzt 2006[606] die Sterbehilfe auf die Agenda des Deutschen Juristentages gerufen, nicht zuletzt durch das Betreiben privater Initiativen[607]. Statt auf spezifische Einzelfragen noch tiefer als in der Darstellung de lege lata einzugehen, besteht die rechtliche Herausforderung vor allem darin, ein Gesamtkonzept zu finden. Eine legislatorische Neuausrichtung bedarf der grundsätzlichen Auseinandersetzung mit den zu schützenden Interessen und den maßgeblichen normativen Leitlinien.

Dafür soll zunächst der medizinische und sozial gesellschaftliche Hintergrund am Lebensende betrachtet werden, um sich dann den zu schützenden Interessen und normativen Leitprinzipien zuzuwenden. Hieraus können die wesentlichen Wertungsfaktoren entnommen werden, um die Grenzen einer Reform abzustecken. Verfassungsrechtlich könnte man diese Punkte auch klassisch als Prüfung der Reichweite des Schutzbe-

604 Beispielhaft dafür ist die Tatsache, dass auf dem 53. Deutschen Juristentag von 1980 eine Betrachtung des § 216 StGB bei der Frage nach der Neuabgrenzung der Tötungsdelikte explizit ausgenommen war, da infolge des Schutzverzichts des Opfers, sich der Tatbestand von § 212 StGB und § 211 StGB abhebe und der Rahmen der Veranstaltung zu begrenzt sei, um sich dieses Themas anzunehmen, vgl. *Eser*, Gutachten D, 20 f., 60.

605 Vgl. u.a. *Otto*, Gutachten D.

606 Vgl. u.a. *Verrel*, Gutachten C.

607 U.a. *Schöch/Verrel*, GA 2005, 553.

reichs des Rechts auf selbstbestimmte Lebensbestimmung und dessen Einschränkbarkeit durch staatliche Maßnahmen (Eingriff und Rechtfertigung) beschreiben. Sind diese Grenzen klar, können Perspektiven im Sinne eines legislatorischen Neuregelungsvorschlags entwickelt werden.

## *A. Wandel in Gesellschaft und Medizin*

Zuvor sind bereits medizinische und sozialgesellschaftliche Hintergründe angeklungen. Obgleich es weiterer (empirischer) Forschung bedarf, was die moderne Einschätzung von Leben und Sterben prägt, gibt es einige Phänomene, die charakteristisch für einen Wandel sind. Diese Phänomene lassen sich seit Jahrzehnten beobachten.[608] Sie sind, soweit ersichtlich, zwar in dieser Form noch nicht empirisch belegt worden, dennoch sind sie wohl Prämisse für die relevanten gegenläufigen Schutzinteressen und sollen hier kurz dargestellt werden.

Die Familienpolitik ist spätestens seit Beginn des 21. Jahrhunderts zentraler Bestandteil der Gesellschaftspolitik geworden.[609] Demographie, Familie und Erziehung gelten nicht mehr als „weiche" politische Themen. Ziel ist es, Fürsorge und Erziehung der Kinder sowie Betreuung und Pflege der Eltern bzw. älteren Menschen im Allgemeinen von der Familie auf öffentliche Institutionen zu verlagern. So sollen etwa hilfs- und pflegebedürftige Alte nicht mehr zuhause gepflegt, sondern in Krankenhäuser, Pflegeheime oder andere Anstalten verbracht werden, um Frauen in den Arbeitsmarkt zu überführen. Damit sollen die Erwerbsquote und die entsprechenden Abgaben erhöht werden, um das durch den demographischen Wandel im Sinne der alternden Gesellschaft stark gefährdete Gesundheits-, Renten- und Sozialsystem funktionsfähig zu erhalten. Dies hat eine Defamilisierung zur Folge, die einen grundlegenden Paradigmenwechsel bedeutet.[610] Diese Defamilisierung hat Auswirkungen auf Werte und die Einstellung zum Leben und Sterben und damit auch auf die Sterbenskranken.

Wird die Familie aus dem Dienste entlassen und Alte oder Sterbenskranke in eine öffentliche Institution überführt, bedeutet dies in der Regel auch, dass sie in die Obhut von Menschen überstellt werden, die ihnen unbekannt sind. Findet Pflege und Begleitung am Lebensende zuhause

608 So u.a. schon *Eser*, JZ 1986, 786, 787.
609 Vgl. zum Folgenden *Fuchs*, Gesellschaft ohne Kinder, S. 23 ff.
610 *Fuchs*, Gesellschaft ohne Kinder, S. 23 ff.

statt, dann ist regelmäßig der Hausarzt der professionelle Ansprechpartner gewesen, der mit dem Lebenslauf und dem Krankheitsbild vertraut ist.[611] Heute steht der Patient im Krankenhaus einem Spezialistenteam und wechselndem Pflegepersonal gegenüber. Aus der Substitution des oder jedenfalls der wenigen vertrauten Bezugspersonen durch fremde Pflegekräfte folgt ein Verlust der Privatsphäre. Nicht nur dem Kranken, sondern auch dem Sterbeprozess an sich wird seine Intimität genommen (Deintimisierung). Dies wird dadurch verstärkt, dass früher professionelle Unterstützung und der Zugang zu vielen medizinischen Maßnahmen maßgeblich von den finanziellen Mitteln der Betroffenen abhing. Das heutige deutsche Gesundheitssystem gewährleistet jedoch, dass sämtliche lebenserhaltende Maßnahmen und professionelle Hilfe unabhängig vom finanziellen Stand des Patienten oder dessen Familie in Anspruch genommen werden können. Das Sozialsystem zeigt damit auch seine negative Seite: Der Patient ist nicht mehr der Einzige, sondern einer unter vielen, ein ökonomisch relevanter Versorgungsfall. Es findet also auch eine Deindividualisierung statt.[612]

Neben dem gesellschaftlichen Wandel ist der erhebliche Fortschritt der Medizinwissenschaften zu betrachten. Durch neue Technologien und Verfahren können Leben oftmals um Jahre verlängert werden. Der Tod ist damit jedenfalls vorübergehend in vielen Fällen kein unabwendbares Ereignis mehr. Der natürliche Tod, dem man früher kaum entgehen konnte und der wohl häufig auch als Erlösung von Leid und Schmerz angesehen wurde, kann nunmehr herausgezögert werden. Die – wenn auch begrenzte – künstliche Beherrschung von Leben und Tod weckt Hoffnungen. Diese Hoffnungen werden als Erwartungen, gar als Anspruchshaltung an den Arzt herangetragen, das Leben des Patienten um jeden Preis zu bewahren. Damit sind Ärzte einem Erfolgsdruck zur Lebenserhaltung unterworfen.[613] Dieser Erfolgsdruck mag auch durch die Erwartungshaltung der Institutionsleitungen verstärkt werden. Solche Institutionen sind, selbst wenn sie nicht privater Natur sind, noch immer wirtschaftliche Unternehmungen. Daher besteht auch ein Bedürfnis der Institutionsleitung, dass es hinreichend genug Patienten gibt, die geldwerte Leistungen in Anspruch nehmen (müssen).

Wer sterbenskrank ist, ist zumeist der Unterstützung anderer Menschen ausgeliefert. Mit der Defamilisierung geht eine Reduzierung der Intimität

611 Zum Folgenden *Eser*, JZ 1986, 786, 787.
612 Vgl. *Eser*, JZ 1986, 786, 787 „ent-intimisiert“; s. dort auch zum Folgenden.
613 *Eser*, MedR 2018, 734, 737.

und der Individualität einher. In der Folge empfindet der Patient einen noch stärkeren Verlust seines Selbstbestimmungsrechts, wenn er sich in die Hände eines für ihn Fremden begibt. Diesem Verlustgefühl, welches zumeist geprägt ist von Hilflosigkeit und dem Gefühl des Ausgeliefertseins, versucht der Patient sich entgegenzustellen, indem er sein Selbstbestimmungsrecht im Sinne der Patientenautonomie in den Vordergrund stellt. Das vermeintlich objektive Wohl, welches der Arzt anstrebt, gerät so häufiger in Widerstreit mit dem subjektiven Willen des Patienten.[614] Mithin ist ein paradigmatischer Wandel des Arzt-Patienten Verhältnisses zu konstatieren.[615] Ärztliche Eingriffe, die dem Selbstbestimmungsrecht entgegenstehen, könnten daher als paternalistisch empfunden werden.[616]

Die Medizin wird also nicht wie früher ausschließlich als ein helfender, positiver Faktor empfunden, sondern auch als eine Art Bedrohung, also als ein negativer Faktor, dem Einhalt geboten werden muss. Lebensverlängerung kann Einbußen der Lebensqualität bedeuten.[617] Sinkt die Lebensqualität um den Preis der Lebensverlängerung derart ab, sodass sie nur noch als „Sterbensverlängerung“[618] betrachtet wird, dann entsteht damit ein antagonistisches Bild zwischen Quantität und Qualität. Der physischen Lebensverlängerung um den Preis der Autonomie wird daher zunehmend als Ausdruck der Menschenwürde das „Recht auf den Tod“ entgegengesetzt. In klassischen Zeiten der Antike wurde der Suizid als tragische Entscheidung zur Wahrung der Würde bewertet, dann galt er für Jahrhunderte als Sünde, später als Verbrechen und schließlich als Krankheit.[619] Wurde Suizid oder der Wunsch zu sterben früher also gesellschaftlich kategorisch abgelehnt, so entwickelte sich zunehmend das Verständnis des Suizids als Teil der Lebensbewältigung und eine Akzeptanz hierfür. Die Selbsttötung geriert sich als die letzte Verwirklichung der Autonomie und eine „Signatur von Freiheit“[620]. Muss nicht genau das durch das Recht und seine Auslegung zum Ausdruck kommen?

614 A.a.O.
615 Vgl. zu „Wandlungen des Arzt-Patient-Verhältnisses“ *Magnus*, Patientenautonomie im Strafrecht, S. 16 ff.
616 Vgl. dazu Kapitel 3, D. = S. 142 ff.
617 Zum Folgenden *Eser*, MedR 2018, 734, 737; *ders.*, JZ 1986, 786, 787.
618 Zur Unterscheidung zwischen Lebens- und Sterbensverlängerung, *Bade*, Der Arzt an den Grenzen von Leben und Recht, S. 163 f.
619 *Fletcher*, In Verteidigung des Suizids, S. 233, 244; *J.-E. Meyer*, MedR 1985, 210.
620 *Fenner*, Suizid, S. 111; *Fletcher*, In Verteidigung des Suizids, S. 233, 244.

## B. Schutzinteressen

Schon nach kurzer Betrachtung der sozialen sowie gesellschaftlichen Entwicklungen im Kontext der medizinwissenschaftlichen Errungenschaften drängt sich auf, dass sich damit auch die Schutzinteressen verändert haben. Erst wenn die zu schützenden Interessen deutlich sind, kann auch bestimmt werden, was überhaupt und anschließend auf welche Art und Weise zu regulieren ist. Entscheidende Bedeutung kommt der Beeinflussbarkeit des Todes zu.

Diese Beeinflussung hat zwei Dimensionen.[621] Zum einen ist das Leben durch den Rechtsgutsträger selbst oder auch durch Dritte verkürzbar. Eine bewusste Lebensverkürzung, sei es durch eigenhändigen Suizid oder durch Sterbehilfe Dritter, ist nicht neu. Es besteht ein Interesse daran, dass ein Leben nicht ohne oder gar gegen den freiverantwortlichen Willen des Rechtsgutsträgers beendet wird. Es muss demnach also nicht nur derjenige geschützt werden, der ohne oder gegen seinen Willen durch Dritte getötet wird, sondern auch, wer sich selbst unfreiwillig tötet. Diese Schutzrichtungen hatte auch schon der Gesetzgeber des Reichsstrafgesetzbuches von 1871 im Blick, vergleicht man die §§ 211 ff. StGB. Seit Mitte des 20. Jahrhunderts ist das Leben aber nicht nur verkürz-, sondern zum anderen auch verlängerbar. In neuerer Zeit wurde diese künstliche Verlängerbarkeit in signifikanter Weise durch intensivmedizinische Verfahren vorangetrieben. Die Lebensverlängerung als relativ neue Dimension der Beeinflussbarkeit des Lebens hat ihrerseits zwei Ausprägungen hinsichtlich der Schutzinteressen, deren sich das Recht annehmen muss. Einerseits ist aus der Perspektive des Arztes zu fragen, ob und wann er sich den bereits erwähnten Erwartungen und dem Anspruch auf Lebensverlängerung entziehen darf. Wann handelt es sich um einen „übermäßigen Lebensverlängerungsanspruch“[622]? Der Arzt hat grundsätzlich ein wahrzunehmendes Ermessen bezüglich der Behandlungsart („wie“).[623] Zugleich ist er aber nicht zuletzt durch die Behandlungsübernahme verpflichtet, einem kranken Patienten, der um Hilfe bittet, beizustehen. Sein Entschließungsermessen („ob“) ist damit dem Grunde nach beschränkt. Dennoch gibt es Situationen, in denen eine Behandlung keine oder kaum Aussicht auf Erfolg hat oder die Lebensqualität derart versiegt, dass nur noch die physische Existenz

621 Vgl. zum Folgenden *Eser*, Zum „Recht des Sterbens“, S. 21 ff.; zuletzt *ders.*, MedR 2018, 734, 737 f.

622 *Eser*, MedR 2018, 734, 738.

623 Vgl. Kapitel 2, A. = S. 30 ff.

als Behandlungserfolg in Aussicht steht. Gleichsam gibt es konkurrierende Interessen Dritter, die dem Verlangen des Patienten entgegenstehen können. Seinem Anspruch auf Lebensverlängerung können zum Beispiel beschränkte Behandlungskapazitäten, die Interessen anderer Patienten oder auch wirtschaftliche Interessen der Institution bzw. des „Sozialsystems“ entgegenstehen. Andererseits ist auch das Schutzinteresse des Patienten zu berücksichtigen: Ob und wann kann dieser sich der Lebensverlängerung gegen seinen Willen entziehen? Wann handelt es sich um eine „aufgedrängte Lebensverlängerung“[624]? Die jeweilige Institution, „das Sozialsystem“ oder der Arzt können aus ethischer, religiöser, wissenschaftlicher oder auch wirtschaftlicher Sicht ein Interesse daran haben, das Leben des Patienten um jeden Preis zu erhalten. Mit dieser Ausprägung wird deutlich, dass wohl mehr denn je Leben und Tod nicht nur im Interesse des Rechtsgutsträgers stehen, sondern auch von Fremdinteressen bestimmt sind. Diese zweite Dimension der Beeinflussbarkeit des Lebens im Sinne einer Lebensverlängerung konnte der Gesetzgeber 1871 unmöglich vorhersehen oder gar antizipierend regeln.

Medizinwissenschaftlicher Fortschritt und die damit korrespondierende gesellschaftliche Entwicklung schufen veränderte Schutzrichtungen, deren sich der Gesetzgeber bisher nicht angenommen hat. Sie sind seither der Literatur und der Rechtsprechung überlassen. Wie die Darstellung de lege lata gezeigt hat, hat sich zwar in einigen Teilen ein Konsens im Ergebnis gebildet, betrachtet man aber den verfassungswidrigen Ansatz des Gesetzgebers hinsichtlich § 217 StGB a.F., so kann man sich keines Konsenses mehr sicher sein. Es ist Aufgabe des Gesetzgebers, das überkommene Strafrecht den Schutzinteressen neu anzupassen und sämtliche Teilbereiche des Rechts auf selbstbestimmtes Sterben hinreichend zu berücksichtigen.[625] Im Folgenden soll dafür ein Vorschlag unterbreitet werden.

## *C. Normative Leitprinzipien*

Lebensverkürzung auf der einen Seite und Lebensverlängerung mit den Ausprägungen eines übermäßigen Lebensverlängerungsanspruchs und einer aufgedrängten Lebensverlängerung auf der anderen Seite bilden teilweise diametrale Schutzinteressen ab. Rechtlich stellt sich nunmehr die

---

624 *Eser*, MedR 2018, 734, 738.
625 Zur Missachtung dessen mit § 217 StGB a.F.: BVerfGE 153, 182, 282; s. auch Kapitel 2, C. = S. 69 ff.

Frage, ob und wie diese Schutzinteressen zu regulieren sind. Für eine rechtliche Regulierung muss aber zunächst geklärt werden, welche normativen Leitlinien auf rechtlicher Bewertungsebene dafür entscheidend sein sollen.

## I. Freiraum ärztlichen Ermessens

Das Strafrecht ist das „schärfste Schwert" des Rechts. Jede Strafnorm ist rechtfertigungsbedürftig, da sie in verfassungsrechtlich garantierte Grundrechte eingreift. Die Gesetzgebung ist nach Art. 1 Abs. 3 GG an die Grundrechte gebunden; die materiellen Vorgaben, die sich daraus ergeben, sind zwingend zu beachten.[626] Dieser Bindung an die verfassungsrechtlichen Vorgaben wird der Gesetzgeber nur dann gerecht, wenn die (Straf-) Normen auch verhältnismäßig sind. Das ist der Fall, wenn die Norm geeignet, angemessen und das relativ mildeste Mittel ist, um das legitime Schutzziel zu erreichen (Ultima ratio Prinzip).[627] So kann man die Frage aufwerfen, ob man der Sterbehilfe überhaupt mit (straf-) rechtlichen Verboten entgegenwirken muss oder ob es nicht andere Leitmaximen gibt, die hinreichend sind, um dieses Feld zu regulieren. Schließlich sollte nur solches Verhalten strafrechtlich verboten werden, das „in hohem Maße zu missbilligen ist"[628]. In Betracht kommen grundsätzlich moralische oder standesrechtliche Gebote. So könnte man die Beurteilung einer (un-) zulässigen Sterbehilfe dem Arzt im Rahmen seines Ermessens überlassen. Bedenkt man die Individualität eines jeden Lebens und die damit einhergehende Intimität des Sterbeprozesses, so handelt es sich bei jedem Sterbeprozess um einen Einzelfall, an dem der Arzt, selbst nach den oben genannten widerstreitenden Interessen, grundsätzlich näher dran ist als der Gesetzgeber,

---

626 Vgl. *Hörnle*, Grob anstößiges Verhalten, S. 21.

627 Vgl. BVerfGE 120, 224, 239 f.; 8, 203, 257 f.; *Kaspar*, Verhältnismäßigkeit und Grundrechtsschutz im Präventionsstrafrecht, S. 243 ff.; kritisch zur aktuellen Einhaltung dieses Prinzips durch den Gesetzgeber *Hamm*, NJW 2016, 1537; kritisch zur zurückhaltenden Verhältnismäßigkeitsprüfung von Strafgesetzen durch das Bundesverfassungsgericht *Hörnle*, Grob anstößiges Verhalten, S. 22 ff.; *dies.*, NJW 2008, 2085, 2088; *Swoboda*, ZStW 2010, 24, 46; *Scheinfeld*, Organtransplantation und Strafrechtspaternalismus, S. 7, 326, Fn. 115; wegen fehlender empirischer Belege ging das Bundesverfassungsgericht zuletzt in BVerfGE 153, 182, 282 über die Erforderlichkeit hinweg und bestätigt insoweit seine Kritiker.

628 *Hörnle*, Grob anstößiges Verhalten, S. 40; vgl. auch BVerfGE 120, 224, 239 f.; *Androulakis*, ZStW 1996, 300, 309 ff.; *Frisch*, FS für Stree/Wessels, 69, 86.

der solche Fälle nur abstrakt generell regeln kann.[629] In eine solche Richtung kann man auch das Urteil des Bundesgerichtshofs im „Fall-Wittig" lesen. Der Bundesgerichtshof urteilte, es sei für einen Arzt „grundsätzlich unzulässig", sich dem Suizidwunsch eines Patienten zu beugen. Er sprach den Arzt Wittig aber innerhalb der eigens dafür geschaffenen Kategorie „ärztlicher Gewissensentscheidung" von seiner Schuld frei.[630] Damit entschieden die Richter damals, dass der Sterbewille des Patienten unbeachtlich sei, der Arzt aber nicht strafbar sein solle, wenn er innerhalb seines Ermessens, was sich im vorliegenden Fall am Gewissen des Arztes orientierte, handele. Wie aber bereits geklärt und auch durch höchstrichterliche Rechtsprechung bestätigt, ist eine strafrechtlich bewährte Lebenserhaltungspflicht jedenfalls dann nicht geboten, wenn keine medizinische Indikation aufgrund eines nahenden Todes und der medizinischen Konstitution im Einzelfall besteht.[631] Damit existiert zwar grundsätzlich eine ärztliche Einschätzungsprärogative. Das bedeutet aber nicht, dass den Juristen die rechtliche Beurteilung gleichsam durch ärztliche Diagnose entzogen ist. Die medizinische Diagnose betrifft nämlich nur die Sinnhaftigkeit lebenserhaltender Maßnahmen bezüglich möglicher Therapiemaßnahmen in einem gewissen Spielraum. Staatliche Schutzverpflichtungen können nicht letztentscheidend der Disposition Dritter übergeben werden. Der Staat muss stets die Letztverantwortlichkeit für die ihm überstellten Pflichten tragen. Dies wird praktisch schon dadurch deutlich, dass potenziellem ärztlichen Missbrauch anderenfalls Raum geboten werden würde. Es gibt also einen Kern staatlicher Verantwortlichkeit, der nicht dispositiv ist. Wie weit der Ermessensspielraum des Arztes reicht und wo die Grenzen liegen, ist mithin rechtlich zu bestimmen. Als normative Ausgestaltung sind zum Beispiel Dokumentations- und Berichterstattungspflichten als Kontrollmechanismen denkbar.[632]

---

629 Eingehend dazu wie auch zum Folgenden *Eser*, Lebenserhaltungspflicht und Behandlungsabbruch in rechtlicher Sicht, S. 75, 76 ff.; *ders.*, FS für Auer, 166; zuletzt *ders.*, MedR 2018, 734, 738.

630 BGHSt 32, 367.

631 BGHZ 153, 205, 223 f.; Siehe auch *Roxin*, in: Roxin/Schroth, Handbuch des Medizinstrafrechts, S. 96 f.; *Spickhoff*, NJW 2000, 2297, 2298 f.

632 Erwägungen zur Dokumentationspflicht im Rahmen ärztlicher Suizidhilfe finden sich auch bei *Lindner*, NJW 2013, 136, 139. Erwägungen zu Beratung und Dokumentation treffen etwa *Berghäuser*, ZStW 2016, 741, 779 ff.; *Kampmann*, Die Pönalisierung der geschäftsmäßigen Förderung der Selbsttötung, S. 198 ff.; s. auch Gesetzesentwurf *Künast/Sitte*, BT-Drs. 18/5375, 13; kritisch zu einer verfahrensrechtlichen Lösung hingegen *Britzke*, § 217 StGB im Lichte des strafrechtlichen Rechtsgutskonzepts, S. 218 ff.

Es gibt zwei normative Leitprinzipien, die sich als Extrempositionen gegenüberstehen. Der absolute, unbedingte Lebensschutz und die unbeschränkte Verfügungsmacht über das eigene Leben im Sinne eines Rechts auf den Tod können als Orientierung zur Bestimmung dieser Grenzen dienen.

## II. Absoluter Lebensschutz

Die erste Extremposition ist der absolute, das heißt bedingungslose Lebensschutz. Danach besteht nicht nur ein Recht auf Leben, sondern auch eine Pflicht zu leben. Jede Form der Beteiligung müsste strafrechtlich sanktioniert werden. Kurzum wäre das Leitprinzip die Lebenserhaltung um jeden Preis, unabhängig vom Willen des Rechtsgutsträgers.

Diese Extremposition wurde insbesondere mit dem Topos der „Heiligkeit des Lebens" begründet; danach sei das Leben ein dem Menschen gegebenes und nicht von ihm geschaffenes Rechtsgut.[633] Die vollkommene Unverfügbarkeit des Lebens sei nur religiös begründbar.[634] Mit Blick auf die Säkularität und dem Recht auf Selbstbestimmung im Tod nach Art. 2 Abs. 1 GG i.V.m. Art. 1 Abs. 1 GG ist diese Position verfassungsrechtlich nicht haltbar.[635] Auch der Schutz des Menschen vor sich selbst vermag absoluten Lebensschutz nicht zu begründen:[636] Nutzt man das Argument des Selbstschutzes für die generelle Unverfügbarkeit des Lebens, so erkennt man zunächst an, dass der Mensch ein Selbstbestimmungsrecht über sein Leben hat, beschränkt dieses aber wiederum vollständig dadurch, dass man Suizidenten krankheitsbedingt generell den wahren bzw. verbindlichen Willen zu sterben abspricht und unterstellt, Suizidhandlungen seien nicht freiverantwortlich. Die Prämisse dieses Arguments widerlegt damit

633 *Auer*, Das Recht des Menschen auf einen „natürlichen Tod" aus der Sicht einer theologischen Ethik, S. 250, 251 ff.; *Rilinger*, GA 1997, 418, 420 f.

634 *Auer*, Das Recht des Menschen auf einen „natürlichen Tod" aus der Sicht einer theologischen Ethik, S. 250, 252 f.; *T. Fischer* StGB, Vor. §§ 211-217, Rn. 36.

635 *Eser*, Neues Recht des Sterbens, S. 392, 395; *ders.*, MedR 2018, 734, 739; *G. Merkel*, Behandlungsabbruch und Lebensschutz, S. 226 f.; *U. Neumann*, FS für Kühl, 569, 576; *Roxin*, GA 2013, 313, 320 f.; S/S-*Eser/Sternberg-Lieben*, StGB, Vor. § 216, Rn. 1a.; s. auch Kapitel 2, A. = S. 30 ff.

636 In diese Richtung aber u.a. *Geilen*, JZ 1974, 145; s. zum folgenden Gedanken *Eser*, Neues Recht des Sterbens, S. 392, 395, m.w.N.; *ders.*, MedR 2018, 734, 739.

schon das, was es versucht zu beweisen.[637] Der Gesetzgeber hat zudem etwa mit der Notwehr gemäß § 32 StGB gezeigt, dass unter bestimmten Umständen sogar eine Fremdtötung gerechtfertigt sein kann. Im deutschen Recht existiert berechtigterweise kein absolutes Tötungsverbot. Ein absoluter Lebensschutz wird soweit ersichtlich nicht mehr vertreten.

### III. Unbeschränkte Verfügungsmacht über das eigene Leben

Auf der anderen Seite steht als Gegenposition die unbeschränkte Verfügungsmacht über das eigene Leben.[638] Wenn der Mensch über sein Leben vollkommen unbeschränkt verfügen dürfe, dann müsse er nicht nur selbst darin frei sein, sein Leben zu beenden, sondern auch ungehindert andere darum bitten können, dass diese sein Leben verkürzen oder beenden. Würden die Handlungen Dritter strafrechtlich verfolgt, so wäre diese Möglichkeit dem Rechtsträger aber faktisch verwehrt. Straffreiheit Dritter muss konsequenterweise nicht nur für unterstützende Handlungen im Rahmen einer Suizidhilfe gelten, sondern auch für direkte und aktive Fremdtötung mit Einwilligung des Rechtsgutsträgers. Dabei kann es dann weder auf einen möglichen (Krankheits-) Zustand noch auf das Motiv des Sterbewunsches ankommen. Gleiches gilt für den Dritten. Eine Strafbarkeit seinerseits kann nicht daran gekoppelt sein, aus welchen Motiven dieser handelt. Auch wenn dieser rein egoistisch handelt, zum Beispiel aus wirtschaftlichen oder gar habgierigen Gründen, kann es bei konsequenter Anwendung des Grundsatzes der unbeschränkten Verfügungsmacht nur auf die Einwilligung des Rechtsgutsträgers ankommen. Im Grundsatz besteht – bei gegebener Eigenverantwortlichkeit – ein Recht auf den Tod.[639] Fraglich ist nur, wie weit (unbeschränkt?) dieses Recht reicht.

Kritisch zu sehen ist, dass aus einem Recht auf den Tod auch stets ein Anspruch auf den Tod abgeleitet wird.[640] Könnte ein Sterbewilliger seinen Sterbewunsch physisch nicht mehr umsetzen, so würde dies bedeuten, er hätte einen Anspruch gegen den Staat auf Durchsetzung seines Rechts. Der Staat wäre verpflichtet das Leben des Sterbewilligen zu beenden oder

---

637 Ob der Gedanke des Selbstschutzes dennoch (mildere) paternalistische Einschränkungen zulasten des Sterbewilligen rechtfertigen kann, ist eine andere Frage, vgl. dazu Kapitel 3, D., IV., 1. = S. 153 ff.

638 Zum Folgenden *Eser*, MedR 2018, 734, 739 f.

639 Vgl. Kapitel 2, A. = S. 30 ff.

640 So aber u.a. *Eser*, MedR 2018, 734, 739 f.

jedenfalls die Mittel dafür zur Verfügung zu stellen. Aus freier Verfügungsdisposition über ein Rechtsgut folgt aber nicht, dass man ein Recht oder gar einen Anspruch darauf hat, in die Rechtssphäre Dritter einzugreifen. So verbürgen Grundrechte regelmäßig als Abwehrrechte des Bürgers gegen den Staat nur den status negativus.[641] Das heißt, dass die geschützten Rechtsgüter zur freien Disposition des Rechtsträgers stehen und der Staat dies akzeptieren muss („Freiheit vom Staat"). Grundrechte als Leistungsrechte im Sinne des status positivus begründen nur ausnahmsweise einen Anspruch auf ein positives Tun des Staates („Freiheitsgewährleistung durch den Staat"). Unterlässt der Staat jegliche Eingriffe in die freie Verfügungsdisposition des Sterbewilligen, so werden sich hinreichend private Institutionen finden, die den Rechtsträger unterstützen würden, seine Verfügungsdisposition wahrzunehmen. Sollte dies – auch wenn es abwegig erscheint – nicht mehr der Fall sein, sollte es also faktisch keine Möglichkeit mehr geben seine Verfügungsdisposition mit der Hilfe privater Dritter wahrzunehmen, erst dann würde die Ausprägung des Grundrechts in Form eines Leistungsrechts in Betracht kommen.[642] Wenn etwa die Art des Sterbens, die der Betroffene vermeiden will, menschenunwürdig ist, dann ist es denkbar, eine staatliche Pflicht zum Schutz der Würde in Form eines Anspruchs auf den Tod nach Art. 1 Abs. 1 S. 2 GG zu begründen.

Dritte können dem grundsätzlich ihre mit einem solchen Anspruch kollidierenden Grundrechte entgegenhalten, wie die Glaubens-, Gewissens- oder allgemeine Handlungsfreiheit; sie können insoweit nicht zur Beteiligung am Suizid gezwungen werden.[643] Zweifelhaft ist aber, ob sich Dritte darauf dann noch berufen können, wenn sie sich zuvor etwa im Rahmen eines palliativmedizinischen Behandlungsvertrags zur Sterbehilfe verpflichtet haben. Im Übrigen entbinden die kollidierenden Grundrechte Dritter nicht den Staat und seine Diener von einer etwaigen Pflicht. Beispielsweise darf ein unbeteiligter Dritter mit Blick auf seine Gewissensfreiheit die tödliche Nothilfe im Sinne von § 32 StGB verweigern, auch wenn das Leben des rechtswidrig Angegriffenen nicht zu retten ist. Ein Po-

---

641 Zur Statuslehre grundlegend *Jellinek*, System der subjektiven Rechte, S. 76 ff.

642 In diese Richtung auch *F. Fischer*, HRRS 2021, 24, 33; s. auch *Hörnle*, JZ 2020, 872, 878, die zwar „keine echte Handlungspflicht" erkennt, aber mit Verweis auf die bislang ablehnende Haltung der Ärzteschaft gegenüber Handlungen der Sterbehilfe eine „schwache moralische Pflicht (...) das Anliegen ernst zu nehmen und es gegebenenfalls in angemessene Relation zur eigenen intuitiven Tötungshemmung und zu persönlichen ertvorstellungen (sic!) zu setzen".

643 *Saliger*, Selbstbestimmung bis zuletzt, S. 68 f.; so nunmehr auch klarstellend BVerfGE 153, 182, 292; dies verkennt *F. Fischer*, HRRS 2021, 24, 33.

lizist darf das jedoch nicht, denn die Übernahme des Polizeidienstes und die damit verbundene Grantenpflicht schränken seine Gewissensfreiheit insoweit ein.

Die unbeschränkte Verfügungsmacht gibt einem also in erster Linie nur das Recht, andere von der Einwirkung auf das Recht auszuschließen. Mithin besteht ein Anspruch auf Unterlassen gegen die Einwirkung auf das unbeschränkte Rechtsgut. Aus der freien Verfügungsmacht über das Leben folgt grundsätzlich kein unbeschränktes Recht mit einem korrespondierenden Anspruch auf den Tod. Jedenfalls kann aber ein Anspruch darauf bestehen, unter bestimmten Voraussetzungen den Zugang zu solchen Ressourcen oder solcher Unterstützung nicht zu verwehren, die für eine risikolose Lebensbeendigung erforderlich sind.[644]

Die Auswertung der Rechtslage de lege lata hat bereits gezeigt, dass das Selbstbestimmungsrecht als beeinträchtigtes Recht im Mittelpunkt steht. Bei Zweifelsentscheidungen tritt der Lebensschutz demgegenüber zurück, denn es darf keiner der durch das Selbstbestimmungsrecht garantierten Teilbereiche mit Lebensschutzerwägungen rechtlich oder faktisch „entleert" werden.[645] Dies entspricht in seinem Kern, wie gezeigt, auch dem Wandel der Gesellschaft. Diese vordringende Perspektive wird durch die Rechtsprechung gestützt, betrachtet man den durch das Bundesverwaltungsgericht eröffneten Zugang zu tödlich wirkenden Medikamenten unter bestimmten Voraussetzungen[646], die Bestätigung des Bundesgerichtshofs, dass Ärzte nicht zur Rettung eines Patienten bei freiverantwortlichem Suizid verpflichtet sind[647] sowie die jüngste Positionierung des Bundesverfassungsgerichts zum Selbstbestimmungsrecht im Tod[648].

Gleichwohl gibt es auch gegen diese Position in ihrer extremen Ausprägung Bedenken. Wenn ausschließlich die freiverantwortliche Entscheidung des Sterbewilligen maßgeblich ist, dann ergibt sich die Frage, welche Anforderungen an den Suizidwillen zu stellen sind. Problematisch ist insofern insbesondere, dass in der empirischen Suizidforschung behauptet wird, der Suizidwille sei stets pathologisch bedingt.[649] So hätten rund ein

---

644 Vgl. nunmehr BVerfGE 153, 182, 264 f.

645 BVerfGE 153, 182, 282.

646 BVerwGE 158, 142; *Scheinfeld*, GS für Tröndle, 661.

647 BGH, NJW 2019, 3092.

648 BVerfGE 153, 182.

649 So bereits im Jahr 1783: Auenbrugger, Von der stillen Wuth oder dem Triebe zum Selbstmorde als einer wirklichen Krankheit, S. 5 ff.; s. auch *Bringewat*, ZStW 1975, 623, 632 ff.; *ders.*, JuS 1975, 155, 159; *Geilen*, JZ 1974, 145, 148 ff.; *Holderegger*, Suizid und Suizidgefährdung, S. 128 f.; *J.-E. Meyer*, MedR 1985, 210,

Drittel aller Suizidenten, die den Suizid vollzogen haben, an einer echten Geisteskrankheit gelitten; die übrigen Selbsttötungen beruhten auf Neurosen, neurotischen Reaktionen oder sonst abnormalen Verhaltensweisen, die insbesondere zurückzuführen seien auf Depressionen, Schizophrenien, chronischen Alkoholismus und andere Süchte oder auf situative Verzweiflung.[650] Andere gehen davon aus, dass beinahe 90 % der durch Selbsttötung Verstorbenen an einer psychischen Erkrankung litten.[651] Demnach sei ein pathologischer Suizidwille nicht frei. Der freie Wille ist aber konstitutiv für die Ausübung des Selbstbestimmungsrechts. Dem stehen zurecht höchstrichterliche Entscheidungen gegenüber, die die Freiwilligkeit eines Suizids bejahen.[652] Betrachtet man weitere Forschungsarbeiten zu diesem Thema, gibt es mindestens genauso viele gute Gründe, die grundsätzliche Pathologie eines Suizidwillens in Frage zu stellen[653]: So wertete *Fenner* klinische und therapeutische Erfahrungsberichte aus[654] und bezweifelt, dass die meisten Suizide tatsächlich unreflektierte Affekt- oder Impulshandlungen seien.[655] Sie machte auch auf die Bandbreite empirischer Studien aufmerksam, die von unterschiedlichsten Anteilen psychisch bedingter Suizide ausgingen.[656] In diesem Rahmen mahnt sie vor einer strafrechtlichen „Medikalisierung“[657] der Selbsttötung, weil eher von einem Kontinuum

---

211, 214; *Ringel*, Neue Untersuchungen zum Selbstmordproblem, S. 3; vgl. aus jüngerer Vergangenheit *Feldmann*, GA 2012, 498, 513 f.; *Wolfersdorf*, PiD 2012, 2.

650 *Schreiber*, FS für Jakobs, 616; *Schubarth*, ZStrR 2009, 3, 4; *Magnus*, Patientenautonomie im Strafrecht, S. 77, 441; ähnlich *Giese*, Die Patientenautonomie zwischen Paternalismus und Wirtschaftlichkeit, S. 59, die Zweifel daran hat, dass ein Suizidwunsch eine (dort notwendig vorausgesetzte) rationale Entscheidung sein kann.

651 Deutsche Gesellschaft für Psychiatrie und Psychotherapie, Psychosomatik und Nervenheilkunde (DGPPN), Stellungnahme für die öffentliche Anhörung im Deutschen Bundestag zum Thema „Suizidprävention“, Ausschussdrucks. 18(14)0135 (3), 2.

652 Etwa BGHSt 32, 367; BGH, NJW 2019, 3089; BGH, NJW 2019, 3092; BVerfGE 153, 182; BVerwGE 158, 142; EGMR, NJW 2002, 2851.

653 Vgl. *Duttge*, ZStW 2017, 448, 453: „Bedeutsam ist allerdings die Erkenntnis, dass selbst die einschlägige Fachdisziplin nicht (mehr) von einer zwingenden Korrelation des Suizides mit einer psychiatrischen Erkrankung ausgeht“; *Wedler*, Suizid kontrovers, S. 17.

654 *Fenner*, Suizid, S. 199 ff.; hierauf verweist auch *S/S-Eser/Sternberg-Lieben*, StGB, Vor. §§ 211 ff., Rn. 34.

655 *Fenner*, Suizid, S. 394.

656 *Fenner*, Suizid, S. 195 f., 394.

657 „Unter Medikalisierung wird ein Prozess verstanden, in dessen Verlauf ein gesellschaftliches Phänomen, das bis dahin nicht ausschließlich als medizinisch re-

zwischen Gesundheit und Krankheit auszugehen sei.[658] Ungeachtet einer Feststellung des Anteils solcher Suizide, die pathologisch bedingt sind, ist zu berücksichtigen, dass ein pathologischer Befund die Selbstbestimmung nicht zwangsläufig ausschließt.[659] Rechtliche Folgerungen können regelmäßig nur dann aus einem biologischen Defizit getroffen werden, wenn dieses auch zu einem normativen Defizit führt.[660] So muss etwa bei § 20 StGB ein dort genanntes biologisches Kriterium erfüllt sein, das sodann ein solches Ausmaß erreicht hat, dass daraus eine psychologisch-normative Schuldunfähigkeit in Form fehlender Einsichtsfähigkeit oder fehlender Steuerungsfähigkeit folgt. Auch wenn es bei diesem Beispiel um die Schuld eines Täters bei der Schädigung Dritter geht, so lässt sich der grundsätzliche Gedanke auf die Einwilligungsfähigkeit übertragen. Eine ähnliche systematische Übertragung führen die Vertreter der Exkulpationslösung bei der Bestimmung der Freiwilligkeit ins Feld, denn die direkt nur auf Fremdschädigung anwendbaren Normen (§§ 19, 20, 35 StGB) werden danach analog auf Selbstschädigungsdelikte angewendet.[661]

Unabhängig von der Frage, ob eine psychische Erkrankung im Einzelfall zu einer entscheidenden Beeinträchtigung der Einwilligungsfähigkeit führt, verbietet sich jedenfalls eine generelle Pönalisierung jeder Beteiligungsform, zum einen weil sich weder das eine noch das andere final bestätigen lässt und zum anderen weil das Strafrecht ungeachtet der Frage, ob es ein (unbeschränktes) Recht auf den Tod gibt, nicht das geeignete Mittel ist, um Unterstützung bei grundlegenden existenziellen Entscheidungen zu verhindern.[662] Orientiert man sich im Rahmen der Sterbehil-

---

levant wahrgenommen wird, nunmehr in medizinischen Termini definiert und/oder mit medizinischen Mitteln behandelt wird", *Wehling/Viehöver/Gründel*, DÄBl. 2012, 339.

658 *Fenner*, Suizid, S. 386 ff.

659 Vgl. etwa *S/S-Eser/Sternberg-Lieben*, StGB, Vor. §§ 211 ff., Rn. 34.; NK-StGB/*U. Neumann*, Vor. § 211, Rn. 66; MüKoStGB/*Schneider*, Vor. § 211, Rn. 44; *Wedler*, Suizid kontrovers, S. 17.

660 Dies verkennt der Gesetzesentwurf *Helling-Plahr/Lauterbach/Sitte* et al. <https://www.helling-plahr.de/files/dateien/210202%20Interfraktioneller%20Entwurf%20eines%20Gesetzes%20zu%20Regelungen%20der%20Suizidhilfe_final.pdf> (Abruf am 31.01.2022), in dem nach § 3 Abs. 1 Voraussetzung eines freien Willens ist, dass dieser „unbeeinflusst von einer akuten psychischen Störung" (S. 4) gebildet wurde.

661 Vgl. Kapitel 2, B., II., 1., a. = S. 42 ff.

662 *S/S-Eser/Sternberg-Lieben*, StGB, Vor. §§ 211 ff., Rn. 34, m.w.N.; vgl. auch *Roxin*, FS für Dreher, 331, 352 ff., der das Strafrecht als Instrument der Suizidprävention als „ungeeignet", gar als „schädlich" erachtet; s. auch *Bringewat*, ZStW 1975, 623, 634 ff.; *Herzberg*, Unterlassung im Strafrecht, 265 ff.

fe am Selbstbestimmungsrecht des Rechtsgutsträgers, so muss das Recht abstrakt das Maß und angemessene Kriterien für die Feststellung einer eigenverantwortlichen Ausübung des Selbstbestimmungsrechts vorgeben.[663] Gleichsam dürfen diese Anforderungen nicht so hoch sein, dass faktisch keine Ausübung des Selbstbestimmungsrechts mehr möglich ist. Sind abstrakte Kriterien aufgestellt, so könnten diese im Rahmen der Sterbehilfe durch Fachkräfte, wie Psychologen und Mediziner, konkret überprüft werden – hier würde es dann entscheidend auf den eben erwähnten Freiraum ärztlichen Ermessens ankommen. Soweit die eigenverantwortliche Ausübung des Selbstbestimmungsrechts festgestellt wurde, ist die Verfügungsmacht über das eigene Leben im Grundsatz das normative Leitprinzip.

### IV. Zwischenergebnis

Der absolute Lebensschutz ist kein geeignetes Leitprinzip. Eine normative Regulierung hat sich stattdessen im Ausgangspunkt am Selbstbestimmungsrecht und der daraus resultierenden freien Verfügungsmacht über das eigene Leben zu orientieren. Besteht ein Interesse an der Lebensbeendigung im konkreten Fall, muss zunächst die Autonomie festgestellt werden. Ob und inwieweit die Autonomie für diese Feststellung oder für berechtigte Interessen Dritter eingeschränkt werden kann, bedarf der Prüfung in einem nächsten Schritt.

## *D. Inhaltliche Anforderungen und normative Grenzen*

Um Autonomie festzustellen, ist ihre Reichweite zu ermitteln, indem die Voraussetzungen und Schranken der Selbstbestimmung definiert werden. Um das Recht inhaltlich konkret am normativen Leitprinzip der Verfügungsmacht über das eigene Leben ausgestalten zu können, sind zunächst die Grenzen der Rechtsetzung abzustecken. Inwieweit das Recht begrenzend eingreifen darf, ist eine Frage der klassischen Paternalismus-Debatte.

---

663 Ähnlich bezüglich der Patientenautonomie *Magnus*, Patientenautonomie im Strafrecht, S. 88 f.

## I. Rechtspaternalismus

Der Rechtssetzung ist stets die grundsätzliche Frage vorgelagert, welche Prämissen des menschlichen Verhaltens das Recht annehmen soll. Muss das Recht davon ausgehen, dass seine Adressaten im Grundsatz rational handeln und es somit nur für den Ausnahmefall regulierend eingreifen soll oder muss das Recht annehmen, dass der Rechtsadressat systematisch irrational agiert, damit in der Regel fehlerbehaftet handelt und somit im Grundsatz der Regulierung durch den Staat bedarf?[664] Dies betrifft also vor allem die Frage der Autonomiereichweite. Ob eine (straf-) rechtliche Intervention bei der hier zugrundeliegenden existenziellen Frage der Zulässigkeit von Sterbehilfehandlungen gerechtfertigt ist, bedarf also zunächst der genaueren Betrachtung. Dabei sind die Weichen gestellt: Die Autonomie ist grundsätzlich zu achten, gegenläufige Interessen sind jedoch zu berücksichtigen.[665]

Die hier vertretene liberale Perspektive verbietet dem Staat, einen Menschen gegen seinen Willen zu seinem vermeintlichen Glück zu zwingen. Der sein Recht Ausübende darf also nicht davon abgehalten werden, freiwillig „Unglück“ zu erfahren.[666] Obgleich es der Logik zu entbehren scheint, bedeutet dies nicht zwingend, dass das Recht es nicht gebieten kann aufgrund von Wertentscheidungen einen Menschen von einem Unglück abzuhalten. Vor Unglück zu bewahren bedeutet und gebietet nicht gleichsam ins Glück zu führen. Glück kann, muss aber nicht notwendigerweise in der Abwesenheit von Unglück bestehen. Auch die Qualifizierung als „Unglück“ kann schon im Einzelfall paternalistisch sein. Definition und Legitimation paternalistischer Handlungen sind abstrakte philosophische Fragestellungen; sie liegen dem praktischen Problem des Rechtspaternalismus zugrunde.[667] Paternalistisch handelt eine Person, wenn sie zugunsten eines anderen in dessen Autonomie eingreift.[668] Strafrechtspaternalismus ist dabei eine besondere Form dessen, bei der der Staat Paternalismus mit den Mitteln des Strafrechts durchsetzen will.[669] Wann darf

---

664 Vgl. *Eidenmüller*, JZ 2011, 814.

665 BVerfGE 153, 182, 260 ff., 266 ff.

666 *Hillgruber*, Der Schutz des Menschen vor sich selbst, S. 118 ff.; zum Folgenden auch *Kirste*, JZ 2011, 805 f.

667 Der Beginn der Paternalismus-Debatte geht zurück auf *Mill*, Die Freiheit, S. 121 ff.

668 Vgl. z.B. *Kirste*, JZ 2011, 805, 806.

669 Zum Begriff des Strafrechtspaternalismus und zur kategorialen Unterscheidungen *Gkountis*, Autonomie und strafrechtlicher Paternalismus, S. 18 ff., 23 f.;

die Autonomie eines Menschen zu seinen eigenen Gunsten beschränkt werden? Wann ist eine solche paternalistische Beschränkung – im Allgemeinen und im Besonderen mit den Mitteln des Strafrechts – gerechtfertigt? Bevor auf konkrete Ausgestaltungen einzugehen ist, sind zunächst die Anforderungen an autonomes Handeln zu bestimmen.

## II. Autonomes Handeln

Durch den zeitlichen Wandel und verschiedene Perspektiven ist der Begriff der Autonomie derart vielschichtig, dass die einheitliche Bestimmung dessen wohl unmöglich sein wird.[670] Trotz der vielen Bestimmungsansätze kann man jedoch den Kern der rechtlichen Autonomie in der verfassungsrechtlich gewährleisteten Selbstbestimmung des Menschen sehen.[671] Als Ausprägung des Selbstbestimmungsrechts bedarf sie der Konkretisierung. Was zeichnet autonomes Handeln aus, was sind seine Voraussetzungen? Dabei gilt es zu beachten, dass die rechtliche Autonomie eine gedankliche Konstruktion ist, die dazu dient die Freiheitssphären und Verantwortungsbereiche der Bürger zu bestimmen.[672] So unterliegt man leicht einem (kaum vermeidbaren) Zirkelschluss, da die Qualifizierung als freiheitsbeschränkender, paternalistischer Eingriff von der Autonomiedefinition abhängt.[673] Je weiter der Schutzbereich der Selbstbestimmung reicht, desto eher greifen Handlungen in diesen Bereich ein und umgekehrt. Zirkulative Argumente kennzeichnen zwar häufig rechtsethische Betrachtungen, für das entscheidende Gesamtkonzept kommt es aber lediglich darauf an, die einzelnen Ebenen jenes Konzepts jeweils in einen schlüssigen (Gesamt-) Ausgleich zu bringen.[674]

---

*Rigopoulou*, Grenzen des Paternalismus im Strafrecht, S. 23 ff.; *Scheinfeld*, Organtransplantation und Strafrechtspaternalismus, S. 13 ff.; vgl. auch *v. Hirsch/ U. Neumann*, „Indirekter" Paternalismus im Strafrecht, S. 71; *Schünemann*, Die Kritik am strafrechtlichen Paternalismus, S. 221.

670 Ausführlich *Magnus*, Patientenautonomie im Strafrecht, S. 38 ff.

671 *Kirste*, JZ 2011, 805, 806.

672 *Fateh-Moghadam*, Grenzen des weichen Paternalismus, 21, 28.

673 Zu diesem Gedanken und zum Folgenden *Scheinfeld*, Organtransplantation und Strafrechtspaternalismus, S. 444, 498 f.

674 Diesem Gedanken liegt das „Überlegungsgleichgewicht" nach *Rawls*, Eine Theorie der Gerechtigkeit, S. 34 ff.; 140 ff. zugrunde: Um ein kohärentes Ganzes mit dem Ziel einer gerechten Lösung zu erreichen, müssen moralische und emotionale Wertungen wechselseitig angepasst werden; verschiedene Begründungselemente müssen für das Ergebnis so ausgeglichen werden, dass dieses am Ende

Paternalistische Eingriffe sind solche, die die allgemeine Handlungsfreiheit nach Art. 2 Abs. 1 GG oder das allgemeine Persönlichkeitsrecht nach Art. 2 Abs. 1 GG i.V.m. Art. 1 Abs. 1 GG beschränken oder verkürzen. Bestimmt man den Autonomiebegriff demnach negativ, so handelt es sich um die Abwesenheit autonomiefeindlicher Umstände.[675] Im Ausgangspunkt handelt damit derjenige kompetent, also autonom, der fähig ist, eigenverantwortliche Entscheidungen zu treffen, die sich mit seinen eigenen Interessen decken. Welcher Maßstab ist aber an die Bewertung einer eigenverantwortlichen Entscheidung anzulegen? Hier ist auf ein modifiziertes Schwellenkonzept zurückzugreifen, wonach ab einem hinreichenden Grad dem Menschen zugeschrieben wird, eigenständig zu entscheiden und anderen verboten wird, diesen Bereich zu verkürzen.[676] Diese Grenze darf nicht als starr verstanden werden. Da es nicht darum geht sicherzustellen, dass der Rechtsgutsträger gute oder schlechte Entscheidungen trifft, sondern ganz unabhängig von Wertungen Dritter in seiner Entscheidungssphäre die alleinige Hoheit hat, muss die Kompetenzschwelle dynamisch im Einzelfall bestimmt werden.[677] Konsequenterweise ändert sich nicht der Maßstab zur Bestimmung der Kompetenz, wenn die Risiken oder Folgen der Entscheidung relativ erhöht sind, sondern das Beweiserfordernis, da ansonsten die Entscheidungskompetenz bestimmter Handlungen zu Unrecht generell verneint werden könnte.[678] Voraussetzung für autonomes Handeln ist danach, dass der Rechtsgutsträger einsichtsfähig ist, er also die Bedeutung und Finalität seiner Entscheidung vollumfänglich erkennt, versteht und für sich bewerten kann. Schon dann könnte es kein Recht der Allgemeinheit geben seine Persönlichkeit zu übergehen und ihre Entfaltung, die eben auch in ihrer Aufhebung bestehen kann, zu unterdrücken.

---

auf einer widerspruchsfreien normativen Konzeption beruht; vgl. auch *Mona*, ARSP 2004, 361, 365 f.

675 *Möller*, Paternalismus und Persönlichkeitsrecht, S. 97 f.; *Scheinfeld*, Organtransplantation und Strafrechtspaternalismus, S. 502.

676 Vgl. zum (reinen) Schwellenkonzept grundlegend *Wikler*, PPA 1979, 377 ff.; vgl. auch *Feinberg*, Harm to Self, S. 29; *Scheinfeld*, Organtransplantation und Strafrechtspaternalismus, S. 503.

677 *Möller*, Paternalismus und Persönlichkeitsrecht, S. 157; *Scheinfeld*, Organtransplantation und Strafrechtspaternalismus, S. 503 f; ähnlich *Magnus*, RphZ 2017, 225, 235: „Vorstellung eines stufenlosen Kontinuums zwischen vollständiger und gänzlich fehlender Autonomie".

678 Vgl. *Scheinfeld*, Organtransplantation und Strafrechtspaternalismus, S. 504; a.A. *Feinberg*, Harm to Self, S. 117 ff.: Entscheidungssituation, die dem Ideal eines „fully voluntary acts" nahekommt.

## III. Verkürzung der Autonomie durch Paternalismus

Staatliches Handeln, welches die Autonomie verkürzt, stellt einen rechtspaternalistischen Eingriff dar. Solche Eingriffe müssen nicht nur verfassungsrechtlich, sondern auch rechtsethisch legitimiert werden, denn die „Bestimmung über seine leiblich-seelische Integrität gehört zum ureigensten Bereich der Personalität des Menschen“[679]. Maßgebliches Kriterium der Eigenverantwortlichkeit einer Entscheidung ist die Einsichtsfähigkeit. Damit gibt es eine kognitive (Wissen) und eine voluntative (Wollen) Ebene der Autonomie. Problematisch sind in praktischer Hinsicht insbesondere Entscheidungen, die willentlich getroffen werden, bei denen jedoch Informationen, die die Entscheidung beeinflussen könnten, nicht vorliegen. In (straf-) rechtlichen Kategorien wird das vor allem dann relevant, wenn diese Informationen wissentlich vorenthalten werden oder über Fakten getäuscht wird. Rechtliche Vorgaben müssen sich dahingehend also insbesondere im Hinblick auf das Untermaßverbot (Lebensschutz) messen lassen; der Staat hat eine Schutzpflicht und muss Missbrauch verhüten. Doch auch das Übermaßverbot (Autonomie) ist zu beachten, denn Autonomie betrifft im Kern gleichsam die Entscheidung, wie rational ein Mensch seine Entscheidungen gestalten will.[680] Welche Anforderungen der Einzelne wiederum an seine Rationalität stellt, hängt maßgeblich von den Werten ab, die ein jeder sich selbst auferlegt. Konsequenterweise umfasst Autonomie also nicht nur das Ergebnis des Entscheidungsprozesses, sondern auch das Maß an Rationalität und die Auswahl der Werte, die im Entscheidungsprozess aufgestellt werden.[681] Legt man also die Vorstellung einer „reinen Autonomie“ zugrunde, dann ist die Autonomie auch auf die Freiheitsbedingung selbst anzuwenden; äußere Maßstäbe an Rationalität und Werthaftigkeit sind nicht anzulegen. Autonomie ist „ein zweistufiges Recht, das die Selbstbestimmung über Handlungen mit der Selbstbestimmung in bezug (sic!) auf die Erforderlichkeit von Informationen für die Handlungen verbindet.“[682] Ein Aufklärungsverzicht beispielsweise ist damit nur die Konkretisierung des „Rechts auf Nichtwissen“, welches

---

679 BVerfGE 52, 131, 175 (damals nur abweichende Ansicht der Richter *Hirsch, Niebler, Steinberger*); bestätigend BVerfGE 128, 282, 300; jüngst BVerfGE, 153, 182, 262 f.; zustimmend *Gutmann*, Ethik in der Medizin 1998, 58, 62; *ders.*, NJW 1999, 3387, 3388; *Kirste*, JZ 2011, 805, 811; *Scheinfeld*, Organtransplantation und Strafrechtspaternalismus, S. 497; *Sternberg-Lieben*, MedR 2019, 185, 187.

680 In diese Richtung auch *Kirste*, JZ 2011, 805, 810.

681 *Kirste*, JZ 2011, 805, 806, 810.

682 *Kirste*, JZ 2011, 805, 806.

Ausdruck des allgemeinen Persönlichkeitsrechts nach Art. 2 Abs. 1 i.V.m. Art. 1 Abs. 1 GG ist.[683] Diese Auffassung einer reinen Autonomie schreibt der Autonomie mithin nicht nur die Kompetenz zu, innerhalb vorgegebener Maßstäbe zu handeln, sondern auch die „Kompetenz-Kompetenz“[684] im Sinne einer Definitionsmacht die Maßstäbe individuell dafür zu entwickeln. Wird die Reichweite dieses Rechts zugunsten externer Maßstäbe durch staatliches Handeln verkürzt, so handelt es sich um einen paternalistischen Eingriff. Mit anderen Worten verkürzen nur Maßnahmen gegen den Willen die Autonomie. Beeinträchtigungen zugunsten der kognitiven Ebene können jedoch gerechtfertigt sein. Dann ist zu fragen, ob der paternalistische Eingriff – gegebenenfalls zugunsten eines anderen Leitprinzips – gerechtfertigt ist.

Man kann grundsätzlich zwischen verschiedenen Arten des Paternalismus differenzieren.[685] Eine Vorabkategorisierung ist hier aber wenig ertragreich. Vielfach verwendete Terminologien sagen nichts über den Inhalt und die Zulässigkeit der damit beschriebenen Konstrukte aus. Stattdessen soll hinsichtlich der Sterbehilfe gefragt werden, welche Maßnahmen überhaupt von vornherein zulässig und welche weiterhin rechtfertigungsbedürftig sind. Zunächst ist also eine Maßnahme dahingehend zu überprüfen, ob diese überhaupt autonomieverkürzend wirkt. Autonomieverkürzende Maßnahmen sind ihrerseits nur rechtmäßig, wenn diese auch gerechtfertigt sind.

### 1. Aufklärung und Beratung

Bei der Betrachtung einzelner Maßnahmen soll kurz auf das häufig angeführte „Brückenbeispiel“ eingegangen werden.[686] Diesem Beispiel liegt der fiktive Sachverhalt zugrunde, dass ein erwachsener Mann kurz davor ist, eine morsche und daher einsturzgefährdete Brücke zu überschreiten. Wie

---

683 Vgl. *Kirste*, JZ 2011, 805, 808, m.w.N.

684 Als Kompetenz-Kompetenz wird die Befugnis eines staatlichen Organs bezeichnet, über seine eigene Zuständigkeit zu entscheiden. Diese liegt grundsätzlich beim Souverän; in der Bundesrepublik Deutschland also nach Art. 20 Abs. 2 S. 1 GG beim Volk. Diese Letztentscheidungsmacht kann nicht übertragen werden, vgl. in Bezug auf die Europäische Union BVerfGE 123, 267, 349 („Lissabon-Urteil“); *Nettesheim*, in: Grabitz/Hilf/Nettesheim, AEUV, Art. 1, Rn. 18.

685 *Enderlein*, Rechtspaternalismus und Vertragsrecht, S. 15 ff.; *Scheinfeld*, Organtransplantation und Strafrechtspaternalismus, S. 16 ff.

686 Wohl zurückgehend auf *Mill*, Die Freiheit, S. 240.

muss sich nun ein dies beobachtender Dritter, der um den Zustand der Brücke und das Einsturzrisiko weiß, verhalten?

Wenn der Dritte dem Gefährdeten zuruft, dass die Brücke morsch sei und bei Überschreiten Lebensgefahr bestehe, dann gibt er lediglich Informationen weiter, welche den Willen zunächst nicht beeinträchtigen. Der Mann kann sich noch immer anhand der Informationen entscheiden, ob er das Risiko, die Brücke zu überqueren, eingehen möchte oder nicht. Verändert wird nur die kognitive Komponente; mangels Beeinträchtigung des Willens handelt es sich also nicht um Paternalismus. Ähnlich liegt der Fall zum Beispiel bei Warnhinweisen auf Tabakprodukten.[687] Gleiches gilt für die Beratung eines Suizidwilligen. Diesem die Endgültigkeit seiner Entscheidung vor Augen zu führen, Behandlungsmöglichkeiten bei einer Krankheit aufzuzeigen oder ähnliche informative Ausgestaltungen stellen per se keinen Paternalismus dar. Dies gilt auch dann, wenn Aufklärung und Beratung inhaltlich durch bestimmte Werte geprägt sind.

Fraglich ist, wie weit die Maßnahmen gehen dürfen, damit sie nicht als paternalistisch zu qualifizieren sind. Die Beratung selbst knüpft grundsätzlich nur an die kognitive und nicht an die voluntative Komponente der Autonomie an. Man könnte vermuten, dass die freie Beratung dort endet, wo versucht wird, den Rechtsgutsinhaber zu einer bestimmten Entscheidung zu überreden.[688] Aufgrund des lebensbejahenden Charakters der ärztlichen Berufsethik, könnte der Arzt bei der Beratung eine lebensbejahende Position einnehmen,[689] bei der die Linie zwischen neutraler Beratung und Überreden verwischen mag. Die lebensbejahende Beratung wird sogar teilweise gefordert.[690] Versucht jemand einen anderen zu überreden – unbedeutend ist, dass hier die Grenzen zwischen selektiver Informationsweitergabe und persönlicher Meinung verschwimmen mögen –, so gibt dieser Fakten wieder, wertet und gewichtet diese subjektiv und präsentiert anhand dessen ein persönliches Ergebnis. Dies hält den Rechtsgutsinhaber aber nicht davon ab, eine andere Gewichtung vorzunehmen, einen anderen Schluss daraus zu ziehen, andere Informationen einzuholen

---

687 Vgl. BVerfGE 95, 173; *Kirste*, JZ 2011, 805, 807.

688 So u.a. *Maclean*, Autonomy, Informed Consent and Medical Law, S. 109, der diesen paternalistischen Eingriff aber jedenfalls im Arzt-Patienten-Verhältnis als gerechtfertigt betrachtet; darauf verweist auch zustimmend *Kirste*, JZ 2011, 805, 807, Fn. 25.

689 *Kampmann*, Die Pönalisierung der geschäftsmäßigen Förderung der Selbsttötung, S. 155; *Roxin*, NStZ 2016, 185, 190.

690 *Kampmann*, Die Pönalisierung der geschäftsmäßigen Förderung der Selbsttötung, S. 199; a.A. („ergebnissoffen“ in § 7) *Künast/Sitte*, BT-Drs. 18/5375, 4.

oder seinen Willen insgesamt frei zu gestalten. Informiert der Arzt seinen Patienten drüber, dass es noch eine aus seiner Sicht hoffnungsvolle experimentelle Studie zu seiner Krankheit gibt und er daher nicht nur dringend von einer Konkretisierung des Sterbewunsches abrät, sondern ihn auch darum bittet, vom Sterbewunsch Abstand zu nehmen, so nimmt er dem Rechtsgutsinhaber nicht die Möglichkeit frei zu handeln. Der Patient hat nur Informationen über Behandlungsmöglichkeiten und eine fachliche Meinung, verbunden mit einem persönlichen Rat des Arztes, erhalten. Soweit also dem Rechtsgutsinhaber von vornherein nicht verwehrt wird seinem Sterbewunsch nachzukommen, ist die voluntative Komponente nicht tangiert und es handelt sich nicht um eine paternalistische Maßnahme.[691] Die Erweiterung der Perspektive ist vielmehr sogar ein autonomieförderndes Verhalten. Die Grenze ist erst dann erreicht, wenn durch falsche Informationen versucht wird, durch eine Veränderung der kognitiven Ebene die voluntative Ebene regelrecht zu manipulieren oder die voluntative Ebene sogar unmittelbar zu begrenzen. Insoweit kann man von einem kognitiv bedingten Willensmangel sprechen.

Die reine Informationsweitergabe, auch im Sinne einer Beratung und auch dann, wenn sie mit einem persönlichen, wertenden Rat oder einer Einschätzung verbunden ist, stellt keine paternalistische Maßnahme für sich genommen dar. Der Wille des Rechtsgutsträgers bleibt unberührt, er kann der Warnung oder dem Rat folgen oder auch nicht. Problematisch wird es aber, wenn im Brückenbeispiel der Mann das Zurufen nicht hören kann, weil er gerade telefoniert oder Kopfhörer trägt. Tippt der Dritte ihn an, um auf sich aufmerksam zu machen, kann der Mann entscheiden, ob er zuhören oder einfach weitergehen möchte. Sein Wille bleibt auch dann unberührt. Anders muss es sich aber jedenfalls dann verhalten, wenn der Dritte ihn festhält, um seine Warnung auszusprechen. Während der Rechtsgutsträger bei den zuvor genannten Handlungen frei war die Informationen zu empfangen, beruht die Informationsweitergabe, jedenfalls soweit er festgehalten wird, nicht auf seinem Willen. Solange die Person gegen ihren Willen zu ihrem „Glück“ bewogen wird, handelt es sich bei der zwanghaften Maßnahme um Paternalismus. Neben der Intention, das

691 A.A. *van Aaken*, Begrenzte Rationalität und Paternalismusgefahr, 109, 113, die Warnungen als paternalistischen Eingriff betrachtet, der jedoch gerechtfertigt sei; wohl auch *Fateh-Moghadam*, Grenzen des weichen Paternalismus, 21, 43 („Prozeduraler Paternalismus“).

Wohl des Rechtsgutsträgers fördern zu wollen, ist also auch der Zwang notwendiges Merkmal einer paternalistischen Maßnahme.[692]

Damit wird die Zweistufigkeit konkret deutlich: Der Rechtsgutsträger ist originär nicht nur frei darin, die finale Entscheidung über eine Handlung zu treffen – zweite Stufe –, sondern in der ersten Stufe auch frei zu entscheiden, welche Informationen er bezüglich seiner Entscheidung auf zweiter Stufe erhalten und welche Werte er anlegen möchte. Autonomie erstreckt sich nicht nur auf das Wollen der Handlung, sondern auch auf das Wollen des Wissens über Informationen der Handlung, wobei nur ein Eingriff gegen den Willen paternalistisch ist. Paternalistische Handlungen, die die erste Stufe beschränken, werden häufig als „weicher“[693] Paternalismus bezeichnet,[694] während Eingriffe auf der zweiten Stufe im Gegensatz dazu „harter“ Paternalismus genannt werden.[695] Diese Kategorisierung ist aber nur nützlich, um die Stufe des Eingriffs zu verdeutlichen, welche für eine mögliche Rechtfertigung – ähnlich der „Dreistufentheorie“ im Rahmen der Berufsfreiheit nach Art. 12 Abs. 1 GG[696] – relevant ist, sie darf nicht darüber hinwegtäuschen, dass Eingriffe auf beiden Ebenen letztlich den Willen beeinträchtigen und rechtfertigungsbedürftig sind.

---

692 *V. Hirsch*, Direkter Paternalismus im Strafrecht, S. 57, 58.

693 Teilweise auch „uneigentlicher“ Paternalismus oder „Antipaternalismus“, vgl. *Feinberg*, Harm to Self, S. 12; vgl. auch *Enderlein*, Rechtspaternalismus und Vertragsrecht, S. 17 und *Fenner*, Suizid, S. 100 „schwacher“ Paternalismus.

694 Ausdifferenziert *Fateh-Moghadam*, Grenzen des weichen Paternalismus, 21, 27, der zutreffend weichen Paternalismus dadurch kennzeichnet, dass autonome Entscheidungen grundsätzlich respektiert werden und der Eingriff dem Erhalten und der Förderung der Autonomie des Einzelnen dient. Daher nennt er diesen auch „autonomieorientierten Paternalismus“. Zustimmend *Scheinfeld*, Organtransplantation und Strafrechtspaternalismus, S. 19; a.A. *Birnbacher*, Paternalismus im Strafrecht, S. 9, 12 f., notwendiges Merkmal jeder paternalistischen Intervention sei, dass sich über den Willen einer frei und wohlinformierten Person hinweggesetzt wird.

695 Kategorisierung wohl zurückgehend auf *Feinberg*, Harm to Self, S. 12 ff., 61; so auch *v. Hirsch*, Direkter Paternalismus im Strafrecht, S. 57, 58; kritisch zu dieser Kategorisierung *Kirste*, JZ 2011, 805, 806 ff., der die Differenzierung als überflüssig erachtet, da letztlich nur eine Beeinträchtigung des Willens – auch bezüglich des Wissensumfangs – paternalistisch sei: Auch Eingriffe auf erster Ebene seien (hart) paternalistisch, wodurch eine Differenzierung obsolet sei, da das allgemeine Paternalismuskriterium des Vorteils durch einen ganz bestimmten Vorteil – also die Verbesserung der Autonomie – konkretisiert wird. Dies mag für die Frage des Eingriffs zutreffen, für eine mögliche Rechtfertigung ist eine konstruktive Differenzierung zwischen den Ebenen allerdings relevant.

696 BVerfGE 7, 377.

Maßnahmen qualifizieren sich mithin kurz gesprochen nicht durch das Motiv des Handelnden oder das Ergebnis als paternalistisch, sondern durch das gewählte (Zwangs-) Mittel.[697] Für die Sterbehilfe bedeutet dies, dass der informative Austausch im Sinne einer Aufklärung oder Beratung von vornherein nicht rechtfertigungsbedürftig ist. Diese Maßnahmen qualifizieren sich aber dann zu einem rechtfertigungsbedürftigen (weichen) Rechtspaternalismus auf erster Stufe, wenn sie zwingende Voraussetzung für die Durchsetzung der Autonomie in Form der Sterbehilfe sind. Dies gilt auch für jede Form des indirekten Paternalismus[698] bei höchstpersönlichen, unvertretbaren Entscheidungen[699], da die Strafandrohung der Beteiligung eine Maßnahme gleicher Wirkung ist, die die Autonomie des kompetenten Sterbewilligen faktisch vollständig zu beschränken vermag.[700]

## 2. Hilfeleistung und Behandlung

Aufklärung und Beratung betreffen die erste Stufe. Ihr Sinn und Zweck liegt regelmäßig darin, Autonomie zu sichern, um die Interessen des Sterbewilligen umsetzen zu können. Diese Handlungen – auch in Form des Überredens – sind aber nur dann paternalistisch, wenn sie den Willen des Rechtsgutsinhabers missachten, er also zu einem Gespräch gezwungen wird. Weich paternalistisch sind sie, wenn dennoch jede Entscheidung am Ende dieses Prozesses akzeptiert wird. Im Gegensatz zum harten Paternalismus suspendiert dieser den Willen nur und substituiert ihn nicht. Nach dem Gesagten ist klar, dass jede Form der Hilfeleistung ebenfalls eine paternalistische Maßnahme darstellt, wenn diese gegen den Willen des Rechtsgutsträgers erfolgt. In Bezug auf das Brückenbeispiel ist jedes gegen den Willen des Mannes durchgesetzte Zurückhalten paternalistisch. Weich paternalistisch ist es, wenn er zum Beispiel zum Zwecke der Aufklärung zurückgehalten wird, man ihn aber nach erfolgter Aufklärung

697 *Kirste*, JZ 2011, 805, 807.

698 Über den indirekten Paternalismus im Rahmen von § 216 StGB *v. Hirsch/ U. Neumann*, „Indirekter" Paternalismus im Strafrecht, S. 71 ff.; s. auch *Fateh-Moghadam*, Grenzen des weichen Paternalismus, 21, 39.

699 *Scheinfeld*, Organtransplantation und Strafrechtspaternalismus, S. 506 ff.; 551.

700 Zum modernen Eingriffsbegriff BVerfGE 105, 279, 300 f.; zum gleichen Gedanken formuliert als „Maßnahmen gleicher Wirkung" s. Art. 34 f. AEUV.

passieren lässt und hart paternalistisch ist jedes endgültige[701] Zurückhalten des Mannes. Für die Sterbehilfe bedeutet dies, dass zwangshafte Eingriffe durch Dritte, insbesondere eine Behandlung des Patienten gegen dessen Willen, rechtfertigungsbedürftige paternalistische Akte sind. Der Arzt hat gegen den Willen die Behandlung gar nicht erst aufzunehmen (Behandlungsverzicht) oder bei einer bereits erfolgten Behandlung nach Entfall des Patientenwillens die Behandlung abzubrechen (Behandlungsabbruch).

In den Fällen der Selbstschädigung, insbesondere bei der Selbsttötung, wird differenziert, um den Willen des Suizidenten zu ergründen.[702] Dabei ist auf die Motive des Rechtsgutsträgers abzustellen. Handelt er aus Hilflosigkeit, um durch den Versuch oder die Ausführung auf seine negative Lebenssituation aufmerksam zu machen, dann stellt dies einen Hilferuf an die Gesellschaft dar. Der Sinn besteht bei einem solchen „Appellsuizid" in der Kundegabe dieser Nachricht und nicht im Tod selbst. Mithin entspricht eine selbstschädigende und tödliche Handlung gar nicht dem Willen des Menschen.[703] Hilfeleistung und Behandlung sind dann nicht paternalistischer Natur. Wer im Falle extremer Hilflosigkeit einem Menschen nicht hilft, macht sich sogar möglicherweise wegen unterlassener Hilfeleistung nach § 323c Abs. 1 StGB strafbar. Im Gegensatz zum „Appellsuizid", erscheint dem Rechtsgutsträger beim „Abwägungssuizid" bzw. „Bilanzsuizid" nach einer Abwägung das Leben nicht mehr als lebenswert. Dies ist insbesondere (aber nicht ausschließlich) denkbar bei einer schweren Krankheit, bei der Siechtum oder erhebliche, kaum linderbaren Schmerzen eintreten oder zu erwarten sind. Selbstschädigende Handlungen, die der Rechtsgutsträger ausführt, entsprechen seinem Willen. Der Tod entspricht seinem Willen. Sind diese Voraussetzungen erfüllt, so ist jegliche Form der damit aufgedrängten Hilfeleistung und Behandlung paternalistisch und rechtsfertigungsbedürftig. Selbiges gilt für Normen, die solche Eingriffe einfordern.

Eine Unterscheidung von „Appell- und Bilanzsuiziden" wird sich jedoch im Vorfeld häufig als schwierig, vielleicht auch als unmöglich erweisen, da Suizidwünsche regelmäßig auf einem komplexen Motivbündel beruhen und das Verlangen ambivalent oder wechselhaft sein kann.[704] Die Katego-

---

701 Hierin liegt die Differenzierung, welche *Kirste*, JZ 2011, 805, 806 ff. kritisiert. Ihm zufolge ist jedes Zurückhalten gegen den Willen (hart) paternalistisch, selbst wenn es nur vorübergehend der Aufklärung dient.

702 Zum folgenden Gedanken *Kirste*, JZ 2011, 805, 809; vgl. auch *Möller*, KritV 2005, 230, 239 ff.

703 Kritisch zur Figur des „wahren Willens" *Möller*, KritV 2005, 230, 237 ff.

704 BVerfGE, 153, 182, 274.

risierung der Suizide nach dem Motiv darf daher nicht dazu führen, dass ideologisch geprägt jeder Suizidversuch als pathologisch, unfrei und als Hilferuf qualifiziert wird.[705] Sich auf diese Weise einer Rechtfertigung zu entziehen, entspricht nicht den Anforderungen eines liberalen Staates. Vielmehr bedarf es auch einer ideologiefreien medizinischen Rechtfertigung im Einzelfall, warum es sich um einen „Appellsuizid" handelt. Die Kategorisierung dient lediglich als konstruktive Leitlinie, die individuell bestätigt werden muss.[706]

## IV. Verfassungsrechtliche Rechtfertigung

Ist eine Handlung als paternalistisch qualifiziert, bedeutet dies nicht, dass sie auch rechtswidrig ist. Hinsichtlich der Sterbehilfe kommen rechtfertigend der Selbstschutz, Rechte einzelner Dritter sowie objektive Werte und das Allgemeinwohl in Betracht.

### 1. Selbstschutz

Unter dem Deckmantel des Selbstschutzes kann kein absoluter Lebensschutz gerechtfertigt werden. Auch können nicht pauschal unter Hinweis auf die Menschenwürde „jegliche Tendenzen in Richtung aktiver Sterbehilfe"[707] unterbunden werden:

> „Man würde den tiefen historischen und philosophischen Kern der Menschenwürdegarantie (...) ebenso wie ihren Ausnahmecharakter (...) verkennen, wenn man sie schlicht als normativ höchstrangiges Substrat paternalistischer Moralvorstellungen und fixer gesellschaftlicher Ordnungsmuster begreifen wollte. Es ist verfehlt, Menschwürde als ein objektives Wertekonzept zu interpretieren und gegen ihr ei-

---

705 Ähnliche Besorgnis äußert *Möller*, KritV 2005, 230, 237 ff. in seiner Kritik zur Figur des „wahren Willens".

706 Vgl. S/S-*Eser/Sternberg-Lieben*, StGB, Vor. §§ 211 ff., Rn. 34a: Keine Verschärfung der Autonomiekriterien derart, dass die Grenzen eigenverantwortlichen Handelns so eng gesetzt werden, dass eine Realisierung des Sterbewunsches „durch die Hintertür" final abgeschnitten wird.

707 *Häberle*, HStR II, § 22, Rn. 97.

gentliches Fundament, nämlich individuelle Autonomie und Selbstbestimmung über das eigene Leben, auszuspielen."[708]

Denkbar ist jedoch, dass bestimmte paternalistische Maßnahmen durch einen Schutz des Rechtsgutsträgers vor sich selbst[709] gerechtfertigt sein können. Dafür müssten solche Eingriffe ein legitimes Ziel haben, geeignet, erforderlich und angemessen sein. Zu erwägen sind insbesondere Maßnahmen, die zur Einsichtsfähigkeit führen, indem sie vor Übereilung und Rationalitätsdefiziten schützen, wie Aufklärung, Beratung und Wartezeiten, um so die Autonomie zu fördern.[710] Ist Autonomie festgestellt, tritt der Lebensschutz dahinter zurück. Ist der Sterbewillige hingegen nicht kompetent, können Maßnahmen, die ihn vom Tod abhalten, mit dem Lebensschutz gerechtfertigt werden. Die Feststellung der Autonomie dient damit also auch dem Lebensschutz. Selbstschutz meint im Ergebnis hier also unmittelbar Autonomieschutz und mittelbar Lebensschutz.

Das legitime Ziel dieser Maßnahmen ist die Sicherung der freien Selbstbestimmung, indem Autonomie festgestellt oder hergestellt wird. Lebensschutz ist daneben ebenfalls ein wichtiges Interesse, das es zu berücksichtigen gilt. Wie dargelegt ist Lebensschutz aber nur innerhalb und nicht entgegen der Autonomie möglich.[711] Soweit die Autonomie gesichert ist, die Entscheidung des Sterbewilligen also freiverantwortlich getroffen wurde, erfolgt kein Lebensschutz mehr. Ein dauerhaftes Abhalten des Rechtsgutsträgers verfolgt vor diesem Hintergrund nur ein Ziel, nämlich das des Lebensschutzes. Die Autonomie wird dann vollständig beschränkt, da der Wille dauerhaft substituiert wird. Anders ist es, wenn es sich nur um ein temporäres Aufhalten handelt, dann wird die Autonomie nur zeitlich beschränkt.

Geeignet sind Maßnahmen dann, wenn sie das legitime Ziel fördern. Eine Wartezeit oder zwingende Aufklärung und Beratung dienen der Ra-

---

708 *Dreier*, in: Dreier, GG, Art. 1 I, Rn. 150, Hervorhebungen im Original; zustimmend *Rixen*, in: Sachs, GG, Art. 2, Rn. 211.

709 Der Aspekt „Selbstschutz" überschneidet sich teilweise mit Schutzerwägungen zugunsten einzelner Dritter und zugunsten des Allgemeinwohls: Es sollen vor allem vulnerable Personen geschützt werden.

710 So erachtet nunmehr auch BVerfGE, 153, 182, 309 prozedurale Maßnahmen hinsichtlich der Suizidhilfe für verfassungsrechtlich denkbar; Erwägungen in diese Richtung treffen ebenfalls *Berghäuser*, ZStW 2016, 741, 779 ff.; *Kampmann*, Die Pönalisierung der geschäftsmäßigen Förderung der Selbsttötung, S. 198 ff.; *Leitmeier*, NStZ 2020, 508, 509 f.; *S/S-Eser/Sternberg-Lieben*, StGB, § 216, Rn. 1b; s. auch Gesetzesentwurf *Künast/Sitte*, BT-Drs. 18/5375, 13.

711 Kapitel 3, C., III. = S. 137 ff.

tionalität und dem Übereilungsschutz, denn je höher das Maß der Informationsdichte ist, desto besser kann der Rechtsgutsträger seine Entscheidung abwägen. Eine bestimmte Wartezeit kann darüber hinaus sicherstellen, dass die Entscheidung auch überdacht, nicht aus einer kurzfristigen Laune heraus getroffen wurde und dem langfristigen Willen entspricht. Die Instabilität des Willens kann nämlich ein Indiz für ein relevantes Autonomiedefizit sein.[712] Somit ist eine Beratungs- und Aufklärungspflicht sowie eine damit verbundene oder auch einhergehende Wartezeit geeignet die Autonomie zu fördern.

Erforderlich ist eine Maßnahme, die das relativ mildeste Mittel ist, um das legitime Ziel zu erreichen. Ohne zwingende Beratung und Wartezeit[713] gäbe es keine Maßnahme, die der Autonomie in diesem Maß dienen würde. Würde man zum Beispiel nur eine fakultative Beratung einführen, so könnte man Rationalitätsdefiziten und Übereilunginteressen nicht hinreichend begegnen. Schutz bedeutet, dass Hilfe geboten und Handlungsvarianten aufgezeigt werden. Ein relativ milderes Mittel, das dem Rechtsträger die Letztentscheidung belässt, seine Autonomie damit durch eine temporäre Suspension beschränkt (und gleichsam das Leben als wichtigstes Rechtsgut anerkennt und es bis zur Grenze der Letztentscheidung des autonomen Rechtsgutsträgers schützt), ist nicht ersichtlich. Die Erforderlichkeit von Maßnahmen einer Beratungslösung erlischt aber jedenfalls dann, wenn sie zur eigenverantwortlichen Entscheidung geführt, bzw. die Voraussetzungen dafür sichergestellt haben.

Eine beratende Aufklärung in Verbindung mit einer Wartezeit müsste aber auch angemessen sein. Angemessen ist dies, wenn es verhältnismäßig im engeren Sinne ist. Konkret ist zu hinterfragen, ob es angemessen ist, die Autonomie in Form des Sterbewunsches durch eine temporäre Suspension zugunsten ihrer eigenen Sicherstellung zu begrenzen. Im Ergebnis wird also nicht Lebensschutz gegen Selbstbestimmung abgewogen, denn ersterer muss immer dann zurücktreten, wenn die Entscheidung autonom getroffen wurde. Vielmehr werden Interessen der Autonomie innerhalb des Rechtsguts der Selbstbestimmung gegeneinander abgewogen. Stehen sich dabei zwei widerstreitende Interessen gegenüber, dann sind beide

---

712 *Kienzerle*, Paternalismus im Strafrecht der Sterbehilfe, S. 149.

713 Zur Erforderlichkeit einer Wartezeit im Hinblick auf das damit kurzfristig beschränkte Selbstbestimmungsrecht *v. Hirsch/U. Neumann*, „Indirekter" Paternalismus im Strafrecht, S. 71, 81; s. auch *Kampmann*, Die Pönalisierung der geschäftsmäßigen Förderung der Selbsttötung, S. 204 ff. (dort „Karenzzeit").

Interessen im Rahmen einer praktischen Konkordanz[714] so miteinander abzuwägen, dass sie in einen schonenden Ausgleich miteinander gebracht werden[715] – hier mit der Besonderheit, dass es um die bestmögliche Wirksamkeit ein und desselben Rechtsguts geht.

Für diese Abwägung ist die Stufenzuordnung relevant. Zwar hat der Mensch wie dargelegt ein Recht auf Nichtwissen, das durch Beratungszwang verletzt wird, dieser Eingriff auf erster Stufe muss jedoch hinter dem Interesse an der Autonomiesicherung zurücktreten. Gerechtfertigt ist dies insbesondere, da Eingriffe auf zweiter Stufe, die die Autonomie (faktisch) dauerhaft substituieren, ihrerseits nicht verhältnismäßig sind – beiden Interessen wird damit Rechnung getragen.[716] Konkret dürfen Beratung und eine damit korrespondierende Wartezeit aber nicht zu einer faktisch vollständigen oder andersartig unverhältnismäßigen Verkürzung der Autonomie führen. Eine umfassende Beratung kann zwar mehrere ärztliche Untersuchungen und Sitzungen beinhalten, sie darf aber nicht zu einer unverhältnismäßigen Wartezeit führen. Der Umfang einer Beratung ist davon abhängig, ob der Rechtsgutsträger zum Beispiel krank ist und welche Behandlungsmöglichkeiten es gibt. Verursacht ein temporäres Aufhalten schweres Leid, muss dieses Aufhalten entsprechend verringert werden oder sogar ganz entfallen. Eine Wartezeit gründet ihre Berechtigung insbesondere auf die Finalität des Suizids. Sie muss so lang sein, dass die Stabilität der Motive und die Langfristigkeit des Sterbewunsches[717] sichergestellt ist, aber gleichsam die Autonomie nicht unverhältnismäßig verkürzt wird. Der junge Mensch, der aus Liebeskummer sterben möch-

---

714 Geprägt wurde der Begriff der praktischen Konkordanz von *Hesse*, Grundzüge des Verfassungsrechts, Rn. 72: „Verfassungsrechtlich geschützte Rechtsgüter müssen in der Problemlösung einander so zugeordnet werden, daß jedes von ihnen Wirklichkeit gewinnt (...) *beiden* Gütern müssen Grenzen gesetzt werden, damit beide zu optimaler Wirksamkeit gelangen können"; vgl. zur Etablierung in der Rechtsprechung etwa BVerfGE 83, 130; jüngst BVerfG, NJW 2019, 1277, Rn. 23, 26; s. zur Entwicklung des Begriffs ausführlich *Fischer-Lescano*, KJ 2008, 166.

715 Vgl. dazu *Eser*, MedR 2018, 734, 740.

716 A.A. *Gutmann*, Zur philosophischen Kritik des Rechtspaternalismus, 189, 261, der sich eine „antipaternalistische Position" zuschreibt und „prima facie" eine rationalitätsfördernde Beratung selbst dann ablehnt, wenn die Letztentscheidung beim Einwilligenden verbleibt. Eine zwingende Beratung könne aber (nur) dann gerechtfertigt sein, wenn Interessen anderer Beteiligter entgegenstehen, zum Beispiel die des verantwortlichen Arztes (in *Gutmanns* Beitrag geht es konkret um Lebendorganspende).

717 Dieses Erfordernis formuliert ähnlich *U. Neumann*, Der Tatbestand der Tötung auf Verlangen, 245, 262.

te[718], wird wahrscheinlich durch Beratung und Wartezeit entdecken, dass seine Position nicht so aussichtlos ist, wie er es zunächst annimmt. Eine Frau, die zwar nicht krank ist, aber mit achtzig Lebensjahren Ehemann und Kinder verloren hat und ihr Leben selbstbestimmt beenden möchte, wird die Wartezeit nicht unbillig belasten und sollte ihre Entscheidung manifest sein, so wird sie auch nach Beratung und Wartezeit weiterbestehen. Ein unter allen Umständen zum Sterben bereiter Mensch, der seine Entscheidung manifestiert hat, wird diese durchsetzen. Beratung, Aufklärung und Wartezeit belasten ihn nicht unbillig und belassen ihm am Ende das alleinige Entscheidungsrecht.

Auch rechtspolitisch ist dies zu begrüßen, da sich durch eine legale Sterbehilfe unter bestimmten Voraussetzungen kein Mensch mehr zu einem brutalen oder einsamen Suizid genötigt sieht. Schließlich darf gesellschaftspolitischen Versäumnissen weder durch eine vorschnelle Preisgabe von Lebensinteressen noch durch die absolute Beschränkung der Autonomie am Lebensende begegnet werden. Der Rechtsstaat wägt Interessen ab. Der liberale Rechtsstaat macht dies, gibt der Autonomie des Einzelnen aber den Vorzug vor substituierendem Paternalismus, wenn es am Ende darauf ankommt. Alles in allem ist daher eine prozedurale Professionalisierung der Sterbehilfe die beste Lösung, um einen schonenden Ausgleich zwischen den tangierten Rechtsgütern herbeizuführen (praktische Konkordanz). Daher sind die genannten Maßnahmen auch angemessen.

Obgleich der Lebensschutz stets hinter einem autonomen Sterbewunsch zurücktreten muss (und somit nicht Teil dieser Abwägung ist), so sei doch noch Folgendes bedacht: Entweder gibt der Staat dem Sterbewunsch des Einzelnen statt, dann tritt das Rechtsgut Leben zurück oder der Staat hindert den Menschen an seinem Vorhaben und beschränkt damit den Kern seines Selbstbestimmungsrechts. Auf dem Weg zu einer solchen Letztentscheidung muss dem zurücktretenden Interesse stets hinreichend Rechnung getragen werden. Wird dem Lebensschutz der Vorzug gegeben, dann bleibt kein Raum mehr für die Autonomie. Es ist nicht denkbar, wie das Selbstbestimmungsrecht am Lebensende überhaupt noch zu fördern oder aufrechtzuerhalten ist, wenn sein Kern, die Entscheidung am Lebensende in Form eines freiverantwortlichen Todes, nicht zur Option steht. Besteht aber unter bestimmten Voraussetzungen die Möglichkeit durch die Handlung oder Unterstützung Dritter aus dem Leben zu scheiden, dann wird auch dem Lebensschutz Rechnung getragen werden, da einerseits der Sicherungsprozess der Autonomie und andererseits der Ent-

718 Beispiel für einen Affektsuizid bei *Fenner*, Suizid, S. 394.

scheidungsprozess des Autonomen ergebnisoffen sind. Die hier vorgeschlagenen Maßnahmen in Form von Aufklärung, Beratung und Wartezeit geben dem Sterbewilligen noch einmal die Möglichkeit – auch im Sinne des Lebensinteresses – eine lebensbejahende Entscheidung zu treffen.

Abschließend bleibt festzuhalten, dass Aufklärung, Beratung und Wartezeiten dem Übereilungsschutz und dem Ausgleich von Rationalitätsdefiziten hin zu einer eigenverantwortlichen Entscheidung dienen. Ihre Legitimität endet, wenn ihr Zweck erfüllt wurde.[719] Der Gesetzgeber ist insoweit zu einer Generalisierung bei der Sicherstellung dieser Voraussetzungen befugt. Die Maßnahmen unterscheiden sich maßgeblich vom (harten) Wertepaternalismus dahingehend, dass sie die Letztentscheidung beim Rechtsgutsträger belassen und so zwar der Autonomie im Ergebnis den Vorzug geben, dem Lebensschutz aber hinreichend Rechnung tragen. Trotz des Eingriffs auf erster Stufe handelt es sich um gerechtfertigten (weichen) Paternalismus.

## 2. Rechte einzelner Dritter

Neben dem Selbstschutz könnten paternalistische Maßnahmen auch durch die Rechte einzelner Dritter gerechtfertigt sein.[720] Soweit ein Dritter seiner zumutbaren Hilfspflicht nicht nachkommt, macht er sich nämlich wegen unterlassener Hilfeleistung gemäß § 323c Abs. 1 StGB strafbar. Ist der Rechtsgutsträger nicht autonomiefähig oder entspricht die Selbsttötung nicht dem Willen des Handelnden, so ist ein Dritter verpflichtet Hilfe zu leisten. Erkennt er eine solch vermeintliche Situation, so muss er herausfinden, ob die Voraussetzungen einer Hilfspflicht vorliegen; wem eine Pflicht auferlegt ist, der ist auch berechtigt die Voraussetzungen für das Bestehen der Pflicht zu prüfen. Im Ergebnis stellt dies also die Kehrseite des zuvor besprochenen Selbstschutzes in Form der Autonomiesicherung dar. Hält der Dritte im Brückenfall[721] den Mann fest, um aufzuklären, ob eine Hilfspflicht besteht, so handelt er innerhalb seiner eigenen Autonomie.

---

719 *Kienzerle*, Paternalismus im Strafrecht der Sterbehilfe, S. 174; ähnlich *Engländer*, FS für Schünemann, 583, 586 f.; *Jakobs*, Tötung auf Verlangen, S. 25 ff.; *U. Neumann*, Der Tatbestand der Tötung auf Verlangen, 245, 254.

720 Grundlegend *Mill*, Die Freiheit, S. 121 ff., 212 ff. („Schadensprinzip“ oder „Harm Principle“), wonach nur die Schädigung Dritter eine Pönalisierung legitimiert; vgl. auch *Feinberg*, Harm to Self, S. 21 ff., 56; *v. Hirsch*, Direkter Paternalismus im Strafrecht, S. 57, 58.

721 Vgl. Kapitel 3, D., III., 1. = S. 147 ff.

Die legitime Ausübung der Autonomie des einen ist durch die legitime Ausübung der Autonomie des anderen insoweit begrenzt. Das ist auch verhältnismäßig, da es die Autonomie des anderen nicht substituiert, sondern lediglich suspendiert, bis die Prüfung abgeschlossen ist. Das Festhalten stellt damit noch immer eine paternalistische Handlung dar, diese ist aber gerechtfertigt, soweit sie der Aufklärung der Voraussetzungen einer Hilfspflicht dient.[722] Hinsichtlich der Sterbehilfe bedeutet dies, dass der Rechtsgutsträger so lange daran gehindert werden darf seinen Suizid auszuführen oder eine Behandlung so lange fortzusetzen ist, bis festgestellt wurde, ob der Rechtsgutsträger kompetent handelt. Diese Form des weichen Paternalismus (Eingriff auf erster Stufe) unterscheidet sich insoweit vom harten Paternalismus (Eingriff auf zweiter Stufe), als dass die Beschränkung auf der ersten Stufe dem Autonomieschutz dient. Entscheidender Unterschied ist, dass dabei die autonome Entscheidung kompetenter Personen dem Grunde nach respektiert und durch einen ergebnisoffenen Prozess das Maß des Eingriffs sich just am Ziel der bestmöglichen Gewährleistung des Selbstbestimmungsrechts des Einzelnen orientiert.[723] Wie dies praktisch aussehen kann, wird der konkrete Normvorschlag zeigen.

Aber kann eine paternalistische Maßnahme auch gerechtfertigt sein, wenn feststeht – entweder bereits von Anfang an oder nach abgeschlossener Prüfung –, dass es sich um eine freiwillige Selbstgefährdung oder um einen „Bilanzsuizid“ handelt, also wenn der autonomiefähige Rechtsgutsträger willentlich innerhalb der definierten Autonomiegrenzen agiert, er nicht hilfsbedürftig ist und damit auch keine Hilfspflicht besteht? Nur soweit ein paternalistischer Eingriff in diesem Fall gerechtfertigt wäre, besteht auch ein Recht zu handeln. Das Selbstbestimmungsrecht folgt aus dem allgemeinen Persönlichkeitsrecht nach Art. 2 Abs. 1 i.V.m. Art. 1 Abs. 1 GG. Dieses Recht steht unter dem Vorbehalt der Schrankentrias nach Art. 2 Abs. 1 Hs. 2 GG. Eine Einschränkung der Autonomie kommt insbesondere aufgrund der Rechte einzelner Dritter als Teil der verfassungsmäßigen Ordnung nach Art. 2 Abs. 1 GG in Betracht. Die verfassungsmäßige Ordnung meint die Summe aller Rechtsnormen, die formell und materiell mit der Verfassung übereinstimmen.[724] In materieller Hin-

722 Vgl. dazu *Kirste*, JZ 2011, 805, 808.

723 Vgl. *Fateh-Moghadam*, Grenzen des weichen Paternalismus, 21, 27, der daher auch für die Bezeichnung als „autonomieorientierten Paternalismus“ wirbt; zustimmend *Scheinfeld*, Organtransplantation und Strafrechtspaternalismus, S. 19; s. auch *Gkountis*, Autonomie und strafrechtlicher Paternalismus, S. 217 f.

724 BVerfGE 6, 32, 38; vgl. dazu bereits Kapitel 2, C. = S. 69 ff.

sicht muss sich ein freiheitsbeschränkendes Gesetz also auch an objektiven Werten messen lassen und das verfolgte Gemeinwohl muss sich gegenüber dem Freiheitsanspruch des Einzelnen durchsetzen.[725]

Dem Selbstbestimmungsrecht des Selbstschädigenden könnten überwiegende Rechte einzelner Dritter entgegenstehen. Die Grenze des Legitimierbaren ist aber jedenfalls dann erreicht, wenn die Freiheit des Einzelnen so weit eingeschränkt wird, dass seine Eigenständigkeit faktisch entleert wird.[726] Insbesondere kommen verfassungsmäßige Freiheitsrechte wie die Weltanschauungs- und Glaubensfreiheit nach Art. 4 Abs. 1 GG als entgegenstehende Rechte Dritter in Betracht. Innerhalb seines Selbstbestimmungsrechts ist jeder Rechtsträger berechtigt als speziell kodifizierte Ausprägung seine Religion oder sonstige Weltanschauung im Allgemeinen frei zu bestimmen und sein Handeln danach auszurichten.[727] Die gewählte Weltanschauung verpflichtet jeden Einzelnen für sich selbst, ihr zu folgen. Innerhalb seiner Autonomie ist der Mensch vor sich oder seiner Weltanschauung rechtfertigungspflichtig, jedoch ist er dies nicht gegenüber Dritten. Die Ausübung seiner Rechte ist durch die Rechte anderer beschränkt, die, soweit sie entgegenstehen, in praktische Konkordanz zu bringen sind. Gibt die Weltanschauung einem Menschen vor, dass die Selbsttötung verboten ist, so ist ein Einschreiten auf Grundlage der selbst gewählten Maßstäbe unverhältnismäßig und nicht gerechtfertigt, soweit sie der legitimen Ausübung der Autonomie eines anderen gegenübersteht. Jeder Rechtsgutsträger kann nur sich und nicht Dritte engeren Maßstäben unterwerfen, sodass die Religions- und Weltanschauungsfreiheit durch das Selbstbestimmungsrecht des anderen beschränkt ist. Sämtliche Freiheitsrechte finden im liberalen System ihre Grenze in der legitimen Ausübung des Selbstbestimmungsrechts eines anderen und andersherum (Wechselwirkung).[728]

---

725 Vgl. Dürig/Herzog/Scholz/*Di Fabio*, GG, Art. 2 Abs. 1, Rn. 41; zu den objektiven Werten und dem Gemeinwohl sogleich unter 3.

726 BVerfGE 4, 7, 15 f.; 153, 182, 296.

727 Dürig/Herzog/Scholz/*Di Fabio*, GG, Art. 4, Rn. 60 ff.

728 Zum Grundgedanken der Wechselwirkung bei der Meinungsfreiheit gemäß Art. 5 Abs. 1 GG bereits BVerfGE 7, 198 („Lüth-Fall"). Ein ähnlicher Gedanke kommt auch in BVerfGE, 153, 182, 306 mit dem Begriff „funktionale Verschränkung der Grundrechte" zum Ausdruck.

### 3. Objektive Werte und Belange des Allgemeinwohls

Eine Rechtfertigung kommt ferner durch objektive Werte in Betracht.[729] Um einen paternalistischen Eingriff handelt es sich wie festgestellt grundsätzlich nur bei einem „Bilanzsuizid“. Hier kommt der Wert des Lebens als solcher in Betracht. Dabei soll jedoch nicht von der „Heiligkeit des Lebens“ als religiös geprägter Wert ausgegangen werden, sondern als ein rein sozial-gesellschaftlicher Wert, dessen Schutz in Art. 2 Abs. 2 S. 1 GG verfassungsrechtlich gewährleistet ist. Nachvollziehbar erscheint die Erwägung, dass bei einer Entkriminalisierung der Beteiligung am Suizid die Hemmschwelle der Menschen sinkt, Therapien gar nicht erst zu beginnen, sie frühzeitig abzubrechen oder Menschen sich in anderer Weise vorzeitig dazu entscheiden, dem Leben ein Ende zu setzen.[730] Wirtschaftliche Aspekte mögen dies forcieren, sodass Therapien und sonstige medizinische Unterstützung wohlhabenden Menschen vorbehalten sind. Zu bedenken ist, dass eine Prognose auch in die andere Richtung möglich ist. Durch eine erhöhte Bereitschaft sein Leben zu beenden, kann es zu ökonomischen Ausfällen kommen, die wirtschaftliche Unternehmen dazu bewegen könnten, unnötige lebensverlängernde Maßnahmen durchzuführen. Abgesehen davon, dass sowohl die eine als auch die andere These der Empirie entbehrt, lässt es sich nicht begründen, dass eine Weiterlebenspflicht bestehen soll allein um des Werts Leben willen.[731] Nach Art. 2 Abs. 2 S. 1 GG besteht nicht nur ein subjektives Recht auf Leben, sondern auch eine objektive Wertentscheidung für das Leben.[732] Die objektive Ausprägung der Grundrechte dient nicht dazu, die subjektive, abwehrrechtliche Dimension zu beschränken, sondern sie zu bekräftigen.[733] Das subjektive Recht auf Leben kann nicht durch die objektive Ausprägung zu einer Grundpflicht uminterpretiert werden, was auch für Schutzpflichten gilt. Sinn der Schutzpflicht ist es zudem, die Freiheitssphären verschiedener Rechtsträger

---

729 So zum Beispiel *Kubiciel*, Die Wissenschaft vom Besonderen Teil des Strafrechts, S. 211 f.

730 *Chatzikostas*, Die Disponibilität des Rechtsgutes Leben, S. 265; AWHH/*Hilgendorf*, BT, § 3, Rn. 42; kritisch zum „Hemmschwellenargument“ *v. Hirsch/U. Neumann*, „Indirekter“ Paternalismus im Strafrecht, S. 71, 80 ff.

731 Zu diesem und zum folgenden Gedanken *Kirste*, JZ 2011, 805, 810.

732 BVerfGE 39, 1, 41 f.; 153, 182, 270 f.; Dürig/Herzog/Scholz/*Di Fabio*, GG, Art. 2 Abs. 2 Nr. 1, Rn. 47.

733 BVerfGE 50, 290, 337; a.A. hinsichtlich der Selbsttötung Dürig/Herzog/Scholz/*Di Fabio*, GG, Art. 2 Abs. 2 Nr. 1, Rn. 47 f.; *Kaspar*, Verhältnismäßigkeit und Grundrechtsschutz im Präventionsstrafrecht, S. 459.

voneinander abzugrenzen. Das bedeutet, eine Schutzpflicht berechtigt seinen Adressaten, aber verpflichtet ihn auch zugleich die Freiheitssphäre anderer zu wahren. Daher ist auch eine das Selbstbestimmungsrecht substituierende Solidaritätspflicht zugunsten vulnerabler Personengruppen abzulehnen: Soweit überhaupt ein Schutzinteresse begründet werden kann, ist der Schutz unerkannt oder unerkennbar entscheidungsunfähiger Sterbewilliger durch die legitime Ausübung des Selbstbestimmungsrechts der entscheidungsfähigen Suizidwilligen begrenzt.[734] Bei der Selbsttötung und der Beteiligung daran geht es insbesondere um die Abgrenzung der subjektiven Schutzdimension zur objektiven Wertedimension desselben Berechtigten. Autonomiebezogene Maßnahmen sind aufgrund der Verkürzung des Selbstbestimmungsrechts am Übermaßverbot und gleichsam durch die objektive Wertentscheidung am Untermaßverbot zu messen.[735] Eine herabgesetzte Hemmschwelle erscheint zwar durch die Entkriminalisierung der Sterbehilfe möglich, die Pönalisierung der Sterbehilfe alleine um des Werts Leben willen oder um eine andere künstliche objektive Schwelle aufrechtzuerhalten, ist gemessen am wirksam ausgeübten Selbstbestimmungsrecht des Einzelnen unverhältnismäßig. Mit anderen Worten ist eine mögliche Herabsetzung der Hemmschwelle hinzunehmen, soweit sie innerhalb der Autonomie des Einzelnen liegt. Es gehört zur zugeschriebenen Eigenverantwortlichkeit, dass der Einzelne als kompetenter Entscheider damit umgeht. Paternalistische lebenserhaltende oder lebensverlängernde Maßnahmen sind dann nicht gerechtfertigt. Niemand, der nicht gerechtfertigte paternalistische Maßnahmen beendet, kann hierfür bestraft werden.

Überwiegende Belange des Gemeinwohls kommen als Rechtfertigung eines paternalistischen Eingriffs in Betracht. Sie könnten gebieten, dass der Freiheitsanspruch des Einzelnen dahinter zurücktritt. Die Interessen des Gemeinwohls müssen mit Blick auf die materiellen Anforderungen eines verfassungskonformen Gesetzes nach Art. 2 Abs. 1 Hs. 2 GG den Freiheitsanspruch des Einzelnen überwiegen. Solche Gemeinwohlbelange können neben Schutzpflichten insbesondere aus dem Sozialstaatsprinzip gemäß Art. 20 Abs. 1 GG abgeleitet werden.[736]

Soweit die Prämisse einer sinkenden Hemmschwelle bei Entkriminalisierung der Sterbehilfe zutrifft, könnte man darin die Grundlage für

734 Vgl. Kapitel 2, C. = S. 69 ff. sowie Kapitel 3, E., II., 3. = S. 174 ff.
735 S. erneut *Kirste*, JZ 2011, 805, 810.
736 Vgl. BVerfGE 58, 208.

eine Selbstaufgabe der menschlichen Existenz sehen.[737] Die Aufgabe der deutschen Gesellschaft scheint zwar ein Gemeinwohl zu sein, das es verhältnismäßig erscheinen lassen würde, dem Einzelnen eine Lebenspflicht zugunsten der Gemeinschaft aufzuerlegen. Der instinktive menschliche Selbsterhaltungstrieb macht ein solches Szenario aber unmöglich. Da in jedem Menschen dieser Instinkt wohnt, ist der Todeswunsch eines Menschen ohne ein Leiden wohl nicht die Regel, sondern vielmehr kaum vorstellbar. Im Übrigen würde dem durch die Prozeduralisierung Rechnung getragen. Der Kopplung an ein solches Verfahren ist bereits immanent, dass durch eine Entkriminalisierung der Beteiligung nicht die Weichen für die fernliegende Zerstörung oder die Selbstaufgabe der Menschheit gestellt werden.[738] Aber selbst wenn die langfristige Folge eine Auslöschung der Menschheit bedeuten würde, dann wäre dies doch im Ergebnis noch immer ein Wunsch jedes Einzelnen. Wenn jeder einzelne Mensch oder zumindest die meisten Menschen diesen Wunsch tatsächliche hegen würden, dann wäre die Selbstaufgabe der Menschheit doch im Sinne der Gemeinschaft, denn die Gemeinschaft ist die Summe jedes Einzelnen. Im Ergebnis lässt sich nicht begründen, inwiefern es ein legitimes Gemeinwohlanliegen sein soll, den Menschen vor einer selbstzugefügten persönlichen Handlung zu schützen, welche die Gemeinschaft im Sinne einer Mehrheit Dritter vermeintlich für sich selbst als Schaden definiert.[739]

Weniger pathetisch und ebenfalls zur Kategorie möglicher überwiegender Belange des Gemeinwohls zählend, kommt die rechtliche Verpflichtung des Einzelnen seinen Grundpflichten nachzukommen in Betracht, um paternalistische Handlungen zugunsten einer Person zu rechtfertigen. Solche Pflichten sind das Korrelat zu den Grundrechten jedes Einzelnen. Ist der Rechtsgutsträger tot, könnte er seinen Grundpflichten, soweit sie

---

737 So jedenfalls hinsichtlich einer unbeschränkten Verfügungsmacht *Eser*, MedR 2018, 734, 740.

738 Nach *Eser*, MedR 2018, 734, 740 bliebe nur die „Hoffnung", dass der Lebenswille Vieler stärker wäre als der Todeswunsch Weniger. Der Selbsterhaltungstrieb ist jedoch ein naturalistisches Faktum, das nicht in die Kategorien Glaube oder Hoffnung gehört.

739 Anders BVerfG, NJW 1999, 3399, 3401 f., das die Organtransplantation bei lebenden Personen, die nach § 8 Abs. 1 S. 2 Transplantationsgesetz nur bei enger persönlicher Verbundenheit zwischen Spender und Empfänger erlaubt und dies als gerechtfertigten Paternalismus aufgrund eines nicht weiter begründeten Gemeinwohlanliegens betrachtet; die Entscheidung und ihre Begründung mit Blick auf den utilitaristischen Charakter klar ablehnend *Scheinfeld*, Organtransplantation und Strafrechtspaternalismus, S. 133 ff.; s. auch *Kirste*, JZ 2011, 805, 811.

bestehen, nicht mehr nachkommen. Fraglich ist aber, welche Grundpflichten es gibt und inwiefern diese eine derartige Einschränkung der Selbstbestimmung rechtfertigen können. Wenn die Grundpflichten das Korrelat zu den Grundrechten im Verhältnis zwischen Bürger und Staat sind, dann müssen die Pflichten genauso wie die Rechte ebendort, im Grundgesetz, kodifiziert sein. Der zweite Hauptteil der Weimarer Reichsverfassung war ab Art. 109 mit „Grundrechte und Grundpflichten der Deutschen“ überschrieben. Im Gegensatz zu den Grundrechten (Teil I.) findet sich das Wort Grundpflichten im Grundgesetz nicht. Lediglich in Teil II. der Verfassung (Der Bund und die Länder) ist in Art. 33 Abs. 1 GG die Rede von staatsbürgerlichen Pflichten. Die deutsche Verfassung ist damit hinsichtlich der Auferlegung von Grundpflichten insgesamt liberaler geworden. Gleichwohl existieren anerkannte Grundpflichten im ersten Teil.[740] Dies ergibt sich aus dem jeweiligen Wortlaut. Beispielhaft zu nennen ist die Wehrpflicht[741], die 2011 „ausgesetzt“[742], also suspendiert und nicht abgeschafft wurde.[743] Relevanter im Zusammenhang mit der Sterbehilfe ist jedoch die Fürsorge- und Erziehungspflicht der Eltern nach Art. 6 Abs. 2 S. 1 GG.[744] Rechtliche Parallelwirkungen zeigen, dass der Einzelne sich in bestimmten Situationen aufgrund dieser Grundpflicht dem Gemeininteresse unterordnen muss. So besteht zulasten des Unterhaltspflichtigen eine Erwerbsobliegenheit. Bemüht er sich nicht um zumutbare Arbeit, kann ihm ein fiktives Einkommen zugerechnet werden.[745] Doch sowohl die Pflichten der Eltern gegenüber ihren Kindern als auch die Pflichten von Ehepartnern untereinander finden jedenfalls dort ihre Grenzen, wo sie die Selbstbestimmung eines autonomen Menschen in der Entscheidung um sein eigenes Wohl beschränken würden.[746] Sowohl bei Ehepartnern unter-

---

740 Vgl. *Stober*, NVwZ 1982, 473; *Starck*, in: von Mangoldt/Klein/Starck, GG, Art. 1, Rn. 197.

741 Dürig/Herzog/Scholz/*Schwarz*, GG, Art. 12a, Rn. 14.

742 Gesetz zur Änderung wehrrechtlicher Vorschriften vom 28. April 2011, BGBl. I, S. 678; BT-Drs. 17/4821.

743 Dürig/Herzog/Scholz/*Schwarz*, GG, Art. 12a, Rn. 18 f.

744 Dürig/Herzog/Scholz/*Badura*, GG, Art. 6, Rn. 107, der jedoch die Pflicht nicht nur als das Recht beschränkende Schranke, sondern als wesensbestimmender Bestandteil des Elternrechts sieht und es so treffender „Elternverantwortung“ nennen möchte.

745 Vgl. BGH, NZFam 2016, 68; MüKoBGB/*Weber-Monecke*, § 1361, Rn. 52 ff.

746 Vgl. BVerfGE 32, 98 („Gesundbeter-Fall“), danach können ehelichen und familiäre Pflichten auch dann durch die Glaubensfreiheit (und das Selbstbestimmungsrecht) begrenzt werden, wenn die wirksame Ausübung dieser Rechte den Tod des Ehepartners zur Folge haben.

einander als auch im Verhältnis des Elternteils zum Kind muss berücksichtigt werden, dass es sich um eine autonome Person handelt, die nicht zum Wohle des Instituts der Familie instrumentalisiert werden darf.[747] Eine solche Instrumentalisierung würde zu einer Weiterlebenspflicht führen, welche gegen die nicht einschränkbare Würde jedes Einzelnen nach Art. 1 Abs. 1 S. 1 GG verstößt.[748] Somit gibt es zwar verfassungsrechtliche Grundpflichten, keine solcher Pflichten rechtfertigt aber die Einschränkung des Selbstbestimmungsrechts, um des Gemeinwesens willen weiterleben zu müssen.[749]

### 4. Zwischenergebnis

Maßnahmen gegen ein Handeln außerhalb der Autonomie sind schon gar nicht paternalistisch und damit nicht gesondert rechtfertigungsbedürftig. Soweit der Rechtsgutsträger innerhalb seiner Autonomie handelt, sind Maßnahmen hiergegen paternalistisch. Gerechtfertigt können Eingriffe in dieses Recht dem ethischen und weltanschaulichen Neutralitätsgebot des Staates[750] entsprechend nur sein, wenn sie zum Schutz der Sicherheitsinteressen Dritter ergriffen werden[751] (soweit Hilfspflichten nach § 323c Abs. 1 StGB entgegenstehen, nicht jedoch aufgrund einer das Selbstbestimmungsrecht substituierender Solidaritätspflicht zugunsten vulnerabler Personengruppen) oder der Autonomie des Sterbewilligen verhältnismäßig Rechnung tragen, indem sie die Eigenverantwortlichkeit der Entscheidung prüfen und sichern oder herbeiführen. Demnach sind es niemals die individuellen Präferenzen, sondern lediglich die Defizite bei der Verfolgung des Ziels, die einen paternalistischen Eingriff in die Autonomie rechtfertigen können.[752]

---

747 Vgl. *Kirste*, JZ 2011, 805, 811 f.; a.A. *Ohler/Weiß*, NJW 2002, 194, 195, die aber betonen, dass das Selbstbestimmungsrecht im konkret besprochenen Fall nicht überwiege, da „in verfassungsrechtlich berücksichtigbarer Weise Zweifel an der Geltung der Willensäußerung (...) bestanden".

748 Vgl. *Kirste*, JZ 2011, 805, 812.

749 So auch *Dreier*, JZ 2007, 317, 325.

750 Eingehend *Huster*, Die ethische Neutralität des Staates, S. 47 ff.

751 *Papageorgiou*, Schaden und Strafe, S. 105 ff.; *Hörnle*, Grob anstößiges Verhalten, S. 76 ff.; *Kampmann*, Die Pönalisierung der geschäftsmäßigen Förderung der Selbsttötung, S. 67 f.; *Scheinfeld*, Organtransplantation und Strafrechtspaternalismus, S. 326 ff.; 551; ähnlich zur Tötung auf Verlangen S/S-*Eser/Sternberg-Lieben*, StGB, § 216, Rn. 1a.

752 Vgl. *Duttge*, ZStW 2017, 448, 449.

## *E. Reformvorschläge*

### I. Straflosigkeit des Suizids

Wie bei den Ausführungen de lege lata klargestellt, ist der Suizid nicht strafbar.[753] Dies ist grundgesetzlich abgesichert, sodass eine einfachgesetzliche Pönalisierung ohne Verfassungsänderung schon gar nicht möglich ist. Da die individuelle Autonomie sowie das Selbstbestimmungsrecht über das eigene Leben und den Tod das Fundament der Menschenwürde sind,[754] würden einer solchen Verletzung des Persönlichkeitsrechts Art. 1 Abs. 1 GG und damit Art. 79 Abs. 3 GG entgegenstehen.[755] Mag der Suizid moralische, ethische, religiöse oder andere weltanschauliche Bedenken hervorrufen, so ist das Recht auf Selbstbestimmung im Tod im Kern Ausdruck des allgemeinen Persönlichkeitsrechts gemäß Art. 2 Abs. 1 i.V.m. Art. 1 Abs. 1 GG und der allgemein akzeptierte und manifestierte Ausgangspunkt aller folgenden Überlegungen zur strafrechtlichen Bewertung der Sterbehilfe. Abgesehen von der aufgezeigten verfassungsrechtlichen Absicherung ist das Strafrecht auch kein adäquates Mittel, um einen Menschen durch direkten Paternalismus vor Selbstverletzung zu schützen. Das Strafrecht ist vorwiegend retrospektiv ausgerichtet, eine lebensschützende, paternalistische Maßnahme soll jedoch prospektiv das Wohl sichern.[756] Die Straflosigkeit des Suizids ist insgesamt unantastbar. Sie muss daher auch nicht deklaratorisch abgesichert werden,[757] sondern ist Grundlage jeder straffreien Form der Suizid- und Sterbehilfe.

### II. Partielle Entkriminalisierung der Tötung auf Verlangen

Nach aktueller Rechtslage sind bereits einige Formen der Sterbehilfe straffrei, deren dogmatische Begründung und Reichweite aber strittig.[758] Ein

---

753 Vgl. Kapitel 2, A. = S. 30 ff.

754 Vgl. *Dreier*, in: Dreier, GG, Art. 1 I, Rn. 150, der jedoch den Tod nicht ausdrücklich als zum Fundament zugehörig nennt; vgl. auch BVerfGE 153, 182, 263: „Die Selbstbestimmung über das eigene Lebensende gehört ‚zum ureigeinsten Bereich der Personalität' des Menschen".

755 In diese Richtung nunmehr auch BVerfGE 153, 182, 286.

756 Vgl. *v. Hirsch*, Direkter Paternalismus im Strafrecht, S. 57, 63 ff.

757 A.A. *Künast/Sitte*, BT-Drs. 18/5375, 3; *Dorneck/Gassner/Kersten et al.*, AMHE-SterbehilfeG, S. 3, 46 ff.

758 Vgl. Kapitel 2, D. = S. 81 ff.

neuer Gesetzesentwurf sollte diese Formen ebenfalls berücksichtigen und Rechtsklarheit im Sinne der hier vertretenen Auslegung de lege lata sowie Rechtssicherheit schaffen. In weiten Teilen verdienen insoweit die konkreten Normvorschläge des Alternativ-Entwurfs Sterbebegleitung von 2005[759] Zustimmung, an denen man sich orientieren kann.

Darüber hinaus führte insbesondere gesellschafts- und sozialpolitischer Wandel zu Schutzinteressen, die durch das Strafrecht de lege lata nicht hinreichend abgebildet werden.[760] Die Bewertung rechtlicher Leitprinzipien zeigte sodann die normativen Grenzen der konkreten Ausgestaltung auf.[761] Die Aufgabe besteht darin, einen Reformvorschlag zu unterbreiten, der sämtliche Schutzinteressen berücksichtigt und sich dabei innerhalb der normativen Grenzen bewegt. Dies hat auch Auswirkungen auf die Tötung auf Verlangen im Sinne von § 216 StGB. Die Norm statuiert zunächst ein absolutes Tötungsverbot für die Tatherrschaft Dritter und schränkt das Selbstbestimmungsrecht im Tode insoweit vollständig ein. Wie jede (Straf-) Norm muss auch § 216 StGB verhältnismäßig sein. Wesentliche Bedeutung kommt der Frage eines legitimen Zwecks zu.

### 1. Legitimation des § 216 StGB

Solange der Suizid innerhalb des wirksam ausgeübten Selbstbestimmungsrechts des Sterbewilligen vollzogen wird, stellt sowohl die freiverantwortliche Selbstschädigung als auch die Hilfe Dritter dabei kein strafwürdiges Unrecht dar. Ein Patient kann ebenso lebenserhaltende Behandlungen wirksam verweigern. Regelmäßig stellt die täterschaftliche Verletzung eines fremden Rechtsguts kein Unrecht dar, soweit diese dem Willen des Rechtsgutsinhabers entspricht. Dieser kann prinzipiell seine Rechtsgüter preisgeben und die Einwirkung Dritter darauf zulassen. Beispielsweise stellt es mangels Bruchs fremden Gewahrsams tatbestandlich schon keinen Diebstahl im Sinne von § 242 StGB dar, wenn der Gewahrsam einverständlich aufgehoben wird. Auch eine Körperverletzung Dritter ist grundsätzlich bis zur Grenze der Sittenwidrigkeit gemäß § 228 StGB straflos, wenn der Rechtsgutsträger darin einwilligt.[762] Dieses Prinzip („volenti non fit in-

759 *Schöch/Verrel*, GA 2005, 553, 584 ff.
760 Vgl. Kapitel 3, A. = S. 129 ff. und B. = S. 132 ff.
761 Vgl. Kapitel 3, C. = S. 133 ff.
762 Vgl. zur Sittenwidrigkeit im Rahmen der (inidrekten) Sterbehilfe jüngst BGHSt 64, 69, 75 f.

iuria“)[763] gilt jedoch nicht bei der Tötung Dritter: Die Einwilligungssperre in § 216 StGB stellt sicher, dass das Rechtsgut Leben sogar durch den erklärten Willen des Rechtsgutsträgers im Falle einer Fremdtötung nicht disponibel ist. Eine Rückausnahme erfährt dieses Gebot durch die (aktive) indirekte Sterbehilfe:[764] Lebensverkürzende Maßnahmen, die lediglich eine Nebenwirkung darstellen sind grundsätzlich straflos.[765] Nicht zuletzt werden durch die Feststellung des Bundesverfassungsgerichts der Nichtigkeit des § 217 StGB a.F.[766] die Zweifel an der Legitimität des § 216 StGB aktualisiert.[767]

Eine Begrenzung des Selbstbestimmungsrechts durch § 216 StGB bedarf eines legitimen Strafgrundes. Der historische Gesetzgeber begründete die Kriminalisierung mit der Unveräußerlichkeit des Lebens und dem Sittengesetz.[768] Das Persönlichkeitsrecht nach Art. 2 Abs. 1 i.V.m. Art. 1 Abs. 1 GG erfasst auch die Selbstbestimmung im Tod, sodass die „Unveräußerlichkeit“ im Sinne einer absoluten Unverfügbarkeit nicht haltbar ist.[769] Der Gesetzesvorbehalt „Sittengesetz“ gemäß Art. 2 Abs. 1 GG ist auslegungsbedürftig. Allen Definitionsansätzen ist gemein, dass (vermutete) Wertvorstellungen der Allgemeinheit herangezogen werden.[770] Gegen die Sitten verstoße demnach etwa, wer moralwidrig handele; Moral kann jedoch keine Strafnorm legitimieren.[771] Da dieser Vorbehalt nicht freiheitsbeschränken wirken kann, kann ihm nur mittelbare Bedeutung zukommen, als dass er die verfassungsgemäße Ordnung im Sinne von

---

763 BGH, NStZ 2016, 469; *Kaspar*, Verhältnismäßigkeit und Grundrechtsschutz im Präventionsstrafrecht, S. 457 f.; *Kienzerle*, Paternalismus im Strafrecht der Sterbehilfe, S. 454 f.; *Leitmeier*, NStZ 2020, 508, 509; NK-StGB/*U. Neumann*, § 216, Rn. 1.

764 Zu diesem Spannungsverhältnis *Jakobs*, Tötung auf Verlangen, S. 14 ff., 25 ff.

765 Kapitel 2, D., II., 1. = S. 85 ff.

766 Vgl. BVerfGE 153, 182.

767 *Leitmeier*, NStZ 2020, 508; *Lindner*, NStZ 2020, 505.

768 *Schubert*, Strafgesetzbuch für den Norddeutschen Bund, S. 70; vgl. auch *Kaspar*, Verhältnismäßigkeit und Grundrechtsschutz im Präventionsstrafrecht, S. 478.

769 Kapitel 3, C. II. = S. 136 f.

770 Dürig/Herzog/Scholz/*Di Fabio*, GG, Art. 2 Abs. 1, Rn. 45.

771 *Hörnle*, Grob anstößiges Verhalten, S. 52 ff.; *dies.*, JZ 2020, 872, 877; *Gkountis*, Autonomie und strafrechtlicher Paternalismus, S. 211 ff.; vgl. auch *Brunhöber*, NStZ 2020, 538, 541; *Duttge*, MedR 2020, 570, 571; *Muckel*, JA 2020, 473, 476; vgl. auch erneut das Urteil BGHSt 64, 69, 75, in dem die Richter zwar zunächst im Rahmen der Sittenwidrigkeit im Sinne von § 228 StGB auf „ethisch-moralische Kategorien“ verweisen, aber sodann klarstellen, dass ein Verstoß gegen die guten Sitten sich „eindeutig aus der Rechtsordnung“ ergeben müsse. Vgl. dazu *Mitsch*, NJW 2019, 3255.

Art. 2 Abs. 1 GG konkretisiert und ihr eine „inhaltliche Prägung“ gibt.[772] Die Kriminalisierung ist weder damit begründbar, dass das Leben biologische Voraussetzung dafür ist, dass man andere Rechtsgüter haben kann, noch kann aus dem Recht auf Leben eine Lebenspflicht hergeleitet werden.[773] In Betracht kommt eine Legitimierung zum Schutz Dritter. Einige sehen in der Norm einen Bestandsschutz des generellen Fremdtötungsverbots zum Schutz aller Bürger vor ungewollter Fremdtötung.[774] Nichts anderes ist mit Bezugnahme auf ein „Tabu“ gemeint.[775] Tabu bezeichnet in seiner ursprünglichen aus dem Polynesischen stammenden Bedeutung „ein durch den Glauben der Eingeborenen motiviertes Verbot, bestimmte Menschen oder Gegenstände (...) mit strikter Geltungskraft, von denen es keinen Dispens gibt“[776], anzurühren. Mit einem Tabu wird immer dann argumentiert, wenn eine Regel oder eine Ausnahme gar nicht erst inhaltlich diskutiert werden soll. Ein Tabu erbringt keinen Beweis. So kann ein Bestandsschutz sich strafrechtlich nicht durch eine Übung legitimieren; das Unrecht einer Strafnorm muss aus sich heraus begründet werden. Kollektive Interessen und das öffentliche Interesse an der Befolgung von Rechtsnormen können keinen hart paternalistischen Lebensschutz in einem freiheitlichen Rechtsstaat legitimieren.[777] Zudem diskreditieren die anerkannt zulässigen Formen der Sterbehilfe wie die indirekte und passive

772 Dürig/Herzog/Scholz/*Di Fabio*, GG, Art. 2 Abs. 1, Rn. 46.

773 Kapitel 2, A. = S. 30 ff.; s. auch *R. Merkel*, Früheuthanasie, S. 393 ff.; *U. Neumann*, FS für Kühl, 569; 572 f.

774 *Mittermaier*, GA 1861, 433, 439 f.; *Bade*, Der Arzt an den Grenzen von Leben und Recht, S. 114; *Hirsch*, FS für Lackner, 597, 612; NK-StGB/*U. Neumann/Saliger*, § 216, Rn. 3; S/S-*Eser/Sternberg-Lieben*, StGB, § 216, Rn. 1a; *ders.*, Die objektiven Schranken der Einwilligung im Strafrecht, S. 118 f.

775 Vgl. BeckOK StGB/*Eschelbach*, § 216, Rn. 2; *Gkountis*, Autonomie und strafrechtlicher Paternalismus, S. 213 f.; *Lindner*, NStZ 2020, 505, 507; *Rigopoulou*, Grenzen des Paternalismus im Strafrecht, S. 308 f.; zu diesem Argument unter Verweis auf das Tabu im Folgenden *Ingelfinger*, Grundlagen und Grenzbereiche des Tötungsverbots, S. 187; vgl. zum Begriff und zur Funktion von Tabus im Strafrecht auch *Hörnle*, Grob anstößiges Verhalten, S. 110 ff.: „Strafverbote zum Schutz von Tabus sind *vorwiegend symbolischer Natur*“ (S. 114, Hervorhebung im Original), Scheinrechtsgüter dürften nicht „vorgeschoben werden, um die wahren Gründe für manche Strafrechtsverbote nicht benennen zu müssen“ (S. 115).

776 *Ingelfinger*, Grundlagen und Grenzbereiche des Tötungsverbots, S. 187.

777 Kapitel 3, D. IV., 2. = S. 158 ff. und 3. = S. 161 ff.; vgl. auch *Kaspar*, Verhältnismäßigkeit und Grundrechtsschutz im Präventionsstrafrecht, S. 474; *R. Merkel*, Früheuthanasie, S. 413 ff.

Sterbehilfe die bestandsschützende Unantastbarkeit des Lebens.[778] Nicht anderes kann für den „Normschutz“[779] gelten. Ziel dabei ist es, „Fundamentalnormen der Rechtsordnung vor Erosion“[780] zu bewahren. Damit zeigt sich dieses Argument ebenfalls als verkappter Bestandsschutz, der für Strafnormen niemals als Begründung herangezogen werden kann, weil das Unrecht einer Strafnorm aus sich heraus begründbar sein muss. Der Geltungsverlust als Schaden in Form der Erosion setzt überhaupt erst die Geltung der Norm voraus.[781] Strafnormen legitimieren sich nicht daraus, dass sie „schon immer da waren“, aus einer Erhaltung um ihrer „selbst willen“[782].

Daher wollen andere die Strafnorm zum Schutz des Lebens im konkreten Einzelfall rechtfertigen.[783] Zutreffend ist zwar, dass das Erbringen des Gegenbeweises, der Getötete habe möglicherweise nicht eingewilligt, bei Streichung des § 216 StGB erschwert werden könnte (Missbrauchsargument).[784] Der Tatrichter wird aber auch hier – wie etwa bei vorgeschobenem Notwehrbehauptungen, um in den Genuss einer strafbefreienden Rechtfertigung nach § 32 StGB zu gelangen – Schutzbehauptungen im Rahmen der freien richterlichen Beweiswürdigung nach § 261 StPO erkennen.[785] Eine solche Verdachtsstrafe ist auch mit dem Schuldprinzip nicht vereinbar und kann keine Strafe legitimieren.[786] Nach *Roxin* könne nur

---

778 Vgl. etwa MüKoStGB/*Schneider*, § 216, Rn. 4; a.A. *Jakobs*, Tötung auf Verlangen, S. 29 ff.

779 Wohl zuerst bei *Beling*, Die Lehre vom Verbrechen, S. 215; aus jüngerer Literatur *Gutmann*, Rechtliche und rechtsphilosophische Fragen der Präimplantationsdiagnostik, 131, 155 f.; *R. Merkel*, FS für Schroeder, 297, 308 ff.; *ders.*, Früheuthanasie, S. 417 ff., 582 ff.; zum „Normschutzinteresse“ bereits Kapitel 2, D., I., 1., a., ii. = S. 89 ff.

780 *Scheinfeld*, Organtransplantation und Strafrechtspaternalismus, S. 453.

781 *Kindhäuser*, JR 1990, 520, 522.

782 *Roxin/Greco*, StR AT, § 2, Rn. 110; s. auch *Mir Puig*, GA 2003, 863, 866.

783 *Dreier*, JZ 2007, 317, 320; *Jakobs*, Tötung auf Verlangen, S. 23; *Kubiciel*, JA 2011, 86, 90; *R. Merkel*, Früheuthanasie, S. 408 ff., 425; *Murmann*, Die Selbstverantwortung des Opfers im Strafrecht, S. 493 ff.; *Tenthoff*, Die Strafbarkeit der Tötung auf Verlangen im Lichte des Autonomieprinzips, S. 180.

784 *Arzt*, ZStW 1971, 1, 36; *Dölling*, GA 1984, 71, 86; *Hirsch*, FS für Lackner, 597, 613; *Tröndle*, ZStW 1987, 25, 38; *v. d. Pfordten*, Paternalismus und die Tötung auf Verlangen, S. 193, 199; *Hoven*, MedR 2018, 741, 749, Fn. 121, m.w.N.

785 Vgl. dazu bereits Kapitel 2, B., II., 3., b., iii. = S. 67 ff.

786 Kapitel 2, C. = S. 69 ff.; s. auch *Ingelfinger*, Grundlagen und Grenzbereiche des Tötungsverbots, S. 189 f.; *v. d. Pfordten*, Paternalismus und die Tötung auf Verlangen, S. 193, 199; *Hoven*, MedR 2018, 741, 749, Fn. 121, m.w.N.; a.A. *Kaspar*, Verhältnismäßigkeit und Grundrechtsschutz im Präventionsstrafrecht, S. 475.

das eigenständige Überwinden der natürlichen Hemmschwelle durch den Suizidenten das ernstliche Verlangen begründen.[787] Soweit der Sterbewillige den Vollzug an Dritte delegiere, trete hierdurch ein psychisches Defizit zu Tage, das berechtigte Zweifel an der Bereitwilligkeit zur Vornahme des finalen Akts und damit an der Ernsthaftigkeit des Todeswunsches aufkommen lasse. Vertreter dieser Ansicht richten an Sterbewillige damit die Aufforderung: „Du musst dich erst selbst töten, damit Dritte dich töten dürfen – erst dann hast du nämlich bewiesen, dass du es ernst meinst". Es ist offensichtlich unlogisch, dass das Ergebnis notwendiger Bestandteil der Prämisse ist. Eine solche Hemmschwelle ist nur ein Konstrukt, um eine Abgrenzung zwischen strafloser Teilnahme und straflosem Suizid vornehmen zu können. Es begründet nicht das in der Norm zu pönalisierende Unrecht. Das Hemmschwellenargument taugt zudem nicht für solche Fälle, in denen der Sterbewillige keine physische Möglichkeit hat den Suizid zu vollziehen; ihm ist es dann unmöglich seine Ernsthaftigkeit zu beweisen.[788] Mit Blick auf Art. 1 Abs. 1 S. 1 GG ist auch der Verweis auf inhumane Vollzugsoptionen nicht tragbar. Kein Mensch darf etwa bei fortschreitender Amyotropher Lateralsklerose (ALS)[789] darauf verwiesen werden seinen Tod durch „Verhungern und Verdursten bis zum Organversagen" herbeizuführen[790] oder abzuwarten bis fortschreitende Lähmung ihn qualvoll ersticken lässt. Betroffene sagen zurecht, dies sei „unzumutbar und unwürdig"[791]. *Lindner* erachtet § 216 StGB daher als insoweit verfassungswidrig und schlägt neben einer verfahrensrechtlichen Absicherung einen Ausnahmetatbestand für Extremfälle vor, in denen die Suizidhilfe aufgrund tatsächlicher Umstände nicht mehr in Anspruch genommen

787 *Roxin*, NStZ 1987, 345, 347 f.; *ders.*, 140 Jahre GA, 177, 184; *ders.*, GA 2013, 313, 318 f.

788 *R. Merkel*, Früheuthanasie, S. 426; MüKoStGB/*Schneider*, § 216, Rn. 6.

789 Bei Amyotropher Lateralsklerose (ALS) handelt es sich um eine rasch fortschreitende und degenerative Erkrankung des zentralen Nervensystems. Nervenzellen, die für die Muskulatur zuständig sind, sterben in ihrem Verlauf irreversibel ab. Der Großteil der Betroffenen verstirbt an respiratorischer Insuffizienz: sie ersticken. *Gastl/Ludolph*, Der Nervenarzt 2007, 1449.

790 Zum sog. „Sterbefasten" aus rechtlicher Sicht (dort noch unter der Prämisse § 217 StGB a.F. sei wirksam) *Huber/Lindner*, NJOZ 2019, 1489.

791 So etwa im Fall von Klaus Grosch, der keine andere Möglichkeit sah, als durch die Verweigerung der Nahrungsaufnahme seinen Tod herbeizuführen, der leidensbedingt für ihn unumgänglich war <https://www.spiegel.de/panorama/sterbehilfe-bei-todkranken-im-extremen-einzelfall-a-1277361.html> (Abruf am 31.01.2022).

werden kann.[792] *Reinhard Merkel* erachtet eine Rechtfertigung nach § 34 StGB in Ausnamefällen objektivierbarer Unerträglichkeit des Weiterlebens bei einverständlicher Tötung für geboten.[793] *Jakobs* hingegen möchte die Strafbarkeit durch Reduktion des Unrechtstatbestandes entfallen lassen, soweit der Todeswunsch auf objektiv vernünftigen Gründen beruht und das Recht der Person auf einen selbstbestimmten Tod das Interesse an der Abwehr lediglich abstrakter Gefahren für den Lebensschutz überwiegt.[794] Diese und andere Ansätze[795] suchen de lege lata richtigerweise Lösungen für bestimmte Einzelfälle. Sie halten aber im Grundsatz an einer hart paternalistischen Einschränkung fest. Das zeigt insbesondere, dass übereinstimmend objektivierbare statt subjektiv manifestierter Gründe notwendig vorausgesetzt werden.[796] Anhand des Hemmschwellenarguments ist jedenfalls nicht nachvollziehbar, wieso der Beweis der Ernsthaftigkeit ausschließlich durch den eigenhändigen Vollzug gesichert sein soll. Wäre die Einwilligung in die Körperverletzung nicht in § 228 StGB kodifiziert, so würde niemand fordern, dass Dritte sich trotz Einwilligung des Rechtsgutsinhabers strafbar machen bis der Rechtsgutsinhaber selbst eine ähnliche Körperverletzung herbeigeführt hat und so beweist, dass Dritte ihn auch auf diese Art und Weise schädigen dürfen. Wieso sollte ein Mensch, der seinen Tod aus physischen oder psychischen Gründen nicht selbst vollziehen kann, weniger entschlossen sein, als ein Suizidfähiger? Den Tod beherrschend durch einen Dritten herbeiführen zu lassen und sich von diesem über die Schwelle „schubsen“ zu lassen ist jedenfalls dem Grunde nach vom Persönlichkeitsrecht nach Art. 2 Abs. 1 i.V.m. Art. 1 Abs. 1 GG

---

792 *Lindner*, NStZ 2020, 505, 508; in diese Richtung auch *F. Fischer*, HRRS 2021, 24, 32.

793 *R. Merkel*, Früheuthanasie, S. 413, 427; zustimmend hinsichtlich einer Lösung über § 34 StGB im Einzelfall *Chatzikostas*, Die Disponibilität des Rechtsgutes Leben, S. 320 ff.; MüKoStGB/*Schneider*, § 216, Rn. 7 f., 58; NK-StGB/*U. Neumann*, Vor. § 211, Rn. 139; *ders.*, FS für Herzberg, 575, 578 ff.; *Otto*, Gutachten D, 74; *ders.*, NJW 2006, 2217, 2221 f.; *Pawlik*, FS für Wolter, 627, 641; S/S-*Eser/Sternberg-Lieben*, StGB, § 216, Rn. 15a, m.w.N.

794 *Jakobs*, FS für Kaufmann, 459, 470; *ders.*, Tötung auf Verlangen, S. 25 ff.; vgl. auch *Engländer*, FS für Schünemann, 583, 587.

795 Dazu bereits Kapitel 2, D., II., 2. = S. 104 ff.; weitere Ansätze: Absehen von Strafe *Roxin*, 140 Jahre GA, 177, 189; strafunrechtsausschließender Notstand *Köhler*, Jahrbuch für Recht und Ethik 2006, 425, 444; entschuldigender Notstand *Hirsch*, FS für Lackner, 597, 614 ff.; § 35 StGB analog *Pelzl*, KJ 1994, 179, 194 f.

796 Warum materielle Kriterien etwa anhand gesellschaftlich akzeptierter Maßstäbe keine geeignete Lösung bieten, wird im nächsten Abschnitt dargelegt, Kapitel 3, E., II., 2. = S. 173 ff.

erfasst. Die konstruktive Hemmschwelle zugunsten kollektiver Interessen überwiegt in jedem Fall nicht die Last, die dem einzelnen mit der Beweislast durch den Selbstvollzug auferlegt wird.

Lehnt man den kollektiven Strafgrund des § 216 StGB ab und betrachtet den individuellen Zweck[797], so dient die Norm unter Berücksichtigung der bereits erörterten Aspekte zur Begrenzung der Autonomie[798] richtigerweise dem Schutz vor irreversiblen Folgen, die aufgrund von Übereilung und Rationalitätsdefiziten eintreten.[799] Dies legitimiert insoweit § 216 StGB, setzt ihm aber zugleich auch Grenzen; ist der Zweck erfüllt, dann bedarf es keines Schutzes mehr.[800]

### 2. Materielle Lösung

Eine wirksame rechtfertigende Einwilligung in die Tötung durch einen anderen könnte man an materielle Kriterien knüpfen. Um Missbrauch zu verhüten und den Rechtsgutsträger vor übereilten oder irrationalen Entscheidungen zu schützen, könnte man eine wirksame Einwilligung an gesellschaftlich akzeptierten Maßstäben messen.[801] Diese Umschreibung bedarf jedoch der Konkretisierung. So könnte man annehmen, die Einwilligung in die Sterbehilfe sei nur dann gesellschaftlich akzeptiert und gerechtfertigt, wenn sie dem Ziel diene, einen Patienten von schweren Schmerzen oder Siechtum zu befreien.[802] Abgesehen davon, dass wohl

---

797 Vgl. insbesondere *Jakobs*, FS für Kaufmann, 459, 470: Es kann „einzig" um den „paternalistischen Schutz vor Voreiligkeit" gehen; vgl. auch *Hoerster*, NJW 1986, 1786, 1789; *Kaspar*, Verhältnismäßigkeit und Grundrechtsschutz im Präventionsstrafrecht, S. 474. Andere hingegen wollen beide Ansätze sich ergänzend als Strafgrund anführen: etwa *R. Merkel*, Früheuthanasie, S. 413 ff.; *Kampmann*, Die Pönalisierung der geschäftsmäßigen Förderung der Selbsttötung, S. 73 f.

798 Kapitel 3, D., IV. = S. 153 ff.

799 *Dreier*, JZ 2007, 317, 320; *v. Hirsch/U. Neumann*, „Indirekter" Paternalismus im Strafrecht, S. 71, 77 ff.; *Hörnle*, JZ 2020, 872, 877; *Kaspar*, Verhältnismäßigkeit und Grundrechtsschutz im Präventionsstrafrecht, S. 474 ff.; *R. Merkel*, Früheuthanasie, S. 411 f.; *Engländer*, FS für Schünemann, 583, 586; *Jakobs*, FS für Kaufmann, 459, 467 f.; *ders.*, Tötung auf Verlangen, S. 21 ff.; MüKoStGB/*Schneider*, § 216, Rn. 8; *Pawlik*, FS für Wolter, 627, 640; a.A. *Kienzerle*, Paternalismus im Strafrecht der Sterbehilfe, S. 371 ff.

800 Kapitel 3, D., IV., 1. = S. 153 ff.; *R. Merkel*, Früheuthanasie, S. 411 f.

801 *Kubiciel*, Die Wissenschaft vom Besonderen Teil des Strafrechts, S. 210.

802 *Kubiciel*, JA 2011, 86, 91; *Jakobs*, Tötung auf Verlangen, S. 31 f. meint, der Tatbestand des § 216 StGB sei sogar schon nicht erfüllt, wenn ein objektiv vernünftiger Grund vorliege.

kaum abzuschätzen ist, wo der gesellschaftliche Konsens im Grenzbereich liegt (Sind Schmerzen ein notwendiges Kriterium oder genügt ein Verfall?), ist diese Position schon grundlegend nicht mit den dargelegten verfassungsrechtlichen Erwägungen vereinbar.[803] Auf der ersten Stufe besteht die Autonomie des Rechtsgutsträgers nämlich schon darin, selbst zu bestimmen, welchen Maßstäben er sich unterwirft. Materielle Kriterien würden auf zweiter Stufe die Autonomie unverhältnismäßig beschränken. Indem *Murmann* sagt, der Staat nehme für sich eine höhere Vernunft in Anspruch und maße sich mit einer objektiven Wertung der Beweggründe an zu wissen, was für das Individuum das Beste sei,[804] beschreibt er das, was hier zuvor dargestellt wurde: einen nicht gerechtfertigten Strafrechtspaternalismus. Die Bewertung des Sterbewunsches, die wirksame Einwilligung in die Fremdtötung sowie die sonstige strafrechtliche Bewertung jeglicher Beteiligung am Suizid ist dem Staat anhand objektiv materieller Kriterien wie Rationalität oder Vernunft entzogen.[805] Ein anderes Ergebnis lässt sich auch nicht mit dem Solidaritätsprinzip im Sinne von Art. 20 Abs. 1 GG begründen,[806] denn wie dargelegt, überwiegt bei unauflösbarem Konflikt am Ende die Freiheit des Einzelnen gegenüber der Solidaritätspflicht aller. Dies zeigen schon die anerkannten Grundsätze, dass weder eine Lebenspflicht noch eine Lebenserhaltungspflicht um jeden Preis bestehen.

### 3. Formelle Lösung (Prozedural)

Die Betrachtung paternalistischer Handlungen hat aber gezeigt, dass das Festhalten im „Brückenbeispiel“ oder das Hindern der Sterbehilfe unter bestimmten Bedingungen gerechtfertigt ist, soweit sie dazu dient, festzustellen, ob auch die Voraussetzungen für autonomes Handeln erfüllt sind.[807] Zwar ist der Staat nicht Normadressat des Straftatbestandes gemäß § 323c Abs. 1 StGB, er ist aber verpflichtet seiner Schutzpflicht nach Art. 2 Abs. 2 S. 1 GG nachzukommen. Daher muss es dem Staat – genauso wie

803 Vgl. BVerfGE 153, 182, 262 f.: Das Verfügungsrecht über das eigene Leben darf nicht auf bestimmte Ursachen oder Motive beschränkt werden; eine solche Bewertung der Beweggründe des Sterbewilligen widerspreche dem Freiheitsgedanken des Grundgesetzes.

804 *Murmann*, Die Selbstverantwortung des Opfers im Strafrecht, S. 264.

805 Vgl. *Hörnle*, JZ 2020, 872, 878; *Hoven*, MedR 2018, 741, 748, m.w.N.

806 So (jedenfalls hinsichtlich § 217 StGB a.F.) *Kubiciel*, ZIS 2016, 396, 399.

807 Vgl. Kapitel 3, D., III. = S. 146 ff. und IV. = S. 153 ff.

im Beispiel oben dargelegt[808] – gleich einem Dritten möglich sein, diese Voraussetzungen seiner Hilf- und Schutzpflicht zu prüfen. Mit anderen Worten muss er die Autonomie der Person absichern, denn soweit diese nicht kompetent ist, ist der Staat dem Lebensschutz verpflichtet. Dies ist im Wege einer formellen Lösung möglich, indem der Staat die Voraussetzungen seiner Pflicht, also die wirksame Ausübung der Autonomie des Einzelnen, durch eine Prozeduralisierung absichert. Auch eine beratende Aufklärung sowie eine angemessene Wartezeit sind, wie gezeigt, verhältnismäßig.[809]

Sinn und Zweck eines solchen Verfahrens muss sein, die Bedingungen für eine autonome Entscheidung des Rechtsgutsträgers durch einen verfahrensrechtlichen Tatbestand zu gewährleisten.[810] Soweit der Staat die straflose Fremdtötung unter seine Aufsicht stellt, können auch die Missbrauchsbedenken derjenigen vollständig ausgeräumt werden, die bei einer ersatzlosen Streichung des § 216 StGB befürchten, man müsse jeden, der wahrheitswidrig behauptet, das Opfer hätte in die Tötung eingewilligt, in dubio pro reo freisprechen.[811] Eine prozedurale Lösung muss die Bedingungen festlegen, die zur Straffreiheit führen. Werden die Voraussetzungen nicht gewahrt, wäre eine Pönalisierung der Tötung auf Verlangen gerechtfertigt. Zur wirksamen Ausübung der Autonomie muss der Rechtsgutsträger vor allem einwilligungsfähig sein. Er darf zum Beispiel nicht an einer psychischen oder physischen Störung leiden, die diese Fähigkeit beschränkt. Zudem darf er auch keinem Willensmangel unterliegen. Hierin liegt das eigentlich maßgebliche Kriterium, um Missbrauch durch Dritte entgegenzuwirken. Der Rechtsgutsträger darf nicht über die Bedingungen, die ihn zu seiner Entscheidung geleitet haben, getäuscht worden sein, also keinem Irrtum diesbezüglich unterliegen oder nur auf den Druck anderer hin handeln. Schließlich sollte auch der Übereilungsschutz in Form von Aufklärung und Beratung aufgenommen werden. Diese Kriterien dienen

---

808 Kapitel 3, D., IV., 2. = S. 158 ff.

809 Vgl. Kapitel 3, D., IV., 1. = S. 153 ff.

810 *Hörnle*, JZ 2020, 872, 878; *Hoven*, MedR 2018, 741, 748; *Kienzerle*, Paternalismus im Strafrecht der Sterbehilfe, S. 455 f.; 463 ff.; *Kubiciel*, Die Wissenschaft vom Besonderen Teil des Strafrechts, S. 207 f.

811 Die Bedenken äußern etwa *Arzt*, ZStW 1971, 1, 36; *Dölling*, GA 1984, 71, 86; *Hirsch*, FS für Lackner, 597, 613; *Tröndle*, ZStW 1987, 25, 38; *v. d. Pfordten*, Paternalismus und die Tötung auf Verlangen, S. 193, 199; *Hoven*, MedR 2018, 741, 749, Fn. 121, m.w.N.

darüber hinaus der Suizidprävention.[812] Ärzte müssen sich nicht mehr aus Angst vor Strafe von unterstützungsbedürftigen Lebensmüden abwenden, sondern können diesen Menschen helfen.[813] Solche Kriterien dürfen aber nicht in Wertepaternalismus übergehen, sie sind, wie dargelegt, nur begrenzt möglich, nämlich soweit sie faktisch die Letztentscheidung beim Rechtsgutsträger belassen.[814] Die Einführung einer Wartezeit wäre zwar möglich, nach der hier vertretenen Ansicht ist der Aufklärung und Beratung aber schon eine Wartezeit immanent, welche dem Lebensschutz Rechnung trägt. Bei nicht krankheitsbedingtem Sterbewunsch könnte man hingegen auch eine Wartezeit verlangen.

Der weich paternalistische Eingriff auf erster Stufe ist nur solange gerechtfertigt, bis die Einsichtsfähigkeit und die wirksame Ausübung der Autonomie festgestellt sind.[815] Danach kann die Norm in ihrer absoluten Form nicht mit dem Schutz des Sterbewilligen vor sich selbst begründet werden und stellt einen hart paternalistischen Eingriff dar. Im Verhältnis zur jetzigen Rechtslage muss die zu treffende Rechtslage liberaler ausgestaltet sein, um diese Voraussetzungen zu erfüllen. Konkret bedeutet das eine jedenfalls partielle Legalisierung der Tötung auf Verlangen, welche durch einen prozedural abgesicherten Strafausschluss umgesetzt werden kann.[816] Ein interdisziplinäres Gremium könnte dieses System vervollständigen, indem es ein professionelles Angebot sicherstellt und den rechtlichen Rahmen überprüft.[817] Ein solch institutionelles Angebot würde nicht

---

812 So auch *Saliger*, Selbstbestimmung bis zuletzt, S. 305 f.; a.A. *Kubiciel*, Die Wissenschaft vom Besonderen Teil des Strafrechts, S. 209.

813 Im Hinblick auf die verfehlte Suizidprävention des § 217 StGB a.F. LK-*Rosenau*, Vor. §§ 211 ff., Rn. 92; vgl. zur Begründung einer Sonderstellung der Ärzte Kapitel 3, E., III., 3. = S. 189 ff.

814 Hinsichtlich Inhalt und Umfang einer solche Beratung verdient etwa der Gesetzesentwurf *Helling-Plahr/Lauterbach/Sitte* et al., § 4, S. 4 f. Zustimmung <https://www.helling-plahr.de/files/dateien/210202%20Interfraktioneller%20Entwurf%20eines%20Gesetzes%20zu%20Regelungen%20der%20Suizidhilfe_final.pdf> (Abruf am 31.01.2022).

815 Hier wird die Schwäche des Hemmschwellenarguments noch deutlicher: Es knüpft das notwendige Beweiserfordernis der Ernsthaftigkeit des Sterbewunsches an den eigenständigen Vollzug; es betrachtet den fehlenden Vollzug als unwiderlegbare Vermutung für mangelnde Ernsthaftigkeit des Sterbewunsches, *Roxin*, 140 Jahre GA, 177, 188 f. Dies ist aber eine blanke Behauptung, die dem Legitimationsdruck eines Strafgesetztes nicht gerecht werden kann.

816 Zum Strafausschluss und zur prozeduralen Absicherung konkret s. Kapitel 3, E., V. = S. 195 ff.

817 Ähnliche Erwägung zu einem „Begutachtungsgremium neuer Art“, das vorab die Freiverantwortlichkeit eines Suizidenten feststellen soll *Duttge*, NJW 2016,

nur Kontrolle ermöglichen, sondern auch suizidpräventiv wirken und den Anforderungen an einen freiheitlichen Rechtsstaat gerecht werden. Ohne ein solches Gremium wäre die Staatsanwaltschaft wohl stets verpflichtet, ein Ermittlungsverfahren einzuleiten, um die Einhaltung der Sorgfaltskriterien zu prüfen. Der ärztliche Sterbehelfer könnte daher aufgrund der damit verbundenen Nachteile davon abgehalten werden, Sterbehilfe zu leisten.[818]

### 4. Die Dammbruch-Behauptung

Die Forderung einer Entkriminalisierung kommt nicht umhin schließlich noch auf das apodiktische „Dammbruch"-Argument (auch: „Slippery-slope"-Argument) einzugehen.[819] Die Befürchtung eines Dammbruchs überschneidet sich mit der vom Gesetzgeber vermuteten Suizidkultur durch Sterbehilfeorganisationen,[820] auf die noch eingegangen wird. Unter dem Dammbruch-Argument ist abstrakt die Behauptung zu verstehen, dass wenn eine bestimmte Handlung getätigt wird, ein Zustand mit höchster Wahrscheinlichkeit daraus folgt, der nicht gewollt und, soweit das Vorhaben einmal in

---

120, 125; s. zum konkreten Normierungsvorschlag dieses Gremiums im hier vorgeschlagenen Sterbehilfegesetz, Zweiter Abschnitt, §§ 4-10, Kapitel 3, E., V., 2. = S. 202 ff. Anders als von *Duttge* und auch nunmehr von *Dorneck/Gassner/Kersten et al.*, AMHE-SterbehilfeG, S. 4 f., 60 wird hier jedoch eine nachträgliche Kontrolle der von Ärzten vorgenommenen Beurteilung der Freiwilligkeit vorgeschlagen. Der rechtliche Rahmen wird durch den Gesetzgeber (dazu ebenfalls unter Kapitel 3, E., V. = S. 195 ff.) vorgegeben und der vertraute Arzt ist im Regelfall näher am Patienten als ein anonymes Gremium. In medizinischer Hinsicht soll die Entscheidung demnach auch dort getroffen werden, wo die Expertise liegt. Das Gremium dient insoweit als Sicherung der Patienten und Disziplinierung der Beurteilenden. Das Abwarten einer vorherigen Zustimmung kann im Einzelfall unzumutbar sein.

818 Vgl. zu dieser Begründung in den Niederlanden *Mevis/Postma/Wetering*, Ärztliche Sterbebegleitung in den Niederlanden: kontrollierte Ausnahme, S. 31, 42. Der Legalitätsgrundsatz dürfte hierdurch natürlich nicht ausgehebelt werden. Anders als in der Bundesrepublik Deutschland gilt für die niederländische Staatsanwaltschaft das Opportunitätsprinzip, *Mevis/Postma/Wetering*, Ärztliche Sterbebegleitung in den Niederlanden: kontrollierte Ausnahme, S. 31, 42, Fn. 18.

819 Dieses Argument der „abschüssigen Bahn" wurde wohl zuerst in diesem Zusammenhang verwendet von *Hufeland*, Neues Journal der practischen Arzneikunde und Wundarzneiwissenschaft 1806, 5, 14 ff.

820 BT-Drs. 18/5373, 2, 8.

Gang kommt, kaum aufhaltbar ist.[821] Konkret auf die Sterbehilfe bezogen bedeutet dies, dass wenn man die aktive direkte Sterbehilfe unter bestimmten engen Voraussetzungen zulässt, die Ausnahmen sich Schritt für Schritt zur Regel entwickeln werden und schließlich auch Menschen ohne ihren Willen legal unter dem Deckmantel der Sterbehilfe getötet werden könnten.[822] Kein anderes Argument wird in der Sterbehilfedebatte so häufig und doch so konturlos verwendet, sodass hierauf genauer einzugehen ist.[823] *Reinhard Merkel*, selbst Kritiker des Dammbruch-Arguments, formuliert es konkret wie folgt aus:

> „Lässt man die aktive Sterbehilfe an Patienten zu, die (1) moribund, (2) schwer leidend und (3) einwilligungsfähig sind und die (4) ausdrücklich oder ernstlich um ihre Tötung bitten, so wird dies früher oder später mit großer Wahrscheinlichkeit zur Tötung von Menschen führen, die mindestens eines oder sogar mehrere dieser vier Merkmale nicht aufweisen“[824].

Die hier vertretenen Anforderungen an eine straffreie Fremdtötung liegen unter den teilweise materiellen Anforderungen, die *Reinhard Merkel* aufstellt. Insoweit könnte man schon einen Dammbruch vermuten. Die Dammbruch-Behauptung ist jedoch in erster Linie ein Schein. Folgendes ist dem Dammbruch-Argument zu entgegnen:[825]

Wer argumentiert, die Durchsetzbarkeit von legitimen Rechten im Ausnahmefall würde dazu führen, dass die Ausnahme zur Regel würde, der

821 Vgl. *Rietjens/van der Maas/Onwuteaka-Philipsen et al.*, Bioethical Inquiry 2009, 271, 279: „Briefly, the argument states that: if we allow A (the use euthanasia at the request of terminally ill patients), B (abuse of euthanasia, that is, ending the life of vulnerable patient groups without their consent) will necessarily or very likely follow“; vgl. auch *R. Merkel*, Das Dammbruch-Argument, 285; *Rigopoulou*, Grenzen des Paternalismus im Strafrecht, S. 311 ff.; *Scheinfeld*, Organtransplantation und Strafrechtspaternalismus, S. 181 f.; *Walton*, Slippery Slope Arguments, S. 184 ff.

822 *Hufeland*, Neues Journal der practischen Arzneikunde und Wundarzneiwissenschaft 1806, 5, 14 ff.; *Bockelmann*, Strafrecht des Arztes, S. 24; *Duttge*, ZfL 2004, 30, 34 ff.; *Roxin*, in: Roxin/Schroth, Handbuch des Medizinstrafrechts, S. 116 f.; *Tröndle*, ZStW 1987, 25, 39; zur Gegenposition *R. Merkel*, Das Dammbruch-Argument, 285; *ders*, Früheuthanasie, S. 595 ff.; *Scheinfeld*, Organtransplantation und Strafrechtspaternalismus, S. 181 ff.; 212 ff.; *Tenthoff*, Die Strafbarkeit der Tötung auf Verlangen im Lichte des Autonomieprinzips, S. 167 ff.

823 *R. Merkel*, Das Dammbruch-Argument, 285; vgl. auch LK-*Rosenau*, Vor. §§ 211 ff., Rn. 38 f.

824 *R. Merkel*, Das Dammbruch-Argument, 285, 286.

825 Vgl. zum Folgenden *R. Merkel*, Das Dammbruch-Argument, 285.

erkennt damit schon unmittelbar an, dass es berechtigte oder jedenfalls diskutable Fälle der direkten Sterbehilfe gibt. Anderenfalls wäre das Argument gar nicht erforderlich; es wäre in der Sache sogar verfehlt. Wer mit dem Dammbruch argumentiert, gibt damit zu, dass es keinen absoluten Lebensschutz gibt. Das Sekundärargument negativer Konsequenzen schwächt als Hilfsargument die apodiktische Absolutheit der primären Behauptung.

Der Gesetzgeber darf abstrakte Gefahren definieren und sie rechtlich regulieren; er darf aber keine Gefahren erfinden.[826] Komplexe Probleme mit scheinbar einfach logischen Schlüssen zu lösen – hier das generelle Verbot auf Verlangen zu töten – ist nicht der Anspruch eines liberalen Rechtsstaats. Die Behauptung eines Dammbruchs unterliegt erheblicher Legitimationslast und stellt höchstens ein schwaches Argument dar.[827] Es bietet sich dafür geradezu an, einen rechtsvergleichenden Blick in die Niederlande zu werfen, die 2002 die Sterbehilfe grundsätzlich reformierte:[828]

| Jahr | Anzahl der Sterbefälle | Anzahl der gemeldeten Sterbehilfefälle | Sterbehilfefälle/ Sterbefälle in % |
|---|---|---|---|
| 2002 | 142.355 | 1.882 | 1,32 |
| 2003 | 141.036 | 1.815 | 1,28 |
| 2004 | 136.553 | 1.886 | 1,38 |
| 2005 | 136.402 | 1.933 | 1,42 |
| 2006 | 135.372 | 1.923 | 1,42 |
| 2007 | 133.022 | 2.120 | 2,86 |
| 2008 | 135.136 | 2.331 | 1,72 |
| 2009 | 134.235 | 2.636 | 1,96 |
| 2010 | 136.058 | 3.136 | 2,30 |
| 2011 | 135.741 | 2.695 | 2,72 |
| 2012 | 140.813 | 4.188 | 2,97 |
| 2013 | 141.425 | 4.829 | 3,42 |
| 2014 | 139.223 | 5.306 | 3,81 |
| 2015 | 147.134 | 5.516 | 3,75 |

826 *R. Merkel*, MedR 2017, 828, 830 in Fn. 6.

827 *Buyx*, Freiwillige Selbstversklavung, 267, 276 f.

828 Die Daten der folgenden Tabelle stammen aus den digitalen Jahresberichten der Kontrollkommission, <https://www.euthanasiecommissie.nl/de-toetsingscommissies/jaarverslagen> (Abruf am 31.01.2022); auf diese und weitere Daten aus anderen Staaten, in denen die Sterbehilfe liberal ausgestaltet ist, verweist BVerfGE 153, 182, 277 ff.

| Jahr | Anzahl der Sterbefälle | Anzahl der gemeldeten Sterbehilfefälle | Sterbehilfefälle/ Sterbefälle in % |
|---|---|---|---|
| 2016 | 148.973 | 6.091 | 4,09 |
| 2017 | 150.027 | 6.585 | 4,39 |
| 2018 | 153.328 | 6.126 | 4,00 |
| 2019 | 151.793 | 6.361 | 4,20 |
| 2020 | 168.566 | 6.938 | 4,10 |

Aus diesen Zahlen lässt sich zunächst nur ablesen, dass seit Liberalisierung der Sterbehilfe in den Niederlanden die Sterbehilfefälle im Verhältnis zu den allgemeinen Sterbefällen bis auf kleinere Ausnahmen stetig gestiegen sind.[829] Die gemeldeten Sterbehilfefälle umfassen nämlich die „Lebensbeendigung auf Verlangen" im Sinne von passiver sowie aktiver direkter und indirekter Sterbehilfe und die „Hilfe bei der Selbsttötung" im Sinne von Suizidhilfe. Die dort genannte „Lebensbeendigung auf Verlangen" entspricht also nicht der Tötung auf Verlangen gemäß § 216 StGB. Aussagekraft erreichen diese Zahlen erst, wenn sie nach Art der Sterbehilfe aufgeschlüsselt werden.[830] So hat ein niederländisches Forscherteam von 1990 bis 2015 in fünfjährigen Abständen nicht nur die Häufigkeit, sondern auch die Art der Sterbebegleitung am Lebensende in den Niederlanden erfasst.[831] Erfasst wurden lebensbeendende und lebensverkürzende Maßnahmen. Von 1990 bis 2015 stieg der Prozentsatz der Patienten, bei denen dem Antrag auf ärztliche Sterbebegleitung stattgegeben wurde, von 39,4 % kontinuierlich auf 58,1 %. Ab 2002 starben in den untersuchten Fällen zwischen 1,7 % und 4,5 % durch aktive direkte Sterbehilfe und nur 0,1 % durch assistierten Suizid. Die Lebensverkürzung durch leidensmindernde Maßnahmen (indirekte Sterbehilfe) nimmt mit bis zu 35,8 % zuletzt in 2015 den mit Abstand größten Teil der betroffenen Sterbefälle

829 S. auch *Mevis/Postma/Wetering*, Ärztliche Sterbebegleitung in den Niederlanden: kontrollierte Ausnahme, S. 31, 47 ff., 65 f.

830 Die Jahresberichte der Kommission differenzieren zwar zwischen „Lebensbeendigung auf Verlangen" und „Hilfe bei der Selbsttötung". Der Bericht erfasst aber unter ersterem nicht nur die aktive direkte Sterbehilfe, sondern auch den Behandlungsverzicht und die Lebensverkürzung zur Leidensminderung (wie auch hier unter B.II. und B.III.). Die letzteren sind in Deutschland im Ergebnis de lege lata nicht strafbar. Für eine Entkriminalisierung der aktiven direkten Sterbehilfe de lege ferenda muss genau jene betrachtet werden.

831 Vgl. *van der Heide/van Delden/Onwuteaka-Philipsen*, NEJM 2017, 492, 493; angemerkt sei, dass die Forschungsarbeit alle fünf Jahre zwischen 5146 und 9965 Fälle (insgesamt 40.547, durchschnittlich also 6.758 Fälle) ausgewertet hat.

ein. Diese Zahl hat sich seit der rechtlichen Reformierung beinahe verdoppelt. Durch Behandlungsverzicht (passive Sterbehilfe) starb ungefähr jeder sechste, wobei dies ungefähr den Daten vor 2002 entspricht.

Dies zeigt, dass nach fast zwei Jahrzehnten der Praxis die Zahlen der Sterbehilfe durch Ärzte in den Niederlanden zwar gestiegen sind, der maßgebliche Teil hinsichtlich der aktiven direkten Tötung durch einen Arzt ist jedoch gering geblieben. Leicht ansteigende Fallzahlen beweisen keinen Dammbruch[832] und legen als Konsequenz auch nicht nahe, dass die Anzahl der Sterbehilfefälle gravierend steigt, soweit man die Rechtslage sogar liberaler als in den Niederlanden ausgestaltet. Die leicht gestiegene Zahl kann auch Ausdruck größerer Akzeptanz der Sterbehilfe in der Gesellschaft sein, eine Stärkung des Selbstbestimmungsrechts bedeuten, da mehr Menschen ihre Grundrechte ausüben oder aus dem gewachsenen Bewusstsein resultieren, dass der Tod aufgrund des medizinischen Fortschritts nicht mehr als unbeeinflussbares Schicksal hingenommen werden muss.[833] Bemerkenswert ist, dass sich die Anzahl der Lebensverkürzungen durch leidensmindernde Maßnahmen wie die Gabe von Morphin relativ betrachtet beinahe verdoppelt hat. Der Rechtsvergleich mit den Niederlanden lässt daher nicht erwarten, dass die Anzahl der direkten Tötungsfälle auf Verlangen in Deutschland mit der Entkriminalisierung erheblich zunimmt, sondern vielmehr, dass die prozedurale Professionalisierung zu einer besseren Aufklärung durch Beratung führt. Wie in den Niederlanden darf man erwarten, dass Ärzte auch hier dem Lebensschutz innerhalb ihres Ermessens Rechnung tragen und eher indirekte als direkte Sterbehilfe leisten werden. Weitere Studien zeigen, dass sich in anderen Staaten, in denen ärztliche Sterbehilfe legal ist, ebenfalls keine katastrophalen Phänomene ereignet haben, wie sie das Dammbruch-Argument propagiert.[834] Viel-

832 So auch LK-*Rosenau*, Vor. §§ 211 ff., Rn. 39; *Gavela*, Ärztlich assistierter Suizid und organisierte Sterbehilfe, S. 144; *Mackor*, ZStW 2016, 30; *Schöch*, FS für Kühl, 585, 599 f.; vgl. auch *T. Fischer* StGB, Vor. §§ 211-217, Rn. 72, nach dem ein Dammbruch „im Grenzbereich unrealistisch" sei.

833 BVerfGE 153, 182, 279.

834 *Emmanuel/Onwuteaka-Philipsen/Urwin et al.*, JAMA 2017, 79 bezüglich USA, Kanada und Europa: „Euthanasia and physician-assisted suicide (...) remain relatively rare (...) Existing data do not indicate widespread abuse of these practices"; *Battini/van der Heide/Gazini et al.*, JME 2007, 591, bezüglich Niederlande und Oregon (USA): „there is no current evidence for the claim that legalised PAS or euthansia will have disproportionate impact on patients in vulnerable groups"; auf diese Studie verweist auch *R. Merkel*, Das Dammbruch-Argument, 285, 298; zustimmend LK-*Rosenau*, Vor. §§ 211 ff., Rn. 39; kritisch zum empirischen Vorgehen und der aus der Studie gezogenen Schlussfolgerung

mehr ist es wohl sogar so, dass weltweit Patienten um Sterbehilfe bitten[835] und in Ländern mit strenger Kriminalisierung der Sterbehilfe tausende illegale Sterbehilfemaßnahmen durchgeführt werden.[836] Dies spricht jedenfalls gegen einen Dammbruch nach Entkriminalisierung der direkten Sterbehilfe.[837] Wer dennoch auf einer solchen Vermutung beharrt, der darf Indizien gegen die Dammbruch-Behauptung nicht ignorieren.[838] Gesetze, insbesondere Strafgesetze, sind legitimationsbedürftig, sodass „die Beweislast" beim Gesetzgeber liegt. Der Hinweis darauf, dass ein Dammbruch rein logisch möglich wäre, reicht nicht.[839]

Selbst wenn man Belege für eine solche Theorie finden würde, so bedeutet dies nicht, dass eine Abwägung sodann zulasten der Selbstbestimmung am Lebensende ausfiele. Wer im Sinne von Missbrauchsgefahren etwa anführt, der Totschläger könne bei Streichung des § 216 StGB behaupten, sein Opfer habe zu sterben verlangt,[840] der muss bedenken, dass der Täter de lege lata auch behaupten könnte, er habe das Tötungsmittel nur besorgt und straflose Beihilfe zum Suizid geleistet.[841] Solche Schutzbehauptungen werden die Strafgerichte regelmäßig erkennen. Die Risiken müssen bewertet und im Sinne einer Verhältnismäßigkeit abgewogen werden. Nach der hier vertretenen Auffassung sind die Gefahren aber grundsätzlich weniger stark zu bemessen als das Selbstbestimmungsinteresse am Lebensende im Einzelfall. Wer eine Abrutschgefahr behauptet, muss nicht nur darlegen, warum die Rechtslage de lege lata der Rechtslage de lege ferenda vorzuziehen ist, sondern auch, warum die hier geforderte Prozeduralisierung sowie klinische Praxis oder auch andere Sicherungsmechanismen nicht

---

hingegen *Finlay/George*, JME 2011, 171; kritisch ebenfalls *Duttge*, GA 2006, 573, 576 mit Verweis auf die damaligen Entwicklungstendenzen in Belgien und den Niederlanden.

835 Vgl. andeutend auch *Rietjens/van der Maas/Onwuteaka-Philipsen et al.*, Bioethical Inquiry 2009, 271, 281 m.w.N.

836 Vgl. *Seale*, Palliative Medicine 2006, 3, auf diese Studie verweist *R. Merkel*, Das Dammbruch-Argument, 285, 298.

837 Zu diesem Ergebnis kommt auch eine frühere Studie *Rietjens/van der Maas/Onwuteaka-Philipsen et al.*, Bioethical Inquiry 2009, 271, 279, 283; vgl. auch *Kaspar*, Verhältnismäßigkeit und Grundrechtsschutz im Präventionsstrafrecht, S. 471; *Kienzerle*, Paternalismus im Strafrecht der Sterbehilfe, S. 384 f.

838 Vgl. dazu bereits *Hegselmann*, Moralische Aufklärung, 197, 208 f.

839 *R. Merkel*, Das Dammbruch-Argument, 285, 297; *Scheinfeld*, Organtransplantation und Strafrechtspaternalismus, S. 194.

840 *Arzt*, ZStW 1971, 1, 36; *Dölling*, GA 1984, 71, 86; *Hirsch*, FS für Lackner, 597, 613; *Tröndle*, ZStW 1987, 25, 38; *v. d. Pfordten*, Paternalismus und die Tötung auf Verlangen, S. 193, 199; *Hoven*, MedR 2018, 741, 749, Fn. 121, m.w.N.

841 *Scheinfeld*, Organtransplantation und Strafrechtspaternalismus, S. 185.

ausreichen, um eine verhältnismäßige Entkriminalisierung zu gewährleisten.[842]

Zudem wird der utilitaristische Charakter des Arguments deutlich:[843] Das Dammbruch-Argument zielt darauf ab, negative Gesellschaftseffekte zu verhindern. Wer dieses gesamtgesellschaftliche Interesse pauschal schützen will, vernachlässigt das berechtigte Interesse des Einzelnen. Das Verhindern von Dammbruch-Effekten ist nur möglich zulasten der Sterbewilligen; einige wenige bezahlen einen hohen Preis dafür, dass es vielen etwas bessergeht. Dieser klassisch utilitaristische Gedanke ist mit den individualschützenden Grundrechten nicht vereinbar.[844]

Wenn der Mensch sein Recht auf Selbstbestimmung am Lebensende geltend macht und nicht durch indirekten Paternalismus daran gehindert wird, vermögen prozedural abgesicherte Maßnahmen wie Beratung und Aufklärung die Autonomie des Einzelnen zu fördern. Handlungsfreiheit und Selbstbestimmung sind nicht ohne mögliche Gefahren gesellschaftlich zu erringen, was auch für die Sterbehilfe gilt. Das größere Risiko für Humanität und Freiheit besteht aber nicht darin, bestimmte Risiken für den Fortschritt zu wagen, sondern gar keine Risiken mehr einzugehen.[845] Es geht nicht darum Risiken völlig auszuschließen, sondern sie stets gering zu halten.

## III. Straflosigkeit der Suizidhilfe

Dem Bundesverfassungsgericht ist hinsichtlich der Nichtigkeit von § 217 StGB a.F. im Ergebnis zuzustimmen.[846] So wurde herausgearbeitet, dass die indirekt paternalistisch wirkende Kriminalisierung von Suizidhelfern formal betrachtet schon mangels Anknüpfungspunkt zum Suizid kein abgeleitetes Unrecht verwirklicht. Zwischen der Selbsttötung und der

---

842 Vgl. *Scheinfeld*, Organtransplantation und Strafrechtspaternalismus, S. 185 f.; s. auch zu den „Regeln zum Umgang mit Dammbruch-Argumenten“ *R. Merkel*, Das Dammbruch-Argument, 285, 297; *Hegselmann*, Moralische Aufklärung, 197, 208 f.

843 Zum utilitaristischen Charakter im Folgenden *Scheinfeld*, Organtransplantation und Strafrechtspaternalismus, S. 135 f., 204 ff.

844 *Huster*, Die ethische Neutralität des Staates, S. 570 f.; *Scheinfeld*, Organtransplantation und Strafrechtspaternalismus, S. 136 ff.; 204 ff.

845 Etwas zurückhaltender formuliert *R. Merkel*, Das Dammbruch-Argument, 285, 299.

846 Kapitel 2, C. = S. 69 ff.

Unterstützung an einer solchen besteht auch keine normative Differenz; jedenfalls besteht keine solche Differenz, die eine Pönalisierung der Suizidhilfe in dieser Form rechtfertigt noch materiell das Leben gefährdet, soweit der Suizident freiverantwortlich im Rahmen seiner Autonomie darauf verzichtet. Zudem eignet sich die Kriminalisierung der Suizidförderung kaum zur Entfaltung der Autonomie. Im Gegenteil: Nur eine Entkriminalisierung schafft Dialog. Fachkundige Hilfe kann einerseits Leben schützen und andererseits die Würde und das Selbstbestimmungsrecht des Menschen am Lebensende wahren. De lege ferenda ist aber zu überlegen, ob die Teilnahme am Suizid oder sonstige Förderung der Selbsttötung aus anderem Grunde oder auf andere Weise pönalisiert werden sollen, als es § 217 StGB a.F. vorsah. Schließlich gibt es noch den eigentlich wahren Zweck, den § 217 StGB a.F. verfolgte: die gesellschaftspolitisch unerwünschte Folge drastisch erhöhter Selbsttötungszahlen durch öffentlich angebotene Suizidförderung, insbesondere durch Sterbehilfeorganisationen.[847] So soll verhindert werden, dass der Suizid zur gewünschten oder gar gebotenen Normalität werde und eine Suizidkultur entsteht. Der Gesetzesentwurf zu § 217 StGB a.F. macht als vermeintlich gefährdete Gruppe insbesondere Alte und Kranke aus.[848] Manche halten dies für plausibel und berechtigt.[849] Auf diese Vermutung muss genauer eingegangen werden. Führt man die Sorge vor einer Suizidkultur als Schutzzweck an, ergeben sich zwei Probleme. Es ist schon die Prämisse in Frage zu stellen: Führt die organisierte und öffentlich angebotene Suizidhilfe erstens tatsächlich zu einer Suizidkultur? Hier ist ergänzend zu den Ausführungen zur generellen Dammbruch-Behauptung noch speziell auf die behauptete Suizidkultur durch Sterbehilfeorganisationen einzugehen. Zweitens ist unter Annahme der Prämisse zweifelhaft, ob diese Prävention hinsichtlich der eingeschränkten Individualrechte auch verhältnismäßig sein kann.

### 1. Sterbehilfeorganisationen

Wenig diskutiert und erforscht ist, ob das Wirken von Sterbehilfeorganisationen tatsächlich erhöhte Suizidraten zur Folge hat. Bekannt sind schweizerische Sterbehilfeorganisationen wie Exit oder Dignitas, deren Handlungen aufgrund der dortigen Rechtslage straffrei sind. In der Schweiz wird

---

847 *Roxin*, NStZ 2016, 185, 189.
848 BT-Drs. 18/5373, 2, 16.
849 Etwa *Kubiciel*, ZIS 2016, 396, 398; *Roxin*, NStZ 2016, 185, 187.

gemäß § 115 Schweizer Strafgesetzbuch wegen der Teilnahme am Suizid bestraft „Wer aus selbstsüchtigen Beweggründen jemanden zum Selbstmorde verleitet oder ihm dazu Hilfe leistet, (...) wenn der Selbstmord ausgeführt oder versucht wurde (...)". Da die Handlungen der Sterbehilfevereine ehrenamtlich vorgenommen werden, handeln diese nicht tatbestandlich im Sinne der Norm. Daher bietet es sich an, einen Blick auf die Suizidzahlen in der Schweiz zu werfen. Das schweizerische Bundesamt für Statistik wertete vor wenigen Jahren zum zweiten Mal in seiner Todesursachenstatistik die Zahlen zum assistierten Suizid und zum Suizid gesondert aus:[850] Die Anzahl der Fälle assistierter Suizide stieg im relevanten Zeitraum von 2002 bis 2014; ein grundsätzlicher Anstieg der Suizide ist dem jedoch nicht zu entnehmen. Aus steigenden Zahlen assistierten Suizids folgt nämlich nicht, dass auch mehr Menschen sterben oder Suizid begehen. Zum einen gibt es bisher keine verlässlichen Angaben, inwiefern die Sterbehilfezahlen auch auf eine zunehmende Anzahl an Sterbewilligen aus dem Ausland zurückzuführen sind.[851] Zum anderen korrelieren die steigenden Zahlen der Suizidhilfe mit stabilen bis leicht sinkenden Suizidzahlen insgesamt. Zuletzt wurde bei rund fünf von sieben Suizidfällen assistiert. Von 1995 bis 2003 sank die absolute Zahl der Suizide aber deutlich um knapp ein Drittel und bleibt seither etwa konstant. Dies zeigt jedenfalls, dass der Schluss von der Legalisierung der Sterbehilfevereine auf eine Suizidkultur nicht naheliegt. Stattdessen deuten insgesamt gesunkene Suizidzahlen darauf hin, dass die Legalisierung solcher Vereine eine suizidpräventive Wirkung hat. Bei Gesprächen über medizinische Optionen oder die Endgültigkeit des Suizidwillens könnten Menschen, die ohne Sterbehilfevereine gar nicht die Unterstützung Dritter zur Verwirklichung ihres Sterbewunsches gesucht hätten, ihre Meinung ändern. Suizidwillige, die keine andere Möglichkeit sehen, als ihren Wunsch durch einen harten, brutalen Suizid umzusetzen, böte sich eine würdevolle Möglichkeit zur Verwirklichung ihres Persönlichkeitsrechts. Auch gescheiterte Selbsttötungsversuche, die möglicherweise weitere gesundheitliche Schäden hervorrufen, könnten durchaus gesenkt werden. Sterbehilfeorganisationen sind in der Schweiz rechtlich wie auch weitgehend gesellschaftlich akzeptiert. Erkennt man wie in der Schweiz, dass der Sterbewille auf rationalen Erwägungen entscheidungsfähiger Menschen basieren kann,

---

850 Auf diese Zahlen wird sich im Folgenden berufen: Schweizerisches Bundesamt für Statistik, <https://www.bfs.admin.ch/bfs/de/home/statistiken/kataloge-datenbanken/publikationen.assetdetail.1257-1400.html> (Abruf am 31.01.2022).

851 BVerfGE 153, 182, 279.

so liegt es nahe, dass Suizidwillige eher mit solchen Institutionen ins Gespräch kommen als solche, die den Suizid und jegliche Beteiligung daran grundsätzlich ablehnen. Kulturelle Unterschiede, soweit sie denn zwischen der Bundesrepublik Deutschland und der Schweiz bestehen, dürften jedenfalls nicht so groß sein, dass für die Bundesrepublik Deutschland eine Suizidkultur zu erwarten wäre. Die Statistik legt nahe, dass durch Sterbehilfeorganisationen die Suizidzahlen nicht steigen. Spekulativ und vermutlich auch falsch ist demzufolge die gesetzgeberische Behauptung, Sterbehilfeorganisationen würden durch ihre organisierte Form das Selbstbestimmungsrecht und das Leben der Menschen abstrakt gefährden.[852] Das sanktionierte Verhalten organisierter Formen enthält für sich keine sozialschädliche Tendenz, sondern lediglich eine fernliegende abstrakte Gefahr, dass solche Handlungen nicht freiverantwortlichen Suiziden den Weg ebnen könnten.[853] Die Einschätzungsprärogative des Gesetzgebers vermag den verfassungsrechtlichen Makel nicht zu überwinden, da der Gesetzgeber zwar das Recht hat abstrakte Gefahren zu definieren und durch Strafe zu regulieren, die Gefahren jedoch nicht erfinden darf.[854] *Hillenkamp* kritisiert daher zurecht:

> „Wer den Strafgesetzgeber und kontrollierendes Gericht mit dergleichen empiriefreien Spekulationen zu nur abstrakten nicht undenkbaren Rechtsgutsgefährdungen von der verfassungsrechtlichen Kette lässt, gibt jeden ‚strafbarkeitsbegrenzenden, liberalen Gehalt' der Rechtsgutsanbindung und damit die kriminalpolitische Bedeutung des materiellen Verbrechensbegriffs vollständig auf".[855]

### 2. Verhältnismäßigkeit

Angenommen Sterbehilfeorganisationen oder auch andere Angebote der Sterbehilfe durch zum Beispiel Ärzte würden zu erhöhten Suizidfällen führen, dann könnte aus dieser steigenden Anzahl zunächst nur entnommen werden, dass mehr Menschen (freiverantwortlich) über ihr eigenes Leben

---

852 *Brunhöber*, NStZ 2020, 538, 541; *Hufen*, NJW 2018, 1524, 1526; *J. Neumann*, NJOZ 2021, 385, 387 f.; NK-StGB/*Saliger*, § 217, Rn. 3, 6.
853 *Duttge*, NJW 2016, 120, 123.
854 So *R. Merkel*, MedR 2017, 828, 830 in Fn. 6.
855 *Hillenkamp*, KriPoZ 2016, 3, 9; zustimmend *Hoven*, MedR 2018, 741, 745.

und Sterben bestimmt haben.[856] Genau das ist es aber, was ihr Selbstbestimmungsrecht am Lebensende ihnen verfassungsrechtlich zusichert. Eine Erhöhung der Zahlen freiverantwortlicher Suizide bedeutet also juristisch schlicht das Erhöhen der Zahlen von Grundrechtsausübungen. Somit kann es schon kein legitimes Ziel sein die Zahl der freiverantwortlichen Suizide durch ein (strafrechtliches) Verbot gering zu halten. Legitim ist es natürlich, jegliche Fälle des unfreiwilligen Suizids, also auch solche des nicht einsichtsfähigen Suizidenten, zu verhindern und teilnehmende Dritte zu sanktionieren. Dies war vor § 217 StGB a.F. und ist auch in der bestehenden Rechtslage möglich. Strafbarkeitsrisiken der Beteiligung an einem Suizid ergeben sich insbesondere daraus, dass die Freiwilligkeit des Suizidenten entscheidendes Merkmal der Straflosigkeit ist. Strafbarkeiten können daher folgen aus § 212 StGB, § 222 StGB gegebenenfalls in Verbindung mit § 25 Abs. 1 Alt. 2 StGB oder § 13 Abs. 1 StGB und § 323c Abs. 1 StGB. Zudem bestehen nebenstrafrechtliche Risiken, insbesondere aus dem BtMG und dem AMG.[857] Somit gab es schon vor § 217 StGB a.F. hinreichende Möglichkeiten, pönalisierungswürdige Teilnahmefälle durch die Regeln zur Tötung in mittelbarer Täterschaft, zur Unterlassungsstrafbarkeit und zu nebenstrafrechtlichen Normen zu sanktionieren.[858] Darüber hinaus sind bisher keine unerträglichen Strafbarkeitslücken in der Praxis, insbesondere nicht durch die Teilnahme am Suizid durch „wenig edle“ Motive wie Gewinnstreben oder gar einer Geschäftsmäßigkeit im Sinne einer Wiederholungsabsicht, ersichtlich.[859] Soweit ein Suizid freiver-

---

856 Vgl. zum Hinweis des damaligen Vorsitzenden Richters am Bundesverfassungsgericht *Voßkuhle* in der Sache BVerfGE 153, 182 am 16./17.04.2019 den Bericht von *Schmidt-Salomon*, <https://weltanschauungsrecht.de/meldung/Verhandlung-217-Sternstunde-BVerfG> (Abruf am 31.01.2022); diese Tendenz findet sich auch im späteren Urteil wieder BVerfGE 153, 182, 279; vgl. auch *Hörnle*, JZ 2020, 872, 877.

857 Zu den Strafbarkeitsrisiken für Suizidteilnehmer außerhalb von § 217 StGB a.F. *Saliger*, Selbstbestimmung bis zuletzt, S. 145 ff.

858 BT-Drs. 18/6546, 2.

859 Vgl. *Saliger*, Selbstbestimmung bis zuletzt, S. 144; *J. Neumann*, NJOZ 2021, 385, 386. In solchen Motiven sehen die Bundestagsabgeordneten *Künast/Keul* in ihrem Gesetzesentwurf <https://www.renate-kuenast.de/images/Gesetzentwurf_Sterbehilfe_Stand_28.01.2021_final_002.pdf> (Abruf am 31.01.2022) aber weiterhin ein Problem und fordern nach § 5 Absatz 2 und 3 ihres Entwurfs, dass geschäftsmäßig handelnde Suizidhelfer (dort: „Hilfeanbieter“) die „erforderliche Zuverlässigkeit besitzen“ und „in entsprechender Anwendung des § 55 Abgabenordnung selbstlos“ handeln müssen (S. 5). Zur Begründung verweisen sie pauschal auf die Notwendigkeit „Missbrauch und das Ausnutzen von Notlagen zu verhindern“ (S. 13). Einen ähnlichen Ansatz verfolgen

antwortlich vollzogen wird, dient die Bestrafung unterstützender Dritter nur dem Regelungsziel auf hart paternalistische Weise die Abweichung von gesellschaftlichen Werte- und Moralvorstellungen zu sanktionieren.[860] Ein solch paternalistischer Eingriff ist nach dem Gesagten alleine schon deshalb nicht gerechtfertigt, da das Leben als Rechtsgut der Allgemeinheit zur staatlichen Ressource degradiert werden würde, was nicht zuletzt gegen die Würde des Menschen im Sinne von Art. 1 Abs. 1 GG verstößt.[861] Zu einem solchen Schutzzweck schreibt *Duttge* zutreffend:

> „Selbsttötungen wecken Mitgefühl, aktives Mitwirken anderer daran und gar das Offerieren diesbezüglicher ‚Dienstleistungen' hingegen meist Abscheu. (...) Dass nicht jede Amoral sogleich den Griff zum Strafrecht rechtfertigt und hinter manchem Entschluss zum ‚vorzeitigen' Ableben vielleicht auch eine reflektierte höchstpersönliche Entscheidung stehen könnte, bleibt dem gerade in der Rechtspolitik verbreiteten ‚Gutmenschentum' mitunter verborgen."[862]

---

*Dorneck/Gassner/Kersten et al.*, AMHE-SterbehilfeG, S. 4, 53 f. Dieser Idee liegt wohl dieselbe, wenig überzeugende Vermutung zugrunde wie § 217 StGB a.F., dass von Sterbehilfeorganisationen grundsätzlich eine Gefahr ausgehe. Der Gesetzesentwurf *Helling-Plahr/Lauterbach/Sitte* et al. <https://www.helling-plahr.de/files/dateien/210202%20Interfraktioneller%20Entwurf%20eines%20Gesetzes%20zu%20Regelungen%20der%20Suizidhilfe_final.pdf> (Abruf am 31.01.2022) begegnet auf Gewinnstreben ausgerichteten Institutionen nicht unmittelbar, sondern in § 6 VI des dort vorgeschlagenen „Suizidhilfegesetzes" mit einer Verordnungsermächtigung zur „Prävention vor der Etablierung rein auf Gewinnstreben ausgerichteter, insbesondere institutionalisierter, Angebote" (S. 6). Dem liegt ebenfalls die Vermutung einer Gefährdung durch solche Institutionen zugrunde. Die Beurteilung, ob eine Missbrauchsgefahr besteht und ihr zu begegenen ist, sollte aber nicht in der Hand der Exekutive liegen, sondern durch die Legislative unmittelbar entschieden und mit Blick auf die dargelegten empirischen Erkenntnisse abgelehnt werden.

860 *Duttge*, NJW 2016, 120, 123 f.; *Fateh-Moghadam*, Grenzen des weichen Paternalismus, 21, 25; *Gaede*, JuS 2016, 385, 387; *Hoven*, MedR 2018, 741, 743.

861 *Dreier*, in: Dreier, GG, Art. 1 I, Rn. 150; *Hoven*, MedR 2018, 741, 743; zur Frage inwieweit Werte und Moral Strafnormen gerade nicht legitimieren können *Hörnle*, Grob anstößiges Verhalten, S. 60 ff.; *Huster*, Die ethische Neutralität des Staates, S. 571; *Scheinfeld*, Organtransplantation und Strafrechtspaternalismus, S. 311; a.A. *Herzberg*, ZIS 2016, 440, 445, der es entgegen dem „liberale(n) Geist der heutigen deutschen Strafrechtslehre" in manchen Fällen als geboten erachtet, eine bestimmte Moral zu kriminalisieren.

862 *Duttge*, NJW 2016, 120.

### 3. Schutz vor Missbrauch als Strafgrund

Damit bleibt im Wesentlichen ein legitimes Regelungsziel übrig, nämlich der Schutz vor Missbrauch Dritter, die ein Interesse am Tod des Patienten haben. Eigennütziges Interesse am Tod Dritter könnte zwar eine Gefahr für die Autonomie und das Leben darstellen. So hätten etwa gewinnorientierte Organisationen ein monetäres Interesse daran in möglichst vielen Fällen Sterbehilfe zu leisten und die Nachfrage zu erweitern.[863] Wer solche Interessen hat, könnte leicht vergessen hinreichend Vorsorge für undurchdachte Sterbewünsche zu treffen.[864] Der potenziell kommerziellen Ausbeutung des Sterbewunsches im Einzelfall kann der Gesetzgeber aber antizipierend durch verwaltungsrechtliche oder verfahrensrechtliche Regulierung außerhalb der Strafrechts hinreichend begegnen.[865] Diese Gefahr existiert zudem nicht bei bestehenden Sterbehilfevereinen, dies wegen ihrer ehrenamtlichen Struktur. Solche Interessenskonflikte sind jedoch nicht nur bei kommerziellen Organisationen zu befürchten, sondern bei jeder Art organisierter und werbender Sterbehilfe.[866] Es ist etwa nicht fernliegend, dass im Einzelfall alte und kranke Menschen auf Druck von nahestehenden Verwandten den Suizid für geboten und erforderlich erachten.[867] Dieser Gefahr darf der Gesetzgeber aber nicht abstrakt, sondern muss ihr im Einzelfall durch Prüfung der Freiverantwortlichkeit begegnen. Es besteht ein legitimes Interesse daran, die Rechte und insbesondere die Freiheitssphären Einzelner voneinander abzugrenzen und konkret sicherzustellen, dass der Suizidwunsch eigenverantwortlich getroffen wurde und dem langfristigen Interesse des Rechtsgutsträgers entspricht. Weich paternalistische Ansätze, die aufklären und beraten, aber die Letztentscheidung dann dem Individuum überlassen, sind grundsätzlich verhältnismä-

---

863 Daher knüpft § 115 Schweizer Strafgesetzbuch das strafbewährte Handeln auch an „selbstsüchtige Beweggründe"; vgl. auch zum deutschen Entwurf eines Gesetzes zur Strafbarkeit der gewerbsmäßigen Förderung der Selbsttötung BT-Drs. 17/11126.

864 *Kubiciel*, ZIS 2016, 396, 401; *Roxin*, GA 2013, 313, 322.

865 Übereinstimmend der Feststellungsantrag *Keul/Sütterlin-Waack*, BT-Drs. 18/6546, 2; a.A: *Künast/Sitte*, BT-Drs. 18/5375, 11; vgl. nunmehr aber § 5 Abs. 3 (S. 5) Gesetzesentwurf *Künast/Keul* <https://www.renate-kuenast.de/images/Gesetzentwurf_Sterbehilfe_Stand_28.01.2021_final_002.pdf> (Abruf am 31.01.2022).

866 BT-Drs. 18/5373, 13 f. mit Verweis auf BT-Drs. 17/11126; vgl. auch *Gärdiz*, ZfL 2015, 114, 115; *Jurgeleit*, NJW 2015, 2713; *Kubiciel*, ZIS 2016, 396, 401.

867 Vgl. dazu i.R.v. § 217 StGB a.F. *Duttge*, NJW 2016, 120, 122; *Kubiciel*, ZIS 2016, 396, 401; Spickhoff/*Knauer/Brose*, Medizinrecht, StGB § 217, Rn. 2; *Weigend/Hoven*, ZIS 2016, 681, 687 ff.

ßig, soweit sie die Eigenverantwortlichkeit von Entscheidungen absichern. Daher bietet sich a priori beim assistierten Suizid ebenfalls eine prozedurale Lösung an. Vor dem Hintergrund der hier vertretenen Entkriminalisierung der direkten Sterbehilfe ist denkbar, Rechtsmissbrauch in einem einheitlichen prozeduralen Verfahren entgegenzuwirken und Autonomie durch Beratung zu stärken, wie es etwa die Niederlande handhabt. Es liegt dann etwa nahe, ein abgestuftes System zu etablieren, in dem direkte Sterbehilfe nur dann geleistet werden darf, wenn die Suizidhilfe dazu nicht ohne größere Hindernisse möglich ist. Die Suizidhilfe stellt ein relativ milderes Mittel dar, um selbiges Ziel zu erreichen. Die Voraussetzungen der privilegierten Sterbebeihilfe könnten dann der direkten Sterbehilfe angepasst werden.[868]

Zum einen geriete das abgestufte System aber in unüberwindbare Friktionen mit dem Selbstbestimmungsrecht. Zum anderen besteht – anders als bei der direkten Sterbehilfe – bei der Suizidhilfe kein Bedarf der ärztlichen Expertise während der Ausführung.[869] Der todbringende Akt wird ohnehin durch den Suizidenten selbst vollzogen, ansonsten handelt es sich nicht mehr um einen Suizid. Die ärztliche Expertise wäre danach nur zur Mittelberatung, Missbrauchsverhütung und Autonomiestärkung erforderlich. Für die Verhältnismäßigkeit dieser Beschränkung wäre es daher lediglich nötig, dass die missbrauchsverhütenden Kriterien geprüft und Beratung geleistet werden. Wären die prozeduralen Voraussetzungen erfüllt, so wäre jegliche Form der Unterstützung zum Beispiel durch Ärzte, Verwandte oder Sterbehilfevereine straffrei.

Neben Fragen der Ausgestaltung im Einzelfall ist eine Kriminalisierung der Suizidhilfe zwar durch eine weich paternalistische Prozeduralisierung verfassungsrechtlich zulässig[870], sie ist aber de lege ferenda nicht geboten. Die Behauptung, von organisierter Suizidassistenz ginge eine Gefahr für die Autonomie aus, entbehrt schlicht der Empirie, sie ist wahrscheinlich sogar falsch. Strafbarkeitslücken bestanden auch nicht vor § 217 StGB a.F. und unseriösen Angeboten kann der Gesetzgeber am besten durch Sicherstellung professioneller Angebote statt strafrechtlicher Ahndung derselben antizipierend begegnen.[871] Die vermeintlichen Vorteile der Kriminalisierung stehen zudem kaum im Verhältnis zum Schaden des eingeschränkten

868 So der Vorschlag *Dorneck/Gassner/Kersten et al.*, AMHE-SterbehilfeG, S. 5, 54 ff.

869 Mit Blick auf die Suizihilfe auch *J. Neumann*, NJOZ 2021, 385, 387.

870 BVerfGE 153, 182, 309.

871 S. erneut übereinstimmend des Feststellungsantrag *Keul/Sütterlin-Waack*, BT-Drs. 18/6546, 2.

Selbstbestimmungsrechts. Zustimmung verdient daher der Ansatz keine neue Strafnorm als „Ersatz“ für § 217 StGB a.F. zu entwickeln und die Suizidförderung nicht über die Grenzen zu kriminalisieren, die auch schon vor dem 10.12.2015 bestanden.[872]

Außerhalb des strafgesetzlich Regelbaren bleibt die Frage, wer die Gelegenheit zur Selbsttötung – und ebenso das Angebot einer Tötung auf Verlangen – bieten soll. Naheliegend ist es, dies der Ärzteschaft zu überlassen, denn vor allem Ärzte können ein würdevolles und zuverlässiges Sterben ohne Gefährdung Dritter vermitteln.[873] Dem könnten insbesondere das Berufsethos und die Gewissensfreiheit des einzelnen Arztes entgegenstehen. Die Meinungen dazu in der Ärzteschaft waren zunächst geteilt: Die Bundesärztekammer sah die Mitwirkung bei der Selbsttötung nicht als ärztliche Aufgabe an; sie widerspreche dem ärztlichem Ethos[874] und ist standesrechtlich verboten[875]. Lediglich zehn von siebzehn Landesärztekammern folgten diesem Ansatz, indem sie dieses Verbot der Suizidhilfe mit standesrechtlichen Sanktionen bedrohen.[876] Ein aus der Satzung der Ärztekammer abgeleitetes generelles Verbot der Suizidhilfe ist aber unvereinbar mit der Freiheit der Berufsausübung gemäß Art. 12 Abs. 1 GG und der Gewissensfreiheit des Arztes gemäß Art. 4 Abs. 1 GG.[877] Jedenfalls könnte der Gesetzgeber festlegen, dass die Beteiligung von Ärzten an der Sterbehilfe insgesamt nicht untersagt werden kann und

---

872 So i.E. ausdrücklich auch *Herzberg*, ZIS 2016, 440, 449.

873 So auch der Gesetzesentwurf von *Hintze/Lauterbach*, BT-Drs. 18/5374, der systematisch einen neuen § 1921a BGB zum Gegenstand hat; s. auch *Duttge*, NJW 2016, 120, 124 f.; *Kampmann*, Die Pönalisierung der geschäftsmäßigen Förderung der Selbsttötung, S. 155 f.; *Hoven*, ZIS 2016, 1, 5; *Roxin*, NStZ 2016, 185, 189 f.; kritisch *Britzke*, § 217 StGB im Lichte des strafrechtlichen Rechtsgutskonzepts, S. 220 ff.

874 DÄBl. 2011, 108, A-346; vgl. auch BVerfGE 153, 182, 292 f.

875 Vgl. § 16 der (Muster-) Berufsordnung für die in Deutschland tätigen Ärztinnen und Ärzte DÄBl. 2019, 116, A-230; s. zur Beurteilung eines ärztlich assistierten Suizids durch die Ärzteschaft ausführlich *Kampmann*, Die Pönalisierung der geschäftsmäßigen Förderung der Selbsttötung, S. 144 f.

876 Nach Angaben des Gesetzesentwurfs *Hintze/Lauterbach*, BT-Drs. 18/5374, 8 und BVerfGE 153, 182, 294; vgl. auch *Kampmann*, Die Pönalisierung der geschäftsmäßigen Förderung der Selbsttötung, S. 148 ff.

877 VG Berlin, Urt. v. 30.03.2012 – 9 K 63.09; vgl. auch Kritik und Ausgestaltungsvorschlag bei *Gavela*, Ärztlich assistierter Suizid und organisierte Sterbehilfe, S. 238 ff.; nach BVerfGE 153, 182, 294 f. komme es „nicht darauf an, ob die Verbote in ihrer derzeitigen Form als bloßes Satzungsrecht formell verfassungswidrig“ seien, es handele sich aber um „ungeklärtes Recht“, das „jedenfalls faktisch handlungsleitend“ sei.

entgegenstehende berufsständische Regelungen unwirksam sind.[878] Nach dem Urteil des Bundesverfassungergichts zur Verfassungswidrigkeit des § 217 StGB a.F.[879] war davon auszugegen, dass die Ärztekammern sich entsprechend liberaler aufstellen. Rechtlich entscheidend ist nämlich, was die Grundrechte vorgeben; rechtsethisch entscheidend ist, was dem Überlegungsgleichgewicht[880] entspricht. Daher ist das Berufsethos anzupassen und nicht die entscheidungsbestimmende Ansicht der Gesellschaft.[881] Im Ergebnis bedarf es damit auch keiner Kompetenzerweiterung zum Verschreiben tödlicher Medikamente im Rahmen der Suizidhilfe (etwa durch neu einzuführende Kommissionen), um dem grundrechtlich gewährleisteten Recht auf Selbstbestimmung am Lebensende hinreichend Rechung zu tragen.[882] Erwartungsgemäß haben in Anschluss an das Urteil bereits die Bundesärztekammer und elf Landesärztekammern ihre Berufsordnungen angepasst.[883] Ärzte haben demnach Sterbenden unter Wahrung ihrer Würde und Achtung ihres Willens beizustehen. Die Bundesärztekammer und sechs dieser Ärztekammern, die bereits eine Änderung der Berufsordnungen beschlossen haben, halten in den jeweiligen § 16 ergänzend fest, dass es verboten ist, Patienten auf deren Verlangen zu töten.

Die Sterbehilfe insbesondere der Ärzteschaft zu übertragen steht auch nicht entgegen, dass einzelne Ärzte dies mit Verweis auf das eigene Gewissen nicht übernehmen. Soweit der einzelne Arzt keine Verpflichtung eingegangen ist, etwa als Palliativmediziner Sterbehilfe zu leisten, kann er dazu auch nicht verpflichtet werden. Das Freiheitsrecht des Einzelnen erstreckt sich von vornherein nicht darauf, dass ein anderer Grundrechtsträger dabei hilft, das Freiheitsrecht auszuüben. Im Übrigen kann ein Arzt grundsätzlich seine Gewissensfreiheit nach Art. 4 Abs. 1 GG der Freiheit des Sterbewilligen entgegensetzen. Beim Schwangerschaftsabbruch wird dies auch nicht ernsthaft in Frage gestellt; dass niemand verpflichtet ist, an einem Schwangerschaftsabbruch mitzuwirken, ist entsprechend in § 12 Abs. 1 Schwangerschaftskonfliktgesetz klargestellt.

---

878 Vgl. *Künast/Sitte*, BT-Drs. 18/5375, 4 (dort in § 6 Abs. 2).

879 BVerfGE 153, 182.

880 *Rawls*, Eine Theorie der Gerechtigkeit, S. 34 ff.; 140 ff.

881 Vgl. MüKoStGB/*Schneider*, Vor. § 211, Rn. 76; deutlicher noch in der Vorauflage MüKoStGB/*Schneider*, 3. Aufl. 2017, Vor. § 211, Rn. 76; a.A. *Duttge*, MedR 2020, 570, 572.

882 A.A. *Dorneck/Gassner/Kersten et al.*, AMHE-SterbehilfeG, S. 7, 67 f.

883 Vgl. etwa § 16 der (Muster-) Berufsordnung der Bundesärztekammer <https://www.bundesaerztekammer.de/fileadmin/user_upload/downloads/pdf-Ordner/Recht/_Bek_BAEK_MBO-AE_Online_final.pdf> (Abruf am 31.01.2022).

Selbst wenn man Sterbehilfeorganisationen als schädlich ansehen wollte, sollte die Rechtspolitik sich statt mit verfassungsrechtlich bedenklichen und kriminalpolitisch abzulehnenden Normierungen auf das Marktprinzip besinnen: Soweit Sterbewillige ein besseres Angebot als das der privaten Sterbehilfeorganisationen erhalten, wird die Nachfrage nach diesen sinken, sie vielleicht sogar obsolet werden lassen.[884] Auch vor Verabschiedung des nichtigen § 217 StGB a.F. gab es kein Massenphänomen der organisierten Sterbehilfe.[885]

Für die ärztliche Sterbehilfe – auch in Form der Tötung auf Verlangen – spricht zudem, dass der Arzt in typischen Fällen den Patienten schon über längere Zeit kennt, seine Entwicklung verfolgt hat und so am ehesten beurteilen kann, ob der Sterbewille freiverantwortlich geäußert wurde oder ob er auf Übereilung oder Rationalitätsdefiziten beruht.[886] Das Verhältnis zwischen Arzt und Patient bietet ferner einen Raum ohne Tabus; diese Fürsorge ist ein zentraler Mehrwert aktueller (palliativ-) medizinischer Fürsorge und kann dies auch im Rahmen aller Sterbehilfeformen sein.[887] *Roxin* vermutet zudem, Sterbehilfe in Arztpraxen verbleibe zumeist im Privatbereich, sodass es in diesem Rahmen im Gegensatz zu Sterbehilfeorganisationen keine Ausstrahlwirkung im Sinne einer Anreizwirkung gebe.[888] So kann jedenfalls auch dem Freiraum ärztlichen Ermessens[889] Rechnung getragen werden ohne den Ärzten den rechtlichen Rahmen zu überlassen.

## IV. Straflosigkeit des Hervorrufens eines Suizidentschlusses

Die Teilnahme ist grundsätzlich nicht nur in Form der Beihilfe, sondern auch als Anstiftung im Sinne von § 26 StGB möglich, vgl. § 28 Abs. 1 StGB. Das Hervorrufen des Suizidentschlusses ist de lege lata tatbestandlos. Wer die Straflosigkeit der Suizidhilfe und der Verleitung zum Suizid fordert, darf nicht nur den schwer Leidenden, der zur Erlösung um seinen Tod bittet, berücksichtigen, sondern muss auch den Fall im Blick haben, dass etwa die Tochter ihrem Vater, der zwar schwer krank ist, aber noch sehr am Leben hängt, seine Schmerzen beharrlich vor Augen hält und ihn

---

884 Ähnlich *Roxin*, NStZ 2016, 185, 190.
885 BT-Drs. 18/6548, 2.
886 *Roxin*, NStZ 2016, 185, 189.
887 *Duttge*, NJW 2016, 120, 124.
888 *Roxin*, NStZ 2016, 185, 190.
889 Zu Notwendigkeit, Inhalt und Grenzen des ärztlichen Ermessens im Rahmen der Sterbehilfe s. Kapitel 3, C., I. = S. 134 f.

schließlich zum Suizid führt.[890] „Hat man auch hier starke Gründe, zu fordern, dass die Tochter nicht wegen eines Tötungsdelikts bestraft werden soll?", fragt *Herzberg*.[891]

Aus der Tatbestandslosigkeit des Suizids folgt nicht zwingend, dass eine Veranlassung zum Suizid straflos bleibt. Dies zeigen vor allem systematische Erwägungen[892]: Ähnlich der tatbestandlichen Begrenzung des § 212 StGB, der nicht dem Wortlaut, sondern der systematischen und teleologischen Auslegung entsprechend den Suizid nicht erfasst,[893] hat der Gesetzgeber etwa in § 258 StGB ausdrücklich die „Eigenstrafvereitelung" tatbestandlich ausgeschlossen („ein anderer"). Manche fordern[894] daher im Wege der teleologischen Auslegung, dass derjenige, der dem Vortäter sachlichen Beistand bei der Eigenstrafvereitelung leiste, sich als Täter nach § 258 StGB strafbar mache und nicht als „Teilnehmer" straflos bleibe. Aus der Tatbestandslosigkeit der Eigenstrafvereitelung resultiere „eine Art Vakuum"[895]; es entstehe ein Strafbarkeitsbedürfnis, das mithilfe teleologischer Auslegung im Sinne eines weiten Täterschaftsverständnisses befriedigt werde.

Ähnlich dieser Überlegung wollen einige in der Tatbestandslosigkeit des Suizids ein Vakuum erblicken und fordern eine entsprechende Extension, insbesondere wenn eine Person eine andere zum Suizid verleitet: In Deutschland gab es bereits Gesetzesbestrebungen,[896] die sich orientieren an der Ausgestaltung anderer Staaten, die die Anstiftung zum Suizid explizit pönalisieren[897]. Wer eine Gelegenheit verschaffte und im Sinne von § 217 StGB a.F. die Selbsttötung förderte, konnte damit auch bestimmen, sodass ein eigentlich straffreies Hervorrufen des Suizidentschlusses nach § 217 StGB a.F. in manchen Fällen kriminalisiert werden sollte.[898]

---

890 Beispiel bei *Herzberg*, ZIS 2016, 440, 441.

891 *Herzberg*, ZIS 2016, 440, 441.

892 Zu diesen Erwägungen *Herzberg*, ZIS 2016, 440, 442 f.

893 S. Kapitel 2, A. = S. 30 ff.

894 Etwa Lackner/Kühl/*Kühl* StGB, § 258, Rn. 6; S/S-*Hecker*, StGB, § 258, Rn. 35.

895 *Herzberg*, ZIS 2016, 440, 442.

896 Abgeordnete der Unionsfraktion schlugen 2015 in einem Gesetzentwurf vor, Anstiftung und Beihilfe zum Suizid in einem neuen § 217 StGB mit bis zu fünf Jahren Freiheitsstrafe zu pönalisieren, vgl. BT-Drs. 18/5376, 1, 5; vgl. dazu BVerfGE 153, 182, 197 ff.

897 So etwa § 78 österreichisches StGB oder Art. 115 schweizerisches StGB; rechtsvergleichend u.a. BVerfGE 153, 182, 200 ff.; *Weißer*, ZStW 2016, 106; vgl. auch NK-StGB/*U. Neumann*, Vor. § 211, Rn. 49, Fn. 220.

898 Dies blieb in der Literatur bisher häufig unerwähnt, *Herzberg*, ZIS 2016, 440, 441.

Nach dem Gesagten ist klar, dass das Eigenverantwortlichkeitsprinzip eine Kriminalisierung des Hervorrufens eines Suizidentschlusses (Anstiftung zum Suizid) verbietet. Eine Extension, wie sie bei § 258 StGB vorgenommen wird, ist im Rahmen des § 212 StGB beim Verleiten zum Suizid mit Art. 103 Abs. 2 GG nicht vereinbar. Beruht der Tod eines Menschen auf seiner eigenverantwortlichen Entscheidung, so fehlt es an einem zurechenbaren Unrecht. Durch die Feststellung der Nichtigkeit des § 217 StGB a.F. wurde im Hinblick auf nicht täterschaftliche Beteiligungen am Suizid die alte Rechtslage bekräftigt. Strafbar ist und darf ein Verhalten Dritter nur sein, wenn der Tod nicht eigenverantwortlich herbeigeführt wurde, etwa wenn die Grenze zur mittelbaren Täterschaft überschritten ist. Der Tötung in mittelbarer Täterschaft macht sich demnach durch das Hervorrufen des Suizidwillens nur derjenige strafbar, der eine strukturelle Überlegenheit kraft überlegenen Wissens oder überlegenen Willens gegenüber dem Opfer aufweist. Im Rahmen der vorzugswürdigen Einwilligungslösung bedeutet dies, dass es auf die entwickelten Maßstäbe des „ernstlichen Verlangens“ nach § 216 StGB ankommt: Es ist zu fragen, ob das Opfer bei eigenhändiger Vornahme der Tötungshandlung selbst die Anforderungen des für § 216 StGB entwickelten ernstlichen Verlangens erfüllt.[899] Beruht der letzte Akt ihres Vaters auf einer freiverantwortlichen Entscheidung, so ist *Herzberg* im oben genannten Beispiel zu antworten, dass die Tochter sich durch ihre Aufforderung nicht strafbar macht.[900]

## V. Konkreter Normierungsvorschlag

Die hier vorgeschlagene Normierung soll zunächst einen Appell an den Gesetzgeber darstellen, den Rahmen für die bereits anerkannten Formen straffreier Sterbehilfe verbindlich zu regeln. Legislative Klarheit über diese Formen ist unabhängig davon geboten, welche Position man zu den übrigen strittigen Formen der Sterbehilfe bezieht.[901]

Die hier geforderte partielle Entkriminalisierung der Tötung auf Verlangen bedeutet das Zulassen der aktiven direkten Sterbehilfe unter bestimm-

---

899 Vgl. Kapitel 2, B., II., 1., d. = S. 44 ff.

900 *Herzberg*, ZIS 2016, 440, 441 f.

901 Anders sehen dies die Professoren des Alternativ-Entwurfs Sterbebegleitung (AE-StB) *Schöch/Verrel*, GA 2005, 553, 584, die nur „Mit dem Verzicht auf eine Lockerung der Strafbarkeit direkter Sterbehilfe (...) einen Appell an den Gesetzgeber“ verbinden, die zulässigen Formen der Sterbehilfe zu regeln.

ten Bedingungen. Rechtlich betrachtet wird zwar in der Bundesrepublik Deutschland damit Neuland betreten, die aktive direkte Sterbehilfe ist jedoch in wenigen anderen Staaten unter bestimmten Voraussetzungen bereits straffrei. Die Niederlande führte 2002 als weltweit erstes Land mit dem „wet toetsing levensbeëindiging op verzoek en hulp bij zelfdoding" („Gesetz zur Kontrolle der Lebensbeendigung auf Verlangen und Hilfe bei der Selbsttötung") eine solche partielle Entkriminalisierung durch.[902] Dort sind zwar sowohl die Tötung auf Verlangen als auch die vollzogene Beihilfe zum Suizid nach Art. 293 Abs. 1, 294 Abs. 2 S. 1 niederländisches StGB strafbar. Für Ärzte besteht aber in den jeweilig zweiten Absätzen ein besonderer Strafausschließungsgrund, soweit bestimmte Sorgfaltskriterien eingehalten werden. Danach muss der Arzt prüfen, ob der Wunsch des Sterbewilligen freiwillig und nach reiflicher Überlegung geäußert wurde. Der Arzt muss über die medizinische Prognose aufklären und mindestens einen weiteren unabhängigen Arzt zu Rate ziehen, der ebenfalls zu den Sorgfaltskriterien Stellung nimmt. Ferner ist eine psychiatrische Untersuchung erforderlich. Entscheidend ist, dass sowohl die sodann erlaubte Tötung auf Verlangen als auch die Suizidhilfe nicht auf terminale Erkrankungen beschränkt sind. Notwendig ist unerträgliches Leid des Patienten. Außerdem darf es keine Aussicht auf Besserung und keine andere annehmbare Lösung geben. Belgien, Luxemburg und zuletzt Spanien im Jahr 2021 folgten dem Beispiel der Niederlande. Ein Gesetzesentwurf für Deutschland könnte sich jedenfalls in formeller Hinsicht am Ursprungsmodell der Niederlande orientieren.[903] Danach wird die verantwortlich erklärte Einwilligung des Rechtsgutsträgers anerkannt. Straffreiheit erlangt jedoch nur ein Mediziner, der neben materiellen Kriterien bei jeglichen lebensbeendenden Maßnahmen prozedural abgesicherte Sorgfaltskriterien einhält. Eine solche Privilegierung verwehrt dem Rechtsgutsträger nicht sein Recht

902 Zur Rechtlage in den Niederlanden BVerfGE 153, 182, 202; *Gavela*, Ärztlich assistierter Suizid und organisierte Sterbehilfe, S. 107 ff.; *Hörnle*, JZ 2020, 872, 873; *Mackor*, ZStW 2016, 24; zum (historischen) Hintergrund *Mevis/Postma/Wetering*, Ärztliche Sterbebegleitung in den Niederlanden: kontrollierte Ausnahme, S. 31, 32 ff.

903 Ohne dies zu konkretisieren, unterbreitet diesen Vorschlag u.a. auch *Berghäuser*, ZStW 2016, 741, 779 ff.; *Hörnle*, JZ 2020, 872, 873, 879; *Hoven*, ZIS 2016, 1, 9; *dies.*, MedR 2018, 741, 749; *Mackor*, ZStW 2016, 24; *U. Neumann*, Der Tatbestand der Tötung auf Verlangen, 245, 262 f.; a.A. *Beckmann*, DRiZ 2005, 252, 254; *Britzke*, § 217 StGB im Lichte des strafrechtlichen Rechtsgutskonzepts, S. 218 ff. Die hier folgenden konkreten Gesetzesvorschläge orientieren sich in an diesen Normen, insbesondere hinsichtlich der Kontrollkommissionen.

auf freie Selbstbestimmung und wirkt zugleich Missbrauch entgegen. Die Sterbehilfe wird damit professionalisiert. Sie schützt denjenigen, der nicht in der Lage ist, seine Autonomie wirksam auszuüben und bietet dem autonom Handelnden eine humane Möglichkeit, seinen Wunsch zu realisieren, statt ihm nur die Optionen eines einsamen oder brutalen Suizids zu lassen.[904] Darüber hinaus dient die Entkriminalisierung durch professionelle Prozeduralisierung dazu, mehr Menschen mit Sterbewunsch als zuvor zu erreichen, da das Verfahren ergebnisoffen ist. Eine ausdrückliche, partielle gesetzliche Gestattung bestimmter Fälle und Formen wird daher die Prävention fördern.[905] Gleichsam kommt dem ärztlichen Ermessen eine größere Bedeutung innerhalb klarer legislatorischer Grenzen zu. Dies ermöglicht, die individuellen Umstände und Härten des Einzelfalls zu berücksichtigen und rechtliche Strukturen zu flexibilisieren,[906] was aber nicht darüber hinwegtäuschen darf, dass dem prozeduralen Verfahren materielle Maßstäbe immanent sind.[907] Entscheidend für die Verhältnismäßigkeit ist, dass das prozedurale Verfahren die Letztentscheidung beim Rechtsgutsträger belässt. Eine einzelfallorientierte Prozeduralisierung soll sicherstellen, dass letztentscheidende paternalistische Maßnahmen nur greifen, wenn diese auch im Interesse des Menschen liegen.[908] Insoweit bildet diese Form des liberalen Paternalismus das mildeste Mittel, um den Interessen verhältnismäßig gerecht zu werden. Für das deutsche Recht wird daher folgende Gesetzesreform vorgeschlagen:

---

904 *Saliger*, Selbstbestimmung bis zuletzt, S. 218.

905 Hinsichtlich der ausdrücklichen gesetzlichen Gestattung ärztlicher Suizidassistenz auch *Saliger*, Selbstbestimmung bis zuletzt, S. 298.

906 So auch *U. Neumann*, Der Tatbestand der Tötung auf Verlangen, 245, 262.

907 Dies erkennt im Grundsatz auch *Kubiciel*, ZIS 2016, 396, 400. Im Folgenden übersieht er aber, dass daraus lediglich folgt, dass die Maßstäbe zur Bewertung des freien Willens, nicht jedoch die Gründe und Motive des stattzugebenden Todeswunsches objektiviert werden müssen. Letztere können jedoch als Indizien für den eigenverantwortlichen Willen dienen.

908 Ähnlich *U. Neumann*, Der Tatbestand der Tötung auf Verlangen, 245, 263; *Engländer*, FS für Schünemann, 583, 586 f.

## 1. Änderungen des Strafgesetzbuches[909]

### § 214 Nichthinderung einer Selbsttötung[910]

(1) Wer es unterlässt, die Selbsttötung eines anderen zu hindern oder einen anderen nach einem Selbsttötungsversuch zu retten, handelt nicht rechtswidrig, wenn die Selbsttötung auf einer freiverantwortlichen und ernstlichen, ausdrücklich erklärten oder aus den Umständen erkennbaren Entscheidung beruht.[911]

(2) Dies gilt auch für Personen mit sonstiger Obhuts- und Beistandspflicht.[912]

---

909 Nach dem Gesetzesentwurf der Bundestagsabgeordneten *Künast/Keul*, <https://www.renate-kuenast.de/images/Gesetzentwurf_Sterbehilfe_Stand_28.01.2021_final_002.pdf> (Abruf am 31.01.2022) sei „eine Verankerung der Problematik im Strafrecht (...) nicht der richtige Ansatz" (S. 2). Eine Begründung dafür findet sich im Entwurf nicht. Gleichwohl sehen die Autorinnen in § 2 Absatz 2 des danach neu zu schaffenden „Gesetz zum Schutz des Rechts auf selbstbestimmtes Sterben" eine Straffreiheitsregelung der indirekten und der passiven Sterbehilfe vor. Solche Strafausschlüsse sind jedoch systembedingt gerade im Strafgesetzbuch zu verorten. Vgl. ebenfalls *Dorneck/Gassner/Kersten et al.*, AMHE-SterbehilfeG, S. 83, die ohne weitere Begründung zur systematischen Notwendigkeit die strafrechtliche Pönalisierung von Handlungen im Rahmen der Sterbehilfe ausschließlich in einem neuen Sterbehilfegesetz regeln und § 216 StGB partiell entkriminalisiert in dieses neue Gesetz „verlegen" wollen (dort: § 6, S. 4 f.).

910 Kapitel 2, B., II., 3. = S. 60 ff.

911 Der hier vorgeschlagene Wortlaut des ersten Absatzes entspricht § 215 Abs. 1 StGB in *Schöch/Verrel*, GA 2005, 553, 585. Dort wird zudem im Absatz 2 vorgeschlagen eine Entscheidung nach Absatz 1 zu verneinen, wenn der Sterbewillige noch keine 18 Jahre alt oder seine freie Willensbildung entsprechend §§ 20, 21 StGB beeinträchtigt ist. Damit orientiert sich der Ansatz an der Exkulpationslösung, der nicht zu folgen ist. Stattdessen sind wie in Kapitel 2, B., II., 1., d. = S. 44 ff. vorgeschlagen die Maßstäbe der Einwilligungslösung anzulegen. Ebenfalls nicht übernommen wird der dort vorgeschlagene dritte Absatz. Nach diesem soll auch bei einem tödlich Kranken eine freiverantwortliche Selbsttötung nicht ausgeschlossen werden. Erstens sind jegliche Aspekte der Sterbehilfe nicht an das Krankheitskriterium gebunden (Kapitel 1, C. = S. 21 ff.) und zweitens wäre doch eher aufgrund und nicht trotz einer tödlichen Krankheit die Freiverantwortlichkeit anzunehmen.

912 Klarstellend, s. Kapitel 2, B., II., 3., a. = S. 61 ff.

**§ 215 Verzicht auf lebensverlängernde Maßnahmen[913]**

(1) Wer eine lebenserhaltende Maßnahme unterlässt, begrenzt oder beendet (Behandlungsverzicht), handelt nicht rechtswidrig, wenn
1. der Betroffene dies ausdrücklich und ernstlich verlangt,
2. der Betroffene einwilligungsunfähig ist und er den Behandlungsverzicht in einer wirksamen schriftlichen Patientenverfügung angeordnet hat,
3. der Betroffene nach ärztlicher Erkenntnis zu einer Erklärung über Aufnahme oder Fortführung der Behandlung außerstande ist und aufgrund verlässlicher Anhaltspunkte anzunehmen ist, dass er im Hinblick auf Art, Dauer und Verlauf seiner Erkrankung diese Behandlung ablehnen würde, oder
4. bei nahe bevorstehendem Tod im Hinblick auf den Leidenszustand des nicht mehr artikulationsfähigen Betroffenen und die Aussichtslosigkeit einer Heilbehandlung die Aufnahme oder Fortführung lebenserhaltender Maßnahmen nach ärztlicher Erkenntnis nicht mehr angezeigt ist.[914]

(2) Beruht der Zustand des Patienten auf einem freiverantwortlichen Suizidversuch, so wird im Sinne von Absatz 1 Nummer 3 vermutet, dass er die Behandlung ablehnen würde.[915]

---

913 Kapitel 2, D., III. = S. 107 ff.; vgl. auch *Schöch/Verrel*, GA 2005, 553, 584.

914 Kapitel 2, D. = S. 81 ff.: Nr. 1 bis 3 legitimieren sich durch das Selbstbestimmungsrecht des Patienten. Nr. 4 hingegen erfasst Fälle im Endstadium des Sterbeprozesses und stellt klar, dass neben der Basisbetreuung ein ärztlicher Heilauftrag nur im Rahmen der medizinischen Indikation bestehen kann. Eine Lebenserhaltungspflicht unter Einsatz aller verfügbaren Ressourcen besteht nur mit dem Willen des Patienten <u>und</u> im Rahmen der medizinischen Indikation. Dieser Absatz soll klarstellen, dass Ärzte bei einseitiger Behandlungsbegrenzung unter engen Voraussetzungen der irreversiblen und unmittelbaren Todesnähe nicht strafbar sind, vgl. dazu *Schöch/Verrel*, GA 2005, 553, 584.

915 Soweit keine Anzeichen dafür bestehen, dass der Sterbewillige seinen Todeswunsch geändert hat, ist parallel zum hier vorgeschlagenen § 214 StGB eine Behandlung wegen des durch den Versuch manifestierten Patientenwillens zu unterlassen. Dies wird insbesondere in solchen Fällen relevant, in denen der Versuch beendet ist, der Patient sich nicht mehr ausdrücklich äußern kann und in Unkenntnis des Patientenwillens lebenserhaltende Maßnahmen ergriffen wurden. *Schöch/Verrel*, GA 2005, 553, 584 haben eine ähnliche Idee, verweisen aber nur unspezifisch auf den ersten Absatz; vgl. auch *G. Merkel*, Behandlungsabbruch und Lebensschutz, S. 211 ff., 554.

### § 215a Lebensverkürzung durch leidensmindernde Maßnahmen[916]

Die Verkürzung des Lebens eines anderen Menschen ist unabhängig vom bevorstehenden Tod nicht rechtswidrig, wenn die Maßnahme

1. eine unvermeidbare Nebenfolge einer leidensmindernden Behandlung ist,[917]
2. sie durch einen Arzt oder mit ärztlicher Ermächtigung,
3. nach den Regeln der ärztlichen Kunst und
4. mit ausdrücklicher Einwilligung, wirksamer schriftlicher Patientenverfügung oder mutmaßlicher Einwilligung des Patienten durchgeführt wird.

### § 216 Tötung auf Verlangen[918]

(1) Ist jemand durch das ausdrückliche und ernstliche Verlangen des Getöteten zur Tötung bestimmt worden, so ist auf Freiheitsstrafe von sechs Monaten bis zu fünf Jahren zu erkennen.
(2) Der Versuch ist strafbar.

---

916 Kapitel 2, D., II., 1. = S. 85 ff.

917 Anders als es *Dorneck/Gassner/Kersten et al.*, AMHE-SterbehilfeG, S. 5, 61 und die Bundestagsabgeordneten *Künast/Keul,* S. 3 <https://www.renate-kuenast.de/images/Gesetzentwurf_Sterbehilfe_Stand_28.01.2021_final_002.pdf> (Abruf am 31.01.2022) vorschlagen, darf es gerade nicht auf das Motiv oder eine besondere Vorsatzform ankommen. Vgl. dazu Kapitel 2, D., II., 1., b., ii. = S. 100 ff.

918 Kapitel 3, E., II. = S. 166 ff.

919 Dieser Absatz ist in Teilen an Artikel 293 Nr. 2 Niederländisches Strafgesetzbuch i.V.m. Artikel 2 Nr. 1 Niederländisches Gesetz über die Kontrolle der Lebensbeendigung auf Verlangen und der Hilfe bei der Selbsttötung (GKL) angelehnt. Jedoch ergeben sich wesentliche Unterschiede: Zunächst wird hier vorgeschlagen, die einzelnen Sorgfaltskriterien nicht in einem gesonderten Gesetz zu regeln, sondern unmittelbar im Strafgesetzbuch. Dafür spricht insbesondere, dass es sich um einen Strafausschluss handelt sowie der systematische Zusammenhang zu den übrigen vorgeschlagenen Strafnormen der Sterbehilfe §§ 214 ff. StGB n.F. Nach Artikel 2 Nr. 1 lit. b) GKL muss der Arzt außerdem zu der Überzeugung gelangt sein, dass der Zustand des Patienten aussichtslos und sein Leiden unerträglich ist. Um hart paternalistische Eingriffe auszuschließen, kann es für einen Strafausschluss jedoch im Ergebnis nur auf die Perspektive des Sterbewilligen und nicht auf die des Arztes ankommen. Der Arzt muss also entgegen von Artikel 2 Nr. 1 lit. d) GKL auch nicht *gemeinsam* mit dem Patienten zur Überzeugung gelangen, dass es für die Situation des Sterbewilligen keine annehmbare Lösung gibt, sondern entsprechend der hier in § 216 Abs. 3 S. 1 Nr. 3 StGB n.F. vorgeschlagenen Regelung zu der Überzeugung gekommen sein, dass nach der Beratung *alleine der Patient* zu der Auffassung gelangt ist, es gebe keine andere annehmbare Lösung. Der paternalistische Eingriff auf erster Stufe ist nur dann gerechtfertigt, wenn allein dem Rechtsgutsträger unabhän-

(3) [919] [1]Nicht rechtswidrig handelt ein Arzt[920], der

1. pflichtgemäß zu der Überzeugung gelangt ist, dass der Patient sein Verlangen freiwillig und nach reiflicher Überlegung geäußert hat,
2. den Patienten über dessen Situation und über dessen Aussichten aufgeklärt hat,
3. nach einer Beratung feststellt, dass der Patient zu der Überzeugung gelangt ist, dass es für seine Situation keine andere annehmbare Lösung gibt,
4. mindestens einen anderen, unabhängigen Arzt zu Rate gezogen hat, der den Patienten untersucht und schriftlich zur Voraussetzung unter 1. bis 3. Stellung genommen hat und
5. bei der Lebensbeendigung nach Regeln der ärztlichen Kunst[921] verfahren ist.

[2]Die Voraussetzung nach Nr. 1 ist in der Regel erfüllt, wenn der Arzt zu der Überzeugung gelangt ist, dass der Zustand des Patienten aussichtslos und sein Leiden unerträglich ist. [3]Der Arzt kann nach seinem Ermessen eine Wartezeit anordnen, wenn der Regelfall nicht erfüllt ist.[922]

---

gig von dem Willen Dritter das Letztentscheidungsrecht verbleibt – vgl. dazu erneut Kapitel 3, D., II. = S. 144 ff. und III. = S. 146 ff.

920 Zur Begründung der ärztlichen Sonderstellung Kapitel 3, E., III., 3. = S. 189 ff.

921 Im Rahmen anerkannter Sterbehilfeformen gibt es bereits die Lebensbeendigung nach den Regeln der ärztlichen Kunst, beispielsweise bei der aktiven indirekten Sterbehilfe. Im Übrigen könnten solche Regeln entwickelt werden; die Medizin hat sich dem Recht anzupassen und nicht das Recht sich der Medizin.

922 Der Gesetzesentwurf der Bundestagsabgeordneten *Künast/Keul*, <https://www.renate-kuenast.de/images/Gesetzentwurf_Sterbehilfe_Stand_28.01.2021_final_002.pdf> (Abruf am 31.01.2022) stellt niedrigere Anforderungen an die Dauerhaftigkeit des Entschlusses, wenn der Betroffene aufgrund einer schweren Krankheit seinen eigenen Tod wünscht (S. 1), fordert aber in jedem Fall gemäß § 3 Absatz 3 (S. 4) eine Wartezeit von mindestens zwei Wochen. Zwar ist eine Privilegierung auf Basis materiell wertender Kriterien abzulehnen. Die dort vorgeschlagene Wartezeit bewegt sich aber grundsätzlich innerhalb des verfassungsrechtlich Zulässigen (s. dazu auch BVerfGE 153, 182, 309). Ob und in welchem Umfang eine Wartezeit erforderlich ist, sollte nach der hier vertretenen Ansicht aber vom Einzelfall abhängig gemacht werden. Steht die Freiverantwortlichkeit nämlich eindeutig für alle Beteiligten fest, sind solche Beschränkungen zweifelhaft und abzulehnen. Die im Entwurf vorgeschlagene Härtefallklausel nach § 3 Absatz 4 (S. 4) vermag dem nicht umfassend gerecht zu werden.

(4) Kein Arzt ist zur Vornahme der Handlung nach Absatz 1 und 3 verpflichtet.

**§ 217 (weggefallen)**

2. Einführung des Sterbehilfegesetzes (SHG)

Durch ein strafrechtliches Nebengesetz können sodann die Voraussetzungen mit Hilfe von Dokumentations- und Berichterstattungspflichten kontrolliert werden.
Erster Abschnitt: Allgemeines

**§ 1 Grundsatz**
(1) [1]Jeder hat das Recht auf Grundlage seines freiverantwortlich gebildeten Willens, sein Leben zu beenden und im Rahmen der geltenden Gesetze, die Hilfe Dritter in Anspruch zu nehmen.[923]
(2) Jeder darf Hilfe bei einem freiverantwortlichen Suizid leisten.
(3) Ein Arzt darf anderen zum Zwecke des Suizids Betäubungsmittel nach § 13 Absatz 1 Satz 1 Betäubungsmittelgesetz verschreiben, soweit die Voraussetzungen des § 216 Absatz 3 Nummer 1-4 Strafgesetzbuch erfüllt sind.[924]
(4) Niemand ist verpflichtet, Suizidhilfe zu leisten.[925]
Zweiter Abschnitt: Dokumentations- und Berichterstattungspflichten

**§ 2 Dokumentationspflichten bei Verschreibung von Betäubungsmitteln**

Ärzte, die nach § 1 Absatz 3 dieses Gesetzes Betäubungsmittel verschreiben, haben die Einhaltung der dort genannten Voraussetzungen schriftlich zu dokumentieren.

---

923 Vgl. für diesen und den folgenden Absatz Kapitel 3, E., I. = S. 166 sowie Kapitel 3 E., III. = S. 183 ff.

924 Vgl. Kapitel 2, A. = S. 30 ff.: Um die bisherige Praxis des Bundesinstituts für Arzneimittel zu korrigieren, wird klargestellt, dass Ärzte im Rahmen der dargestellten Voraussetzungen Betäubungsmittel für den Suizid verschreiben dürfen.

925 Vgl. Kapitel 3, E., III., 3. = S. 189 ff.

**§ 3 Dokumentationspflichten bei Behandlungsverzicht**[926]

(1) Im Falle des Behandlungsverzichts nach § 215 Strafgesetzbuch hat der Arzt und bei Ermächtigung die von ihm ermächtigte Person die Gründe hierfür schriftlich zu dokumentieren.

(2) Im Falle einer Vorsorgevollmacht oder einer gesetzlichen Betreuung ist zusätzlich die begründete Stellungnahme des Bevollmächtigten oder des Betreuers schriftlich zu dokumentieren.

**§ 4 Dokumentationspflichten bei leidensmindernden Maßnahmen**[927]

(1) Ärzte, die nach § 215a Strafgesetzbuch Medikamente, insbesondere Betäubungsmittel, Schmerz- oder Beruhigungsmittel mit möglicherweise tödlichen Nebenwirkungen verabreichen, haben den Therapieverlauf, insbesondere die Medikation und die Dosierung des Medikaments sowie die vom Patienten geäußerte Schmerzempfindung schriftlich zu dokumentieren.

(2) Bei hohen Dosierungen oder außergewöhnlichen Dosissteigerungen ist ein weiterer Arzt zu konsultieren und dessen schriftliche Stellungnahme zu dokumentieren.

(3) Die Aufzeichnungspflichten gemäß § 17 Betäubungsmittelgesetz bleiben unberührt.

**§ 5 Berichterstattungspflichten bei Tötung auf Verlangen**

Im Falle des § 216 Abs. 3 Strafgesetzbuch hat der Arzt einen Bericht über die Einhaltung der dort genannten Voraussetzungen an die zuständige Kontrollkommission zu übersenden.

Dritter Abschnitt: Die Kontrollkommissionen[928]

---

926 *Schöch/Verrel*, GA 2005, 553, 586, § 2 Abs. 1 und 3 Sterbebegleitungsgesetz. Die in Abs. 2 aufgeführte Dokumentationspflicht für die dort vorgeschlagene Straffreiheit von Ärzten, die Suizidhilfe leisten, entfällt hier mangels Kriminalisierung derselben.

927 *Schöch/Verrel*, GA 2005, 553, 586, § 1 Sterbebegleitungsgesetz; zustimmend *Roxin*, in: Roxin/Schroth, Handbuch des Medizinstrafrechts, S. 91 f.

928 Teile dieses Abschnitts sind dem Gedanken nach an Artikel 3 bis 19 Niederländisches SLG angelehnt, wurden aber an das deutsche Recht angepasst. Vgl. hierzu auch *Mevis/Postma/Wetering*, Ärztliche Sterbebegleitung in den Niederlanden: kontrollierte Ausnahme, S. 31, 41 ff.

### § 6 Aufgaben und Befugnisse

(1) [1]Die Kommission beurteilt nach Eingang des Berichts gemäß § 5, ob der Arzt die Voraussetzungen des § 216 Abs. 3 Strafgesetzbuch eingehalten hat; sie soll den Arzt spätestens einen Monat nach Erhalt des Berichts von der Beurteilung und deren Gründe in Kenntnis setzen. [2]Alle behandelnden Personen, insbesondere der behandelnde Arzt und der zu Rate gezogene Arzt, sind der Kommission zu weitergehenden Auskünften verpflichtet, soweit sie dies für erforderlich erachtet.

(2) Soweit die Kommission zu der Beurteilung gelangt, dass § 216 Abs. 3 Strafgesetzbuch nicht eingehalten wurde, setzt sie unverzüglich die zuständige Staatsanwaltschaft umfassend in Kenntnis; die Befugnisse der Staatsanwaltschaft werden durch diese Vorschriften nicht beschränkt, sie kann insbesondere auch ohne Mitteilung der Kommission Ermittlungen einleiten.

(3) Zu Beginn eines jeden Kalenderjahres meldet die Kommission die Anzahl der ihr nach § 5 zugesendeten Berichte und die Anzahl der nach Absatz 2 Halbsatz 1 negativ beurteilten Fälle für das vergangene Kalenderjahr dem Bundesministerium für Gesundheit.

### § 7 Stimmabgabe

[1]Die Beurteilung nach § 6 Abs. 1 S. 1 erfolgt mit absoluter Mehrheit der Stimmen; eine Enthaltung ist nicht möglich. [2]Erkennt ein Kommissionär Tatsachen oder Umstände, die seine Unparteilichkeit beeinträchtigen könnten, lehnt er sich selbst ab. Er wird durch seinen Stellvertreter ersetzt. Sollte auch dieser sich aus den genannten Gründen ablehnen, wird der Bericht unverzüglich an eine andere Kommission weitergeleitet.

### § 8 Zusammensetzung

(1) Eine Kommission besteht aus drei Mitgliedern. Der Vorsitzende der Kommission ist Jurist mit Befähigung zum Richteramt, ein Beisitzer ist Mediziner und ein weiterer ein Sachkundiger in Ethik- oder Sinnfragen[929]. Jeder Kommissionär hat einen Stellvertreter, der dem gleichen Berufsstand angehört.

---

929 In der derzeitigen Praxis spielen auch Theologen eine große Rolle, wenn es um Ethik- und Sinnfragen geht. Dies zeigt etwa die Besetzung des Deutschen Ethikrats. Eine Besetzung mit Ethikern, die auch religös geschult sind, steht der weltanschaulichen Neutralitätspflicht nicht per se entgegen. Es ist nicht zu befürchten, dass Personen in ein Gremium ernannt werden, die die unveränderliche Prämisse des Konzepts – hier die Akzeptanz, dass Sterbehilfe grundsätzlich

(2) [1]Die Kommission verfügt über einen Sekretär und einen oder mehrere stellvertretende Sekretäre, die alle Juristen mit Befähigung zum Richteramt sein müssen; der Sekretär ist bei jeder Sitzung der Kommission anwesend und soll beraten. [2]Der Sekretär und seine Stellvertreter werden vom Vorsitzenden bestimmt und entlassen.

**§ 9 Ernennung**

(1) Der Vorsitzende wird durch den Bundesminister für Justiz und Verbraucherschutz, der medizinische Beisitzer durch den Bundesminister für Gesundheit und der Sachkundige für Ethik- und Sinnfragen durch den Bundesminister für Bildung und Forschung ernannt. Dasselbe gilt für deren Stellvertreter.
(2) Die Kommissionäre werden für acht Jahre ernannt. Eine Wiederernennung ist nicht möglich.

**§ 10 Entlassung**

Alle Kommissionäre können jederzeit auf eigenes Ersuchen oder aufgrund mangelnder Eignung, mangelnder Sachkenntnis oder aus anderen schwerwiegenden Gründen vom ernennenden Minister entlassen werden.

**§ 11 Geheimhaltung**

Kommissionäre, deren Stellvertreter, der Sekretär und dessen Stellvertreter sind zur Geheimhaltung der Informationen, von denen sie bei ihrer Tätigkeit Kenntnis erlangt haben, verpflichtet, es sei denn, dass eine gesetzliche Vorschrift sie zur Mitteilung verpflichtet oder, dass sich die Notwendigkeit zur Mitteilung aus ihrer Aufgabe ergibt.

**§ 12 Rechtsverordnung**

Das Bundesministerien für Gesundheit wird ermächtigt durch Rechtsverordnungen Vorschriften zu erlassen über

1. den Umfang der Dokumentationspflichten nach diesem Gesetz,
2. den Inhalt und Umfang der Sterbehilfeberatung,
3. die Berichterstattung der Ärzte und der Kommissionen,

---

legitim ist soweit die Freiwilligkeit des Wunsches feststeht – religös bedingt schon ablehnen.

4. die Anzahl, den Sitz, die örtliche Zuständigkeit und die Arbeitsweise der Kommissionen,
5. die Besoldung der Kommissionäre und des Sekretärs sowie deren Stellvertreter.

Vierter Abschnitt: Ordnungswidrigkeiten

**§ 13 Ordnungswidrigkeiten**[930]

(1) Ordnungswidrig handelt, wer fahrlässig oder vorsätzlich die Pflichten aus § 2 bis § 5 verletzt.
(2) Die Ordnungswidrigkeit kann mit einer Geldbuße bis zu 30.000 Euro geahndet werden.

3. Änderungen des Betäubungsmittelgesetzes

In § 13 Absatz 1 des Betäubungsmittelgesetzes wird nach Satz 1 als zweiter Satz eingefügt: „Für die Verschreibung zum Zwecke des Suizids gilt § 1 Absatz 3 des Sterbehilfegesetzes.“[931]

---

930 Angelehnt an *Schöch/Verrel*, GA 2005, 553, 586, § 3 Sterbebegleitungsgesetz.

931 Ähnlich nunmehr auch die Gesetzesentwürfe der Bundestagsabgeordneten *Künast/Keul*, S. 8, 16 <https://www.renate-kuenast.de/images/Gesetzentwurf_Sterbehilfe_Stand_28.01.2021_final_002.pdf> (Abruf am 31.01.2022) sowie *Helling-Plahr/Lauterbach/Sitte* et al., S. 7, 16 < https://www.helling-plahr.de/files/dateien/210202%20Interfraktioneller%20Entwurf%20eines%20Gesetzes%20zu%20Regelungen%20der%20Suizidhilfe_final.pdf> (Abruf am 31.01.2022) und *Dorneck/Gassner/Kersten et al.*, AMHE-SterbehilfeG, S. 7 f., 69 ff.

# Zusammenfassung der Ergebnisse und Ausblick

Im Mittelpunkt dieser Bearbeitung stand die These, dass die aktuelle Rechtslage gegenwärtige und zukünftige Interessen im Rahmen der Sterbehilfe nicht hinreichend abbildet. Daher wurde zunächst die Rechtslage de lege lata ausgewertet und ihre Berechtigung sowie Schwächen analysiert. Im Anschluss wurden die normativen Leitlinien sowie die ethischen Kompetenzgrenzen der Rechtssetzung untersucht, um schließlich das Spannungsverhältnis zwischen Autonomie- und Lebensschutz in einem Reformvorschlag aufzulösen. Folgende Ergebnisse wurden gefunden:

1. Der Begriff „Euthanasie" ist nicht zu verwenden, um Beteiligungen an der Sterbehilfe zu beschreiben. Er ist unpräzise und wegen seiner historisch missbräuchlichen Verwendung im NS-Regime dazu geeignet, eine wertneutrale Debatte zu verhindern oder sie gar negativ zu beeinflussen.[932]

2. Das Recht auf Selbstbestimmung im Tod ergibt sich aus dem allgemeinen Persönlichkeitsrecht nach Art. 2 Abs. 1 i.V.m. Art. 1 Abs. 1 GG und aus dem Recht auf Achtung des Privatlebens nach Art. 8 Abs. 1 EMRK. Es umfasst das „ob" als auch das „wie". Das „wie" erfasst seinerseits den Zeitpunkt und die Inanspruchnahme Dritter beim Vollzug.[933]

3. Das sich aus dem Selbstbestimmungsrecht ergebene Verfügungsrecht über sein eigenes Leben ist nicht auf schwere oder unheilbare Krankheiten beschränkt. Voraussetzung der Sterbehilfe ist daher lediglich der Sterbewille des Rechtsträgers und sein subjektiv empfundenes unerträgliches Leid. Die Sterbehilfe umfasst damit auch Maßnahmen vor Beginn eines Sterbeprozesses.[934]

4. Die Straflosigkeit der Selbsttötung ist unantastbar: Individuelle Autonomie sowie das Selbstbestimmungsrecht über das eigene Leben und

932 Kapitel 1, D. = S. 25 ff.
933 Kapitel 2, A. = S. 30 ff.
934 Kapitel 1, C. = S. 21 ff.

den eigenen Tod sind das Fundament der Menschenwürde im Sinne von Art. 1 Abs. 1 GG. Eine Änderung des Grundgesetzes in diesem Sinne wäre gemäß Art. 79 Abs. 3 GG unzulässig.[935]

5. Die Suizidhilfe und das Hervorrufen eines Suizidentschlusses sind de lege lata straflos. Demnach sollten solche Handlungen auch nicht als „Suizidteilnahme" bezeichnet werden, solange es nicht um die Kriminalisierung solcher Fälle geht.[936] Die Straflosigkeit ergibt sich unmittelbar aus dem Eigenverantwortlichkeitsprinzip. Die limitierte Akzessorietät der Teilnahme ist zwar Ausdruck dieses Prinzips. Im Sinne einer „bewährten strafrechtdogmatischen Regel" ist jedoch nicht sie Grund dafür, dass die Voraussetzungen einer Tötungstäterschaft nicht erfüllt sind, sondern nur die Eigenverantwortlichkeit des Suizidenten. Das Teilnahmeargument ist somit nicht falsch; das Abstellen auf die Eigenverantwortlichkeit ist aber präziser.[937]

6. Die Freiverantwortlichkeit eines Suizidwillens ist anhand der Einwilligungslösung zu bestimmen. Dafür kommt es auf die entwickelten Maßstäbe des „ernstlichen Verlangens" nach § 216 StGB an. Dieser Ansatz vermeidet Wertungswidersprüche, bietet Flexibilität im Einzelfall – etwa wenn ein Dritter arglistig täuscht und so den Suizidenten zum Tod bewogen hat – und spiegelt die normative Differenz zwischen de lege lata verbotener Fremd- und erlaubter Selbstschädigung im Rahmen der Sterbehilfe.[938]

7. Ein Lebensschutzgarant macht sich nicht wegen Tötung durch Unterlassen strafbar, wenn er den freiverantwortlichen Suizid des Sterbewilligen nach Eintritt der Handlungsunfähigkeit nicht verhindert. Das Selbstbestimmungsrecht wirkt auch nach Eintritt der Bewusstlosigkeit fort, sodass gar kein Interventionsrecht besteht. Die Grenze zum strafbaren Unterlassen ist erst dann erreicht, wenn der Garant Anhaltspunkte für einen geänderten Willen des Suizidenten hat und trotzdem nicht einschreitet.[939] Ferner besteht – bei erkennbarer Freiverantwort-

---

935 Kapitel 3, E., I. = S. 166.
936 Kapitel 1, B. = S. 20 ff.
937 Kapitel 2, B., I. = S. 37 ff.
938 Kapitel 2, B., II., 1., d. = S. 44 ff.
939 Kapitel 2, B., II., 3., a., iii. = S. 63 f.

lichkeit – aufgrund des Selbstbestimmungsrechts keine Interventionspflicht quivis ex populis nach § 323c Abs. 1 StGB.[940]

8. § 217 StGB a.F. war jedenfalls nicht angemessen, um das Spannungsfeld zwischen Autonomie- und Lebensschutz aufzulösen, da das verfassungsmäßige Recht, die Hilfe Dritter beim Suizid in Anspruch nehmen zu können, unmöglich gemacht wird. Das Bundesverfassungsgericht hat damit zurecht die Nichtigkeit von § 217 StGB a.F. festgestellt und das Selbstbestimmungsrecht weiter gestärkt.[941]

9. Die Lebensverkürzung durch leidensmindernde Maßnahmen (aktive indirekte Sterbehilfe) ist im Einzelfall nach § 34 StGB in Verbindung mit Einwilligungselementen gerechtfertigt.[942] Die Straflosigkeit ist in zeitlicher Hinsicht nicht begrenzt (Hilfe zum Sterben ist erfasst)[943] und an keine bestimmte „Vorsatzform“ geknüpft, sie ist also auch bei Begehung mit dolus directus ersten Grades möglich.[944] Die Straflosigkeit wird de lege ferenda in § 215a StGB klargestellt. Auch die aktive direkte Sterbehilfe kann in Sonderfällen de lege lata gemäß § 34 StGB gerechtfertigt sein.[945]

10. Das Unterlassen lebensverlängernder Maßnahmen (passive Sterbehilfe) ist mangels Garantenstellung nicht strafbar, wenn der Patient auf eine Behandlung verzichtet.[946] Verzichtet der Patient auf bereits begonnene Maßnahmen und bricht das Behandlungspersonal die Behandlung daraufhin ab, dann ist dies als Unterlassen zu qualifizieren, sodass eine Strafbarkeit mangels (entfallener) Garantenstellung nicht mehr in Betracht kommt. Dritte können hingegen nach § 34 StGB gerechtfertigt sein.[947] Die Straflosigkeit wird de lege ferenda in § 215 StGB klargestellt.

11. Der gesellschaftliche Wandel geht mit Defamilisierung, Deintimisierung und Deindividualisierung einher, dem der Einzelne sein Selbst-

940 Kapitel 2, B., II., 3., b., iii. = S. 67 ff.
941 Kapitel 2, C. = S. 69 ff.
942 Kapitel 2, D., II., 1., a., ii. = S. 89 ff.
943 Kapitel 2, D., II., 1., b., i. = S. 99 f.
944 Kapitel 2, D., II., 1., b., ii. = S. 100 ff.
945 Kapitel 2, D., II., 2. = S. 104 ff.
946 Kapitel 2, D., III., 2. = S. 111 ff.
947 Kapitel 2, D., III., 3., c. = S. 118 ff.

bestimmungsrecht im Sinne der Patientenautonomie entgegenstellt. Infolge medizinischen Fortschritts ist das Leben häufig um Jahre verlängerbar und steht in Widerstreit mit den Interessen mancher Patienten. Selbstbestimmung und Lebensinteressen sind dadurch in Friktion geraten und müssen in einen verhältnismäßigen Ausgleich gebracht werden. Diese modernen medizinischen Möglichkeiten und die Dimension der dadurch hervorgerufenen Schutzinteressen konnte der historische Gesetzgeber nicht absehen.[948]

12. Paternalistisch sind Handlungen, die zugunsten eines anderen durch Zwang in dessen Autonomie eingreifen. Strafrechtspaternalismus ist dabei eine besondere Form dessen, bei der der Staat eine Bevormundung mit den Mitteln des Strafrechts durchsetzen will. Maßnahmen auf erster Stufe suspendieren den Willen lediglich (weicher Paternalismus). Sie sind legitim soweit sie die Eigenverantwortlichkeit von Entscheidungen in zumutbarer Weise prüfen, sichern oder herbeiführen oder den Sicherheitsinteressen Dritter dienen. Maßnahmen auf zweiter Stufe substituieren den Willen des Bevormundeten und sind in Form des harten Strafrechtspaternalismus grundsätzlich nicht legitimierbar.[949]

13. Strafgrund des § 216 StGB ist der Schutz vor Übereilung mit irreversiblen Folgen. Dieser individuelle Zweck legitimiert die Strafnorm, setzt ihr aber zugleich Grenzen. Der Eingriff auf erster Stufe kann nur solange gerechtfertigt sein, bis das Schutzziel erreicht, also Autonomie gesichert ist und keine Übereilung mehr droht. Da § 216 StGB darüber hinaus ein absolutes Fremdtötungsverbot statuiert, muss die Norm eingeschränkt werden.[950]

14. Eine Absolutheit des Fremdtötungsverbots wird anerkanntermaßen schon mit der Straflosigkeit indirekter Sterbehilfe verneint. In extremen Fällen objektivierbarer Unerträglichkeit des Weiterlebens bei einverständlicher Tötung halten ebenfalls viele – schon bislang und zu Recht – eine Straffreiheit für geboten, etwa durch eine Rechtfertigung nach § 34 StGB. Die Bewertung des höchstpersönlichen Sterbewunsches, die wirksame Einwilligung in die Fremdtötung, ist dem ethisch

948 Kapitel 3, A. = S. 129 ff. und B. = S. 132 ff.
949 Kapitel 3, D. = S. 142 ff.
950 Kapitel 3, E., II., 1. = S. 167 ff.

neutralen Staat anhand objektiv materieller Kriterien wie Rationalität oder Vernunft entzogen. Da der weich paternalistische Eingriff auf erster Stufe nur solange gerechtfertigt ist, bis die Einsichtsfähigkeit und die wirksame Ausübung der Autonomie festgestellt sind, ist § 216 StGB durch prozedurale Absicherung, die dem Rechtsgutsträger das Letztentscheidungsrecht belässt, de lege ferenda partiell zu entkriminalisieren.[951]

15. In Ländern, in denen Suizidhilfe und aktive direkte Sterbehilfe prozedural entkriminalisiert sind, sind die Zahlen erlaubter Fremdtötung über jahrelange Praxis nicht erheblich gestiegen. Ein Dammbruch wäre de lege ferenda deshalb auch in Deutschland nicht zu befürchten. Wer dennoch eine solche Gefahr behauptet, muss nicht nur darlegen, warum die Rechtslage de lege lata der Rechtslage de lege ferenda vorzuziehen ist, sondern auch, warum die hier geforderte Prozeduralisierung sowie klinische Praxis oder auch andere Sicherungsmechanismen nicht ausreichen, um eine verhältnismäßige Entkriminalisierung zu gewährleisten.[952]

16. Das Hervorrufen eines Suizidentschlusses[953] und die Suizidhilfe[954] sind de lege ferenda nicht zu kriminalisieren. Bisher bestanden keine Strafbarkeitslücken, die eine Regulierung forderten. Dies gilt auch für die neuere Erscheinungsform der Sterbehilfeorganisationen. Leicht angestiegene und in den letzten Jahren konstante Zahlen des assistierten Suizids in der Schweiz, in der es die Sterbehilfeorganisationen schon länger gibt, korrelieren mit stabilen bis leicht sinkenden Suizidzahlen insgesamt. Sie bewirken dort jedenfalls keinen Dammbruch. Zudem ziehen die Suizidhelfer aufgrund der ehrenamtlichen Tätigkeit und mangels Gewinnerzielungsabsicht keinen eigenen Vorteil aus dem Tod anderer. Die Empirie legt demnach bisher keinen Missbrauch nahe. Sollte Missbrauch aber tatsächlich etwa durch gewinnorientierte Organisationsformen drohen, kann der deutsche Gesetzgeber dem durch verwaltungsrechtliche Vorschriften begegnen oder ebenfalls autonomiesichernde prozedurale Maßnahmen ergreifen.

951 Kapitel 3, E., II., 3. = S. 174 ff.
952 Kapitel 3, E., II., 4. = S. 177 ff.
953 Kapitel 3, E. IV. = S. 193 f.
954 Kapitel 3, E., III. = S. 183 ff.

Als Reaktion auf das Urteil des Bundesverfassungsgerichts[955] haben die Bundestagsabgeordneten *Künast/Keul*[956] sowie *Helling-Plahr/Lauterbach/Sitte* et al.[957] bereits 2021 neue Gesetzesentwürfe vorgestellt. Sie haben das Ziel, das Recht auf ein selbstbestimmtes Lebensende legislativ abzusichern. Dies soll mit prozeduralen Beratungsmaßnahmen in neu einzuführenden Gesetzestexten und Änderungen im Betäubungsmittelrecht umgesetzt werden. Im Wesentlichen handelt es sich um Verfahrensregeln, die die Voraussetzung für das Verschreiben tödlicher Medikamente durch Ärzte zur Suizidhilfe bilden. Ende Januar 2022 kündigten die Bundestagsabgeordneten *Castellucci/Haveling/Kappert-Gonther* et al. einen im Vergleich hierzu restriktiveren Entwurf an, der die Suizidhilfe erneut kriminalisieren soll und Straffreiheit für Ärzte im Rahmen eines prozeduralen Verfahrens vorsieht.[958] Es ist zu begrüßen, dass einzelne Bundestagsabgeordnete nun den vom Bundesverfassungsgericht konkretisierten verfassungsrechtlichen Maßgaben insoweit Geltung verleihen wollen. Jedoch streben alle drei Entwürfe an, die Tätigkeit von Sterbehilfeorganisationen erheblich zu begrenzen, was insbesondere mangels wissenschhaftlicher Evidenz zu Missbrauchsvermutungen den Vorgaben des Bundesverfassungsgerichts nicht entspricht und wie dargelegt abzulehnen ist.[959] Auch die notwendigen Änderungen des Strafgesetzbuches – insbesondere § 216 StGB – haben diese Vorschläge nicht im Blick.

Daneben ist der Entwurf zur Neuregelung der Sterbehilfe der Autoren *Borasio/Jox/Taupitz* et al. zu erwähnen.[960] Diese schlagen vor, in § 217 StGB n.F. die Suizidhilfe erneut zu kriminalisieren. Ärzte, die ein dort normiertes prozedurales Verfahren einhalten sowie Angehörige und nahestehende Personen des Sterbewilligen sollen demnach aber unter bestimmten Be-

---

955 Gemeint ist BVerfGE 153, 182.

956 <https://www.renate-kuenast.de/images/Gesetzentwurf_Sterbehilfe_Stand_28.01.2021_final_002.pdf> (Abruf am 31.01.2022).

957 <https://www.helling-plahr.de/files/dateien/210202%20Interfraktioneller%20Entwurf%20eines%20Gesetzes%20zu%20Regelungen%20der%20Suizidhilfe_final.pdf> (Abruf am 31.01.2022).

958 Vgl. <https://www.faz.net/aktuell/politik/sterbehilfe-gesetzentwurf-sieht-beihilfe-nur-nach-beratung-vor-17758426.html> (Abruf am 31.01.2022). Der Entwurf wurde bis Drucklegung dieser Arbeit noch nicht veröffentlicht.

959 Siehe erneut BVerfGE 153, 182, 271 f., 277 ff.; zu derselben Bewertung gelangt auch *J. Neumann*, NJOZ 2021, 385, 387, 389 f.

960 Vgl. <https://www.dghs.de/fileadmin/content/06_aktuelles/02_neuigkeiten/Aktuelles/00_pdfs/Selbstbestimmung_im_Sterben_Fuersorge_zum_Leben.pdf> (Abruf am 31.01.2022); diesen Entwurf unterstützt der Deutsche Anwaltsverein, s. Ausschuss Medizinrecht im Deutschen Anwaltsverein, MedR 2021, 536, 537.

dingungen von der Strafbarkeit freigestellt werden. Ferner soll gem. § 217a StGB n.F. die Werbung für die Suizidhilfe strafbar sein. Die dort ebenfalls angestrebte Eindämmung von Sterbehilfevereinen durch Mittel des Strafrechts ist wie gezeigt abzulehnen. Ferner haben bisherige Erfahrungen gezeigt, dass eine Gefahr durch (aggressive) Werbung für die Suizidhilfe nicht besteht.[961]

Anfang 2021 veröffentlichten die Autoren *Dorneck, Gassner, Kersten et al.* einen Entwurf zur Neuregelung der Sterbehilfe.[962] Dieser Vorschlag hat das Ziel, entsprechend der vom Bundesverfassungsgericht im Urteil zu § 217 StGB a.F. vorgegebenen Maßgaben, dem Recht auf ein selbstbestimmtes Sterben Raum zu verschaffen und gleichzeitig das Recht konsistent und verfassungskonform auszugestalten.[963] Ähnlich dem hiesigen Vorschlag soll der Freiverantwortlichkeit der individuellen Entscheidung am Lebensende mit prozeduralen Regelungen Rechnung getragen und mithilfe einer einzuführenden Kommission das Verfahren abgesichert werden. In systematischer Hinsicht suchen die Autoren jedoch eine Lösung ausschließlich über ein neues Sterbehilfegesetz und verorten die strafrechtliche Sanktionierung unzulässiger Sterbehilfe dort.[964] Insbesondere wird die (partiell entkriminalisierte) Tötung auf Verlangen (§ 216 StGB) in das Sterbehilfegesetz verlagert. Inhaltlich unterscheidet sich der Entwurf von dem hier vorgeschlagenen Ansatz insbesondere in vier Aspekten. Demnach soll die indirekte Sterbehilfe weiterhin strafbar sein, wenn sie mit der Absicht des Todeserfolgs vorgenommen wird.[965] Die direkte Sterbehilfe soll nur dann zulässig sein, wenn indirekte Sterbehilfe nicht möglich oder ärztliche Suizidhilfe nicht zumutbar sind[966] und die Kommission vor der Durchführung ihre Zustimmung erteilt hat.[967] Zudem sehen die Autoren vor, dass nicht nur Ärzte, sondern auch die Kommission tödlich wirkende Betäubungsmittel im Rahmen der Suizidhilfe verschreiben kann.[968]

Die bisherige (Straf-) Gesetzgebung auf dem Feld der Sterbehilfe löst das Spannungsverhältnis zwischen Lebensschutz und Selbstbestimmung nicht widerspruchsfrei. Das im allgemeinen Persönlichkeitsrecht konkretisierte Selbstbestimmungsrecht am Lebensende wird nicht hinreichend abgebil-

---

961 So auch *J. Neumann*, NJOZ 2021, 385, 389.
962 *Dorneck/Gassner/Kersten et al.*, AMHE-SterbehilfeG.
963 *Dorneck/Gassner/Kersten et al.*, AMHE-SterbehilfeG, S. V f.
964 *Dorneck/Gassner/Kersten et al.*, AMHE-SterbehilfeG, S. 83; vgl. Fn. 909.
965 *Dorneck/Gassner/Kersten et al.*, AMHE-SterbehilfeG, S. 5, 61; vgl. Fn. 476.
966 *Dorneck/Gassner/Kersten et al.*, AMHE-SterbehilfeG, S. 5, 54 ff.; vgl. Fn. 868.
967 *Dorneck/Gassner/Kersten et al.*, AMHE-SterbehilfeG, S. 4 f., 60; vgl. Fn. 817.
968 *Dorneck/Gassner/Kersten et al.*, AMHE-SterbehilfeG, S. 7, 67 f.; vgl. Fn. 882.

det. Strafrechtliche Normen können nicht durch Sitte, Moral oder Tabus legitimiert werden; der Staat hat das weltanschauliche Neutralitätsgebot zu wahren. Hart paternalistische Eingriffe werden durch teils zweifelhafte abstrakte Gefahren für kollektive Interessen begründet. Doch gerade im Bereich höchstpersönlicher Rechtsgüter wie dem Leben und der Selbstbestimmung am Lebensende, muss die Letztentscheidung stets dem autonomen Rechtsgutsträger verbleiben. Dies gilt auch für jegliche Inanspruchnahme der Hilfe Dritter. Das Bundesverfassungsgericht hat dies für die Suizidhilfe im Rahmen seines Urteils zu § 217 StGB a.F. klargestellt und setzt damit die tendenziell liberale Entwicklung höchstrichterlicher Rechtsprechung erfreulicherweise fort. Neuerliche Gesetzesentwürfe aus Politik und Wissenschaft sind bestrebt das Recht anhand der Maßgaben des Bundesverfassungsgerichts neu zu gestalten, setzten diese aber vor allem mit Blick auf die zielgerichtete Begrenzung der Tätigkeit von Sterbehilfeorganisationen nicht hinreichend um. Der Gesetzgeber ist aufgefordert dem Selbstbestimmungsrecht am Lebensende entsprechend Geltung zu verleihen. Um die Autonomie des Rechtsgutsträgers fest- oder herzustellen sind weich paternalistische Eingriffe insoweit legitim. Das Spannungsverhältnis der Interessen im Rahmen der Sterbehilfe ist unter hinreichender Berücksichtigung des Lebensschutzes zugunsten der Selbstbestimmung wie vorgeschlagen aufzulösen.[969] Der freiheitliche Rechtsstaat beansprucht liberale Lösungen.

---

969 Kapitel 3, E., V. = S. 195 ff.

# Literaturverzeichnis


*Achenbach, Hans*: Beteiligung am Suizid und Sterbehilfe – Strukturen eines unübersichtlichen Problemfeldes, Jura 2002, 542.

*Ambos, Kai*: Ernst Belings Tatbestandslehre und unser heutiger „postfinalistischer" Verbrechensbegriff, JA 2007, 1.

*Androulakis, Nikolaos*: Über den Primat der Strafe, ZStW 1996, 300.

*Antoine, Jörg*: Aktive Sterbehilfe in der Grundrechtsordnung, Berlin 2004.

*Arzt, Gunther*: Die Delikte gegen das Leben, ZStW 1971, 1.

*Arzt, Gunther / Weber, Ulrich / Heinrich, Bernd / Hilgendorf, Eric*: Strafrecht Besonderer Teil, 4. Auflage, Bielefeld 2021.

*Auenbrugger, Leopold*: Auenbrugger der Medicin Doktor von der stillen Wuth oder dem Triebe zum Selbstmorde als einer wirklichen Krankheit: mit Original-Beobachtungen und Anmerkungen, Dessau 1783.

*Auer, Alfons*: Das Recht des Menschen auf einen „natürlichen Tod" aus der Sicht einer theologischen Ethik, in: Eser (Hrsg.), Suizid und Euthanasie als human- und sozialwissenschaftliches Problem, Stuttgart 1976, S. 250.

Ausschuss Medizinrecht im Deutschen Anwaltsverein, MedR 2021, 536.

*Bade, Ulf*: Der Arzt an den Grenzen von Leben und Recht, Über die Erlaubtheit ärztlicher Sterbehilfe unter besonderer Berücksichtigung des § 216 StGB, Lübeck 1988.

*Battini, Margaret / Van der Heide, Agnes / Gazini, Linda / van der Wal, Gerit / Onwuteaka-Philipsen, Bregje*: Legal physician-assisted dying in Oregon and the Netherlands: Evidence concerning the impact on patients in "vulnerable" groups, Journal of Medical Ethics (JME) 2007, 591.

*Bechtel, Alexander*: Selbsttötung, Fremdtötung, Tötung auf Verlangen, JuS 2016, 882.

*Beckert, Frauke*: Strafrechtliche Probleme einer Suizidbeteiligung und Sterbehilfe unter besonderer Berücksichtigung historischer und ethischer Aspekte, Herzogenrath 1996.

*Beckmann, Rainer*: Patiententötung, Behandlungsabbruch, Schmerzbehandlung. Die Bezeichnung „Sterbehilfe" ist für die juristische Diskussion ungeeignet, DRiZ 2005, 252.

*Beckmann, Rainer*: Anmerkung zum Urteil des LG Fulda v. 30.04.2009, 16 Js 1/08 – 1 Ks., ZfL 2009, 108.

*Beckmann, Rainer*: Ärztebefragung „Sedierung am Lebensende", ZfL 2011, 110.

Beck'scher Online-Kommentar StGB, hrsg. von v. Heintschel-Heinegg, 45. Ed., München 2020.

Beck'scher Online-Kommentar StGB, hrsg. von v. Heintschel-Heinegg, 51. Ed., München 2021.

*Beling, Ernst*: Die Lehre vom Verbrechen, Tübingen 1906.

*Benzenhöfer, Udo*: Der gute Tod? Geschichte der Euthanasie und Sterbehilfe, Göttingen 2009.

*Berghäuser, Gloria*: Der „Laien-Suizid“ gemäß § 217 StGB – Eine kritische Betrachtung des Verbots einer geschäftsmäßigen Förderung der Selbsttötung, ZStW 2016, 741.

*Bergmann, Karl Otto / Pauge, Burkhard / Steinmeyer, Heinz-Dietrich* (Hrsg.): Gesamtes Medizinstrafrecht, 3. Auflage, Baden-Baden 2018.

*Binding, Karl*: Rechtliche Ausführungen, in: Binding/Hoche (Hrsg.), Die Freigabe der Vernichtung lebensunwerten Lebens. Ihr Maß und Ihre Form, Leipzig 1920.

*Birnbacher, Dieter*: Paternalismus im Strafrecht – ethisch vertretbar?, in: von Hirsch/ Neumann/Seelmann (Hrsg.), Paternalismus im Strafrecht, Baden-Baden 2010, S. 9.

*Bockelmann, Paul*: Strafrecht des Arztes, Stuttgart 1968.

*Bosch, Nikolaus*: Rechtfertigung von Sterbehilfe, JA 2010, 908.

*Bottke, Wilfried*: Suizid und Strafrecht, Berlin 1982.

*Bottke, Wilfried*: Das Recht auf Suizid und Suizidverhütung, GA 1982, 346.

*Bottke, Wilfried*: Probleme der Suizidbeteiligung, GA 1983, 22.

*Brammsen, Joerg*: Bemerkungen zur mittelbaren Unterlassungstäterschaft – Eine Ergänzung zu BGHSt 40, 257 -, NStZ 2000, 337.

*Brandts, Ricarda*: Selbstmord und Fremdtötung – provoziert durch Täuschung – Problemschwerpunkt: Täterschaft/Teilnahme –, Jura 1986, 495.

*Bringewat, Peter*: Die Strafbarkeit der Beteiligung an fremder Selbsttötung als Grenzproblem der Strafrechtsdogmatik, ZStW 1975, 623.

*Bringewat, Peter*: „Tötung auf Verlangen“ und der sog. „erweiterte Selbstmord“ – OLG Düsseldorf, NJW 1973, 2215, JuS 1975, 155.

*Britzke, Sonja*: § 217 StGB im Lichte des strafrechtlichen Rechtsgutskonzepts, Baden-Baden 2019.

Brockhaus, Enzyklopädie, Band 26 (SPOT-TALA), 21. Auflage, Mannheim 2006.

*Brunhöber, Beatrice*: Anmerkung zum Urteil des BVerfG v. 26.02.2020 – 2 BvR 2347/15 u.a. (BVerfGE 153, 182), NStZ 2020, 538.

*Buyx, Alena*: Freiwillige Selbstversklavung – Eine extreme Form der Kommerzialisierung, in: Taupitz (Hrsg.), Kommerzialisierung des menschlichen Köpers, Berlin/Heidelberg 2007, S. 267.

*Charalambakis, Aristotelis*: Selbsttötung aufgrund Irrtums und mittelbare Täterschaft, GA 1986, 485.

*Chatzikostas, Konstantinos*: Die Disponibilität des Rechtsgutes Leben in ihrer Bedeutung für die Probleme von Suizid und Euthanasie, Frankfurt a.M. 2001.

*Dellingshausen, Ulrike Baronin von*: Sterbehilfe und Grenzen der Lebenserhaltungspflicht des Arztes, Düsseldorf 1981.

*Detering, Ralph-Jürgen*: Forum: § 216 StGB und die aktuelle Diskussion um die Sterbehilfe, JuS 1983, 418.

*Dießner, Annika*: Urteilsanmerkungen BVerfG: Verfassungswidrigkeit und Nichtigkeit des Straftatbestandes des § 217 StGB, FS-StrafR 2020, 427867.

*Dölling, Dieter*: Fahrlässige Tötung bei Selbstgefährdung des Opfers, GA 1984, 71.

*Dölling, Dieter*: Suizid und unterlassene Hilfeleistung, NJW 1986, 1011.

*Dölling, Dieter*: Anmerkung zum Urteil des BGH v. 15.11.1996 – 3 StR 79/96, JR 1998, 160.

*Dölling, Dieter*: Einwilligung und überwiegende Interessen, in: Dölling/Erb (Hrsg.), Festschrift für Karl Heinz Gössel am 16. Oktober 2002, Heidelberg 2002, S. 209.

*Dölling, Dieter*: Zur Strafbarkeit der Mitwirkung am Suizid, in: Bloy/Böse/Hillenkamp/Momsen/Rackow (Hrsg.), Gerechte Strafe und legitimes Strafrecht, Festschrift für Manfred Maiwald zum 75. Geburtstag, Berlin 2010, S. 119.

*Dorneck, Carina / Gassner, Ulrich / Kersten, Jens* et al.: Sterbehilfegesetz, Augsburger-Münchener-Hallescher-Entwurf (AMHE-SterbehilfeG), Tübingen 2021.

*Dreher, Eduard*: Anmerkung zum Urteil des BGH v. 14.8.1963 – 2 StR 181/63 (LG Duisburg), MDR 1964, 337.

*Dreier, Horst*: Grenzen des Tötungsverbotes – Teil 2, JZ 2007, 317.

*Dreier, Horst*: Grundgesetz Kommentar, Band 1 (Artikel 1-19), 3. Auflage, Tübingen 2013.

*Dürig, Günter / Herzog, Roman / Scholz, Rupert*: Grundgesetz Loseblatt Kommentar, 95. Ergänzungslieferung, München 2021.

*Duttge, Gunnar*: Lebensschutz und Selbstbestimmung am Lebensende, ZfL 2004, 30.

*Duttge, Gunnar*: Rezension: Michael Seibert, Rechtliche Würdigung der aktiven indirekten Sterbehilfe, GA 2005, 612.

*Duttge, Gunnar*: Der Alternativ-Entwurf Sterbebegleitung (AE-StB) 2005. Ziel erreicht oder bloße Etappe auf dem langen Weg zu einer Gesamtregelung, GA 2006, 573.

*Duttge, Gunnar*: Der Arzt als Unterlassungstäter?, in: Dölling/Götting/Meier/Verrel (Hrsg.), Festschrift für Heinz Schöch zum 70. Geburtstag am 20. August 2010, Berlin, 2010, S. 599.

*Duttge, Gunnar*: Strafrechtlich reguliertes Sterben. Der neue Straftatbestand einer geschäftsmäßigen Förderung der Selbsttötung, NJW 2016, 120.

*Duttge, Gunnar*: Anmerkung zum Beschluss des OLG Hamburg v. 8.6.2016 – Ws 13/16 (LG Hamburg), MedR 2017, 145.

*Duttge, Gunnar*: Die „geschäftsmäßige Suizidassistenz" (§ 217 StGB): Paradesbeispiel für illegitimen Paternalismus!, ZStW 2017, 448.

*Duttge, Gunnar / Simon, Alfred*: Begleitung beim freiwilligen Verzicht auf Nahrung und Flüssigkeit als (strafbare) Suizidhilfe?, NStZ 2017, 512.

*Duttge, Gunnar*: Anmerkung zum Urteil des BVerfG v. 26.02.2020 – 2 BvR 2347/15 u.a. (BVerfGE 153, 182), MedR 2020, 570.

*Ehmann, Richard*: Die strafrechtliche Bewertung der Sterbehilfe im deutsch-ungarischen Vergleich, Berlin 2015.

*Eicker, Andreas / Fisch, Stefanie*: Sterbe- und Suizidhilfe in der Schweiz: Nach zehn Jahren Diskussion immer noch am Anfang?, NK 2011, 106.

*Eidenmüller, Horst*: Liberaler Paternalismus, JZ 2011, 814.

*Eisele, Jörg*: Freiverantwortliches Opferverhalten und Selbstgefährdung, JuS 2012, 577.

*Emmanuel, Ezekiel / Onwuteaka-Philipsen, Bregje / Urwin, John / Cohen, Joachim*: Attitudes and Practices of Euthanasia and Physician-Assisted Suicide in the United States, Canada, and Europe, Journal of the American Medical Association (JAMA) 2016, 79.

*Enderlein, Wolfgang*: Rechtspaternalismus und Vertragsrecht, München 1996.

*Engländer, Armin*: Die Anwendbarkeit von § 34 StGB auf interpersonale Interessenkollisionen, GA 2010, 15.

*Engländer, Armin*: Von der passiven Sterbehilfe zum Behandlungsabbruch, JZ 2011, 513.

*Engländer, Armin*: Strafbarkeit der Suizidbeteiligung. Schließung einer Schutzlücke oder kriminalpolitischer Irrweg?, in: Hefendehl/Hörnle/Greco (Hrsg.), Streitbare Strafrechtswissenschaft, Festschrift für Bernd Schünemann zum 70. Geburtstag am 1. November 2014, Berlin 2014, S. 583.

*Eser, Albin*: Neues Recht des Sterbens? Einige grundsätzliche Betrachtungen, in: Eser (Hrsg.), Suizid und Euthanasie als human- und sozialwissenschaftliches Problem, Stuttgart 1976, S. 392.

*Eser, Albin*: Lebenserhaltungspflicht und Behandlungsabbruch in rechtlicher Sicht, in: Auer (Hrsg.), Zwischen Heilauftrag und Sterbehilfe aus ethischer, medizinischer und rechtlicher Sicht, Köln 1977, S. 75.

*Eser, Albin*: Zum „Recht des Sterbens“, Einige grundsätzliche Erwägungen, in: Fritsche/Goulon/Eser/Braun/Riquet (Hrsg.), Das Recht auf einen menschenwürdigen Tod?, Heidelberg 1977, S. 21.

*Eser, Albin*: Der Arzt zwischen Eigenverantwortung und Recht, Zur Problematik „ärztlichen Ermessens“, in: Mieth/Weber (Hrsg.), Anspruch der Wirklichkeit und christlicher Glaube. Probleme und Wege theologischer Ethik heute, Festschrift für Alfons Auer zum 65. Geburtstag, Düsseldorf 1980, S. 166.

*Eser, Albin*: Empfiehlt es sich, die Straftatbestände des Mordes, des Totschlags und der Kindstötung (§§ 211 bis 213, 217 StGB) neu abzugrenzen?, Gutachten D für den 53. Deutschen Juristentag, in: Ständige Deputation des Deutschen Juristentages (Hrsg.), Verhandlungen des Dreiundfünfzigsten Deutschen Juristentages Berlin 1980, Band I: Gutachten, München 1980.

*Eser, Albin*: Freiheit zum Sterben – keine Recht auf Tötung, Ein Beitrag zum strafrechtlichen Thema des 56. Deutschen Juristentages 1986 in Berlin, JZ 1986, 786.

*Eser, Albin*: Die Regulierung des Lebensendes als rechtliche Herausforderung, MedR 2018, 734.

*Fateh-Moghadam, Bijan*: Grenzen des weichen Paternalismus – Blinde Flecken der liberalen Paternalismuskritik, in: Fateh-Moghadam/Sellmaier/Vossenkuhl (Hrsg.), Grenzen des Paternalismus, Stuttgart 2010, S. 21.

*Feinberg, Joel*: Harm to Self. The Moral Limits oft the Criminal Law, New York 1986.

*Feldmann, Mirja*: Neue Perspektiven in der Sterbehilfediskussion durch Inkriminierung der Suizidteilnahme im Allgemeinen?, GA 2012, 498.

*Fenner, Dagmar*: Suizid – Krankheitssymptom oder Signatur der Freiheit? Eine medizin-ethische Untersuchung, Freiburg/München 2008.

*Fink, Udo*: Selbstbestimmung und Selbsttötung: Verfassungsrechtliche Fragestellungen im Zusammenhang mit Selbsttötungen, Köln 1992.

*Finlay, Ilora Gillian / George, Rigi*: Legal physician-assisted suicide in Oregon and The Netherlands: evidence concerning the impact on patients in vulnerable groups--another perspective on Oregon's data, JME 2011, 171.

*Fischer-Lescano, Andreas*: Kritik der praktischen Konkordanz, KJ 2008, 166.

*Fischer*, Felix: Haben kranke Menschen einen Rechtsanspruch auf aktive Sterbehilfe oder Unterstützung beim Suizid?, HRRS 2021, 24.

*Fischer, Thomas*: Direkte Sterbehilfe – Anmerkung zur Privatisierung des Lebensschutzes, in: Heinrich/Jäger/Achenbach et al. (Hrsg.), Strafrecht als Scentia Universalis, Festschrift für Claus Roxin zum 80. Geburtstag am 15. Mai 2011, Band 1, Berlin 2011, S. 557.

*Fischer, Thomas*: Strafgesetzbuch mit Nebengesetzen, 69. Auflage, München 2022.

*Fletcher, Joseph*: In Verteidigung des Suizids, in: Eser (Hrsg.), Suizid und Euthanasie als human- und sozialwissenschaftliches Problem, Stuttgart 1976, S. 233.

*Frisch, Wolfgang*: An den Grenzen des Starfrechts, in: Küper/Welp (Hrsg.), Festschrift für Walter Stree und Johannes Wessels zum 70. Geburtstag, Heidelberg 1993, S. 69.

*Fuchs, Stefan*: Gesellschaft ohne Kinder, Woran die neue Familienpolitik scheitert, Wiesbaden 2014.

*Gaede, Karsten*: Die Strafbarkeit der geschäftsmäßigen Förderung des Suizids - § 217 StGB, JuS 2016, 385.

*Gallas, Wilhelm*: Anmerkung zum Beschluss des BGH v. 10.3.1954 – GSSt 4/53, JZ 1954, 641.

*Gallas, Wilhelm*: Strafbares Unterlassen im Fall einer Selbsttötung, JZ 1960, 686.

*Gallas, Wilhelm*: Beiträge zur Verbrechenslehre, Berlin 1968.

*Gärdiz, Klaus*: Das Verbot der geschäftsmäßigen Sterbehilfe – Anmerkungen zu einem neuen Straftatbestand, ZfL 2015, 114.

*Gastl, Regina / Ludolph, Albert*: Amyotrophe Lateralsklerose, Der Nervenarzt 2007, 1449.

*Gavela, Kallia*: Ärztlich assistierter Suizid und organisierte Sterbehilfe, Berlin 2013.

*Geilen, Gerd*: Das Leben des Menschen in den Grenzen des Rechts. Zu den Wandlungen des Todesbegriffs und zu neuen Schutzproblemen des werdenden Lebens, FamRZ 1968, 121.

*Geilen, Gerd*: Suizid und Mitverantwortung, JZ 1974, 145.

*Geilen, Gerd*: Euthanasie und Selbstbestimmung: juristische Betrachtungen zum \`Recht auf den eigenen Tod´, Tübingen 1975.

*Geppert, Klaus*: Die unterlassene Hilfeleistung (§ 323 c StGB), Jura 2005, 39.

*Giese, Constanze*: Die Patientenautonomie zwischen Paternalismus und Wirtschaftlichkeit. Das Modell des „Informed Consent" in der Diskussion, Münster 2001.

*Gkountis, Ioannis*: Autonomie und strafrechtlicher Paternalismus, Berlin 2011.

*Gutmann, Thomas*: Medizinische Ethik und Organtransplantation, Ethik in der Medizin 1998, 58.

*Gutmann, Thomas*: Gesetzgeberischer Paternalismus ohne Grenzen? Zum Beschluß des Bundesverfassungsgerichts zur Lebendspende von Organen, NJW 1999, 3387.

*Gutmann, Thomas*: Rechtliche und rechtsphilosophische Fragen der Präimplantationsdiagnostik, in: Gethmann-Siefert/Huster (Hrsg.), Recht und Ethik in der Präimplantationsdiagnostik, Bad Neuenahr-Ahrweiler 2005, S. 131.

*Gutmann, Thomas*: Zur philosophischen Kritik des Rechtspaternalsimus, in: Schroth/Schneewind/Gutmann/Fateh-Moghadam (Hrsg.), Patientenautonomie am Beispiel der Lebendorganspende, Göttingen 2006, S. 189.

*Grabitz, Eberhard / Hilf, Meinhard / Nettesheim, Martin*: Das Recht der Europäischen Union, 74. Ergänzungslieferung, München 2021.

*Gropp, Walter*: Das Abschalten des Respirators – ein Unterlassen durch Tun? Zur Grenze der Normativität bei der Abgrenzung von Tun und Unterlassen, in: Duttge/Geilen/Meyer-Goßner/Warda (Hrsg.), Gedächtnisschrift für Ellen Schlüchter, Köln 2002, S. 173.

*Grünewald, Anette*: Zur Strafbarkeit der geschäftsmäßigen Förderung der Selbsttötung, JZ 2016, 938.

*Grünwald, Gerald*: Die Beteiligung durch Unterlassen, GA 1959, 110.

*Günzel, Florian*: Das Recht auf Selbsttötung, seine Schranken und die strafrechtlichen Konsequenzen, Frankfurt a.M. 2000.

*Kirste, Stephan*: Harter und weicher Rechtspaternalismus. Unter besonderer Berücksichtigung der Medizintechnik, JZ 2011, 805.

*Hamm, Rainer*: Richten mit und über Strafrecht, NJW 2016, 1537.

Handbuch des Staatsrechts, hrsg. von Isensee/Kirchhof, Band 2, Verfassungsstaat, 3. Auflage, Heidelberg 2004.

*Haas, Volker*: Das (nicht mehr ganz) neue Institut des Behandlungsabbruchs. Eine Nachbetrachtung zu BGHSt 55, 191 ff., JZ 2016, 714.

*Hecker, Bernd*: Strafrecht AT: Totschlag durch Unterlassen. Rettungspflicht gegenüber einer Freundin, die spontan ein Rauschmittel in potenziell tödlicher Dosis konsumiert, um auf sich aufmerksam zu machen, JuS 2012, 755.

*Hecker, Bernd*: Das strafrechtliche Verbot geschäftsmäßiger Förderung der Selbsttötung (§ 217 StGB), GA 2016, 455.

*Hegselmann, Rainer*: Moralische Aufklärung, moralische Integrität und schiefe Bahn, in: Hegselmann/Merkel (Hrsg.), Zur Debatte über Euthanasie. Beiträge und Stellungnahmen, 2. Auflage, Frankfurt a.M. 1992, S. 197.

*Helmich, Peter*: Selbstmord: Ein Wort, das es nicht geben sollte, DÄBl. 2004, 1652.

*Herzberg, Rolf Dietrich*: Die Unterlassung im Strafrecht und das Garantenprinzip, Berlin 1972.

*Herzberg, Rolf Dietrich*: Grundfälle zur Lehre von Täterschaft und Teilnahme, JuS 1974, 374.

*Herzberg, Rolf Dietrich*: Zur Strafbarkeit der Beteiligung am frei gewählten Selbstmord, dargestellt am Beispiel des Gefangenensuizids und der strafrechtlichen Verantwortung der Vollzugsbediensteten, ZStW 1979, 557.

*Herzberg, Rolf Dietrich*: Beteiligung an einer Selbsttötung oder tödlichen Selbstgefährdung als Tötungsdelikt, JA 1985, 131 (Teil 1); 177 (Teil 2); 336 (Teil 4).

*Herzberg, Rolf Dietrich*: Der Fall Hackethal: Strafbare Tötung auf Verlangen?, NJW 1986, 1635.

*Herzberg, Rolf Dietrich*: Die Quasi-Mittäterschaft bei § 216 StGB: Straftat oder straffreie Suizidbeteiligung? - BGH, NJW 1987, 1092, JuS 1988, 771.

*Herzberg, Rolf Dietrich*: Straffreie Beteiligung am Suizid und gerechtfertigte Tötung auf Verlangen – Zugleich eine Besprechung der Entscheidungen des OLG München vom 31.9.1987 - 1 Ws 23/87 –, des LG Ravensburg vom 3.12.1986 – 3 Kls 31/86 – und des VG Karlsruhe vom 11.12.1987 – 8 K 205/87 –, JZ 1988, 182.

*Herzberg, Rolf Dietrich*: Das Wollen beim Vorsatzdelikt und dessen Unterscheidung vom bewußt fahrlässigen Verhalten – Teil 1, JZ 1988, 573.

*Herzberg, Rolf Dietrich*: Straffreies Töten bei Eigenverantwortlichkeit des Opfers?, NStZ 1989, 559.

*Herzberg, Rolf Dietrich*: Sterbehilfe als gerechtfertigte Tötung im Notstand?, NJW 1996, 3043.

*Herzberg, Rolf Dietrich*: Das Zusammentreffen privilegierender und qualifizierender Umstände bei den Tötungsdelikten, JZ 2000, 1093.

*Herzberg, Rolf Dietrich*: Vorsätzliche und fahrlässige Tötung bei ernstlichem Sterbebegehren des Opfers, NStZ 2004, 1.

*Herzberg, Rolf Dietrich*: Strafbare Tötung oder straflose Mitwirkung am Suizid?, ZIS 2016, 440.

*Herzberg, Rolf Dietrich*: Zum Kriterium der Freiverantwortlichkeit des Suizidenten, in: Saliger (Hrsg.), Rechtsstaatliches Strafrecht, Festschrift für Ulfrid Neumann zum 70. Geburtstag, Heidelberg 2017, S. 839.

*Hesse, Konrad*: Grundzüge des Verfassungsrechts der Bundesrepublik Deutschland, 20. Auflage, Heidelberg 1999.

*Hilgendorf, Eric*: Zur Strafwürdigkeit organisierter Sterbehilfe, JZ 2014, 545.

*Hilgendorf, Eric / Rosenau, Henning*: Stellungnahme deutscher Strafrechtslehrerinnen und Strafrechtslehrer zur geplanten Ausweitung der Strafbarkeit der Sternehilfe, medstra 2015, 129.

*Hillenkamp, Thomas*: § 217 StGB n.F.: Strafrecht unterliegt Kriminalpolitik, KriPoZ 2016, 3.

*Hillgruber, Christian*: Der Schutz des Menschen vor sich selbst, München 1992.

*Hirsch, Hans Joachim*: Soziale Adäquanz und Unrechtslehre, ZStW 1962, 78.

*Hirsch, Hans Joachim*: Behandlungsabbruch und Sterbehilfe, in: Küper (Hrsg.), Festschrift für Karl Lackner zum 70. Geburtstag am 18. Februar 1987, Berlin 1987, S. 597.

*Hirsch, Andreas von*: Direkter Paternalismus im Strafrecht: Sollte selbstschädigendes Verhalten kriminalisiert werden?, in: von Hirsch/Neumann/Seelmann (Hrsg.), Paternalismus im Strafrecht, Baden-Baden 2010, S. 57.

*Hirsch, Andreas von/ Neumann, Ulfrid*: „Indirekter" Paternalismus im Strafrecht – am Beispiel der Tötung auf Verlangen (§ 216 StGB), in: von Hirsch/Neumann/Seelmann (Hrsg.), Paternalismus im Strafrecht, Baden-Baden 2010, S. 71.

*Höfling, Wolfram*: Forum: „Sterbehilfe" zwischen Selbstbestimmung und Integritätsschutz, JuS 2000, 111.

*Hohmann, Ralf / König, Pia*: Zur Begründung der strafrechtlichen Verantwortlichkeit in den Fällen der aktiven Suizidteilnahme, NStZ 1989, 304.

*Hoerster, Norbert*: Rechtsethische Überlegungen zur Freigabe der Sterbehilfe, NJW 1986, 1786.

*Holderegger, Adrian*: Suizid und Suizidgefährdung. Humanwissenschaftliche Ergebnisse Anthropologischer Grundlagen, Freiburg i. Ue. 1979.

*Hörnle, Tatjana*: Grob anstößiges Verhalten. Strafrechtlicher Schutz von Moral, Gefühlten und Tabus, Frankfurt a.M. 2005.

*Hörnle, Tatjana*: Das Verbot des Geschwisterinzests – Verfassungsgerichtliche Bestätigung und verfassungsrechtliche Kritik, NJW 2008, 2085.

*Hörnle, Tatjana*: Der niederländische Hoge Raad und das BVerfG zu Fragen der Sterbehilfe: Die Abgrenzung von Selbstbestimmung und Fremdbestimmung im Einzelfall und als Leitlinie für die Rechtspolitik, JZ 2020, 872.

*Hörr, Christof*: Passive Sterbehilfe und betreuungsrechtliche Kontrolle. Die Strafbarkeit von Arzt und Betreuer beim Behandlungsabbruch an einwilligungsunfähigen Patienten, Baden-Baden 2011.

*Hoven, Elisa*: Für eine freie Entscheidung über den eignen Tod. Ein Nachruf auf die straflose Suizidbeihilfe, ZIS 2016, 1.

*Huber, Franziska / Lindner, Josef*: Freiwilliger Verzicht auf Nahrung und Flüssigkeit (FVNF oder „Sterbefasten") aus rechtlicher Sicht, NJOZ 2019, 1489.

*Hufeland, Christoph Wilhelm*: Die Verhältnisse des Arztes, Neues Journal der practischen Arzneikunde und Wundarzneiwissenschaft 1806, 5.

*Hufen, Friedhelm*: In dubio pro dignitate – Selbstbestimmung und Grundrechtsschutz am Ende des Lebens, NJW 2001, 849.

*Hufen, Friedhelm*: Erosion der Menschenwürde?, JZ 2004, 313.

*Hufen, Friedhelm*: Selbstbestimmtes Sterben – Das verweigerte Grundrecht, NJW 2018, 1524.

*Huster, Stefan*: Die ethische Neutralität des Staates. Eine liberale Interpretation der Verfassung, Tübingen 2002.

*Ingelfinger, Ralph*: Grundlagen und Grenzbereiche des Tötungsverbots, Köln 2004.

*Ingelfinger, Ralph*: Patientenautonomie und Strafrecht bei der Sterbebegleitung, JZ 2006, 821.

*Jakobs, Günther*: Zum Unrecht der Selbsttötung und der Tötung auf Verlangen – Zugleich zum Verhältnis von Rechtlichkeit und Sittlichkeit, in: Haft (Hrsg.), Strafgerechtigkeit: Festschrift für Arthur Kaufmann zum 70. Geburtstag, Heidelberg 1993, S. 459.

*Jakobs, Günther*: Tötung auf Verlangen, Euthanasie und Strafrechtssystematik, München 1998.

*Jellinek, Georg*: System der subjektiven öffentlichen Rechte, Freiburg i.B. 1892.

*Jurgeleit, Andreas*: Sterbehilfe in Deutschland. Bestandsaufnahme der gegenwärtigen Rechtslage und Überlegungen zur Reformdiskussion, NJW 2015, 2708.

*Kampmann, Tobias*: Die Pönalisierung der geschäftsmäßigen Förderung der Selbsttötung – eine kritische Analyse. Zugleich ein Reformvorschlag zur Normierung ärztlicher Suizidassistenz, Baden-Baden 2017.

*Kaspar, Johannes*: Verhältnismäßigkeit und Grundrechtsschutz im Präventionsstrafrecht, Baden-Baden 2014.

*Kaufmann, Arthur*: Euthanasie – Selbsttötung – Tötung auf Verlangen, MedR 1983, 121.

*Kienzerle, Ruth Anthea*: Paternalismus im Strafrecht der Sterbehilfe, Baden-Baden 2021.

*Kindhäuser, Urs*: Anmerkung zum Urteil des BGH v. 21.02.1989 – 4 StR 643/88 (BGHSt 36, 130), JR 1990, 520.

*Klinger, Alfred*: Die Strafbarkeit der Beteiligung an einer durch Täuschung herbeigeführten Selbsttötung, Aachen 1995.

*Klinkenberg, Henning*: Die Rechtspflicht zum Weiterleben und ihre Grenzen – Zur Strafbarkeit der Teilnahme am Suizid –, JR 1978, 441.

*Knopp, Lothar*: Aktive Sterbehilfe – Europäische Entwicklung und „Selbstbestimmungsrecht" des Patienten aus verfassungsrechtlicher Sicht, MedR 2003, 379.

*Köhler, Michael*: Die Rechtspflicht gegen sich selbst, in: Byrd/Hruschka/Joerden (Hrsg.), Jahrbuch für Recht und Ethik, Berlin 2006, S. 425.

*Kubiciel, Michael*: Tötung auf Verlangen und assistierter Suizid als selbstbestimmtes Sterben?, JZ 2009, 600.

*Kubiciel, Michael*: Entscheidungsbesprechung. Zur Strafbarkeit des Abbruchs künstlicher Ernährung, ZJS 2010, 656.

*Kubiciel, Michael*: Gott, Vernunft, Paternalismus – Die Grundlagen des Sterbehilfeverbots, JA 2011, 86.

*Kubiciel, Michael*: Die Wissenschaft vom Besonderen Teil des Strafrechts. Ihre Aufgaben, Ihre Methoden, Frankfurt a.M. 2013.

*Kubiciel, Michael*: Zur Verfassungskonformität des § 217 StGB, ZIS 2016, 396.

*Kühl, Kristian*: Rechtfertigung vorsätzlicher Tötung im Allgemeinen und speziell bei Sterbehilfe, Jura 2009, 881.

*Kutzer, Klaus*: Strafrechtliche Grenzen der Sterbehilfe, NStZ 1994, 100.

*Kutzer, Klaus*: Sterbehilfeproblematik in Deutschland: Rechtsprechung und Folgen für die klinische Praxis, MedR 2001, 77.

*Laber, Jörg*: Der Schutz des Lebens im Strafrecht, Frankfurt a.M. 1997.

*Lackner, Karl / Kühl, Kristian*: Strafgesetzbuch Kommentar, 29. Auflage, München 2018.

*Lasson, Maximilian*: Eigenverantwortliche Selbstgefährdung und einverständliche Fremdgefährdung. Überblick über einen nach wie vor aktuellen Streit in der Strafrechtsdogmatik, ZJS 2009, 359.

*Laufs, Adolf / Kern, Bernd-Rüdiger / Rehborn, Martin*: Handbuch des Arztrechts, 5. Auflage, München 2019.

*Leitmeier, Lorenz*: Ist § 216 StGB verfassungsrechtlich noch haltbar?, NStZ 2020, 508.

Leipziger Kommentar StGB: hrsg. von Jähnke / Laufhütte / Odersky, Band 5 (§§ 146-222), 11. Auflage, Berlin 2005.

Leipziger Kommentar StGB: hrsg. von Laufhütte / Rissing-van Saan / Tiedmann, Band 1 (Einleitung; §§ 1-31), 12. Auflage, Berlin 2007.

Leipziger Kommentar StGB: hrsg. von Cirener / Radtke / Rissing-van Saan / Rönnau / Schluckebier, Band 3 (§§ 32-37), 13. Auflage, Berlin/Boston 2019.

Leipziger Kommentar StGB: hrsg. von Laufhütte / Rissing-van Saan / Tiedemann, Band 7, Teil 1 (§§ 211-231), 12. Auflage, Berlin/Boston 2019.

Leipziger Kommentar StGB: hrsg. von Cirener / Radtke / Rissing-van Saan / Rönnau / Schluckebier, Band 1 (Einleitung; §§ 1-18), 13. Auflage, Berlin/Boston 2020.

*Leitner, Regina*: Sterbehilfe im deutsch-spanischen Rechtsvergleich, Frankfurt a.M. 2006.

*Leonardy, Helmut*: Sterbehilfe, DRiZ 1986, 281.

*Lindner, Josef*: Grundrechtsfragen aktiver Sterbehilfe, JZ 2006, 373.

*Lindner, Josef*: Verfassungswidrigkeit des – kategorischen – Verbots ärztlicher Suizidassistenz, NJW 2013, 136.

*Lindner, Josef*: Verfassungswidrigkeit des Verbots aktiver Sterbehilfe, NStZ 2020, 505.

*Lorenz, Dieter*: Aktuelle Verfassungsfragen der Euthanasie, JZ 2009, 57.

*Mackor, Anne*: Sterbehilfe in den Niederlanden, ZStW 2016, 24.

*Maclean, Alasdair*: Autonomy, Informed Consent and Medical Law. A Relational Challenge, New York 2009.

*Magnus, Dorothea*: Patientenautonomie im Strafrecht, Tübingen 2015.

*Magnus, Dorothea*: Philosophische und strafrechtliche Begründung der Autonomie der Person, Rechtsphilosophie (RphZ) 2017, 225.

*Mandla, Christoph*: Sterbehilfe durch Behandlungsabbruch, NStZ 2010, 698.

*Mangoldt, Hermann von / Klein, Friedrich / Starck, Christian*: Kommentar zum Grundgesetz, Band 1 (Präambel, Art. 1-19), 7. Auflage, München 2018.

*Mevis, Paul / Postma, Liselotte / van de Wetering, Veerle*: Ärztliche Sterbebegleitung in den Niederlanden: kontrollierte Ausnahme, in: Eidam/Lindemann (Hrsg.), Grundfragen und aktuelle Herausforderungen der ärztlichen Sterbebegleitung, Baden-Baden 2019, S. 31.

*Merkel, Grischa*: Behandlungsabbruch und Lebensschutz. Strafrechtliche und rechtsethische Grundlagen medizinischer Lebensbeendigung unter besonderer Berücksichtigung des apallischen Syndroms (Wachkoma), Baden-Baden 2020.

*Merkel, Grischa*: Anmerkung zum Beschluss des BGH v. 26.05.2021 – 2 StR 434/19, NStZ, 164, 166.

*Merkel, Reinhard*: Teilnahme am Suizid, Tötung auf Verlangen, Euthanasie, in: Hegselmann/Merkel (Hrsg.), Zur Debatte über Euthanasie. Beiträge und Stellungnahmen, 2. Auflage, Frankfurt a.M. 1992, S. 71.

*Merkel, Reinhard*: Tödlicher Behandlungsabbruch und mutmaßliche Einwilligung bei Patienten im apallischen Syndrom. Zugleich eine Besprechung von BGH NJW 1995, 204, ZStW 1995, 545.

*Merkel, Reinhard*: Ärztliche Entscheidung über Leben und Tod in der Neonatalmedizin. Ethische und strafrechtliche Probleme, JZ 1996, 1145.

*Merkel, Reinhard*: Früheuthanasie. Rechtsethische und strafrechtliche Grundlagen ärztlicher Entscheidungen über das Leben und den Tod in der Neonatalmedizin, Baden-Baden 2001.

*Merkel, Reinhard*: Aktive Sterbehilfe. Anmerkung zum Stand der Diskussion und zum Gesetzgebungsvorschlag des „Alternativ-Entwurfs Sterbebegleitung", in: Hoyer/Müller/Pawlik/Wolter (Hrsg.), Festschrift für Friedrich-Christian Schroeder zum 70. Geburtstag, Heidelberg 2006, S. 297.

*Merkel, Reinhard*: Die Abgrenzung von Handlungs- und Unterlassungsdelikt. Altes, Neues, Ungelöstes, in: Putzke/Hardtung/Hörnle/Merkel/Scheinfeld/Schlehofer/Seier (Hrsg.), Strafrecht zwischen System und Telos, Festschrift für Rolf Dietrich Herzberg zum siebzigsten Geburtstag am 14. Februar 2008, Tübingen 2008, S. 193.

*Merkel, Reinhard*: Das Dammbruch-Argument in der Sterbehilfe-Debatte, in: Fateh-Moghadam/Sellmaier/Vossenkuhl (Hrsg.), Grenzen des Paternalismus, Stuttgart 2010, S. 285.

*Merkel, Reinhard*: Anmerkung zum Urteil des BVerwG v. 3.2.2017 – 3 C 19.5 (OVG Münster), MedR 2017, 828.

*Merkel, Reinhard*: Rechtsethische Grundsatzfragen in der Gesetzgebung, ZRP 2020, 162.

*Meyer, Joachim-Ernst*: Zur ärztlichen Verantwortung bei der Verhinderung eines Suizids aus psychiatrischer Sicht, MedR 1985, 210.

*Meyer, Maria-Katharina*: Ausschluss der Autonomie durch Irrtum. Ein Beitrag zu mittelbare Täterschaft und Einwilligung, Köln 1984.

*Michael, Lothar / Morlok, Martin*: Grundrechte, 6. Auflage, Baden-Baden 2017.

*Mill, John Stuart*: Die Freiheit (On Liberty), 4. Auflage, 1973 Darmstadt.

*Mir Puig, Santiago*: Wertungen, Normen und Strafrechtswidrigkeit, GA 2003, 863.

*Mittermaier, Carl*: Die Beihülfe zum Selbstmord, und die Tödtung eines Einwilligenden nach dem gegenwärtigen Standpunkte der Gesetzgebung, Rechtsprechung und Wissenschaft geprüft, GA 1861, 433.

*Mitsch, Wolfgang*: Grundfälle zu den Tötungsdelikten, JuS 1995, 888.

*Mitsch, Wolfgang*: Das erlaubte Risiko im Strafrecht, JuS 2018, 1161.

*Mitsch, Wolfgang*: Anmerkung zum Urteil des BGH v. 30.01.2019 – 2 StR 325/17, NJW 2019, 3255.

*Möller, Kai*: Selbstmordverhinderung im freiheitlichen Staat, KritV 2005, 230.

*Möller, Kai*: Paternalismus und Persönlichkeitsrecht, Berlin 2005.

*Mona, Martino*: Rechtsphilosophische Analyse der Entgeltlichkeit und Vertragsfreiheit in der Nierenorganspende – Verwerflicher Organhandel oder legitimes Anreizinstrument?, Archiv für Rechts- und Sozialphilosophie (ARSP) 2004, 354.

*Muckel, Stefan*: Verfassungswidrigkeit des Verbots der geschäftsmäßigen Förderung der Selbststötung, JA 2020, 473.

Münchener Kommentar zum Bürgerlichen Gesetzbuch: hrsg. von Säcker/Rixecker/ Oetker/ Limperg, Band 8 (§§ 1297-1588), 8. Auflage, München 2019.

Münchener Kommentar zum Strafgesetzbuch: hrsg. von Erb/Schäfer, Band 4 (§§ 185-262), 3. Auflage, München 2017.

Münchener Kommentar zum Strafgesetzbuch: hrsg. von Erb/Schäfer, Band 1 (§§ 1-37), 4. Auflage, München 2020.

Münchener Kommentar zum Strafgesetzbuch: hrsg. von Erb/Schäfer, Band 4 (§§ 185-262), 4. Auflage, München 2021.

*Murmann, Uwe*: Die Selbstverantwortung des Opfers im Strafrecht, Berlin 2005.

*Nakamichi, Yuki*: Grenzen der Gesetzgebung im Kontext des § 217 StGB. Darf man die Beteiligung am Suizid nicht bestrafen?, ZiS 2017, 324.

*Neumann, Franziska*: Anmerkung zum Urteil des BVerfG v. 26.02.2020 – 2 BvR 2347/15 u.a. (BVerfGE 153, 182), NZWiSt 2020, 286.

*Neumann, Jacqueline*: Vier Gesetzesentwürfe zur Neuregelung der Suizidhilfe – eine Bewertung, NJOZ 2021, 385.

*Neumann, Ulfrid*: Die Strafbarkeit der Suizidbeteiligung als Problem der Eigenverantwortlichkeit des „Opfers", JA 1987, 244.

*Neumann, Ulfrid*: Sterbehilfe im rechtfertigenden Notstand (§ 34 StGB), in: Putzke/Hardtung/Hörnle/Merkel/Scheinfeld/Schlehofer/Seier (Hrsg.), Festschrift für Rolf Dietrich Herzberg zum siebzigsten Geburtstag am 14. Februar 2008, Tübingen 2008, S. 575.

*Neumann, Ulfrid*: Der Tatbestand der Tötung auf Verlangen (§ 216 StGB) als paternalistische Strafbestimmung, in: Fateh-Moghadam/Sellmaier/Vossenkuhl (Hrsg.), Grenzen des Paternalismus, Stuttgart 2010, S. 245.

*Neumann, Ulfrid*: Das sogenannte Prinzip der Nichtdisponibilität des Rechtsguts Lebens, in: Heger/Kelker/Schramm (Hrsg.), Festschrift für Kristian Kühl zum 70. Geburtstag, München 2014, S. 569.

*Nietzsche, Friedrich*: Also sprach Zarathustra – Ein Buch für Alle und Keinen, Mit einem Essay von Thomas Mann, 9. Auflage, Berlin 1985.

Nomos Kommentar zum Strafgesetzbuch: hrsg. von Kindhäuser/Neumann/Paeffgen, Band 1-3, 5. Auflage, Baden-Baden 2017.

*Ohler, Christoph / Weiß, Wolfgang*: Glaubensfreiheut versus Schutz von Ehe und Familie, NJW 2002, 194.

*Otto, Harro*: Recht auf den eigenen Tod? Strafrecht im Spannungsverhältnis zwischen Lebenserhaltungspflicht und Selbstbestimmung, Gutachten D für den 56. Deutschen Juristentag, in: Ständige Deputation des Deutschen Juristentages (Hrsg.), Verhandlungen des Sechsundfünfzigsten Deutschen Juristentages Berlin 1986, Band I: Gutachten, München 1986.

*Otto, Harro*: Täterschaft, Mittäterschaft, mittelbare Täterschaft, Jura 1987, 246.

*Otto, Harro*: Die strafrechtliche Problematik der Sterbehilfe, Jura 1999, 434.

*Otto, Harro*: Patientenautonomie und Strafrecht bei der Sterbebegleitung, NJW 2006, 2217.

*Overbeck, Alfred von*: Unterlassung durch Begehung, Der Gerichtssaal 1922, 319.

*Papageorgiou, Konstantionis*: Schaden und Strafe – Auf dem Weg zu einer Theorie der strafrechtlichen Moralität, Baden-Baden 1994.

*Pawlik, Michael*: Erlaubte aktive Sterbehilfe? Neuere Entwicklung in der Auslegung von § 216 StGB, in: Zöller (Hrsg.), Gesamte Strafrechtswissenschaft in internationaler Dimension: Festschrift für Jürgen Wolter zum 70. Geburtstag am 7. September 2013, Berlin 2013, S. 627.

*Pelzl, Stephan*: An der Grenze von Leben und Tod, Euthanasie und Strafrecht, KJ 1994, 179.

*Pfordten, Dietmar von der*: Paternalismus und die Tötung auf Verlangen, in: von Hirsch/Neumann/Seelmann (Hrsg.), Paternalismus im Strafrecht, Baden-Baden 2010, S. 193.

*Philipps, Lothar*: Der Handlungsspielraum. Untersuchungen über das Verhältnis von Norm und Handlung im Strafrecht, Frankfurt a.M. 1974.

*Popp, Andreas*: Patientenverfügung, mutmaßliche Einwilligung und prozedurale Rechtfertigung, ZStW 2006, 639.

*Ransiek, Andreas*: Das unechte Unterlassungsdelikt, JuS 2010, 490.

*Rawls, John*: Eine Theorie der Gerechtigkeit, 18. Auflage, Frankfurt a.M. 2012.

*Reimer, Ekkehart*: Suizidbeihilfe: Der verfassungsrechtliche Rahmen bundesgesetzlicher Regelungen, ZfL 2015, 66.

*Rengier, Rudolf*: Sicherungspflichten und Rettungspflichten – zum „Cleanmagic-Fall“ BGH NStZ 2013, 319, in: Heger/Kelker/Schramm (Hrsg.), Festschrift für Kristian Kühl zum 70. Geburtstag, München 2014, S. 383.

*Rengier, Rudolf*: Strafrecht Besonderer Teil II, Delikte gegen die Person und die Allgemeinheit, 20. Auflage, München 2019.

*Reus, Katharina*: Die neue gesetzliche Regelung der Patientenverfügung und die Strafbarkeit des Arztes, JZ 2010, 80.

*Rietjens, Judith / van der Maas, Paul / Onwuteaka-Philipsen, Bregje* et al.: Two Decades of Research on Euthanasia from the Netherlands. What Have We Learnt und What Questions Remain?, Bioethical Inquiry 2009, 271.

*Riemer, Martin*: Der Suizident und sein(e) Helfer – Vom Verbot der geschäftsmäßigen Suizidförderung nach § 217 StGB n.F., BRJ 2016, 96.

*Rigopoulou, Maria*: Grenzen des Paternalismus im Strafrecht, Berlin 2013.

*Rilinger, Lothar*: Das Recht auf Leben als ein unteilbares Menschenrecht. Eine Absage an die Erlaubtheit der aktiven Sterbehilfe, GA 1997, 418.

*Ringel, Erwin*: Neue Untersuchungen zum Selbstmordproblem unter besonderer Berücksichtigung prophylaktischer Gesichtspunkte, Wien 1961.

*Rosenau, Henning*: Die Neuausrichtung der passiven Sterbehilfe. Der Fall Putz im Urteil des BGH vom 25.6.2010 – 2 StR 454/09, in: Bernsmann/Fischer (Hrsg.) Festschrift für Ruth Rissing-van Saan zum 65. Geburtstag am 25. Januar 2011, Berlin/New York 2011, S. 547.

*Rosenau, Henning / Sorge, Igor*: Gewerbsmäßige Suizidförderung als strafwürdiges Unrecht? Kritische Anmerkung zum Regierungsentwurf über die Strafbarkeit der gewerbsmäßigen Förderung der Selbsttötung (§ 217 StGB-E), NK 2013, 108.

*Roxin, Claus*: An der Grenze von Begehung und Unterlassung, in: Bockelmann/Kaufmann/Klug (Hrsg.), Festschrift für Karl Engisch zum 70. Geburtstag, Frankfurt a.M. 1969, S. 380.

*Roxin, Claus*: Die Mitwirkung beim Suizid – ein Tötungsdelikt?, in: Jescheck/Lüttger (Hrsg.), Festschrift für Eduard Dreher zum 70. Geburtstag am 29. April 1977, Berlin/New York 1977, S. 331.

*Roxin, Claus*: Die Sterbehilfe im Spannungsfeld von Suizidteilnahme, erlaubtem Behandlungsabbruch und Tötung auf Verlangen – Zugleich eine Besprechung von BGH NStZ 1987, 365 und LG Ravensburg NStZ 1987, 229, NStZ 1987, 345.

*Roxin, Claus*: Die Abgrenzung von strafloser Suizidteilnahme, strafbarem Tötungsdelikt und gerechtfertigter Euthanasie. Zu Reinhard Merkels „Fragen an die Strafrechtsdogmatik", in: Wolter (Hrsg.), 140 Jahre Goltdammer's Archiv für Strafrecht. Eine Würdigung zum 70. Geburtstag von Paul-Günter Pötz, Heidelberg 1993, S. 177.

*Roxin, Claus / Schroth, Ulrich*: Handbuch des Medizinstrafrechts, 4. Auflage, Stuttgart 2010.

*Roxin, Claus*: Tötung auf Verlangen und Suizidteilnahme. Geltendes Recht und Reformdiskussion, GA 2013, 313.

*Roxin, Claus*: Täterschaft und Tatherrschaft, 9. Auflage, Berlin 2015.

*Roxin, Claus*: Die geschäftsmäßige Förderung einer Selbsttötung als Straftatbestand und der Vorschlag einer Alternative, NStZ 2016, 185.

*Roxin, Claus / Greco, Luís*: Strafrecht Allgemeiner Teil, Band I, 5. Auflage, München 2020.

*Rissing-van Saan, Ruth*: Strafrechtliche Aspekte der aktiven Sterbehilfe. Nach dem Urteil des 2. Strafsenats des BGH v. 25.6.2010 – 2 StR 454/09, ZiS 2011, 544.

*Sachs, Michael*: Verbot der geschäftsmäßigen Förderung der Selbsttötung als mittelbare Grundrechtsverletzung, JuS 2020, 580.

*Sachs, Michael*: Grundgesetz Kommentar, 9. Auflage, München 2021.

*Saliger, Frank*: Sterbehilfe ohne Strafrecht? Eine Bestimmung des Anwendungsbereichs von Sterbehilfe als Grundstein für ein interdisziplinäres Sterbehilferecht, KritV 2011, 382.

*Saliger, Frank*: Selbstbestimmung bis zuletzt. Rechtsgutachten zum Verbot organisierter Sterbehilfe, Norderstedt 2015.

*Samson, Erich*: Begehung und Unterlassen, in: Stratenwerth/Kaufmann/Geilen/Hirsch/Schreiber/Jakobs/Loss (Hrsg.), Festschrift für Hans Welzel zum 70. Geburtstag am 25. März 1974, Berlin 1974, S. 579.

*Sax, Walter*: Zur rechtlichen Problematik der Sterbehilfe durch vorzeitigen Abbruch einer Intensivbehandlung. Überlegungen zum „Unterlassen durch Tun", zum „Schutzzweck der Norm" und zur „scheinbaren Rechtsverletzung", JZ 1975, 137.

*Sax, Walter*: „Tatbestand" und Rechtsgutsverletzung, JZ 1976, 429.

*Scheinfeld, Jörg*: Organtransplantation und Strafrechtspaternalismus. Eine Analyse der strafbewehrten Spendebegrenzungen im deutschen Transplantationsrecht, Tübingen 2016.

*Scheinfeld, Jörg*: Der Erwerb eines Betäubungsmittels zum Zwecke der Selbsttötung in extremer Notlage, in: Beckmann/Duttge/Gärditz/Hillgruber/Windhöfel (Hrsg.), Gedächtnisschrift für Herbert Tröndle, Berlin 2019, S. 661.

*Schliemann, Harald*: Strafbarkeit der Förderung der Selbsttötung, ZRP 2013, 51.

*Schmidhäuser, Eberhard*: Selbstmord und Beteiligung am Selbstmord in strafrechtlicher Sicht, in: Stratenwerth/Kaufmann/Geilen/Hirsch/Schreiber/Jakobs/Loss (Hrsg.), Festschrift für Hans Welzel zum 70. Geburtstag am 25. März 1974, Berlin 1974, S. 801.

*Schmidt-Bleibtreu, Bruno / Klein, Franz / Bethge, Herbert*: Bundesverfassungsgerichtsgesetz Kommentar, 61. EL München 2021.

*Schmitt, Rudolf*: Euthanasie aus der Sicht eines Juristen, JZ 1979, 462.

*Schneider, Christian*: Tun und Unterlassen beim Abbruch lebenserhaltender medizinischer Behandlung, Berlin 1997.

*Schönke, Adolf / Schröder, Horst*: Strafgesetzbuch Kommentar, 30. Auflage, München 2019.

*Schöch, Heinz*: Die erste Entscheidung des BGH zur sog. Indirekten Sterbehilfe – Zum Urteil des BGH vom 15.11.1996 – 3 StR 79/96, NStZ 1997, 409.

*Schöch, Heinz / Verrel, Torsten*: Alternativ-Entwurf Sterbebegleitung (AE-StB), GA 2005, 553.

*Schöch, Heinz*: Strafbarkeit einer Förderung der Selbsttötung?, in: Heger/Kelker/Schramm (Hrsg.), Festschrift für Kristian Kühl zum 70. Geburtstag, München 2014, S. 585.

*Schreiber, Hans-Ludwig*: Das Recht auf den eigenen Tod – zur gesetzlichen Neuregelung der Sterbehilfe, NStZ 1986, 337.

*Schreiber, Hans-Ludwig*: Ein neuer Entwurf für eine Richtlinie der Bundesärztekammer zur Sterbehilfe, in: Ahrens/von Bar/Fischer et al. (Hrsg.), Festschrift für Erwin Deutsch, Köln 1999, S. 773.

*Schreiber, Hans-Ludwig*: Das ungelöste Problem der Sterbehilfe – Zu den neuen Entwürfen und Vorschlägen –, NStZ 2006, 473.

*Schreiber, Hans-Ludwig*: Strafbarkeit des assistierten Suizides?, in: Pawlik/Zaczyk (Hrsg.), Festschrift für Günther Jakobs zum 70. Geburtstag am 26. Juli 2007, Köln 2007, S. 615.

*Schroth, Ulrich*: Die berechtigte Geschäftsführung ohne Auftrag im Strafrecht, JuS 1992, 476.

*Schroth, Ulrich*: Sterbehilfe als strafrechtliches Problem. Selbstbestimmung und Schutzwürdigkeit des tödlich Kranken, GA 2006, 549.

*Schubarth, Martin*: Assistierter Suizid und Tötung auf Verlangen, Schweizerische Zeitschrift für Strafrecht (ZStrR) 2009, 3.

*Schubert, Werner*: Strafgesetzbuch für dem Norddeutschen Bund. Entwurf vom 14.2.1870 (Reichstagsvorlage), Frankfurt a.M. 1992.

*Schünemann, Bernd*: Fahrlässige Tötung durch Abgabe von Rauschmitteln? – Besprechung des Urteils BGH, NStZ 1981, 350, NStZ 1982, 60.

*Schünemann, Bernd*: Die Kritik am strafrechtlichen Paternalsimus – Eine Sisyphus-Arbeit?, in: von Hirsch/Neumann/Seelmann (Hrsg.), Paternalismus im Strafrecht, Baden-Baden 2010, S. 221.

*Schütz, Carsten / Sitte, Thomas*: Sterben-Dürfen an der Grenze der Verhältnismäßigkeit, NJW 2017, 2155.

*Schwalm, Georg*: Juristische Aspekte der Sterbehilfe, BayÄBl. 1975, 565.

*Seale, Clive*: National survey of end-of-life decisions made by UK medical practitioners, Palliative Medicine 2006, 3.

*Seiden, Richard*: Where Are They Now? A Follow-up Study of Suicide Attempters from the Golden Gate Bridge, Suicide and Life-Threatening Behavior 1978, 203.

*Spickhoff, Andreas*: Die Patientenautonomie am Lebensende: Ende der Patientenautonomie? Zur Feststellbarkeit und Durchsetzbarkeit des realen und hypothetischen Willens des Patienten, NJW 2000, 2297.

*Spickhoff, Andreas*: Medizinrecht, 3. Auflage, München 2018.

*Sowada, Christoph*: Strafbares Unterlassen des behandelnden Arztes, der seinen Patienten nach Selbstmordversuch bewußtlos auffindet? – BGH, Urteil vom 4.7.84 – 3 StR 96/84 = BGHSt. 32, 367, Jura 1985, 75.

Sternberg-Lieben, *Detlev*: Die objektiven Scharanken der Einwilligung im Strafrecht, Tübingen 1997.

*Sternberg-Lieben, Detlev*: Gesetzliche Anerkennung der Patientenverfügung: offene Fragen im Strafrecht, insbesondere bei Verstoß gegen die prozeduralen Vorschriften der §§ 1901a ff. BGB, in: Heinrich/Jäger/Achenbach et al. (Hrsg.), Strafrecht als Scentia Universalis, Festschrift für Claus Roxin zum 80. Geburtstag am 15. Mai 2011, Band 1, Berlin 2011, S. 537.

*Sternberg-Lieben, Detlev*: Beschränkung der strafrechtlichen Haftung auf eine schwerwiegende Verletzung der ärztlichen Aufklärungspflicht, MedR 2019, 185.

*Stern, Klaus*: Das Staatsrecht der Bundesrepublik Deutschland, Band IV/1, Die einzelnen Grundrechte, München 2006.

*Stiller, Lisa*: Sterbehilfe und assistierter Suizid, Baden-Baden 2020.

*Stober, Rolf*: Grundpflichten als verfassungsrechtliche Dimension, NVwZ 1982, 473.

*Stoffers, Kristian*: Sterbehilfe: Rechtsentwicklung bei der Reanimator-Problematik, MDR 1992, 621.

*Stürmer, Matthias*: Sterbehilfe. Verfügung über das eigene Leben zwischen Lebensrecht und Tötungsverbot, München 1989.

*Swoboda, Sabine*: Die Lehre vom Rechtsgut und ihre Alternativen, ZStW 2010, 24.

*Tag, Brigitte*: Der Körperverletzungstatbestand im Spannungsfeld zwischen Patientenautonomie und Lex artis. Eine arztstrafrechtliche Untersuchung, Berlin 2000.

*Taupitz, Jochen*: Das Gesetz der geschäftsmäßigen Förderung des Suizids – im Widerspruch mit sich selbst, medstra 2016, 323.

*Tenthoff, Christian*: Die Strafbarkeit der Tötung auf Verlangen im Lichte des Autonomieprinzips, Berlin 2008.

*Thias, Axel*: Möglichkeiten und Grenzen eines selbstbestimmten Sterbens durch Einschränkung und Abbruch medizinischer Behandlungen. Eine Untersuchung aus straf- und betreuungsrechtlicher Perspektive unter besonderer Berücksichtigung der Problematik des apallischen Syndroms, Frankfurt a.M. 2004.

*Timpe, Gerhard*: Strafmilderung des Allgemeinen Teils des StGB und das Doppelverwertungsverbot: Untersuchung zu den §§ 23 Abs. 2, 13 Abs. 2, 17 Satz 2, 35 Abs. 1 Satz 2 und 46 Abs. 3 StGB, Berlin 1983.

*Tröndle, Herbert*: Warum ist die Sterbehilfe ein rechtliches Problem?, ZStW 1987, 25.

*Van Aaken, Anne*: Begrenzte Rationalität und Paternalismusgefahr: Das Prinzip des schonendsten Paternalismus, in: Anderheiden/Bürkli/Heinig et al. (Hrsg.), Paternalismus und Recht, Tübingen 2006, S. 109.

*Van der Heide, Agnes / van Delden, Johannes / Onwuteaka-Philipsen, Bregje*: End-of-Life Decisions in the Netherlands over 25 Years, The New England Journal of Medicine (NEJM) 2017, 492.

*Verrel, Torsten*: Selbstbestimmungsrecht contra Lebensschutz. Bringt der BGH Bewegung in die Sterbehilfediskussion?, JZ 1996, 224.

*Verrel, Torsten*: Patientenautonomie und Strafrecht bei der Sterbebegleitung, Gutachten C für den 66. Deutschen Juristentag, in: Ständige Deputation des Deutschen Juristentages (Hrsg.), Verhandlungen des Sechsundsechzigsten Deutschen Juristentages Stuttgart 2006, Band I: Gutachten, München 2006.

*Verrel, Torsten*: Ein Grundsatzurteil? – Jedenfalls bitter nötig! Besprechung der Sterbehilfeentscheidung des BGH vom 25.6.2010 – 2 StR 454/09 (Fall Fulda), NStZ 2010, 671.

*Vöhringer, Caroline*: Tötung auf Verlangen: Die Abgrenzung des § 216 StGB zur straflosen Beihilfe zum Suizid sowie das Verhältnis von privilegierenden zu qualifizierenden Tötungsumständen, Frankfurt a.M. 2008.

*Walter, Tonio*: Sterbehilfe: Teleologische Reduktion des § 216 StGB statt Einwilligung! Oder: Vom Nutzen der Dogmatik. Zugleich Besprechung von BGH, Urt. v. 25.6.2010 – 2 StR 454/09, ZIS 2011, 76.

*Walton, Douglas*: Slippery Slope Arguments, Oxford 1992.

*Wedler, Hans*: Suizid kontrovers. Wahrnehmung in Medizin und Gesellschaft, Stuttgart 2016.

*Wehling, Peter / Viehöver, Willy / Gündel, Harald*: Medikalisierung und Krankheitsidentität, DÄBl. 2012, 339.

*Weigend, Thomas / Hoven, Elisa*: § 217 StGB – Bemerkungen zur Auslegung eines zweifelhaften Tatbestandes, ZIS 2016, 681.

*Weißer, Bettina*: Strafrecht am Ende des Lebens – Sterbehilfe und Hilfe zum Suizid im Spiegel der Rechtsvergleichung, ZStW 2016, 106.

*Wessels, Johannes / Beulke, Werner / Satzger, Helmut*: Strafrecht Allgemeiner Teil. Die Straftat und ihr Aufbau, 49. Auflage, Heidelberg 2019.

*Wikler, Daniel*: Paternalism and the Mildly Retarded, Philisophy & Public Affairs (PPA) 1979, 377.

*Wimmer, August*: Kein Recht auf den eigenen Tod?, FamRZ 1975, 438.

*Wolfersdorf, Manfred / Kaschka, Wolfgang* (Hrsg.): Suizidalität- Die biologische Dimension, Berlin 1996.

*Wolfersdorf, Manfred*: Suizidbeihilfe bzw. ärztlich assistierter Suizid, Eine psychiatrische Position, Nervenheilkunde 2015, 451.

*Wolfersdorf, Manfred*: Suizid und Suizidalität aus psychiatrisch-psychotherapeutischer Sicht, Psychiatrie im Dialog (PiD) 2012, 2.

*Zaczyk, Rainer*: Strafrechtliches Unrecht und die Selbstverantwortung des Verletzten, Heidelberg 1993.

*Zehetgruber, Christoph*: Mord, Tötung auf Verlangen oder Selbstmord – Bevormundende Sichtweise und kaum nachvollziehbare menschliche Freiheit. Zugleich Anmerkung zu LG Dresden, Urt. v. 01.04.2015, 1 Ks 140 Js 56327/13 und BGH HRRS 2016 Nr. 506, HRRS 2017, 31.

FSC
www.fsc.org
MIX
Papier | Fördert gute Waldnutzung
FSC® C083411

Kolibri 360 GmbH
Ferdinand-Jühlke-Straße 7
99095 Erfurt, Deutschland
produktsicherheit@kolibri360.de